Roger Willemsen hatte das Glück, einigen großen Persönlichkeiten der Zeitgeschichte an einem Wendepunkt ihres Lebens zu begegnen und manchmal Tage, sogar Wochen mit ihnen zu verbringen, bisweilen an erstaunlichen Orten.

In den literarischen Porträts, die nach diesen Begegnungen entstanden sind, ist die Sicht auf jene »überlebensgroßen« Menschen immer persönlich, zuweilen intim, und schließlich schält sich aus der Summe der Beobachtungen fast ein Gesamtbild vom Menschen – seinen Möglichkeiten und Grenzen.

Die hier beschriebenen Persönlichkeiten vereint, dass sie das Menschenmögliche neu gefasst und ihre Rolle in der Öffentlichkeit einzigartig interpretiert haben. Willemsens Porträts wiederum verbindet die Gabe ihres Autors, tiefer zu sehen und Erkenntnisse zu fördern, die oft genug selbst seine Gesprächspartner überraschen.

Roger Willemsen, geboren 1955 in Bonn, gestorben 2016 in Wentorf bei Hamburg, arbeitete zunächst als Dozent, Übersetzer und Korrespondent aus London, ab 1991 auch als Moderator, Regisseur und Produzent fürs Fernsehen. Er erhielt zahlreiche Auszeichnungen, darunter den Bayerischen Fernsehpreis und den Adolf-Grimme-Preis in Gold, den Rinke- und den Julius-Campe-Preis, den Prix Pantheon-Sonderpreis, den Deutschen Hörbuchpreis und die Ehrengabe der Heinrich-Heine-Gesellschaft. Willemsen war Honorarprofessor für Literaturwissenschaft an der Humboldt-Universität in Berlin, Schirmherr des Afghanischen Frauenvereins und stand mit zahlreichen Soloprogrammen auf der Bühne. Zuletzt erschienen im S. Fischer Verlag seine Bestseller ›Der Knacks‹, ›Die Enden der Welt‹, ›Momentum‹ und ›Das Hohe Haus‹. Über sein umfangreiches Werk gibt Auskunft der Band ›Der leidenschaftliche Zeitgenosse‹, herausgegeben von Insa Wilke.

Weitere Informationen finden Sie auf www.fischerverlage.de

Roger Willemsen

Gute Tage

Begegnungen mit Menschen und Orten

FISCHER Taschenbuch

Bildnachweise:
Roger Willemsen (S. 11): © Roger Willemsen
Margaret Thatcher (S. 55): © Julian Brood
Madonna (S. 71), Yassir Arafat (S. 105), Timothy Leary (S. 121),
John le Carré (S. 209), Jane Birkin (S. 225), Issei Sagawa (S. 245),
Sinead O'Connor (S. 281), Tina Turner (S. 335), Dalai Lama (S. 355),
Hoki Tokuda (S. 391): © picturealliance / dpa
Jean Seberg (S. 137): © Bob Willoughby
John Malkovich (S. 37), Michel Piccoli (S. 85), Mikis Theodorakis (S. 159),
Vivienne Westwood (S. 173), Papa Wemba (S. 195),
Dame Edna (S. 297): © Detlev Schneider
Harald Schmidt (S. 265): © Wolf-Dieter Köhler
Sergej Krikaljew und Alexander Wolko (S. 405): © NOA NOA
Fernsehproduktion
Kazuo Inwnori (S. 319): © Inamori Foundation
»Froschkopf« (S. 377): © Konrad R. Müller

FSC www.fsc.org
MIX
Papier aus verantwortungsvollen Quellen
FSC® C083411

13. Auflage: März 2017

Erschienen bei FISCHER Taschenbuch
Frankfurt am Main, Februar 2006

Druck und Bindung: CPI books GmbH, Leck
Printed in Germany
ISBN 978-3-596-16520-9

Inhalt

Vorwort

Die Opernsängerin, die in der Limousine durch Europa fährt, ihre New Yorker Agentin anruft und bittet, sie möge den Fahrer anweisen, die Klimaanlage zu drosseln.

Die kleine Auktionsgehilfin, die an die Westküste Irlands fährt, ein Streichholz an ihre Kleider hält und sich aus Liebeskummer verbrennt.

Der Mann, der sich im Postamt die Benutzung eines Briefumschlags erklären lässt.

Der Business-Class-Reisende, der den Tod einer Passagierin in der Economy Class mit dem Satz kommentiert: »So brauchen wir wenigstens keine Warteschleife zu fliegen.«

Der Folterer, der so lange foltert, bis die Schreie des Opfers den Hahn zum Krähen bringen.

Der Tuareg auf dem Weg zu seinen Frauen in der Oase, der auf die Frage: »Und womit beschäftigen Sie sich an den Abenden?«, erwidert: »Wir erzählen uns Geschichten.«

Sie alle sind am Rande der Geschichten aufgetaucht, die in

diesem Buch erzählt werden. Aber ich habe verpasst, sie zu fragen, wer sie sind, wer sie waren und wie sie den Punkt erreichten, an dem sie so handeln, reagieren, zurechtkommen konnten.

Aus manchen Menschen in verwandten Situationen werden berühmte, exemplarische Menschen, Richtbilder. Aus anderen werden Unbekannte, die nie das Licht der Öffentlichkeit streift. Wenn man wissen will, wie die Berühmten das wurden, was sie wurden, ist ihre öffentliche nicht unbedingt ihre interessantere Seite.

Fesselnder erschien mir also die Berufung oder Obsession, die die Menschen in diesem Buch verbindet, der persönliche Extremismus, der sie eint: die Zwangsvorstellung, etwas nicht für die Öffentlichkeit sein zu müssen, sondern für sich oder ihre Wirkung in der Welt. Auf der nicht öffentlichen Seite unterscheiden sie sich von allen, denen ein bloßer Effekt flüchtige Aufmerksamkeit sichert. Das bedeutet auch: Die hier Porträtierten werden weniger um ihres Ranges willen, als um ihres Weges dorthin beobachtet.

Alle haben sich an extreme Punkte bewegt, haben in extremen Zuständen gelebt oder tun es noch. Sie alle sind auf ihrem Feld zu Repräsentanten extremer Entwicklungslinien geworden. Schauspieler, Musiker, Wirtschaftsführer, Kriminelle, Autoren, religiöse und politische Führer, Staatsfeinde, Entertainer, Modedesigner, Popstars, Kosmonauten, Mönche, Provokateure, Forscher eint hier ihr Ringen um das »Menschenmögliche«, und die meisten von ihnen haben dabei eine Idee von Freiheit, von Unabhängigkeit und Radikalität vertreten, die sie eigentlich zu Außenseitern hätte machen sollen. Manchmal sind sie das sogar geblieben, trotz ihres Ruhms.

Jedenfalls wurden sie auf ihre Weise zu exemplarisch Lebenden, die es wert sind, dass man sie hört, auch wenn man sich nicht primär für ihr Werk interessiert. Denn sie teilen nicht sich allein mit. Und da das Menschenmögliche hier manchmal von seinen Rändern aus gedacht wird, findet auch der »monströse« Fötus seinen Platz, der japanische »Kannibale«, der Menschenaffe.

Einige der Personen in diesem Band waren schon im Gefängnis, andere haben Gewalt ausgeübt oder erlitten. Einige haben Macht genossen, andere Macht nur ertragen. Manche von ihnen glauben, andere lästern, dritte glauben lästernd. Einige waren gezeichnet von der Liebe, andere vom Rausch, wieder andere vom Verlust oder vom Sterben. Triumphe, Siege in jeder Größenordnung zogen vorbei und Niederlagen nicht minder. Wem es nicht reicht, ein Werk zu hinterlassen, wer zwischen Geburts- und Sterbedatum auch ein Eigenleben hinkriegen will, vollendet sich im Scheitern.

Etwas Ansteckendes geht von solchen Individuen aus, von ihrem Arbeiten, ihrem Wahrnehmen und Ausdrücken, ihren abweichenden Standpunkten und Anstrengungen, sich in der Gegenwart zu behaupten und eine Wirkung zu hinterlassen, statt bloß einen Effekt.

In der Begegnung mit solchen »Menschenmöglichen« (oder solchen, die zumindest mir so erscheinen) habe ich erlebt, was »Gute Tage« sind, auch wenn es sich manchmal um Menschen handelte, die um ihre »Guten Tage« rangen oder sie vermeintlich hinter sich hatten. Immer befanden wir uns dabei auf Reisen, und oft haben Städte und Landschaften mitgesprochen.

Es gibt Orte, die Erinnerung herstellen, und es gibt Nicht-Orte, die nichts als Vergessen produzieren. Wir sehen der Wucherung solcher Nicht-Orte zu, die wenig mehr sind als Aufbewahrungsorte für Menschen, Zwischenlager, Transithallen. Zum Reisenden gehört, dass er immer auf dem Weg ist, dass er alles in Bewegung und schließlich in Erfahrung verwandelt.

Entsprechend haben sich die hier Porträtierten erfahrbar gemacht auch in der Wechselwirkung mit ihren Räumen, in Melbourne und Kyoto, auf den Straßen von Paris und Los Angeles, an den Küsten von Cornwall und Ikaria, in den Häusern von Kinshasa und Tunis, dem Dschungel Borneos, dem indischen Hochland, einem Kastell in Südfrankreich, einer Bar in Tokio und sogar dem All.

Stanley Kubricks Epos »2001 – Odyssee im Weltraum« beginnt mit dem Menschenaffen und seinem Knochenwerkzeug, das, in den Himmel geworfen, als Raumschiff weiterfliegt. Dies hier ist eine andere Reise, aber wenigstens beginnt auch sie mit einem Orang-Utan und endet mit zwei Kosmonauten.

Flussfahrt mit Orang-Utan

Birutė Galdikas im Dschungel Borneos

Nur Überfliegen reicht nicht.

Zurück bleiben die Industrien von Balikpapan, die Werften der großen Ölstadt an der Ostküste, die Rauchfahnen über den Schloten, die im tropischen Dunst rasch rostenden Installationen der Raffinerien.

Die Straßen enden in Flüssen, und die Flüsse wieder in Flüssen. Sie bestimmen das unregelmäßige Muster aus den Reststücken eines sechzig Millionen Jahre alten Urwalds und den frei gerodeten Flächen, auf denen die neuen Siedler ihre bunt gestrichenen Baracken abgestellt haben. Abseits erkennt man noch die Haufendörfer der Alteingesessenen, vereinzelt ein paar traditionelle Langhäuser, und über allem lasten die Rauchwolken schwelender und offener Feuer.

Früher drangen holländische Kolonialbeamte, philippinische Seeräuber und Missionare, chinesische und malaysische Kaufleute von den Flussmündungen aus in dieses Dickicht, den zweitgrößten Dschungel der Welt. Heute kommen selten Weiße nach Zentralkalimantan oder Borneo, aber im Hafen der südlichen Metropole Banjarmasin und auf dem Flughafen von Palangkaraya, der Hauptstadt von Zentralkalimantan, landen Javanesen, Balinesen, Maduresen in Klein- und Großfamilien, Tausende jeden Monat.

Schon seit Jahrhunderten ballt sich die Bevölkerung Indonesiens auf Java, der Insel mit dem fruchtbarsten Boden und folgerichtig mit der dichtesten Besiedlung der Welt. Zwei Drittel aller Indonesier leben auf Java, der vorgelagerten Insel Madura und der benachbarten Insel Bali. Die Bevölkerungsdichte auf der größten dieser drei Inseln ist mehr als doppelt so hoch wie in Deutschland.

Schon zu Anfang des 20. Jahrhunderts begannen die holländischen Kolonialherren mit der Umsiedlung der Javanesen auf die wildere Insel Sumatra. Etwa zweihunderttausend Menschen hatten bis zum Zweiten Weltkrieg Java verlassen. Bis heute sind es, glaubt man der indonesischen Regierung, etwa vier Millionen Menschen, die im Zuge des größten Umsiedlungsprojekts der Welt, der so genannten »Transmigration«, Java verlassen haben. Vor allem im Dschungel von Kalimantan, dem indonesischen Teil der Insel Borneo, sollen sie eine neue Existenz finden.

Die Ankömmlinge auf den dortigen Flughäfen tragen noch die Trachten ihrer Kultur: Verschleierungen, mit gestickten Borten besetzte Tücher die wohlhabenden Javanesen, Verwaltungsbeamte, Mediziner oder Juristen, Sarongs die Balinesen, auch Shorts, auch Batikhemden und T-Shirts. Die hier auf dem Flughafen stehen, strapaziert und voll müder Erwartung, können sich untereinander kaum verständigen. Das Indonesische ist eine spät entwickelte synthetische Amtssprache, die gut zweihundertfünfzig regionale Sprachen und ebenso viele Dialekte ersetzen soll.

Die Ankömmlinge teilen die Erwartung, sonst nichts, und statt einer geeigneten Vorbereitung erhalten sie ein Versprechen. Das alles sollt ihr haben: ein Haus, Land, Saatgut und ein Präsidentenfoto. Darüber hinaus erhalten sie noch ein wenig Unterricht in Ackerbau und in Hygiene. Aber das kennen sie: Schließlich hat auch auf Java jeder größere Ort ein Familienplanungsdenkmal, Sinnbild der glücklichen Kleinfamilie, und auf den Dörfern gibt es wenigstens das entsprechende Verkehrsschild: Eine Hand mit zwei gereckten Fingern, »dua anak cukup«, »zwei Kinder sind genug!«

Im Waschraum des Flughafens erläutert eine Zeichnung die Benutzung der westlichen Toilette: Hocke dich nicht mit den Füßen auf den Rand, schöpfe kein Wasser aus dem Loch und stecke auch deinen Kopf nicht hinein! Neben dem Spiegel die Regeln der Körperhygiene: Vergiss auch die Ohren nicht, nicht die Nase und nicht einmal die Spitzen deiner Ellenbogen! An den Wänden der Halle bleichen die Tafeln mit Tieren und Pflanzen des Waldes, daneben die altmodisch strahlenden Gesichter der Lifebuoy-Reklamen, die monochromen Werbungen für ABC-Drinks und Ultra Milk. Andere Bilder sieht man nicht.

Die Dörfer aber, in denen die Ankömmlinge verschwinden werden, besitzen manchmal ein Fernsehgerät auf einem hölzernen Podest, vor dem man abends dem einzigen Programm folgt: Nachrichten, Bilder von Paraden, Ordensverleihungen und rituelle Tänze. Mal rodet jemand ein Gebüsch, mal zieht er eine Fahne hoch oder macht ein Boot klar, und zwischendurch erklärt Lorne Greene, immer noch in der weiß wattierten »Pa-Bonanza«-Jacke, den Seefuchs oder andere Tiere, die es auf Borneo nicht gibt, wo so viele Arten verbreitet oder sogar endemisch sind. Aber schließlich lebt ja selbst Lorne Green inzwischen nicht mehr.

Die Fernsehwerbung wurde von der Regierung hier schon vor Jahren abgeschafft, um »keine falschen Bedürfnisse« zu wecken. In den Läden ihrer Dörfer finden die Siedler vor allem Früchte, Hühner- und grüne Gänseeier, Dörrfisch, Gewürztütchen, in den Vitrinen das prachtvolle Rot-Gold der Nelkenzigaretten und an den Wänden einzelne Kalenderblätter mit Ansichten von Teneriffa oder Garmisch-Partenkirchen.

In Palangkaraya aber, der erst 1957 gegründeten Hauptstadt, kann man fotokopieren, Fotos entwickeln lassen und technische Apparate kaufen. Hier gibt es vier Kinos, aber Straßenbeleuchtung noch nicht lange. Es gibt ein großes Krankenhaus, aber nur einen Chirurgen für alle, die tagelang in ihren Einbäumen wegen einer Blinddarmoperation oder der Behandlung einer Schnittverletzung hierher unterwegs sind. Es gibt Banken, aber keine, die Schecks oder Dollar akzeptiert. Es gibt Computerspezialisten und korrespondierende Mitglieder wissenschaftlicher Zeitschriften, aber nicht selten solche, deren Glaubenspraxis Animismen, rituelle Schlachtungen und Trance-Tänze einschließt.

Der letzte Gouverneur der Region, immerhin im Rang eines Ministerpräsidenten, verfügte testamentarisch, sein Sarg solle aus dem Holz eines so genannten »Herzbaums« gefertigt werden, eines Baums also, bei dessen Pflanzung in der Wurzel ein menschliches Herz eingesetzt wurde. Die Einheimischen merken sich im Urwald solche Bäume, und es war, als ich nach Palangkaraya kam, kaum ein Jahr her, dass der Bitte des großen Staatsmannes entsprochen worden war.

Auch Anthropophagen, also kannibalistische Stämme mit der Neigung, zum Schutz gegen Dämonen einen menschlichen Skalp an der Außenwand des Hauses anzubringen, soll es bis vor nicht allzu langer Zeit auf Borneo gegeben haben. Der letzte glaubwürdig rapportierte Fall aber stammt aus den fünfziger Jahren.

Eine Anthropologin, die sich jüngst aus keinem anderen Grund in den Urwald aufgemacht hatte, um die Spur dieser »Menschenfresser« aufzunehmen, wurde eines Abends bei vollem Bewusstsein, allerdings nackt, in der Hütte eines Einheimischen gefunden, wo sie sich, völlig verängstigt, in eine Gardine eingerollt hatte. Sie blieb verwirrt. Von Kannibalen konnte sie nicht berichten.

Seit die Regierung die Lebensform der Dayaks für »unzeitgemäß« erklärt hat, sind auch die Kopfjäger von der Bildfläche verschwunden. Zwar haben viele Einheimische bis in die siebziger Jahre hinein die Friedhöfe geheim gehalten, aus Angst, Jäger könnten die Verblichenen ausgraben und ihre Schädel davontragen, in jüngerer Zeit aber soll man sich schon verschiedentlich mit Tierschädeln geholfen haben, immer in der Hoffnung, dass die schlafenden Geister den Betrug nicht merken. Schädel jedenfalls, unter den vier Grundpfosten eines Hauses angebracht, sollen bei der Brautwahl helfen und die Geister repräsentieren, die dem Verstorbenen in der Oberwelt zu Diensten stehen.

Auch ein Schweizer Geistlicher war vor einiger Zeit ausgezogen, Asien im Allgemeinen und Borneo im Besonderen dem richtigen Glauben zu unterwerfen. Nachdem er zu Hause die chinesische Sprache gut genug gelernt hatte, um – wie er glaubte – in ihr radebrechen zu können, bestieg er irgendwo auf dem weiten chinesischen Lande eine improvisierte Kanzel und predigte in einem Idiom, in dem das Schweizerdeutsche mit dem Chinesischen eine Mesalliance eingegangen war. Jedenfalls predigte er etwa eineinhalb Stunden und schritt nach dem Segen erhobenen Hauptes von dannen, bis ein paar Zuhörer, die geduldig angenommen hatten, er erzähle aus seinem eigenen Leben, hinter ihm hergelaufen kamen und riefen: »Herr Jesus, du hast deinen Hut vergessen!«

Anschließend war er enttäuscht ausgezogen, um nun die Buschmenschen Borneos zu evangelisieren. Unglücklicherweise verirrte er sich im Dschungel, erreichte nach Tagen ausgezehrt und bärtig den Fluss und winkte hilferufend den vorbeitreibenden Booten. Die Einheimischen hielten ihn, verwahrlost wie er war, von weißer Haut und in der schwarzen Soutane, für ein Gespenst, wagten nicht, sich ihm zu nähern, und der liebe Gott ließ ihn bei einem Gesträuch am Ufer endlich verhungern.

Der Urwald Borneos brennt in jedem Augenblick an vielen Stellen. Schwer hängen die Schwaden zwischen den Bergen oder gelbgrau über Joseph Conrads melancholischen Flüssen. Manchmal können die kleineren Verkehrsmaschinen wegen des Rauchs über mehrere Wochen nicht fliegen. Aber wer schon vier Tage lang mit dem Boot zum Flughafen unterwegs war, der kehrt nicht gleich um, sondern campiert lieber an Ort und Stelle.

Die Siedler brennen die Gebüsche gleich neben ihrer Hütte

ebenso nieder wie hektargroße Parzellen zu Seiten ihrer Felder. Heute gilt: Alles, was die Anwohner eigenhändig gerodet haben, gehört ihnen selbst, und wer beobachtet hat, wie viele Tage es braucht, mit einer Steinaxt einen hundertjährigen Urwaldriesen zu fällen, der versteht die Dankbarkeit, mit der die neuen, noch unerfahrenen Siedler in die Schneisen der Abholzungsfirmen eindringen, um dort durch Brandrodung Land zu gewinnen. Sie fühlen sich durch die hohe Luftfeuchtigkeit vor Funkenflug, durch den sumpfigen Boden vor einer Ausbreitung der Brände geschützt.

Als im Jahr 1983 die Regenzeit jedoch ungewöhnlich lange ausblieb, dörrten die Sümpfe aus und das Feuer zerstörte ein Stück Regenwald von der Größe Taiwans. Dieser schlimmste Brand in der Geschichte aller verzeichneten Brände wurde erst 1984 durch die endlich einsetzenden Regenfälle gelöscht.

Die indonesischen Zeitungen berichteten über die Katastrophe erst ein Jahr nach ihrem Ausbruch. Sie waren durch ausländische Nachrichtenagenturen auf das Feuer aufmerksam gemacht worden. Heute hat die Regierung die Piloten der kleinen Verkehrsmaschinen mit der Beobachtung der Brände beauftragt. Einige berichten, der Brand von 1983/84 sei nie wirklich gelöscht worden, und prompt ließ der nächste Großbrand, dieses Mal um die Jahrtausendwende, nicht auf sich warten.

Dennoch ist die Vielfalt der Pflanzen berauschend, sind die Vegetation, die morphologischen Variationen, die Bizarrerien in Farb- und Formgebung schier unermesslich.

Geologen haben die Bodenqualitäten der Erde auf einer Skala von 1, für unfruchtbaren Sandstrand, und 10, für die Erde Javas, eingeordnet. Danach besitzt der Boden Zentralkalimantans nur die Qualitätsstufe 2 – kaum glaubhaft für jeden, der den Früchte-Reichtum der Märkte hier kennt oder tagelang mit dem Boot durch eine Vegetation gefahren ist, deren biologischer Formenreichtum nur noch mit einigen Korallenriffen vergleichbar ist. 1,7 Millionen Tier- und Pflanzenarten sollen im tropischen Regenwald zu Hause sein. Nicht einmal die Hälfte hiervon ist wissenschaftlich erforscht, zu schweigen von der Analyse der Enzyme und Fermente, der Drogen und Medikamente, die mit der Zerstörung dieses Lebensraums unwiederbringlich verloren gehen.

Seine Fruchtbarkeit verdankt der tropische Regenwald Borneos also nicht primär dem Boden. Sie liegt vielmehr in der Luft, im Blattgrün, in den zahllosen symbiotischen und parasitären Verbindungen zwischen Pflanzen und Tieren. Vierzig Meter über dem Boden wachsen in toten Bäumen Sträucher und Blumen aus den ehemaligen Nestern der Orang-Utans. Kerne, verfaulte Früchte, Kot und vermodernde Zweige gebären eigene Mikrokosmen mit einem hoch verletzlichen inneren Gleichgewicht.

So ist zum Beispiel der Orang-Utan als das einzige Tier zugleich gierig und stark genug, die schwere Durian-Frucht – Delikatesse für Einheimische und Menschenaffen – nicht nur zu ernten, sondern sie viele Meter weit in das heimische Nest zu schleppen, wo der Kern, in den Kot dieses Nests eingelassen oder aus den Wipfeln abgeworfen, noch die Chance des Überlebens und der Fortpflanzung besitzt. Stirbt der Orang-Utan, so fallen auch die Kerne des Durianbaumes unter die immer selben Bäume, und so wäre auch der legendäre Baum Südostasiens ohne den Pongo pygmaeus in dieser Region vom Aussterben bedroht.

Ein ähnlich symbiotisches Verhältnis hat sich zwischen den Umsiedlern und den Abholzungsfirmen gebildet. Einmal in die durch Rodungsarbeiten entstandenen Schneisen eingefallen, sengen und sicheln die Ansiedler Gestrüpp, Kleinholz und Macchie herunter, den Kahlschlag vollendend, der mittelfristig auch ihren eigenen Lebensraum zerstören wird. Die Weltbank hilft bei der Finanzierung dieses Projekts – auch wenn ihr ein Gutachten vorliegt, nach dem in wenigen Jahren kein Baum auf Borneo mehr stehen dürfte, hält die Entwicklung an wie bisher.

Die Siedler auf Zentralkalimantan wissen ebenfalls, dass unter ihren Augen eine Waldart zerstört wird, die sich nie wieder erholen kann und die durch nachgepflanzte Monokulturen oder selbst durch die Einrichtung eines Nationalparks langfristig nicht wirklich bewahrt würde, aber sie können sich ökologische Skrupel am wenigsten leisten. Auf den mühsam gerodeten Feldern ziehen sie die anspruchslosesten aller Pflanzen: Ananas und Trockenreis. Die Ananas wird häufig direkt in die Asche gesetzt. Ihre Frucht bleibt faustgroß, die Märkte sind überschwemmt, entsprechend gering ist der Verkaufspreis. Mehr als eine Ernte im Jahr gibt der Boden nicht her.

Das Saatgut für den Reis stellt die Regierung. Bleibt eine Regenzeit zu lange aus – und als Folge der Klimaveränderung sind auch hier die Jahreszeiten unzuverlässig geworden –, wird das Saatgut verzehrt und man hofft auf die nächste Zuteilung. Nach zwei Ernten ist der Boden ohnehin erschöpft. Man lässt ihn brachliegen, denn nun wächst hier buchstäblich nichts mehr als das harte Alang-Alang-Gras, das den Boden allmählich mit einer so dichten Decke überzieht, dass für lange Zeit nichts hindurch dringt. Erst nach fünfzehn oder zwanzig Jahren werden hier wieder Farne und Bäume wachsen und nach weit über hundert Jahren könnte bei ungestörten Verhältnissen hier sogar eine Art Sekundärwald entstehen, der dem ursprünglichen Regenwald zumindest gliche.

Die Bauern aber ziehen weiter, gewinnen neue Parzellen, schließen sich wieder zu »Transmigrasi«-Siedlungen zusammen. Vereinzelt entstehen Musterdörfer wie Bukitrawi am Kahayan-Fluss, eine Siedlung, auf die die Landesregierung gerne verweist, gibt es doch hier eine Volksschule, eine Krankenbaracke mit sechs Zimmern und ein paar Kioske. Auf dem Bootssteg schlagen die Frauen die Wäsche, darunter schwimmen Kinder in Autoreifen auf den Abwässern.

Wer beim Ackerbau nicht genug verdient, zieht während der Trockenzeit, wenn das Wasser niedrig steht, an den Fluss und wäscht Gold. Die Erfolgreichsten fördern am Tag knapp ein Drittel Gramm. Sie erhalten dafür das Äquivalent einer halben Kinokarte. Und irgendwann kommt »Die Hard III« auch bis hierher.

Die vierzehnjährige Gugah fährt jeden Morgen drei Stunden mit dem Fahrrad zum Gymnasium in die Stadt. Sie verlässt ihr »Transmigrasi«-Dorf im Morgengrauen. Auf den Feldwegen wird es lange nicht hell, der Rauch der Brandrodungen ist oft so dicht, dass man kaum vier Meter weit sehen kann, und ab drei Uhr nachmittags steht die Sonne nur noch als Scheibe im Dunst. Sechs Stunden täglich also fährt Gugah durch eine fast verödete Landschaft. Da aber auch die Lehrer des einzigen Gymnasiums weit und breit sehr schlecht und oft erst mit monatelanger Verspätung bezahlt werden, kommen die Schüler häufig vergeblich. Auch die Lehrer müssen zusätzlich Land beackern oder Gold waschen.

Vor einem Jahr etwa wurde Gugah mit einer Erkrankung der Atemwege in eines der sechs Zimmer der Krankenstation gebracht. Der Arzt aus der Stadt empfahl ihr, künftig auf dem Schulweg ein Taschentuch über den Mund zu binden. Sie gehorchte. Darüber lachen, wenn sie auf ihrem Fahrrad vorbeifährt, die Arbeiter in den Rodungen.

An manchen Tagen wird Gugah von ihrer Freundin Sri in die Stadt begleitet. Sri transportiert auf dem Rücken einen Korb mit Flaschen. Naturheilsäfte und Medikamente finden in der Stadt, wo sich viele keinen Arzt leisten können, guten Absatz. In der chirurgischen Station von Palangkaraya waren, als ich dorthin kam, nur fünf Patienten untergebracht. Sie schliefen unter fleckigen Moskitonetzen. Manchmal liegen Verwandte mit im Bett, manchmal liegen sie darunter.

Da der javanische Chirurg, der hierher versetzt wurde, Preise verlangt, die die wenigsten bezahlen können, wenden sich die Kranken gerne wieder den »Dukuns« zu, Medizinmännern und -frauen, die zwar naturheilkundliche Kenntnisse besitzen, zugleich aber mit animistischen oder totemistischen Mitteln arbeiten, Angst einsetzen und Schwangere und Patienten mit Bruchverletzungen bisweilen schon so lange massiert haben, bis Blutvergiftungen eintraten. Kein Wunder, dass die durchschnittliche Lebenserwartung auf Zentralkalimantan nur bei etwa vierzig Jahren liegt.

Unter diesen Bedingungen vollzieht sich die Entwicklung, der wir den Namen Fortschritt geben, ungleichmäßig, verschiedene Stufen der Kultur werden gleichzeitig erreicht. Über dem Eingang zum Kino hängt ein Schild »höflich, geregelt, ruhig«, unsere »Rambos«, »Rockys« und »Mission Impossibles« kommen trotzdem bis hierher.

Nicht weit vom Kino steht abends auf dem Dorfplatz ein Geschichtenerzähler. Er ist am Nachmittag mit dem Boot angekommen und trägt zerrissene Kleidung, Tierfelle und mehrere Amulette übereinander. Als er seine Decke ausbreitet, von den Tieren erzählt, die nun aus dem Boden kriechen werden, um sich gleich durch die Menge zu bewegen, schreit diese Menge, als erführe sie jedes Wort am eigenen Leib. Dabei steht das Kino nur einen Steinwurf von hier, und der Soundtrack des Films, der gerade da läuft, untermalt auch die Fabeln des Erzählers.

Am Hafen riecht es nach Öl und Sägespänen. Am Rand der Stadt hängt in der feuchten Hitze der Rauch der Brände ringsum. Eine einzige Straße führt heraus aus Palangkaraya. Sie ist etwa dreißig Kilometer lang und die beste Straße auf ganz Zentralkalimantan. Vor dem Krieg wurde sie von den Russen gebaut. Keiner weiß wirklich, warum.

Zu ihren Seiten liegen abgeholzte Wälder, Ananasfelder, kleine Tümpel, in denen die Siedler mit Reusen fischen. Man verkauft auch Mangos an der Straße und Eier und in roten Kanistern Benzin. Es gibt sogar eine Polizeistation an dieser Straße und ein improvisiertes Bordell mit fünf Mädchen, die auf der hölzernen Terrasse Karten spielen und Diät-Cola trinken.

»Kommen Sie her«, winken sie. »Kommen Sie her!«

Ich werde hineingeführt, erhalte eine Cola. Hinter improvisierten Paravents sind fleckige Laken zu sehen, Kissen in verschossenem Rot. Zwei Stunden lang spielen wir Mau-Mau. Dann gehe ich, ohne dass eine einzige zweideutige Geste gemacht worden wäre.

Immerhin hat das kleine Bordell eine Verkehrsanbindung. Aber in Tangkiling, jenem Dorf, zu dem die Straße von Palangkaraya führt, da gibt es nichts. Jenseits von hier ist Dschungel und nichts als Dschungel. Erst hier öffnet sich das mythische Land der Ureinwohner dieser Wildnis, der Waldmenschen, wie sie wörtlich heißen, der Orang-Utans, die heute gejagt und vertrieben, von Transmigranten eingekesselt oder als Haustiere missbraucht werden, und die man früher einmal wie eine eigene Bevölkerung ehrte.

Sie verstecken sich am Tag, nachts laufen sie herum, sprechen, glauben, die Erde sei ihnen untertan und werde ihnen eines Tages ganz zurückgegeben. Auf ihrer Oberlippe tragen sie meist einen gekräuselten Bart, ihre Lippen sind unschön, weil nicht allein gerunzelt, sondern auch angeschwollen und aufgetrieben, überhaupt ist ihr Kopf durch die vorstehende Schnauze verunstaltet; vor allem in jungen Jahren haben sie Ähnlichkeit mit Kindern. Ernsthaft sind sie bis zum Äußersten. Oft unendlich traurig, seufzen sie auch und weinen; erst dreijährig, lachen sie bereits wie ein alter Mann. Gerne tragen sie Kleider, trinken Rum und bedienen sich nach der Mahlzeit des Zahnstochers. Auch entführen sie Negerinnen, um ihrer zu genießen, ernähren sie aber gut. Vermutlich sind sie überhaupt aus einer Vermischung mit den indianischen Weibern entstanden.

Die Zoologie des 17., 18. und 19. Jahrhunderts beschreibt den Orang-Utan wie einen Menschen, der nach dem Sündenfall einen noch tieferen Sturz getan hat als der Homo sapiens. Sie seien früher Menschen gewesen, so werden Einheimische zitiert, aber wegen Gotteslästerung in Tiere verwandelt worden, sie seien die letzte Klasse der Menschen. Bontius, einer der Zuträger für Buffons »Naturgeschichte«, zitiert die Javanesen, »die behaupten, diese Tiere könnten sprechen, hüteten sich jedoch, es zu tun, aus Angst, man könne sie zur Arbeit zwingen«.

›Orang-Utan‹ sagen die Einheimischen, ›der Waldmensch‹, ›homo silvestris‹, sagten die Forscher, oder sogar: ›satyrus indicus‹. Man vermenschlicht den Affen, um ihn anschließend vor Gottes Ebenbild zu blamieren, findet an seinem im Alter geschwollenen Schläfenknochen etwas »außerordentlich thierisch Gemeines«, nennt seine Manieren schlecht, seinen Zeugungsakt schamlos. »Sie sind nur die schlechte Seite des Menschen«, schreibt Oken 1877, »sowohl in leiblicher wie in sittlicher Hinsicht.«

So leicht es den Forschern fällt, dem Orang-Utan gegenüber einen moralisch eindeutigen Standpunkt zu beziehen, so amoralisch geht die Forschung in ihren Untersuchungen selbst zur Sache. Da gibt es rührende Beschreibungen, wie die Tiere im Blätterdach des Urwalds ihre Nester bauen, ihre Kinder »stark und herzhaft« umsorgen, hegen und füttern, und während die Idylle noch währt, fällt der Satz: »erst nach der fünften Kugel nahm seine Kraft ab«, »bei jeder neuen Verwundung legte er die Hand auf die verletzte Stelle und der menschenähnliche Ausdruck seines Gesichts erregte selbst bei seinen Verfolgern Mitleiden«. Anschließend wird anerkennend verzeichnet, das sterbende Tier habe noch versucht, sich ein paar Zweige zu einem Sterbenest zusammenzulegen, und mit der Hand den Jungen den Weg zur Flucht gewiesen. Forschen heißt: Jagen, Beobachten heißt: Sezieren.

Die Zoologen, allen voran der große Alfred Russel Wallace, zeigen sich unablässig gerührt von der Menschlichkeit der Pongiden, gleichzeitig richten sie wahre Massaker an, schlachten schwangere und neugeborene Affen und bringen Kollektionen von Einzelteilen, Organen und Gliedmaßen als Forschungsmaterial wie als Ziergegenstände nach Europa. Erreicht ein Tier einmal lebend den abendländischen Kontinent, wird es dort maximal dreizehn Wochen alt, und noch die durchschnittliche Lebenserwartung im Zoo betrug vor nicht langer Zeit kaum mehr als dreieinhalb Jahre.

Die namhafte Primaten-Forschung versteht sich heute vor allem als Artenschutz. Sie ist unlöslich verbunden mit den Namen von drei Frauen: Dian Fossey lebte fast zwei Jahrzehnte mit Gorillas im Gebirge von Ruanda, bevor sie 1985 ermordet, 1989 von Hollywood filmisch gewürdigt wurde. Jane Goodall arbeitet ähnlich lange, ebenfalls in Afrika, vor allem mit Schimpansen und wurde durch ihre Bücher und Dokumentationen weltberühmt.

Birutė Galdikas, die unbekannteste unter den Dreien, beobachtet seit 1971 Orang-Utans auf einer einsamen Station im Dschungel an der Südküste von Zentralkalimantan. 1946 in Wiesbaden geboren, zieht sie kurz darauf nach Amerika, studiert in Los Angeles und entschließt sich bereits zwei Jahre nach ihrem Abschluss, 25-jährig im indonesischen Urwald Orang-Utans zu erforschen. Seither war sie Gastprofessorin der kanadischen

Simon Fraser-Universität und außerordentliche Professorin der Universitas Nasional in Jakarta. Ihre Publikationen sind fast ausschließlich wissenschaftlich, ihre Lehrtätigkeit beschränkt sich inzwischen auf sporadische Vorträge in Kanada und den USA, wo sie verschiedentlich gemeinsam mit Fossey und Goodall aufgetreten ist. Hollywood wird sich für sie wohl nie interessieren.

In ihrem Nachruf auf die Freundin Dian, die zugleich ihr Vorbild war, zitiert sie Dian Fossey mit dem Satz: »Je tiefer man die Würde des Gorillas versteht, desto entschiedener wünscht man, dem Menschen aus dem Weg zu gehen«, und Galdikas schließt an: »Ich verstand genau, was sie meinte.«

Sie verstand genau, lebt sie doch selbst mit ihrem Mann, einem hier geborenen Indonesier, und etwa zwanzig einheimischen Arbeitern eine halbe Tagesreise entfernt von der nächsten menschlichen Ansiedlung, bringt sie doch selbst ihre Zeit damit zu, die Tiere zu erfassen, sie zu beobachten, ihr Verhalten, ihre Nahrung und ihren Stuhl zu analysieren und verfolgt oft ein Tier auch einfach tagelang durch undurchdringliches und gefährliches Dickicht.

Bleibt die Regenzeit zu lange aus, wird der Fluss – die einzige Verbindung zur Zivilisation – wegen Niedrigwasser unbefahrbar, und die Isolation ist vollkommen. Aber was ändert das? Die kleine Gemeinde ist fast autark. Lebensmittel werden gehortet, Wasserreserven aus dem nächsten Bach bezogen und gefiltert, Strom spendet drei Stunden am Tag ein Generator in einem Holzverschlag. Seit den Tagen, da Galdikas allein mit ihrem ersten Mann und zwei Affen in einer Hütte begann, ist die Sicherheit gewachsen. Die Tiere kommen zur Fütterung, und am Sonntag treffen sogar manchmal die weitläufigeren Familienangehörigen der hier Arbeitenden mit einem Boot ein.

Sogar die damals nicht unberechtigte Angst vor jenen Piraten ist gewichen, die früher von den Philippinen aus in Jahresreisen Borneo umrundeten und über die Flüsse das Küstenhinterland brandschatzten. Sie sind heute hochgerüstet und gefährlich, in die Flussmündungen aber dringen sie kaum mehr vor.

Geblieben ist eine gewisse Fremdheit der Forscherin im Umgang mit Menschen. Manche empfinden sie als ›schwierig‹ oder abweisend, wo sie eher direkt oder unkonventionell auftritt, Fremde verjagt, ihre Zöglinge schützt und lästige Besucher vertreibt. Nicht lange nach unserer ersten Begegnung erklärte mir Birutė Galdikas einmal, die menschliche Natur sei ihr nach so vielen Jahren der Vertrautheit mit Persönlichkeit und Würde der Orang-Utans einfach »less appetizing« erschienen.

Ich hatte Birutė vor vielen Jahren auf dem Cover von »National Geographic« gesehen, eine hübsche, langhaarige Frau von Anfang zwanzig. Da kam sie mit zwei kleinen Orang-Utans auf ihrem Arm einen Steg hinuntergeschlendert und wirkte heidnisch wie die Priesterin einer Naturreligion. An dieses Foto erinnerte ich mich, als Sri und Gugah mir den Namen der legendären Forscherin und Naturschützerin nannten, respektvoll, aber auch beklommen.

Da standen wir vor einem Holzverschlag und blickten auf einen knapp zweijährigen Orang-Utan, der kläglich auf dem Boden lag, sich beschmutzte und kaum Temperament zeigte. Barmherzigerweise hatte man ihm einen Kletterbaum in das Gehege gestellt, einen abgebrochenen, nackt gefressenen Kletterbaum, eigentlich eine Verspottung der athletischen Gaben des Tieres. Das bleifarbene nackte Gesicht war selbst für einen Orang-Utan ungewöhnlich missvergnügt, das Schädelhaar weniger als schütter, die Haut schuppig und die Lymphdrüse unter einem Arm stark geschwollen. Mitten im Urwald wollten die Besitzer »Patut« gefunden haben, wo er von seiner Mutter aufgegeben worden sei, und sie wollten ihn jetzt, da er krank war, schnellstmöglich wieder loswerden.

Orang-Utans haben die gleiche Rippen- und Wirbelzahl und annähernd die gleiche Blutchemie wie Menschen, aber nicht die entsprechenden Abwehrkräfte. Sie stecken sich deshalb vor allem in jungen Jahren sehr rasch mit menschlichen Krankheiten an und siechen dann wehrlos vor sich hin. In Gefangenschaft unter Menschen können sie folglich kaum lange überleben. So saß er also da, von einer gerissenen Windel nur unvollständig bedeckt, ein kümmerliches Orang-Utan-Junges, mit einem winzigen wund gescheuerten Genital, schuppig, wie man unter der lichten Körperbehaarung erkennen konnte, und mimisch ein Stein erweichender Misanthrop.

Patut war winselnd neben seiner von Jägern erschossenen Mutter gefunden worden, erklärten die Zieheltern. Also hatte man den Kleinen entgegen aller Verbote zu sich genommen und sich bemüht, ihm die Natur in Maßen zurückzuerstatten. Aber er aß nur süßes Brot und Bananen, blickte verdrießlich und wurde allmählich leise krank, ohne dass weit und breit jemand hätte sagen können, warum, und ausgerechnet diese arme, lustlose Kreatur, dieser Schatten eines stolzen und einzelgängerischen Pongo pygmaeus war der erste in Freiheit geborene Orang-Utan, dem ich hier begegnen sollte!

»Wohin geht die weitere Reise?«, wollten die Gasteltern wissen.

Ich hatte keinen genauen Plan.

»Nur immer weiter in den Busch.«

Da breiteten sie eine Karte aus, und wir fuhren mit den Fingern Ströme entlang, Ströme, Verästelungen und Mündungen, den ganzen Aderlauf des tropischen Regenwalds, und am Ende aller dieser Kapillaren zeigten sie mir, wo das Camp von Biruté Galdikas zu finden wäre. Da könnte ich doch hinreisen und den kleinen Pongiden in Pflege geben.

Am nächsten Tag machte ich mich mit einem Korb, einem Vorrat an süßem Brot, ein paar Bananen und Patut auf dem Arm zum Flughafen auf, denn die erste Etappe war dank eines echten behördlichen Zertifikats, auf dem Patuts Identität und die meine nebeneinander erfasst waren, noch mit einer kleinen Propellermaschine zu bewältigen.

Ehemals respektierten die Einheimischen die natürliche Vorherrschaft des Orang-Utans im Urwald und waren zur Jagd kaum zu bewegen, ja, es gab sogar Völker, die die Ermordung des Affen mit dem Tod bestraften. Mit dem Auftreten weißer Jäger veränderte sich die Situation: Jetzt begriffen auch die Einheimischen, wie man aus der Belieferung westlicher Zoos ein Geschäft machen konnte.

Schließlich blieb den Behörden angesichts des rasch florierenden Erwerbszweigs nichts anderes übrig, als das Vernünftige zu tun: Man stellte den Orang-Utan unter Artenschutz. Die Transmigranten jagen ihn dennoch manchmal, wenn er sich an die Feldfrüchte und Ernten macht oder die Äcker verwüstet, aber wer einen Pongo pygmaeus erlegt oder ihn als Haustier hält, muss inzwischen mit empfindlichen Strafen rechnen.

Buffon erwähnt in seiner Abhandlung außerdem, die Orang-Utans seien die einzigen Lebewesen außer dem Menschen, die Hinterbacken besitzen. Die von Patut teilten sich bereits im Flugzeug. Hätte ich zu diesem Zeitpunkt Galdikas' koprologische Studien zum Stuhlgang bei Orang-Utans schon gekannt – sie hatte ihnen unter anderem einen Tesafilmstreifen in die Analgegend geklebt und diesen dann unters Mikroskop gelegt –, ich hätte vielleicht schon eine Diagnose wagen können. So aber erkannte ich angesichts der orange-zimtfarbenen Flüssigkeit, die sich großzügig über die Decke auf meinem Schoß verteilte, allein auf Durchfall.

Orang-Utans sind die größten Obst- und Pflanzenfresser der Welt, sie verzehren über 300 Arten von Früchten, Rinden, Blumen, aber auch kleine Insekten und Honig. Ihr Überleben ist an das des tropischen Regenwaldes unlöslich gebunden. Patut war mit süßem Brot aufgezogen worden und sprach nicht einmal auf die Lieblingsspeise aller Orang-Utans an, die Durian, diese schwere, kinderkopfgroße Frucht, die verwest riecht und faulig schmeckt und auch unter Einheimischen so beliebt ist, dass sich Bauern schon in den Baumwipfeln mit Orang-Utans um sie geschlagen haben. Vergeblich, die Bauern wurden aus den Wipfeln heruntergestürzt. Schließlich kann man gegen ein Tier, das neunzig Prozent seines Lebens in Bäumen zubringt, nicht dort gewinnen wollen.

Der Orang-Utan wächst langsam. Über zehn Jahre benötigt er bis zur Reife. In einer Erziehung, die ganz auf die Mutter ausgerichtet ist, entwickelt er eine Persönlichkeit, die sich durchaus mit menschlichen Charakterbezeichnungen fassen lässt. Danach war Patut ›verzogen‹. Mit der Überlegenheit des Schwächeren setzte er seine Nahrungswünsche durch, indem er sich fiepend abwandte oder verächtlich prustete und endlich immer wieder verlangte, getragen zu werden.

Währenddessen untersuchte er an mir alles, was ihm interessant vorkam, die helle Haut, Brille und Uhr, Knöpfe und Kragen. Zwischendurch führte er den Geruch auf den Fingerspitzen zur Nase und tastete, wie man es auch bei Begegnungen zwischen wilden Orang-Utans beobachten kann, gelinde schnarchend den Körper seines Hüters ab. Außerdem aß er ungeschickt: Seine Gestik, sein Augenreiben, Strecken, Abwischen, Rückenkratzen und Aufstützen, all das wirkte menschlich, aber seine Voraussicht war gering.

In einem Aufsatz zur Intelligenz der Orang-Utans hat Biruté Galdikas das kinderpsychologische Modell Jean Piagets auf ihre Primaten übertragen und festgestellt, dass bei wild lebenden Exemplaren nur ein verschwindend geringer Anteil der Verhaltensakte mit dem Intelligenzprädikat ›Werkzeuggebrauch‹ ausgezeichnet werden kann. Dafür setzen jedoch fast vierzig Prozent der beobachteten Akte immerhin kognitive Fähigkeiten voraus, so beim Füttern, im Nestbau, in der Mutter-Kind-Beziehung, bei Begegnungen und Bewegungsabläufen.

Die einzige Leistung dieser Art erbrachte Patut in der Nacht. Auf dem Boot hatte ich einen jungen Mann kennen gelernt, der ein bisschen Englisch sprach. Auch er war Wissenschaftler, verriet er mir, ja, mit seinen zweiundzwanzig Jahren war er nichts Geringeres als der größte Blutegel-Forscher Indonesiens. Für die Nacht lud er uns in das Haus seines Vaters ein, der als muslimischer Richter eine hohe Autorität am Ort und zugleich so freundlich war, den fünfzig Kindern vor dem Haus, die gekommen waren, den Weißen mit dem Orang zu sehen, bei Einbruch der Dämmerung etwas Essen hinauszubringen. Wenn wir über die Fensterleiste blickten, sahen wir sie da im Halblicht ruhig auf uns warten.

In dieser Nacht also gelang es Patut, durch zunehmendes Schaukeln das Gleichgewicht seines Korbes so geschickt zu verlagern, dass dieser kippte und seinem Insassen den Ausstieg und die Untersuchung des Hauses ermöglichte. Aber dieses Beispiel zählt nicht. Denn unter zahmen und halbwilden Orang-Utans hat man so zahlreiche hoch entwickelte Formen praktischer Intelligenz beobachtet, dass man gezwungen ist, sie auf das Prinzip der Nachahmung zurückzuführen.

Mehrfach haben Affen später im Lager versucht, das Schloss zu meiner Baracke mit einem Stöckchen zu öffnen – genauso wie sie es mich mit meinem Schlüssel hatten tun sehen –, und einmal wurde ich Zeuge, als ein Weibchen in den frühen Morgenstunden einen Einbaum vom Ufer nicht nur losmachte, sondern sich auch hineinsetzte, mit den Armen ruderte und lenkte, anschließend das mit Wasser voll gelaufene Boot am Ufer durch starkes Schaukeln leerte, um in ihm schließlich stromabwärts zu reisen. Nach eintägiger Suche wurde das Boot später gefunden. Es war am Ende der eigenmächtigen Ausfahrt schlicht versenkt worden.

Galdikas hat Jahre damit zugebracht, intelligente Akte bei wilden Orang-Utans aufzuspüren. Die Ausbeute war nicht groß, trotzdem korrigierte das Resultat die Forschung, die den Orang-Utan als geistig unbeweglich und träge beschrieben hatte. Statt dessen entwarf die Forscherin das Bild eines von zahlreichen zweckbestimmten Abstraktionsvorgängen bestimmten Tierlebens, das in den kleinen Akten des Nestbaus, der Errichtung von Regenschutz, der Nahrungsbeschaffung und Ähnlichem hohe geistige und physische Beweglichkeit entfaltet.

Am nächsten Morgen fand ich am Fluss zwei Bootsleute, die bereit waren, uns nach Tanjung Puting, in das legendäre Camp der Biruté Galdikas, zu bringen. Niemand von all den Leuten, die uns inzwischen in Augenschein genommen hatten, zeigte dem Affen Grimassen oder versuchte, ihn zu Klamauk zu animieren. Bei den Dayaks, den Ureinwohnern Borneos, liegt ein Tabu auf dem Inzest und auf der Lächerlichmachung von Tieren. Bei Verstoß droht dem ganzen Dorf die Strafe der Versteinerung.

Außerdem wirkt der Orang-Utan schon durch die Schwerfälligkeit seiner Bewegung und die gemessene Mimik einigermaßen unanfechtbar. Bereits im 19. Jahrhundert schreibt ein Beobachter: »Die gewöhnlichen Affen erscheinen durch die carrikierte Beweglichkeit ihrer Gesichtszüge wie Verrückte, die anthropomorphen dagegen in der Tat als Orangutangs oder Waldmenschen.« Zweifellos reagiert der Mensch im Vergleich zum Orang-Utan überdeutlich, sogar exaltiert. Vermutlich versteht der Affe ihn deshalb besser, als er den Affen versteht. Aber vielleicht ist auch einfach mehr Affiges im Menschen als Menschenähnliches im Affen.

Zweimal schoben sich auf unserer Bootsfahrt meterlange Schlangen, zweimal Krokodile ins Wasser. Sobald sich eine Wasserpflanze in unsere Schiffsschraube flocht, sprang der Bootsmann trotzdem mit der Machete bewaffnet in die undurchsichtige Brühe und befreite uns in mehreren Tauchgängen, während der Maschinist von oben zusah, dass sich kein Angreifer näherte. Ehemals Feinde der Primaten, sind Schlangen und Krokodile heute allerdings selbst bedroht. Ihr Hauptfeind ist auch der des Orang-Utans: der Mensch.

Patut kehrte in sein altes Habitat ohne eine erkennbare Regung zurück. Der erste wilde Orang-Utan, den wir sahen, stand unter der gleißenden Mittagssonne aufrecht hoch oben in einem schneeweißen Baumgerippe. Er hatte aus den Luftwurzeln eines parasitären Organismus' Zweige für sein Nest gerissen und brach kurz darauf in der Nachbarschaft zwei tote Äste ab, um sie zu Boden zu schleudern. Auch das Deponieren von Zweigen auf dem Boden, das Hämmern auf leere Strünke oder Umstürzen von Bäumen folgt nicht blinder Zerstörungswut. Vielmehr werden solche lärmenden Aktionen von den Affen als ein Kommunikationsmittel benutzt, durch das sie ihr Territorium bezeichnen. Häufig erkennt man den Lebensraum der Orang-Utans an den Spuren brachialer Gewalt, die sie in der Natur hinterlassen.

Orang-Utans sind kaum geselliger, als es ein Säugetier sein muss, heißt es. Sie sind ganz sicher wesentlich einsamer und zugleich melancholischer als Schimpansen und Gorillas.

»Wenn Sie von der Würde dieser Tiere so eingenommen waren, wenn Sie sie in so vielen Belangen als höherrangige Kreaturen einzuschätzen gelernt haben, wie konnten Sie sich dann überhaupt den Menschen wieder zuwenden?«, habe ich Biruté Galdikas später gefragt.

»Ich habe mich ihnen vor allem wieder zugewandt«, erwiderte sie prompt, »nachdem ich feststellte, wie wenig sich Orang-Utans untereinander zu sagen haben.«

Vor allem die erwachsenen Männchen sind solche Einzelgänger, dass Begegnungen zwischen ihnen nur etwa einmal pro Jahr beobachtet werden. Durch ihre Langrufe, kilometerweit hörbare Signale, machen sie die geschlechtsreifen Weibchen auf sich aufmerksam und grenzen das eigene Gebiet gegenüber anderen Männchen ab. Da sich die Weibchen weitgehend still verhalten, ist es also offenbar ihnen überlassen, sich den Männchen anzubieten. Diese wiederum akzeptieren nur Weibchen, von deren Fruchtbarkeit sie sich zuvor überzeugt haben.

Bei halbwüchsigen Orang-Utans sind dagegen Vergewaltigungen unfruchtbarer Weibchen keine Seltenheit. Einmal kam ich erst in der Dämmerung zu meiner Baracke zurück und konnte gerade noch zusehen, wie zwischen den Pfählen, auf denen die Baracke stand, ein Weibchen von hinten hart und kurz drangenommen wurde. Die Erregung des halbwüchsigen Männchens war so groß, dass ihm fast die Augen aus dem Kopf traten. Das duldende Weibchen hatte sich dagegen als Beißsperre eine leere Coladose in das Gebiss geschoben und klopfte sich nach überstandener Prozedur den Staub aus dem Beckenfell.

Unter Erwachsenen gibt es dagegen keine Erschleichung, nur ein Ritual von Werbung und Unterwerfung, bei dem entweder das Weibchen wählt oder der Kampf zwischen Männchen entscheidet. Üblicherweise offeriert sich das Weibchen, indem es sein Geschlecht zeigt, das des Männchens in die Hand oder in den Mund nimmt oder sich ihm rückwärtsgehend und -schauend nähert. Nur sehr selten übernimmt das Männchen eine direkte Vaterrolle, eher entwickelt sich eine Art weiblicher Verteidigungspolygamie.

Das Camp von Tanjung Puting kündigt sich durch verwüstete Baumkronen, niedergebrochenes Gehölz und zerstörte Schonungen an. Manche Forscher sprechen von der Zerstörungswut der Orang-Utans, andere nennen es ihr Konstruktionstalent, ihren Bauwillen. Jedenfalls hat Biruté Galdikas, die zu Anfang wohl an antiautoritäre Kohabitation glaubte und keinerlei Grenze zwischen ihrem und dem Lebensraum der Affen ziehen wollte, inzwischen Schlösser an den Türen. Auch vor der Zerstörung ihres Aussichtsturms am Fluss und den Versuchen, die Dächer ihrer Baracken zu zertrümmern, muss sie kapitulieren, selbst wenn sie solche Gewaltakte feinsinnig als Kommunikationsversuche erkennen und beschreiben kann.

Nach tagelanger Reise also kam unsere kleine Gesellschaft endlich im Camp der Biruté Galdikas an, der Bootsmann, der Maschinist, der Blutegel-Forscher, Patut und ich. Auf dem etwa drei Meter hohen Steg, über den man das Camp vom Fluss aus erreicht, saßen im Sonnenlicht ein paar halbwüchsige Orang-Utans. Zwei von ihnen schlossen ihre großen Hände um meine Knöchel, als ich passieren wollte, einer versuchte, den Gürtel zu lösen, ließ aber rasch ab. Der Handabdruck um mein Fußgelenk blieb noch länger weiß.

Diesen Steg erkannte ich gleich als den aus der Reportage in »National Geographic«. Als uns Biruté aber mit zwei Mustern für ein Speisepflanzen-Herbarium entgegentrat, hatte sie wenig Ähnlichkeit mit ihrem Bild von damals. Verwahrlost, ein wenig plump in der Erscheinung und völlig gleichgültig gegenüber ihrer Wirkung, teilte sie mir bereits im dritten Satz mit, allein Patut rechtfertige meinen Aufenthalt in ihrem Camp; nur ihm hätte ich es zu verdanken, wenn ich nicht sofort wieder rausflöge wie alle anderen Besucher, die ihre Arbeit hier nur stören würden. Unfreundlich war das nicht gemeint, eher unverblümt, wie es nach so vielen Jahren in diesem Lebensraum nicht erstaunlich war.

Ihr Umgang mit Affen dagegen ist einzigartig, unverspielt und ebenbürtig, und man kann sich nicht helfen, man vermutet eine gemeinsame Sprache dahinter.

»Wissen Sie, was er hat?«, fragte sie.

Aber bevor ich etwas von Durchfall und Juckreiz sagen konnte, war ihre erste Diagnose fertig:

»Scabies.« Krätze!

»Und wissen Sie, wer es auch hat? Sie!«

Auf meinen Unterarmen, auf denen Patut die längste Zeit unserer Reise zugebracht hatte, waren Entzündungen entstanden. Da wir uns am Abend zuvor an einer Wasserstelle am Fluss wenige Meter unterhalb der Frauen-Toilette waschen mussten, meinte ich, den Juckreiz auf verunreinigtes Wasser zurückführen zu können. Statt dessen war es Patut, den ursprünglich Menschen angesteckt hatten, gelungen, wenigstens eine Krankheit an den Menschen zurückzuerstatten.

»Wie heißt er?«

Ich sagte es ihr, aber sie schüttelte den Kopf. So hieß schon einer ihrer Mitarbeiter.

»Wenn er überlebt, heißt er Roger«, bestimmte sie unwirsch.

Zwei Frauen wurden anschließend angewiesen, meine Kleider zu kochen. Die beiden kicherten, als hätte man ihnen geraten, mit Pfeffer und Salz abzuschmecken. Offenbar hielten sie das Kochen von Textilien für eine dieser typischen versponnenen Ideen der »white monkeys« oder »white devils«, wie die Weißen hier auch genannt werden.

Aber da das Kochen der Wäsche allein nicht reicht, werde ich am nächsten Tag mit Galdikas und mit Patut zu einem Dschungeldoktor aufbrechen, der sich unsere Erkrankung ansehen soll. Eine lange Schlange Einheimischer wartet vor dem Paravent, hinter dem der Arzt sitzt, der auch nichts anderes diagnostizieren kann als Krätze vulgaris. Wir besteigen also wieder das Boot und begeben uns in einer Tagesreise in einen kleinen Flecken mit Apotheke. Zehn Tuben Salben, gerecht verteilt auf Affe und Mensch, sollten ihre Wirkung nicht verfehlen. Da es zu spät für eine Rückreise ins Lager ist, übernachten wir in einer kleinen Holzarbeiterunterkunft. Über der Rezeption hängt der Panzer einer riesigen Meeresschildkröte.

»Die«, bellt Galdikas den eingeschüchterten Portier an, »nehmen Sie sofort runter, und wenn ich sie beim nächsten Mal wieder dort hängen sehe, folgt die Anzeige!«

Der Mann gehorcht, während sie noch spricht. Dass das Tier

ja schon tot ist und dort vielleicht Jahre vor Erfindung des Artenschutzes aufgehängt wurde, ändert gar nichts für sie.

»Man muss jeden Einzelnen daran gewöhnen, dass man mit aussterbenden Arten keine Räume schmückt.«

Natürlich war die Freude der Forscherin über den neuen Schützling groß, aber weil der Tod des Orang-Utans durch den des tropischen Regenwalds bestimmt wird, gilt heute dem Wald ihr erstes Augenmerk, und sein Zustand lässt sie enttäuscht, bitter, manchmal höhnisch wirken.

Für Biruté, die hierher kam, um Menschenaffen zu studieren, haben persönliche Interventionen bei Regierungen und der Weltbank eine Bedeutung angenommen, die sie sich nie hätte träumen lassen. Sie macht ihren Auditorien nicht wie Fossey minutenlang die Schreie des Waldes vor, spuckt nicht, wie diese es tat, vor schicken Naturschützern auf den Boden und verkehrt in ihrem ökologischen Kampf, anders als die tote Freundin, immerhin noch mit Verantwortlichen im Rang eines Vizepräsidenten. Dazu war sich Dian Fossey zu schade gewesen. Niemand kann über die Persönlichkeit der Freundin besser Auskunft geben als Galdikas, die einen leidenschaftlichen Nachruf geschrieben hat und den Tod der großen Gorilla-Forscherin heute auf ein von ihr entwendetes und vom Mörder wieder in Besitz genommenes Amulett zurückführt.

Nein, sie selbst ist diesseitiger, praktischer, auch politischer. Ihr Verhältnis zu den Affen ist anders als bei der legendären Toten ohne Zweideutigkeit, und angesprochen auf die Grünen sagt sie mit Nachdruck:

»Ich bin zu der Auffassung gekommen: je radikaler desto besser.«

Eine Auffassung, die von den Grünen selbst wohl kaum jemand teilt. Für Biruté Galdikas ist selbst Beobachtung und Forschung Luxus geworden gegenüber der Erhaltung. Dadurch hat sich ihr Leben entscheidend verändert. Die Romantik des entrückten, weltfremden Forscherinnenlebens ist vorbei.

Trotzdem gehen noch täglich ihre zwanzig Mitarbeiter vor Morgengrauen in den Dschungel, liegen in Hängematten unter den Nistbäumen der wilden Orang-Utans und tragen in ihre Büchlein ein: »9.00 Uhr: bewegt sich, 9.30: isst ein Blatt, 9.45: vergewaltigt sein Weibchen, 10.20: wechselt den Baum« etc., trotzdem koordiniert Galdikas diese Expeditionen, oft im Tarnanzug zwischen den Gruppen vermittelnd, und schreibt ihre Aufsätze: über den Langschrei, die Paarung, die Bewegung, den Kot.

Anders als bei Jane Goodall ist kein populäres Buch, keine Gesamtdarstellung, nichts Biographisches, nichts Breitenwirksames dabei. Mühevoll gewonnen, mögen ihre Forschungsergebnisse dem Laien wenig spektakulär erscheinen, aber für die Forschung sind sie von elementarer Bedeutung: Nein, Orang-Utans leben keineswegs so unbeweglich wie früher angenommen, doch, die Weibchen können auch bei der Vergewaltigung empfangen. So lauten zwei der wenigen thesenartigen Ergebnisse zum Leben des Orang-Utans, die wir von ihr haben.

Im Übrigen häuft sie Material für andere auf; die Einsamkeit des Pongiden: ausgedrückt in den Prozentzahlen seiner Sozialkontakte; die Paarung: zerlegt in Kombinationen, Fristen, Intervalle; die Kommunikation: dargestellt in Kurven und Frequenzen – lauter dreißigseitige Texte aus 12 000 bis 45 000 Beobachtungsstunden und einem Leben als Voraussetzung, das man in diesen Texten kaum erkennt und das für die meisten unvorstellbar bleibt: Ein Leben, das fast die Einsamkeit eines erwachsenen Orang-Utans reproduziert und das sich in der überbordenden und gefährlichen Monotonie des immer gleichen wilden Areals ständig erschöpft, ein Leben, das Männer eben nicht auf sich nehmen, so meint Galdikas, weil man es nicht nach vier Jahren abbrechen kann und weil es schnelles, thesenhaftes Publizieren nicht erlaubt. So gewinnen andere ihre Theorien aus dem Material, das Galdikas liefert, und das Beste, das ihr passieren könnte, wäre am Ende, wenn es sich um Materialkomplexe und um Theorien handelte, mit deren Hilfe man zur Rettung der Orang-Utans wie des Regenwaldes beitragen könnte.

Abends präsidiert sie beim Essen. Ihre Mitarbeiter sprechen hauptsächlich vom Wald. Einer muss behandelt werden, weil ein giftiger Tausendfüßler über seine Hand gelaufen ist, ein anderer hat eine drei Meter lange Schlange beim Schwanz ergriffen und in die Länge gezogen, so träge war sie nach dem Fressen. Einer bereitet die Quarantäne für Patut vor, ein nächster erzählt von einer neuen Käferart, die er aufgespürt hat. Sie alle sind in diesem Wald geboren. Ihre Erzählungen unterbrechen sie ganz selbstverständlich, indem sie tierische Bewegungsformen und Reaktionen vorspielen, und sie verstehen sich. Man erkennt Familienzusammenhänge unter ihnen schlechter als unter den Orang-Utans im Lager.

Auch der Ehemann von Galdikas sitzt dabei und schnitzt schweigend an einem dreisaitigen Musikinstrument. Er ist klein, stark und gedrungen, ein echter Waldmensch, an dessen Seite ich in den nächsten Wochen erahnen werde, was es heißt, den tropischen Regenwald zu lesen. Nie zuvor und nie später habe ich einen Menschen so selbstverständlich mit seinem Habitat verschmelzen sehen.

Als wir ein paar Tage darauf mit dem Boot zu einer mehrtägigen Unternehmung aufbrechen, wendet sich Galdikas auf dem Steg noch einmal zu ihrem zurückbleibenden Gatten und will zum Abschied geküsst werden. Ihm ist es peinlich. Die Bootsleute stehen und warten.

»Das macht er nicht, aha ...«. Sie blickt vor sich hin und denkt nach. Dann bittet sie noch einmal.

»Nein, er will nicht. Das ist interessant, die Einwohner von Kalimantan, wissen Sie ...«, und es folgt ein Vortrag, den erst das Bellen des Motors unterbricht.

Für einen Moment war sie ganz weich, jetzt ist sie wieder ganz Beobachterin.

Als wir zwei Tage später zurückkommen, springt ein Hund jauchzend an ihr hoch.

»Was ist mit dem Hund?«, fragt sie, »wessen Hund ist das?«

»Ihrer«, antwortet einer der Männer.

»Ach«, sie streichelt ihn zerstreut, »sie sehen alle gleich aus.«

Monate nach meiner Rückkehr erhielt ich einen Brief des größten indonesischen Blutegel-Forschers. Er war inzwischen ausgezeichnet worden für Arbeiten zur Infarkt-Prophylaxe durch Egel. Aber das erwähnte er nur am Rande. Beigelegt hatte er seinem Brief einen Zeitungsausschnitt. Er zeigte ein mir wohlbekanntes Gesicht. »Little Roger ist jetzt berühmt«, schrieb der Forscher in seinem gebrochenen Englisch. »Er ist soeben von der hiesigen Zeitung interviewt worden.«

Auf dem kleinen Foto sah man in die Augen eines geretteten, aber offenbar unheilbaren Melancholikers.

Der Unberechenbare

John Malkovich auf der Burg des Marquis de Sade

Ende der achtziger Jahre erschrak Amerika vor sich selbst, New York erschrak vor der Verderbtheit der Provinz. Da war aus Chicago – aber gegründet in einer Kleinstadt im Mittleren Westen – eine Theatertruppe in die Stadt gekommen, die sich »Steppenwolf« nannte. Mit Hermann Hesse hatten die Begründer trotzdem nicht viel im Sinn, und was sie der Stadt darboten, hatte mit der mundgemalten Transzendenz des Beatnik-Paten auch nichts zu tun.

»Steppenwolf« brachte »True West«, ein bereits durchgefallenes Stück von Sam Shepard auf die Bühne, so physisch, so real, so »rock 'n' roll«, dass selbst den Theaterkritikern das Theater plötzlich wieder wichtig vorkam und die Psychologen in die Garderobe des Hauptdarstellers pilgerten, um ihm merkwürdige Fragen zu stellen: »Wie machen Sie das?«, »Wo kommt diese Bosheit her?«, »Sind Sie wirklich so gewalttätig?«

Der Hauptdarsteller lächelte mit dem Charme einer Boa constrictor und sagte leise:

»Es ist nichts. Ich weiß nicht. Ich kopiere doch nur meinen Bruder.«

Seinen Bruder in Benton, Illinois, der ihn geschlagen hatte, wie sein Vater ihn geschlagen hatte, wie sich die ganze Familie so geschlagen hatte, dass es den wunderlichen Hauptdarsteller noch heute sanft an einen Krieg erinnert. Sogar durch den Ort waren sie gelaufen, einer hinter dem anderen her, in der Absicht, sich zu schlagen.

Wer aber war dieser Theaterschauspieler, der sich in »True West« jeden Abend eine Bierdose so hart gegen den Schädel schlug, dass das Publikum Angst bekam? Der Mann, der auf den Straßen von New York überfallen wurde, sich ein Buschmesser kaufte und den Dieb jagte, bis er ihm das neue Messer an die Kehle drücken konnte? Der geschiedene Gatte der »Steppenwolf«-Schauspielerin Glenne Headly, die ihm den Kosenamen »Wurzel allen Übels« gab? Der Kunde, der in Rom aus Ärger über eine nicht erledigte Näherei eine Änderungsschneiderei verwüstete? Sohn eines gewalttätigen Vaters, Bruder von vier schlagkräftigen Geschwistern, die gemeinsam als die schwarzen Schafe in die Geschichte von Benton, Illinois, eingingen?

Malkovich ist nicht Schauspieler geworden, er war es immer und schaufelt seither alle angestaute Erfahrung aus sich heraus.

»Sie sollten Sprecherziehung nehmen«, empfahl ihm ehedem sein Schuldirektor. Daraufhin gründete Malkovich ein Theater, in dem Menschen, die so etwas empfahlen, keinen Einfluss hatten.

Als die »Steppenwolf«-Kompanie Ende der Achtziger aus dem Nichts in die amerikanischen Großstädte kam und es dem Publikum (auch deshalb) angst und bange werden ließ, weil niemand verstand, woher diese Wut kam, die sich in der Provinz aufgestaut hatte und nun in einem expressiven Amoklauf in die Metropolen schwappte, da glaubte man, das Theater erfahre hier eine grundsätzlich neue Definition, und die Journalisten löcherten selbst die Garderobenfrauen: Wie macht dieser Malkovich das?

Dieser Malkovich verstand den Wirbel nicht und verweigerte die Antwort. Noch heute trägt er ein amüsiertes Staunen zur Schau, wenn man ihm mit Fragen zu seiner Technik kommt. Dann verspottet er *Method Actors*, die monatelang in Polizeistationen arbeiten müssen, um zu wissen, wie man einen Notruf entgegennimmt, und kann nicht verstehen, dass sich Debra Winger durch ihre Arbeit an Bertoluccis »Himmel über der Wüste« fast in die Nervenheilanstalt katapultierte, während er selbst neben dem Set schnitzte, Handarbeiten knüpfte oder Weihnachtskarten schrieb.

Malkovichs Ansatz ist ein anderer. Er traut nicht dem Erlernten, sondern überlässt sich der »diktatorischen Kraft« der Erfahrung. Er kommt aus dem Nichts und verwandelt sich in alles, er ist ein Mann ohne Eigenschaften, also mit allen.

Sechs Jahre nach »True West« und ein paar kleinere Filmrollen weiter findet man John Malkovichs durchtriebenes Gesicht auf dem Plakat von Stephen Frears »Gefährliche Liebschaften« zwischen dem von Glenn Close und Michelle Pfeiffer. Die Liebschaft mit ihr zerrüttet jenseits des Films Malkovichs Ehe, und der Kritiker der »New York Times« verliert seinen untadeligen Ruf. Er nennt die Darstellung des Vicomte de Valmont schlicht »deplatziert und vulgär«.

»Ein wirklich guter Schreiber«, kommentiert Malkovich maliziös, »sogar wirklich humorvoll, nur leider ohne einen Funken Geschmack. Was halten die Leute eigentlich für historische Wahrheit? Dieser ›Stil‹, mit dem sie einen zwangsernähren, lenkt doch nur von Wichtigerem ab. Nein, ich glaube nicht, dass die Leute im 18. Jahrhundert uns so furchtbar unähnlich gewesen sind.«

Als sich ihm am Set zu »Gefährliche Liebschaften« dann ein Historiker nähert und sagt:

»Ich kenne zweitausend Arten der richtigen Verbeugung im 18. Jahrhundert«, verbeugte sich Malkovich, noch als Valmont, und erwiderte:

»Dann kennen Sie jetzt zweitausendundeine.«

Lachhaft, »authentisch« sein zu wollen:

»Niemand war dabei. Niemand kennt das historisch Echte.«

Es interessiert ihn nicht, als personifiziertes Gebärdenmuseum durch einen Kostümschinken zu laufen. Seine Figuren sind alle Zeitgenossen und gehören dem Heute, weil sie von einem heutigen Schauspieler generiert werden. Sein Valmont wäre als Rokoko-Verführer nicht weniger authentisch mit Kaugummi im Mund.

Und dann diese andere Schauspieler-Doktrin: Neben der historischen Authentizität der Figur gehe es um ihre innere Notwendigkeit. Als gäbe es in jeder Situation nur eine richtige Interpretation! Zur Verzweiflung hat er Jane Campion in »Portrait of a Lady« gebracht, als er ihr immer neue Versionen seiner Figur anbot.

»Aber Sie müssen sich doch für eine Variante entschieden haben«, klagte die Regisseurin.

»Vielleicht für diese?«, entgegnete er und zog eine weitere aus dem Ärmel.

»Also die Gefühle bewegen sich ein bisschen, aber Eifersucht bleibt Eifersucht?«

»Ja, nur redet man vielleicht etwas freizügiger darüber. Wenn ich Hitler, den Verführer spielen wollte, ich dürfte ihn nicht historisch wahr spielen, nicht so, wie er in den Filmdokumenten wirkt, da ist er lächerlich. Nein, – »

»Hätte er Sie als Kind verführt?«

»Im Ernst: Hitler, Göring, Goebbels – wenn ich die als Kind gesehen hätte, ich glaube, die hätten mich nicht verführt! Nein, Hitler dürfte man nicht historisch wahr spielen, man müsste vielmehr zeigen, wie er heute als Verführer wirken würde.«

Das ist bezeichnend: John Malkovich hat die Gabe, alles in Gegenwart zu verwandeln. Die »Gefährlichen Liebschaften« waren noch nicht lange aus den Kinos verschwunden, da hatte ich ihn 1990 in London auf der Bühne gesehen in »Burn This«, langhaarig, fett, riechbar. Er spielte wie der Leibhaftige, spuckte in die ersten Reihen, gefährdete jeden einzelnen Zuschauer persönlich, und keiner konnte und durfte den Blick von ihm wenden. Nie zuvor oder später habe ich einen Schauspieler so einschüchternd physisch spielen sehen.

Hier wie im Film feierte er seinen Erfolg mit den Bösen, mit manipulativen Charakteren, seine Autorität wirkt wie aufgeschobene Gewalt. Ja, wenn etwas stimmte an dem Kritikervergleich mit dem jungen Brando, dann war es die sexuelle Ausdünstung, dieses Mann und Frau gleichermaßen Schmeckende seiner Geschlechtlichkeit, das selbst von den Gentlemen am Pausen-Pissoir kommentiert wurde, und Malkovich liebt es bisweilen, den Dingen eine sexuelle Wendung zu geben, wenn man es am wenigsten erwartet.

Als er in Wolfgang Petersens »In the Line of Fire« von Clint Eastwood mit dem blanken Revolver bedroht wird, verpasst er dem stählernen Lauf eine wahrhaft schweinische Fellatio. Spontan.

»Warum?«

»Ich wollte, dass es auch sexuell einschüchternd wirkt.«

»Und?«

»Und ich wollte, dass sich Clint amüsiert.«

Mission erfüllt.

Trotzdem ist Malkovich mehr als der intelligente, selbstbewusste Sonderling mit querulantischen Zügen. Seine Magie hat, eben ähnlich wie bei Marlon Brando, am meisten mit seiner weichen Seite, seinem Androgynen zu tun.

»Mit Menschen ohne ausgeprägte weibliche Seite verstehe ich mich nicht«, sagt Malkovich.

Was verrät uns das über Don DeLillo und Tom Waits, die er zu seinen engen Freunden zählt? Genießen sie seine Gesellschaft, weil es mit Malkovich so leicht ist, multiple Persönlichkeit zu sein, sich zu verwandeln, weil es so aufregend ist, durch seine Augen zu sehen, auch oder gerade weil so Vieles daran schlicht weniger erlebt als erlitten scheint?

Als Glenne Headly ihn verließ, weinte Malkovich, und er weinte ein ganzes Jahr lang. Klinisch gesprochen, versank er in Depressionen. Dieser Mann, der seit einem Jahrzehnt manchmal zweimal wöchentlich zum Psychiater läuft und immer noch Nägel kaut, bändigt zahllose Charaktere in sich, hat sich aber selbst nicht in der Gewalt?

Inzwischen ist er schlank und kahl, aber nicht minder einschüchternd. Er gilt als scheu, als schwer zugänglich. Aus all den

Jahren seines internationalen Ruhms gibt es ein einziges Fernsehporträt über ihn, dreißig Minuten lang, vor vielen Jahren von der BBC realisiert. Es gefällt ihm, Enigma zu bleiben, offen für Deutungen wie eine Kunstfigur, mit einem Gesicht, das all die Ablagerungen trägt dieser merkwürdigen Geschichten über ihn. Dabei ist es entspannt und grimassiert nie. Fellini sagte einmal, er habe für den Casanova einen Schauspieler gesucht, der ein Gesicht habe wie ein Knie. Er entschied sich für Donald Sutherland. Malkovich hat auch so ein Gesicht.

Er ist selbst reflektiert und alt genug, um seine Wirkung zu kennen. Möglich, dass inzwischen die Suggestion, die er erzeugt, stärker ist als die Summe seiner Filmrollen. Inzwischen stehen sie Schlange, um durch seinen Kopf wahrzunehmen, mit seinem Hirn zu denken – zumindest tun sie das in Spike Jonzes Debütfilm »Being John Malkovich«, dem wohl einzigen Film der Filmgeschichte, der im Hirn eines realen Schauspielers spielt. Dort besitzt unser Held eine vaginale Öffnung, und durch diese weibliche Pforte betritt man seinen Kopf. Kein anderer Schauspieler hätte die Phantasie des Publikums zu einer solchen Idee inspirieren können. Kein anderer hätte noch in seiner Banalität so abgründig gewirkt, keiner hätte sich am Ende selbst so glaubwürdig auf die Reise durch den eigenen Kopf machen können.

Kein Zufall, aber er will nicht »verkauft« werden über das Attribut »Unberechenbarkeit«, und er hält es für vergebliche Mühe, sich um ein Image zu sorgen, das ohnehin nichts weiter ist als das Ausscheidungsprodukt einer Oberflächen-Industrie.

Nur ihm, der das Theater als einzige Versöhnung der Schauspielerei mit der Kunst betrachtet, glaubt man solche Verachtung des Filmgeschäfts. Niemand spricht freimütiger, niemand polemischer über Hollywood: Die Filmindustrie gebiert gewöhnlich eineiige Zwillinge aus Doofheit und Gier, sie macht alles schon in seiner Entstehung platt, kein einziger Hollywoodfilm wird dreihundert Jahre überleben, die »Oscar«-Verleihung ist eine Farce, und auch die eigenen Großproduktionen überraschen ihn manchmal durch ihr Ausmaß an »Geschmacklosigkeit und Stupidität«. Er ist ein Alien für Hollywood geblieben, wo man weiß, wie er denkt. Deshalb wirkt er in den großen Produktionen wie jemand, der sich aus dem europäischen oder dem Independent-Film hierher verlaufen hat.

Ein Frühlingsnachmittag in Babelsberg. In einem dunklen Tonstudio geht Malkovich vor dem Standbild der Schlusseinstellung des »Unholds« von Volker Schlöndorff auf und ab, den Off-Text den Bildern anpassend.

»Wann immer du willst, John«, sagt Schlöndorff hinter der doppelten Glasscheibe am Mischpult.

Er ist zurück, nach fünf Jahren Abstinenz vom Film zurück am Mischpult, und er ist nervös, denn er hat einen Film unter den Händen, dessen Ambition die neuen deutschen Kino-Unternehmungen in die Kreisklasse verweisen müsste. Wir zählen die letzten Tage der Postproduktion, die Würfel sind gefallen, alles scheint an diesem Film zu hängen. Schlöndorff zielt hoch.

Und Malkovich sticht in See. Er spricht den Monolog, der den Film aus dem Off abschließen wird, wie mit den Händen durchs Dunkel tastend, wieder und wieder ansetzend, mit immer neuen Satzmelodien und einem eigentümlichen Klingen der Pausen. Niemand rührt sich, jede Fassung ist anders als die vorangegangene, jede hat eigene Plausibilität, die Suggestion aber bleibt ungebrochen: Interpretationskunst in der Entstehung.

»Faszinierende Arbeit«, werde ich ihm als erstes sagen, als er hinaus auf den sonnigen Kiesweg vor dem Studio tritt, und ›faszinierend‹ ist genau, was ich meine. Selten hat mich die Beobachtung einer schauspielerischen Arbeit in der Entstehung so gefesselt.

»Oh, danke!«

Er neigt den Kopf, bescheiden wie ein Prälat, dann sieht er mir gerade in die Augen, wie um nachzusehen, wie aufrichtig das Kompliment gemeint sein könnte.

»Danke«, sagt er noch einmal, als sei er überrascht.

»Ich hatte den Eindruck, diese Arbeit steckt voller musikalischer Pausen, und während die stehen bleiben, frage ich mich immer, wie beim Zuhören: Was geht wohl gerade in seinem Kopf vor?«

Nicht der Anflug eines Lächelns.

»Zwei Dinge gleichzeitig, nämlich: Was ist wahr und was ist effektvoll?«

»Und beim Effektvollen misstrauen Sie sich?«, wünsche ich mir.

»Ich misstraue mir grundsätzlich. Punkt. Aber gleichzeitig sage ich mir, du musst auch unterhalten, egal ob mit Goethe oder mit Peter Pan.«

Unwillkürlich bin ich enttäuscht, die alte Leier vom globalen Anspruch der Unterhaltung aus seinem Munde zu hören. Als wäre es nicht interessanter zu sagen, wo die Unterhaltung endet, wenn sie endet. Als wäre es nicht interessanter, gerade Goethe vor dem Primat der Unterhaltung in Schutz zu nehmen. Aber vermutlich verwahrt er sich so gegen das Langweilige.

»Es überrascht mich, dass Sie Wahrheit und Effekt gleichwertig behandeln.«

Er zuckt unmerklich die Achseln, kontrolliert wieder mein Gesicht:

»Der Anteil Wahrheit bedeutet zu tun, was wirklich bewegend ist, der Anteil Effekt zu tun, was aussieht, als würde es dich bewegen.«

»Und die Unterhaltung regiert über allem?«

»Die Unterhaltung nimmt viele Verkleidungen an. Sie kann Angst erregend sein, entrückt oder versonnen.«

»Als einen Teil der Unterhaltungsindustrie habe ich Sie trotzdem nie gesehen.«

Es ist ihm recht, es ist ihm egal. Nein, es ist ihm recht im Gedanken an »Steppenwolf«, im Gedanken an die vielen unbezahlten Produktionsrechnungen, die auf seinem Weg liegen geblieben sind, nur weil er sich für seine einzige Leidenschaft, das Theaterspielen, so verausgabt hat. Nur das hat ihn zum Film gebracht, nur das hält ihn fest: der Zwang, die Ausstände für teure, unrentable Theaterproduktionen zu bezahlen. Fragt man ihn, warum er die und die Filmrolle angenommen habe, so wird er immer zuerst sagen: »For the money.«

»Vermutlich haben Sie Recht, und ich gehöre nicht wirklich zur Unterhaltungsindustrie. Aber andererseits beginne ich am

Donnerstag mit einem Jerry-Bruckheimer-Film, und was verkörpert Hollywood drastischer als das?«

Don Simpson/Jerry Bruckheimer, in der Tat ein Produzenten-Duo für großformatigen Hollywood-Trash. Sie haben damals Tom Cruise als Rennfahrer in »Days of Thunder« in die Kinos gebracht und seither hauptsächlich Krach gemacht.

Der Film, den Malkovich drehen wird, heißt »Con Air«, verspricht, der größte kommerzielle Dreck seiner bisherigen Karriere zu werden – und wird dieses Versprechen später auch halten. Malkovich wird Sträfling sein, gefesselt, kahl geschoren und brutal. »Con Air« spielt er, weil das Spielen das Metier ist, mit dem er sein Geld verdient, und weil er das Geld braucht. Selbst in Hollywood hat er nie ein Hehl daraus gemacht, dass er Filme ausschließlich aus ökonomischen Gründen dreht. Er tut mir Leid. Müsste er aber nicht, er hat seine Begeisterung.

»Erscheinen Sie auf dem Set einer solchen Produktion nicht als Fremder?«

»Ja, ich bin ein Fremder. Aber natürlich sind alle sehr freundlich zu mir, sie sagen zum Beispiel, wir würden wahnsinnig gerne Ihre Ansichten hören über das Drehbuch und alles, und ich denke, lieber Himmel ... sie werden meine Ansichten hören, aber nicht respektieren.«

Er lacht.

»Mehr noch, es wäre so, als müssten wir beide eine Fremdsprache lernen.«

(Monate später, »Con Air« ist auf der Leinwand und offenbar ein Kassenerfolg, finde ich in einer amerikanischen Zeitschrift die Bemerkung des Regisseurs Simon West: »Es ist immer interessant abzuwarten, zu welcher Tageszeit John seinen Wutausbruch bekommen wird, weil wir angeblich zu viel Zeit auf das Licht verschwenden.«)

Wir gehen den kleinen Kiesweg gleich neben den Produktionshallen von Babelsberg hinunter. Die Luft riecht nach Frühsommer, die Studios scheinen weitgehend leer. Auf dem Rasen wird ein lächerlich kostümiertes Pferd mit einem Federbausch auf dem Kopf hin und her geführt und an eine bestimmte Bewegung gewöhnt. Auf der Längswand der Halle verrät ein gemalter Prospekt, dass hier einmal Außenaufnahmen einer Gasse aus den Zwanzigern gedreht wurden. Die Zureiterin zieht ihren Klepper im Kreis. Sie blickt nicht rechts, nicht links.

Malkovich hat diese leise, höfliche Art, die keine Brücken baut, aber voller Aufmerksamkeit ist. Wenn er schläfrig erscheint, ist seine Anspannung am stärksten. Was gefährlich wirkt, ist jene Unberechenbarkeit, aus der er im Kino seine grässlichsten Aktionen entwickelt, wenn er mordet, rasch von hinten ein Genick bricht. Aber auch außerhalb des Films wirken seine Gesprächspausen manchmal wie das Zögern vor dem Ernstfall. Er zwingt dem Gespräch gerne seine Pausen auf und bereitet in langen, hochtonig gesprochenen »Hmmmmms« irgendeine überraschende Reaktion vor oder schwimmt einfach davon oder wird indifferent.

»Der ›Unhold‹ besitzt laut Drehbuch das Talent, die Furcht zu wecken im Menschen. Gilt für Sie selbst nicht etwas Ähnliches?«

»Ich finde mich selbst sehr umgänglich. – Leider finden das sonst die wenigsten.«

»Ich rechne jedenfalls immer damit, dass Sie irgendetwas Unvorhergesehenes machen.«

»Das kommt selten vor. Fragen Sie die Leute, mit denen ich den ›Unhold‹ gedreht habe. Ich bin vielleicht nicht fürchterlich beherrscht, aber alles in allem unterhalte ich ein sauberes Verhältnis zu meinen Gefühlen. Nur so erlauben sie mir, mit ihnen zu leben.«

»Kinder lieben es, wenn man ihnen Angst macht.«

»Ich liebe es genauso. Ich mache Leuten auch gerne Angst, aber ich bringe sie nicht gerne zum Weinen.«

Und wirklich: Beim Abendessen auf einer Berliner Hotelterrasse wird er ein paar Mücken das Genick brechen, aber sonst, ganz Vicomte de Valmont, dafür sorgen, dass die Konversation kreist: eine interessierte Nachfrage an Michael Nyman, den Soundtrack betreffend, ein Angebot an Volker Spengler, unter Malkovichs Regie und an der Seite von Roberto Benigni den »Godot« auf die Bühne zu bringen, und mit Volker Schlöndorff eine liebevoll spöttische Erinnerung an Dustin Hoffman, den gemeinsamen Kollegen aus »Tod eines Handlungsreisenden«.

»Ihr mit euern deutschen Stoffen!«, hatte der im Hinblick auf den »Unhold« lamentiert. All dieses Vergangenheitsbewältigen kommt ihm im Grunde suspekt vor, so als suchten diese Deutschen nur einen Vorwand, sich neuerlich mit dem Nationalsozialismus zu befassen. Nun haben Malkovich und Schlöndorff ihm von irgendeiner legendären Stätte der Nazi-Geschichte (Berchtesgaden? Nürnberg?) eine Postkarte geschickt: »Wish you were here. Volker. John.« Und Dustin läuft durch Los Angeles, zeigt die Karte rum und sagt jedem, der es hören will: »Bitte! Was habe ich euch gesagt?!«

Die Nachfahrin des Marquis de Sade und Inhaberin der südfranzösischen Burgruine, in der wir uns ein paar Wochen später verabredet haben, ist fast achtzig, bis in die Wimperntusche violett und grotesk. Sie hat sich kostümiert wie eine Wiedergängerin der Duclos und hält regelrecht Hof zwischen den Mauern.

Malkovich muss ein Faltblatt einstecken, auf dem die Geschichte der Ruine erzählt wird, eine traurige Geschichte voller Blut und Konkurse. Einmal hatte er hier sogar eine Sommerparty feiern wollen – wenn die Alte nicht so unverschämt viel Geld verlangt hätte. Heute würde sie ihm das Ganze am liebsten verscherbeln, statt es dem französischen Staat zu überlassen, der es wohl nach ihrem Tod bekommen wird.

Malkovich schlendert mit Lowey, seinem fünfjährigen Sohn, durch die Anlage. Der Kleine hält einen Plastik-Batman in der Hand und steuert einen Brunnenschacht an. Der Vater streichelt dem Kleinen über das Haar, er selbst hebt den Kopf, als wittere er noch das Geschrei der Gefolterten. Die Alte redet weiter auf ihn ein. Als wir sie endlich davon überzeugt haben, dass wir lieber allein blieben, trollt sie sich, und wir können zusehen, wie sie als purpurner Farbfleck ihren Weg durch die Ebene nimmt.

»Erinnern Sie sich ...«, nehme ich den Faden noch einmal auf, »in Babelsberg sagten Sie, Hitler hätte Sie als Kind wohl kaum verführen können. Aber könnten Sie verhindern, dass Ihr Sohn verführt würde?

»Nein.«

»Könnten Sie ihm nichts Entsprechendes beibringen?«

»Ich bringe ihm die Dinge auf dieselbe Weise bei, wie es mein Vater bei mir getan hat.«

»Ihr Vater hat Sie mit einem Gürtel geschlagen!«

Er blickt nicht einmal hoch.

»Na und? Er schlug mich, stimmt, aber es hat mir keinen Eindruck gemacht. Die Prügelstrafe ist nur ein Element der Kindererziehung. Braucht man sie nicht – gut, braucht man sie – auch gut.«

»Ihrer Bewunderung für Ihren Vater hat es jedenfalls keinen Abbruch getan, dass er Sie schlug?«

Erst antwortet er nicht. Dann schüttelt er schweigend den Kopf. Er kaut immer noch ungeniert an den Nägeln, aber vielleicht will er der Psychologie ein Schnippchen schlagen und sagt deshalb so gelassen:

»Nein, das eine hat mit dem anderen überhaupt nichts zu tun.«

Er hängt dem Gedanken nach, offenbar befriedigt davon, moralisches Neuland zu betreten oder sich zumindest außerhalb der allgemeinen Meinung zu bewegen. Dann setzt er hinzu:

»Weder trete ich für die Prügelstrafe ein, noch plane ich, sie demnächst anzuwenden. Aber ich bin schließlich auch nicht mein Vater und habe mich nicht als Sohn. Trotzdem, vielleicht bin ich ja gar nicht einverstanden mit seinem Vorgehen. Dennoch muss ich zugeben, geschlagen zu werden war einfach keine Erfahrung, die mich nachhaltig geprägt hat oder die Narben hinterlassen hätte.«

»Ihr Vater schlug Sie, dafür war Ihre Mutter ohne Disziplin und gab Ihnen keinerlei Lebensregeln mit?«

»Vielleicht hatte sie selbst keine, das Gericht tagt darüber noch.«

»Das heißt: Ihre Kindheit war kontinuierliche Aggression.«

»Ja, alles war wie das Verhältnis von Bosnien zu Serbien, Serbien zu Kroatien, Kroatien zu Slowenien usw.«

Malkovich spricht über diese Erinnerungen wie über etwas Literarisches. Diese Familie da unten, in der Idylle von Benton, wo die Menschen sich viel zu viel umeinander kümmerten, wo sie puritanisch und prüde lebten und äußerst naive Vorstellungen vom Leben hegten, diese Familie war eine Bande von schwarzen Schafen: der Vater ein Naturschützer, die Mutter nach den Maßstäben des Ortes schon fast verwahrlost, die Söhne roh und wild, die Torturen des älteren gegen den jüngeren Bruder so brutal, dass John manchmal morgens mit dem Kopf unter dem Hintern des Älteren aufwachte, der gerade einen Furz abließ. Der Ort, so glaubt Malkovich, ist heute immer noch tugendhafter als die meisten Flecken der Erde:

»Gemessen am moralischen Status von Benton ist jeder Einwohner Frankreichs ein Alkoholiker.«

Dafür sind die Scharmützel der Malkovich-Familie in zahlreichen filmischen Metamorphosen des Bösen in die Welt hinausgetragen worden, und das von John, dem Jüngeren, Schwächeren.

»In Ihrem Spielen vollzieht sich also eine permanente Erkundung Ihrer Kindheit?«

»Eine Erkundung?«

Er zögert, schüttelt dann den Kopf, offenbar hellhörig für jede Vokabel, die psychoanalytisch verstanden werden könnte.

»Ich weiß nicht, aber jedenfalls eine Widerspiegelung dessen, wie etwas ins Leben trat oder daraus verschwand oder einen blendete.«

»Und finden Sie als Schauspieler leicht Zugang zu Ihren Gefühlen?«

»Nicht mehr ganz so leicht wie früher, aber immer noch relativ leicht. In den ersten Jahren unseres Lebens wird ein so tiefer Brunnen der Gefühle ausgeschachtet, der bewässert uns ein Leben lang.«

»Aus dieser Quelle also schöpfen Sie. Bewusst?«

»Wenn ich es bewusst täte, wären es ja keine Gefühle mehr, sondern Gedanken, und Gedanken sind für Schauspieler manchmal gefährlich.«

Wie oft hat man diesen Mann, der sich geduldig, teilnahmsvoll und Nägel kauend auf das Gespräch einlässt, wie oft hat man ihn als des »denkenden Mannes Lieblingspsychopathen« bezeichnet. Jetzt hängt er in seinem Stuhl mit der schläfrigen Anspannung einer großen Katze und verwahrt sich gegen den Nimbus, ein Intellektueller zu sein. Nur weil er Bücher liest? Weil er das Theater dem Film vorzieht? Weil er flüssig zitieren kann?

Am liebsten würde er alle Spuren einer intelligenten Aneignung der Rolle verwischen. Entweder sie ist spontan da oder sie muss durch das Unendliche gehen. Bernardo Bertolucci hatte nach Beendigung der Dreharbeiten gestanden, was in Malkovich vorgehe, sei ihm rätselhaft.

»Also gehen Sie im Geiste zurück in den Mittleren Westen, nach Benton, während sich alle fragen: Wie bereitet dieser Mann sich vor, der am Set Weihnachtskarten schreibt und stickt?«

»Ich versuche, eine Atmosphäre der Leere herzustellen.«

»Aber die Leere ist immer die gleiche. Warum sind dann die Figuren immer andere?«

»Das ist eine gute Frage! Wahrscheinlich ist es wie beim Malen. Man wurde nicht engagiert, um einen Sommertag in der Provence zu malen, sondern für einen Novembertag in Krakau. Der Unterschied zwischen Mutter Teresa und diesem Serbenführer, na ...«

»Karadzic.«

»Ja, der Unterschied liegt doch nicht darin, dass sie anders gehen und reden und unterschiedliche Geschlechter besitzen, sondern dass sie in der gleichen Situation unterschiedlich reagieren und in sich plausibel bleiben. Ich bin kein Surfer, aber ich könnte sagen: Meine Aufgabe ist es, die Welle zu treffen, die innere Bewegung der Figur. Meine Vorbereitung heißt lernen, wie man die Welle reitet. Alle anderen Dinge, wie jemand redet, sich bewegt, wie er aussieht, sind nur oberflächlich wichtig. Andere Schauspieler üben all das vorher. Ich kann überhaupt nichts vorher üben.«

Wenn es ein Konzept des Spielens gibt für den Schauspieler John Malkovich, dann liegt es hier, und es bewegt sich um drei Begriffe: erstens um die Welle, die man treffen und reiten können muss, die richtige Spannung und Plausibilität, das richtige Tempo, das man finden, die richtige Eleganz in der Ausführung, die man vermitteln muss. Zweitens um den Autor, den man aus sich heraus erschaffen muss, dessen Arbeit man im Spielen sukzessive wiederholt und dessen Imagination man produktiv-reproduktiv erneuert. Bleibt noch das dritte:

»Sie verachten Schauspieler, die Monate in Polizeistationen zubringen, um authentische Cops zu sein?«

»Ja, aber wissen Sie, im amerikanischen Film bringen sie dir ja nicht nur bei, wie man den Revolver benutzt, sie lehren dich auch noch, wie man eine Waffe baut und die Kugel gießt ... Sicher, ich wäre auch gerne mal auf einer Polizeistation, aber ohne Auftrag, einfach so. Ich hab auch schon mal ein paar Krankenhaus-Rundgänge mit einem Freund, einem Hand- und Fußchirurgen, gemacht, aber doch nicht, weil ich einen Doktor spielen würde! Der Film entsteht doch nicht aus Dingen, die wir uns extra für den Film angeeignet haben, sondern aus Lebenserfahrung.«

»Und was passiert, wenn Sie mit eben solchen Schauspielern arbeiten, wie Debra Winger oder Dustin Hoffman?«

»Mit Debra war es problemlos. Sie hat Glück, sie ist nicht wie ich. Mit Dustin gab es ein paar Zusammenstöße. Er denkt so viel, ist auch schlauer als ich. Mir geht all dieses Denken auf die Nerven, trotzdem sind wir Freunde. Aber es gibt gewisse Dinge, die technische Schauspieler machen, bei denen ich vor Scham im Boden versinken würde.«

»Sie schützen sich also vor Reflexion?«

»Total, in dieser Hinsicht total! Wie Clint Eastwood mal gesagt hat: Man muss einfach seine Grenzen kennen.«

»Der jedenfalls ist bestimmt kein Method Actor!«

»Nein, wirklich nicht, und so komisch es klingen mag, er ist von allen, mit denen ich gearbeitet habe, vielleicht der Schauspieler, der mir am ähnlichsten ist.«

»Das meinen Sie nicht ernst!«

»Doch. Mag sein, dass er umgekehrt meine Art zu spielen nicht ausstehen kann, aber er ist auch nicht wie Dustin und Debra, die immer fragen, was würde meine Figur jetzt machen, wie würde sie mit dieser Situation umgehen? Er kommt auf den Set und sagt: Acht Uhr, lasst uns losmachen!«

»Man könnte sagen: Sie haben zuviel Selbstvertrauen.«

»Ich habe nur keine Neigung, meine eigenen Sensibilitäten auszubreiten.«

Malkovich hasst Schauspieler-Gerede, all dieses Kunsthandwerk von der dienenden Aufgabe des Interpreten, alle angenommene Bescheidenheit, alle Metaphysik der Einfühlung und Aneignung. Gleichzeitig ist er zu klug, um nicht zu wissen, auch seine nüchterne, herabspielende Art könnte als eine Attitüde eigener Art gewertet werden. Deshalb spricht er gerne als Handwerker, der allenfalls einige Lebenserfahrung für sich in Anspruch nimmt. Er kann brutal sein, unheimlich, er kann Leuten vor allem im Theater Angst machen durch seine jedes theatralische Maß sprengende Expressivität, seinen Jähzorn, durch die Bereitschaft, jeden Augenblick amoralisch zu handeln.

»Es ist völlig schnurz, was ich persönlich über Pädophile, Mörder oder italienische Restaurantbesitzer denke, ich muss sie nicht sein, ich muss sie nur spielen können.«

Aber selbst während er dies sagt, bemüht, kein Schauspieler zu sein, ist die Unberechenbarkeit da, und ich frage mich, welchen Ausdruck seine Schwermut wohl hatte, wie sein Brüten war und wie seine Selbstzerstörung. Trotzdem, aus irgendeinem Grund löst er keine Rührung aus.

»Unterscheiden Sie selbst eigentlich zwischen Gut und Böse?«

»Eigentlich nicht. Ich könnte zum Beispiel einen Massenmörder ziemlich gut spielen, und ich glaube sogar, ich verstünde ihn. Aber dass ich ihn verstehe, heißt nicht, dass ich ihm nicht den Tod wünsche.«

»Mir ist aufgefallen, dass Sie allein in dreien Ihrer Filme Ihre Opfer durch Genickbruch töten. Ihr Einfall?«

»Nein ...«

»Jedenfalls beherrschen Sie den Griff ...«

»Also in ›Mäusen und Menschen‹ stand es im Buch, in ›Herz der Finsternis‹, wen hat es da erwischt? Ach ja, ein Äffchen, nicht wahr?«

»Genau.«

»Und bei ›In the Line of Fire‹ war es eine Gemeinschaftsidee.«

»Sie wussten, wie man das macht?«

»Ich hatte es nie zuvor getan. Man hat es mir beigebracht. Meinen Sie, für mich sei das irgendwie beunruhigend? Keineswegs. Ich sage Ihnen sogar etwas, das alle diese politisch korrekten Schauspieler natürlich nie sagen werden: Ich bin ein starker Verfechter der Todesstrafe. Nehmen Sie diesen Massenmörder aus der Gegend, in der ich geboren wurde. Dreiunddreißig Menschen hat er auf dem Gewissen. Immer dasselbe Täterprofil, weiß, männlich, meist ein Einzelgänger. Meinetwegen arbeitet er mal als professioneller Clown, mal als irgendwas anderes, auf jeden Fall aber ist er vorzüglich als Hirnchirurg, mit einem Bohrer. Verstehen Sie, ich könnte ihn spielen, ich bilde mir ein, ich könnte ihn begreifen, aber dass ich ihn begreife, heißt noch lange nicht, dass ich mir seinen Tod nicht wünsche oder dass ich mir nicht sogar wünsche, ihn eigenhändig umzubringen.

Aber dann kommen die Todesstrafen-Gegner mit ihrem Genöle von der ›grausamen und unnatürlichen Strafe‹. Wer je geboren wurde, stirbt auch, und einige wurden nie geboren und sind trotzdem gestorben. Soviel zum ›Unnatürlichen‹. Und ›grausam‹ – im Vergleich wozu? Zu Aids, Herzinfarkt, Brustkrebs, Lungenkrebs, Cruise Missiles oder was? Ich weiß nicht. So grausam ist die Todesstrafe nun auch nicht. Aber wie auch immer, jedenfalls würde ich nie, niemals erlauben, dass ein solcher privater Standpunkt auf meine Arbeit abfärbt.«

Er hat sich für seine Verhältnisse regelrecht in Rage geredet, inspiriert von der Darstellung der Verbrechen, der Täter, der Prozeduren und der eigenen Überzeugung. Trotzdem trägt er sie nicht vor, wie einer, der die eigene Stärke genießt, auch nicht wie ein Bürgerrechtler, eher entwickelt er sein Plädoyer wie eine Sache der Logik, wie etwas außerhalb der Moral, und was daran letztlich verwirrend erscheint, das ist die Lustlosigkeit seines Ausdrucks, so als mache ihm der starke Standpunkt trotz des vehementen Vortrags nicht einmal Spaß.

Also versuche ich noch einen anderen Weg.

»Der Marquis de Sade war der Ansicht, in der Liebe sei es vor allem die mit dem Sex verbundene Idee des Bösen, die die Lust erregt.«

»Das stimmt vermutlich, doch für seine Gesellschaft damals wohl eher als für unsere heutige. Die Lust ist einfach ein völlig natürlicher, tierischer Reflex. Ich bin kein Sadist, aber ich liebe de Sade, nur verursache ich einfach nicht gerne Schmerzen. Genauso fern liegt mir die Idee des Masochismus, aber vielleicht bin ich auch bloß noch nicht weit genug gegangen.«

»Moral ist dabei jedenfalls nicht im Spiel?«

»Nein. Ich glaube, die Liebe ist eine Sache der Drüsen. Der englische Minister saugt an den Zehen der Porno-Darstellerin? Ja, wir sind alle lächerlich, lächerliche Tiere! Zwei Hunde sehen sich, ficken, einer beißt den anderen und die Liebe geht weiter. Nein, es ist alles nicht so erhaben und hat mit Moral wenig zu tun.«

»Also sind Sie selbst moralisch indifferent?«

»Ich bin moralisch indifferent in meiner Arbeit, nicht als Person. Ich bin moralisch indifferent gegenüber der Religion, gegenüber Homo- und Heterosexualität, bis zu einem gewissen Ausmaß auch gegenüber der Politik. Aber ich bin nicht indifferent dem gegenüber, wie sich die Menschen behandeln sollten. Das nicht.«

Sein kleiner Sohn hatte eine Zeitlang hinter uns auf einem Balken gekauert. Dann war er langsam durch den Torbogen gegangen, und ich konnte durch die herausgebrochenen Fenster sehen, wie er den Brunnen inspizierte, reglos im Gras sitzen blieb und geduldig mit seinem Batman spielte. Die Anwesenheit des Jungen verwandelte den Garten in etwas Sagenhaftes. Man spürte die Zeit nicht. Eher schien alles wie immer und ewig. Redende auf Steinen, ein Junge im Gras, das Wandern der Sonne.

Aber dann erschien Lowey plötzlich wieder unter dem Torbogen und fragte auf Französisch, ob »John« nicht mitkommen könne. Und Malkovich erhob sich sofort, mitten aus einem Diskurs über die Todesstrafe, den Sadismus und die moralische Indifferenz und streckte dem Fünfjährigen die Hand hin.

»Komm, mein Liebling, jetzt zeigt dir Daddy, wo der große Baum steht!«

Dabei blickte er immer noch beobachtend und sammelnd an den Burgmauern des »göttlichen Marquis« empor, und plötzlich lächelte er, ich weiß nicht, warum. Vielleicht war gerade wieder der richtige Augenblick, eine Postkarte an Dustin Hoffman zu schreiben: »Wish you were here!«

Die einsame Lady

Margaret Thatcher in London

Es wird einmal schwer sein, denen, die unter ihrer Herrschaft nicht geliebt, gedient und gestöhnt haben, die Bedeutung von Margaret Thatcher zu erklären. Den nackten Hass, den sie auslöste, die Fußfälligkeit, die sie provozierte, den Respekt, den sie erzwang, den Nimbus, den sie sich erarbeitete, die Kälte, in der sie sich selbst konservierte.

Die einen wollten nichts Britisches in ihr erkennen – sie sprach in einem künstlichen, anmaßenden Soziolekt, rivalisierte mit der Queen, kannte kein echtes Understatement und keinen britischen »sense of humour«, man glaubte ihr die Liebe zu Ascot nicht oder zur »Last Night of the Proms«. Die anderen fühlten sich durch sie an die alte Größe und Stärke des Commonwealth erinnert, sahen sie gerne in einem Panzer über ein militärisches Übungsfeld rasen, vermissten in ihr aber wahre Eleganz, Raffinesse, Weiblichkeit – nicht eben politische Tugenden. Aber tatsächlich standen alle diese weltmännischen Staatschefs auf den Konferenzfotos um sie herum wie Jungs, wie Ausflügler oder Halbstarke, die hart angefasst werden wollen.

Wenn London wirklich die Welthauptstadt der Exzentriker ist, dann gab es durchaus diese eine Seite, die passte. Eine Krawallschachtel war sie, für Karikaturen wie geboren, mit der Steilkurve ihrer Frisur, ihrer Theatralik, ihrem laubgesägten Profil.

Die einen sagten: Sie verleugnet ihre Mittelklasse-Herkunft, und prompt erwiderte Thatcher auf die Reporter-Frage:

»Wo kaufen Sie Ihre Leibwäsche?«

»Bei Marks and Spencer natürlich!«

»Natürlich« war nur das Kalkül. Bloß nicht ausweichen, bloß beim Volk sein, bloß keinen Snobismus zeigen – und Helmut Kohls Unterhemden sind aus der »Kaufhalle«!

Die anderen, wie der glücklose jahrzehntelange Gegner Neil Kinnock, hielten im Unterhaus zweistündige Reden mit endlosen Analysen zur Widerlegung ihrer Politik, ihres Lebenswerks, ihrer Existenz, dann erhob sich Thatcher und erwiderte: »No!«

Sie gewann immer, gewann ihre Macht, ihre Ämter und selbst ihre Niederlagen. Sie gewann ihren Nachfolger, ihr Altenteil und ihre Glorifizierung. England könnte untergehen, sie bliebe England, und nicht einmal die Queen hat das Land je so zwischen den Zähnen geschüttelt wie diese Furcht erregende, die eiserne, die eisige Margaret Thatcher, eine der ganz wenigen Figuren aus dem politischen Personal der Nachkriegszeit, die zum Trademark geworden sind.

Der Musiker und Schauspieler Sting ist in der Grubenstadt Newcastle im Norden Englands aufgewachsen, sein Vater war Bergarbeiter in einer Region, die den wohl erbittertsten Streik der jüngeren englischen Geschichte durchfocht und dennoch verlor, in »Stormy Monday« von Mike Figgis spielte der berühmte Sohn einen Thatcher-Gegner in Newcastle. Deshalb fragte ich ihn einmal:

»Zur Zeit, da Ihr Vater unter Tage arbeitete, wurden in Ihrer Heimatstadt die Zechen geschlossen, allen Streiks (und allen Scargills) zum Trotz. Sind Sie ein Thatcher-Opfer?«

»Jeder in England ist ein Thatcher-Opfer!«, erwiderte er wie im Reflex.

Genau! Das war die Stimmung der Leute im Eastend Londons, als ich dort lebte. Das war der Sermon von Joe, dem Zeitungshändler, von Pete, dem Milchmann, und Chester, dem Postboten, die alle ihre Gründe hatten, alle andere und alle gute. Das war unsere Meinung nach dem »La Belle«-Attentat gewesen, als Thatcher Reagan die Militärbasen für die Bombardierung von Tripolis und Bengasi zur Verfügung gestellt und ihren eigenen Außenminister kühn übergangen hatte. Das hatten wir gedacht im Falklandkrieg, dessen legitime Hymne Neneh Cherry sang mit dem Song »Give Sheep a Chance«. Das hatten die Leute gesagt, die unter dem Niedergang des englischen Sozialstaates und dem Untergang als Industrienation stöhnten und Thatcher täglich leibhaftig erlitten.

Aber eines Tages, so malten sich die märchenhaft zum Fernsehen oder Zeitungslesen Verurteilten aus, eines Tages würde ein Interviewer kommen und sie alle rächen, indem er mit den richtigen Fragen anreiste und nicht lockerließe, bis etwas entblößt und entlarvt wäre und das Eastend und Stings Vater (und Scargill) und Joe, der Newsagent, Pete, der Milchmann, Chester, der Postbote, und all die zivilen und nicht-zivilen Opfer, alle ihre Genugtuung hätten.

Deutsche wollen immer entlarven, selbst da, wo es gar keine Larven gibt, und obendrein ist die Entlarvung ein spezifisch journalistischer Fetisch. Sie wollen dem Popmusiker nachweisen, dass er schlechte Musik macht, und dem schüchternen Schriftsteller, dass er sich nur geschickt vermarktet.

In Wirklichkeit aber gibt es nur eine begrenzte Zahl von Leuten, die sachlich satisfaktionsfähig sind, also Politiker, die den Lebensraum wirklich gestalten, Wirtschaftsvertreter, die die Arbeit und das Geld verteilen, Juristen, die das Recht beugen, Meinungsmacher, die für die Vereitelung oder Fehlbildung des Bewusstseins verantwortlich sind. Alles in allem kompensieren Journalisten wohl das Misstrauen, das sie selbst verdienen, dadurch, dass sie es anderen gegenüber wach halten. Aber Lady Margaret Thatcher, diese geadelte »Eiserne«, war nun wirklich der Inbegriff eines kritikwürdigen Gegenübers.

Ich hatte also wahrhaft Glück, als »Die Woche« ausgerechnet mich einlud, diese gute alte Feindin zu interviewen.

»Wie viel Zeit gibt sie mir?«

»Eine Dreiviertelstunde Gespräch, plus eine Viertelstunde Fototermin.«

Nicht schlecht, und nicht untypisch: das Analytische und das Kosmetische im Verhältnis von 3 zu 1. Ich erhielt ein paar hundert Seiten Archivmaterial, gut zweitausend Seiten Autobiographie und die Videokassette mit einem jüngeren BBC-Interview. Da saß sie streng und starr, wie einer Russenpuppe von Barbara Cartland entstiegen.

Kern der Geschichte und Anlass für unser Gespräch aber sollte diese Autobiographie sein, und die würde sich wohl kaum über zwei dicke Bände daherwälzen, wäre sie nicht auch politischer Schelminnenroman, die psychologische Abhandlung über das Schicksal einer ambitionierten Krämerstochter, die sich nicht allein durch ihre Machtausübung, sondern durch die Wechselfälle ihres privaten und politischen Lebens der Leserschaft empfehlen wollte.

Entsprechend präpariert war ich, im Gespräch auf ein Gegenüber zu treffen, das Politik gerne durch Unpolitisches darstellen, das sich reizend, verletzlich und menschlich würde machen wollen. Der Politiker aber, fand ich brav, sollte an dem gemessen werden, was er verändert, nicht an dem, was er verdaut hat. Kann ja sein, dass Politiker Popstars sein können, unter dem Strich aber interessiert mich das so wenig wie die Operationsgraphiken aus Jelzins Bauchhöhle.

Ich war schon frühmorgens in der Stadt, setzte mich also in ein unterirdisches Café an der Regent Street und dachte mir über die Blätter mit all den angehäuften Zitaten, Fakten und Einwürfen gebeugt immer neue Fragen aus. Wie wäre es mit: »Hielten Sie Hillary Clinton für einen besseren amerikanischen Präsidenten, als es ihr Mann ist?« Nur so zum Spaß. (Als ich die Frage später dann wirklich stellte, reagierte Lady Thatcher geradezu schnippisch: »Das wohl kaum« – ein bißchen stutenbissig vielleicht?)

Mit den Augen durchsuchte ich ratlos den Raum des Cafés. Hatte Thatcher hier eine Spur hinterlassen? Konnte man an solchen Räumen überhaupt die Gestaltung der Welt durch Politik ablesen? Wo wäre die Jahrzehnte alte Macht der Tories hier fassbar? In den Arbeitsverträgen der Bedienungen? In der Hygiene-Verordnung? In der Konzessionsurkunde des Lokals? Im Denken der Arbeitgeber? In der Besteuerung?

Auf dem Weg zur »Thatcher Foundation« frage ich, wie es sich vor Interviews mit berühmten Leuten immer empfiehlt, den Taxifahrer.

»Die Tories sind Scheiße«, sagt er, »kein Konzept, keine Kraft. Da war die Thatcher noch von anderem Schrot und Korn. Damals habe ich sie nicht gewählt, das gebe ich zu, aber heute hätten wir sie dringend nötig.«

Was macht man daraus? Wenn man den Konservatismus stärken will, muss man John Major schwächen. Schwächt man Major, schwächt man die Sache der Tories. Also ist Thatchers Kampf in sich paradox. Vielleicht so: »Wie viel Spielraum bleibt Ihnen bei dem Versuch, den eigenen Standpunkt zu verdeutlichen, ohne den von Major zu schwächen?« Oder so: »Der Thatcherismus, sagen Sie, ist älter als Sie. Wo lebt er heute denn überhaupt noch?« Ach nein, zu schwach, eine Einladung zum Leitartikeln.

Das Palais der »Thatcher Foundation«, eine halb-private Residenz der nicht privatisierenden Patronin, liegt im vornehmen Stadtteil Belgravia, zwischen der Astrologischen Gesellschaft und dem bulligen Betonkomplex der Deutschen Botschaft. Hier lebt ein Jahrhundert – aber eines, das erst seit knapp fünf Jahren vergangen ist.

Das Vestibül als Devotionalienhandel einer versunkenen Ära. An den Wänden die Geschichte im Exil: Thatcher und Reagan vertraulich auf einem Imperatorenhügel, handgewidmet von einem, der sie verstand, gerahmte Fotos der brennenden Ölquellen Kuweits, Union Jack und Star Spangled Banner ineinander flatternd, die Karte der Golfregion auf ein gewalztes Stück Schrapnell geprägt – Memorabilien, Trophäen, Souvenirs. Im oberen Stockwerk werden dann noch die gerahmten Fotos der Enkel *süüüüüß* dazukommen und dazwischen das Ölbild ihrer Großmutter als junge Krämerin. Man geht durch ein Wechselbad, vom Entsetzlichen ins Sentimentale, vom Makabren ins Groteske.

»Lady Thatcher ist nervös, weil Sie gekommen sind«, sagt die Assistentin, indem sie mir von einer oberen Treppenstufe aus die schneeweiße Hand reicht.

Nervös?

»Seien Sie so freundlich und übergehen Sie es einfach, falls sie sich wiederholen oder verhaspeln sollte. Es können Konzentrationsschwächen sein, sie hat nämlich sehr viel gearbeitet in der jüngsten Zeit, oder vielleicht liegt es einfach daran, dass sie eben nervös ist. Verstehen Sie?«

Sie sieht mir in die Augen, als ginge es um die Bestätigung eines Passworts.

Ob ich verstehe? Thatcher nervös meinetwegen? Get off it!, würde ein Engländer sagen. Aber ehe ich noch eine Chance habe, mir Gedanken darüber zu machen, was all dies bedeuten könnte, ist es der Assistentin wie durch einen Handstreich gelungen, die Spannung zu verlagern und anstelle der Aggression eine merkwürdige Form sekundärer Erwartung und Einfühlung, wenn nicht des Mitleids mit meinem Gegenüber zu fördern. Jedenfalls sind meine Gedanken plötzlich weniger bei dem eigentlichen Interview als bei dem Geheimnis um Lady Thatchers Schwäche, und so haben sich meine Vorsätze deutlich entschärft, während ich hinter der Assistentin die Treppe hinaufsteige. Infam, das Gegenüber so umzudrehen und dem missionarischen, dem schonungslosen Entlarver und Enthüller die Voraussetzungen unter den Füßen wegzuziehen!

So gelange ich in den oberen Stock, bis an die Schwelle des

Thronsaals. Eine andere, nicht minder distinguierte Assistentin sitzt mit Schreibblock schon am Tisch. So also sehen die jungen konservativen Frauen Englands aus, lauter Jil-Sander-Silhouetten neben wartenden Teetassen.

Das erste, was ich von Margaret Thatcher sehe, ist ihre schmale Rückenansicht in einem blauen Kleid, die Frisur eisgrau am Nacken herabwogend. Sie steht abgewandt, ein wenig ungünstig gekrümmt hinter dem Sofa, denn irgendwie hat sie sich beim Versuch, das Fenster zu schließen, in der Gardine verfangen und wirkt aus der Ferne, grummelnd und zerrend, am ehesten wie Dame Edna.

Als sie sich aber dann umdreht, muss ich an mich halten, damit sie mir den Schrecken nicht ansieht, so schmal und konzentriert ist ihr Gesicht, das, offenbar gezeichnet von einer Krankheit, all seine berüchtigten Charakteristika unschmeichelhaft nach außen kehrt: den messerscharfen Blick, das Vogelprofil, die Härte der Mundpartie ...

»Sie hat Augen wie Caligula und einen Mund wie Marilyn Monroe«, hat François Mitterand einmal gesagt. Kein Mensch weiß, welche Augen Caligula hatte, aber jeder kann sich überzeugen, dass Margaret Thatchers Mund dem Mitterands ähnlicher sieht als dem Marilyn Monroes.

Müßig allerdings, all das subjektiv und parteiisch zu beschreiben, wenn es nicht gelingt, die Fragen zu finden, die all dies Physiognomische ins Sprachliche übersetzen werden. Jeden Charakterzug muss eine Frage erschließen, und im Resultat des ganzen Gesprächs muss der Nachweis gelingen, dass sie verantwortlich ist für ihr Gesicht. Aber ist sie das noch?

Auf dem Rückflug wird ein Reporter der »Bild«-Zeitung (heute Gerhard Schröders Pressesprecher) neben mir sitzen. Er ist nicht minder irritiert und will während seines Interviews sogar das Gluckern eines künstlichen Darmausgangs gehört haben. Ich höre nichts, aber manchmal werde ich mich des Eindrucks nicht erwehren können, dass Margaret Thatcher eine andere Welt bewohnt.

Selbst diese künstliche Süße, die sie zur Begrüßung zur Schau trägt, kenne ich schon, und dann höre ich mich fassungslos, noch bevor wir uns hinsetzen und ich den Augenblick nachvollziehe, in dem sie mir ihre mehlige Hand ganz weich über den Tisch reicht, dann höre ich mich irgendetwas über die Schönheit der Gegend ringsum sagen, und sie erwidert, ja, die Deutsche Botschaft sei das einzig moderne Gebäude in der Gegend, und ich sage, ja und das hässlichste, und sie lächelt entschuldigend und fragt, ob ich die Art-Déco-Hochbauten von Chicago kenne, und ja, sage ich wieder, während eine Flucht von Bildern an mir vorbeiflattert, die kenne ich, wunderschön sage ich, und sie fügt noch ganz allgemein etwas über die Architektur von Chicago an und ich wieder etwas über deren Eleganz und *Craftmanship*, bis sie sagt:

»Aber wir sind nicht hier, um über diese natürlich auch sehr interessanten Dinge zu sprechen.«

Das schneidet schon ein bisschen, aber die Trance ist immer noch nicht ganz vorbei.

Also verheddere ich mich in der ersten Frage, muss sogar aufs Blatt sehen, dann endlich kommt es gebunden und deutlich:

»Angesichts der langen Zeit, die Sie an Ihrer umfangreichen Autobiographie gesessen haben, welchen persönlichen Vorteil haben Sie bei der Niederschrift aus der Konfrontation mit der eigenen Vergangenheit gezogen?« Phhh.

Was jetzt kommt, hat mit der Frage nicht sehr viel zu tun, aber so war sie gemeint, eine offene Vorlage, eine Einladung, eine Entwarnung, bei der ich weghören kann, um etwas anderes zu beobachten. Ihre Mimik, ihre großen, in die Ohrläppchen geschraubten Perlen, ihr Puder, die Textur ihrer Haut, der Faltenwurf unter dem Kinn, alles, was man auf Fotos und durch Kameras nicht erkennt. Und dann die Süße ihres Charmes in der Entstehung und das Einfrieren der Verbindlichkeit im Pathos der Exekutivgewalt. Ihre Antwort aber ist die einer Universalistin, umständlich kommen die Sätze daher, voller Abirrungen und Neuansätze.

Genüsslich nenne ich den Umfang ihrer Memoiren noch einmal.

»Auf insgesamt knapp zweitausend Seiten Autobiographie haben Sie es mit dem zweiten Band ihrer Erinnerungen gebracht. Glauben Sie, Sie müssten sich rechtfertigen?«

»Rechtfertigen! Was für ein sonderbarer Gedanke!«

Der Spott wird schneidend. Aber der Reflex verrät nicht gerade die »Marks-and-Spencer«-Kundin. Sie steht mal eben über dem Gesetz.

»Wie kann man glauben, ich müsste mich rechtfertigen! Alle meine Überzeugungen wurzeln in meinem Glauben an die Natur des Menschen. Rechtfertigen! Wird die deutsche Politik so wenig vom Glauben, vom Vertrauen getragen? Ich frage Sie: Wer steht denn heute in Deutschland noch für Philosophie?«

Philosophie?

Sie beschwört die Namen sotto voce: »Goethe! Schiller! Wer noch? Schumacher ... ich rede nicht von dem Rennfahrer ...«

Sie spricht ohne Punkt und Komma. Die Wege ihrer Überlegungen sind unerforschlich. Ich kenne keinen deutschen Philosophen namens Schumacher. Schleiermacher vielleicht? Der nächste Brocken, den ich auffange, lautet:

»Die Freie Marktwirtschaft besitzt die Weihen nicht, die das Individuum besitzt.«

Ach, besäße das Individuum nur die Weihen der Freien Marktwirtschaft! Wie durch eine Drehtür wischt sie aus der Politik in die Anthropologie und zurück. Es geht über Stock und Stein. Ich versuche, irgendwo einen Pflock einzuschlagen:

»Hat der Nazismus in Deutschland, hat Adolf Hitler Ihr politisches Denken geprägt?«

»Natürlich!«

Das Weltbild der Margaret Thatcher stand mit vierzehn Jahren fest. Es war das Weltbild ihres Vaters, und das war zunächst moralisch-theologisch und erst in zweiter Linie politisch.

»Das Böse ist allzeit bei uns, und glauben Sie mir, es nimmt dauernd neue Formen an.«

Die Politiker des Bösen, die Mächte des Bösen, die Technologie in den Händen der Bösen, die bösen Kräfte in der Gesellschaft ... und das Böseste am Teufel ist angeblich, dass er uns glauben machen will, es gäbe ihn nicht.

»Kein Krieg ist in der Politik je für immer gewonnen.«

Die Attitüde ist biblisch, die Konsequenz praktisch: Die beiden schwierigsten Situationen in ihrem politischen Leben hatten mit der militärischen Vernichtung des Bösen zu tun, im Falkland-Krieg und in jener Nacht, in der sie Reagan gestattete, seine Luftangriffe auf Libyen von englischen Militär-Basen aus zu fliegen. Margaret Thatcher ist eine Anhängerin der Todesstrafe geblieben. Dass alttestamentarische Vorstellungen von Recht und Strafe ihr Weltbild bestimmen, überrascht weniger, als dass sie ihren Humanismus mit nicht geringerem Pathos vertritt. Darin ähnelt sie ganz Edward Teller, dem »Vater« der Wasserstoffbombe.

»Mein Weltbild stand früh fest, aber ich habe es mir nicht angelesen, sondern erstritten in Diskussionen mit meinem Vater, mit Freunden, mit politischen Weggefährten.«

Und alle diese Diskussionen haben sie gelehrt, dass das Humane leidenschaftlich errungen werden will und nach seiner Rettung durch Feuer und Schwert verlangt.

»Eiserne Lady«, war das Kompliment oder Diskriminierung?

»Das war ein Kompliment, weil es stimmte. Ich musste *tough* sein, musste um jeden Zentimeter kämpfen. Ich habe diesen Titel immer als Auszeichnung verstanden.«

»Haben Sie die Macht genossen?«

»Dazu hatte ich viel zu viele Sorgen. Nein, helle Freude an der Macht habe ich nie besessen, aber die Leidenschaft, England wieder etwas zurückzugeben von seiner alten Größe. Dazu meine Macht zu nutzen, mit Leidenschaft und mit Instinkt, das hat mir die wunderbarsten elf Jahre beschert, trotz aller Schwierigkeiten.«

Margaret Thatcher ist das reinste Exemplar jener aussterbenden Gattung ›Weltpolitiker‹, die aus einem verhangenen Arbeitszimmer heraus jedes Volk der Erde regieren könnte. Wenn man ihr zuhört, möchte man glauben, die Welt zerfiele nicht in Nationen, sondern in Ressorts, und für jedes einzelne besäße sie Kompetenz.

Indien? »Dieses wunderbare Land! Wir waren zuerst da. Wir bewahrten es vor dem Kommunismus.«

Bosnien? »Die UNO hat diesem Volk das Recht auf Selbstverteidigung aberkannt. Sie hätte niemals Truppen schicken dürfen.«

Europa? »Ich habe nie an die europäische Einheit geglaubt. Sie wird nicht funktionieren. Wir laufen gegen den Strom der Geschichte. Der Volksgeist erhebt sich gegen die Regierungen, er fühlt sich wohler bei nationalen Identitäten, und wie können wir Demokratie predigen und uns gleichzeitig einem Referendum über Europa verweigern?«

Auch wenn ich sie nach den Richtlinien für eine neue Beschäftigungspolitik in Burkina Faso fragte – sie wüsste eine Antwort.

Die Welt der Zukunft? »Fünf, sechs Supermächte werden entstehen und sich bekämpfen, wenn die Pax Americana fällt. Bill Clinton ist nicht der Mann, dies zu verhindern.«

Margaret Thatcher wäre die Frau. Während die Parzellierung der Welt voranschreitet und auch die Politiker und ihre Interessen parzelliert, ist sie als einzige auf der Weltbühne zurückgeblieben. Aber die Bühne ist leer. Das Empire ist bei ihr im Exil. Es sind Blumen auf ihrem Kleid, sie hat dicke Perlen an den Ohren, ihre mauve-farbene Frisur beschreibt noch immer die dramatische Steilkurve eines Wellenbrechers, und die Aristokratie ihres Stimmfalls erlaubt ihr, der Lady, wirtschaftspolitische Erörterungen mit dem Zusatz zu versehen:

»Glauben Sie mir, ich bin Krämerstochter, ich weiß, wovon ich rede.«

Die Lady. Ich frage, sie antwortet, oder besser, ich mache das Geräusch des Fragens, sie räsoniert, und von all dem bleibt nicht mehr übrig als eine Person, die man verliert, weil sie sich aus welch multiplen Gründen auch immer partiell außerhalb der kausalen Welt befindet, in einer Art Paralleluniversum, aus dem man sie nicht mehr vertreiben kann und in dem jede meiner möglichen Entlarvungsfragen nur noch grotesk klänge.

Außerhalb davon ist unser ganzes Gespräch nicht mehr als ein Epilog, ein Nachruf auf eine Frau, die nicht mehr ist, auf eine

Politik, die nicht mehr gemacht wird, auf eine Entrüstung, die ich im Angesicht dieser Schattenkönigin nur noch in kalter Form mobilisieren kann. Schließlich ist aus demselben Grund dieses Interview überflüssig, es wird nichts bewegen, nichts korrigieren und nichts befriedigen. Es wird auch nichts berichten außer etwas Posthumem, das noch dazu historisch irrelevant geworden ist. Allenfalls enthält es Margaret Thatcher so, wie auch Madame Tussaud sie enthält.

Doch ihre Intensität lässt nicht nach, nicht einmal lehnt sie sich an, nicht einmal schweift ihr Blick. Sie moduliert, sie flüstert, sie fleht und beschwört. Man versteht, wenn sie sagt, Helmut Kohl habe es jetzt wohl leichter, seit sie die politische Szene verlassen habe. Sie muss ihn wirklich das Fürchten gelehrt haben.

»Telefonieren Sie denn noch dann und wann mit ihm?«

»Ach nein, Sie wissen ja, sein Englisch ist nicht so gut. Nein, Telefonieren mit ihm, über Dolmetscher, das wäre wirklich zu umständlich.«

Ihre Spitzen sind höflich, aber sie sitzen, und mit einem Lidschlag versichert sie sich zugleich, dass sie auch angekommen sind. Zwar liebt sie es augenscheinlich, offene politische Rechnungen zu begleichen, trotzdem würde sie jetzt wohl am liebsten als Humanistin gewürdigt.

Niemand spricht glühender und überzeugender von der Würde des Individuums, seinem Recht auf Freiheit und Selbstentfaltung. Das verleiht ihr, angesichts der bloß floskelhaften Verwendung solcher Begriffe ringsum, etwas ebenso Messianisches wie Antiquiertes, und nicht umsonst wird der Schatten, den sie auch in diesem Augenblick über ihren Nachfolger wirft, immer schwärzer und größer.

Sie sei für die Spaltung der Partei und die Inflation verantwortlich, sagt John Major. Er sei nicht konservativ genug, erwidert sie, besorgt, den Mann, nicht die konservative Sache zu schwächen. Und trotzdem hat sie im Wahlkampf, fast höhnisch, Tony Blair den Vorzug vor John Major gegeben. Ja, sie erkannte ihn früh, ihren wahren Enkel, Waffenbruder und Anhänger jenes Liberalismus, der mal »Dritter Weg«, mal »Neue Mitte« heißt.

»Es fällt Ihnen nicht leicht aufzuhören, ringsum Ratschläge zu erteilen!«

»Das ist heute meine Art, Politik zu gestalten. Niemand soll mir nachsagen, ich hätte mich auf den Lorbeeren meiner Politik ausgeruht.«

Sie lacht ohne Ton.

»Ich weiß, ich habe immer eine Tendenz gehabt, die Leute zu belehren.«

»Ist es wahr, dass Sie Gorbatschow einmal das Prinzip der Börse erklärt haben?«

Es ist. Bei einem Essen mit dem russischen Präsidenten fand sie heraus, dass er nicht alles am Kapitalismus verstand. So erklärte sie ihm, was Termingeschäfte, was Privatisierung, was Aktienbesitz bedeutet, und erfuhr umgekehrt wieder, wie in der Politik manchmal kleine Dinge zu ganz großen führen:

»Gorbatschow hatte ursprünglich ein Problem im Wohnungsbau, das die Armee betraf. In der Wiedervereinigung erkannte er eine enorme Einnahmequelle und damit eine Möglichkeit, dieses Problem zu lösen. So erhielten die Deutschen ihre Einheit.«

Ob sie das selbst glaubt, ist nicht zu entscheiden, aber es macht ihr Spaß, das pathetische Erleben der Deutschen auf etwas Profanes, ja lächerlich Banales zurückzuführen. Margaret Thatcher hatte diese Vereinigung ja nie für möglich gehalten, so kann sie jetzt nur noch rechthaberisch darauf bestehen, der Vollzug wie die Folgen der Einheit bestätigten alle ihre Befürchtungen.

»Sagen Sie ehrlich, hatte Ostdeutschland denn je eine Chance, sich zu widersetzen? Ich habe den Eindruck, die Menschen fühlen sich bis heute nicht wohl. Sie werden nicht verstanden, nicht um ihrer selbst willen geschätzt. Ich hatte einfach den Eindruck, wenn da zwei unabhängige, aber eng verbundene Länder gewesen wären, dann hätte sich der Osten selbst aus dem Dreck gezogen. Die Menschen dort haben allen Stolz, alle Kraft der Deutschen. Sie hätten sich aus eigener Kraft helfen sollen, statt sich wie unreife Geschäftspartner behandeln zu lassen. Wie hieß noch dieser nette kleine Mann, der die Bratsche spielte? Richtig, Lothar de Maizière, vielleicht kein großer, aber ein netter, bescheidener Mann, dessen Persönlichkeit wohl einfach zerstört worden war ... Wie schade!«

»Die Zeit ist vorbei, Lady Thatcher«, unterbricht die Assistentin, »der Fotograf wartet.«

»Lassen Sie«, faucht die Lady, »er soll weiterfragen.«

»Es fällt auf, dass in all Ihren Überlegungen der Umweltschutz keine Rolle spielt.«

»Ich will Ihnen etwas sagen. Wissen Sie, wer die größten Umweltsünder sind? Die Bauern Afrikas. Sie brandroden die Felder, ziehen immer weiter und lassen nichts als erschöpfte, unbrauchbare Erde zurück ...«

So geht es immer weiter. Ich frage irgendetwas, sie antwortet irgendetwas, oft etwas so monströs Abwegiges, wie man es nie gehört hat, und jede Antwort enthält ihre ganze Welt. Noch zweimal wird die Assistentin unterbrechen, einmal sogar das Zifferblatt ihrer Armbanduhr mit dem Zeigefinger berühren, aber Lady Thatcher wird, wie an einer Infusion des Interesses hängend, jedes Mal erwidern:

»Noch eine Frage, bitte.«

Und ich werde gehorchen, so lange, bis ich kurz davor bin, wieder von den Hochbauten Chicagos anzufangen.

Endlich gehen wir hinüber, vom Salon ins Arbeitszimmer. Schwere Stoffe, braune Töne, massive Möbel. Der Schreibtisch fast leer, vielleicht soll niemand Schlüsse ziehen. Aber die gerahmten Fotos der Enkel soll ich betrachten und etwas von dem sagen, was man zu allen Enkeln sagt. Niedlich, lieblich, wie das Ölbild ihrer Großmutter als junge Frau, das alle anderen Bilder überragt, gemalt, als Margaret Thatcher noch so gerne Monopoly spielte, Hollywood-Filme sah und für den Vater Wahlkampf betrieb.

Der Fotograf sähe sie am liebsten in einem alten Ohrensessel, und ich sollte dann einfach hinter ihrem Stuhl stehen. Sie probiert es, springt aber sofort wieder auf.

»Das geht nicht, nein, das ist viel zu viktorianisch. Nehmen wir das hier.«

Sie zerrt mit ihren spitzen Fingern einen alten Globus heran, der wie ein pergamentfarbenes Auge in einem bauchhohen Holzgestell schwimmt. Wir sehen auf den Erdball hinunter, der Fotograf zieht die Schärfe.

»Moment«, ruft Lady Thatcher plötzlich aus und macht eine dramatische Pause: »Erst drehen wir Europa nach vorn!«

Sie tut es, und so stehen wir da, sinnlos über die Welt gebeugt.

»Sehen Sie nur, wie groß Afrika ist! Und die ehemalige Sowjetunion! Und hier China! Allein 1,2 Milliarden Menschen!«

Ihr Fingernagel stößt hinunter wie ein Plektron, das in die Saiten sticht.

»Und jetzt wir dagegen: unser kleines Europa!«

Das Perlmutt ihres Nagels verweilt ein Weilchen über dem Kontinent, dann dreht er ab und überquert den Atlantik.

»Und hier Amerika, der Garant unserer Freiheit! Diese Brücke ...«, ihr Finger sticht hinab auf die Brückenköpfe, »... müssen wir stärken!«

Das spricht sie nicht mehr zu mir, sondern zu den Weltmächten, aber die haben den Raum längst verlassen. Doch ihr Volk? Einer der ersten Thatcher-Statuen, die man ihr in London errichtete, schlug man im Jahr 2002 den Kopf ab.

»Express Yourself!«

Madonna in Paris

Stars und Sterne haben ihre eigene Atmosphäre. Je größer der Star, desto weiter strahlt er aus, desto früher spürt man seine Gravitation, desto eher gerät man in das Kraftfeld seines Hoheitsgebiets, wenn man sich nähert.

Als Madonna in Paris war, wusste schon der Taxifahrer am Flughafen, wo sie wohnte, warum sie in der Stadt war, wo man sie in der vergangenen Nacht gesehen hatte, wer an ihrer Seite ging, saß, trank, was die Zeitungen geschrieben und die Kollegen kolportiert hatten. Die Überlieferung arbeitete mit historischer Präzision, auch am Gerücht, und es war, als hätte Paris sein Klima gewechselt, nur weil sich Madonna irgendwo in diesen Mauern herumtrieb.

»Die Arme! Wie soll sie sich den Eiffelturm ansehen?«, fand der Fahrer.

»Sind Sie sicher, dass sie den Eiffelturm sehen möchte?«

Zwei Fremde, die sich in Madonna einfühlten. Der Taxifahrer fand die Vorstellung eines Menschen, der nach Paris fährt, ohne den Eiffelturm sehen zu wollen, grotesk und ein Leben, das ohne diesen Anblick auskommen müsste, verschwendet.

Madonna ist größer als der Eiffelturm, hätte ich fast gesagt.

Stattdessen reichte ich ihm das Demo-Band von Madonnas neuer Platte. Er betätigte bereitwillig die »Eject«-Taste, nahm einen französischen Rock 'n' Roller heraus und legte die kostbare Kassette ein – die Musik, die in den nächsten Monaten um die Welt gehen, gegen die sich niemand würde wehren können, die aus seinem kleinen Radio in den Wagen quellen und den Luftraum kontaminieren würde, in Paris, in Manila, in Adelaide, auf den Fidschis, nirgends nicht. Auf russischen Flohmärkten würde man sie als Raubkopie vertreiben, über die grüne Grenze nach Burma würde man sie schmuggeln, manche würden ihr letztes Hemd für sie veräußern, andere bereitwillig für sie ins Gefängnis gehen, und all das, ohne sie überhaupt gehört und der eigenen Lebenserfahrung einverleibt zu haben. Mit dem Besitz dieser Musik brächte man sich in den Besitz eines kleinen Stückchens Welt-Kommunikation, und das ist mehr als eine persönliche Begegnung mit dem Eiffelturm.

Zu diesem Zeitpunkt war Madonnas Platte noch nicht veröffentlicht, wenige hatten sie gehört. Denn weltweit war erst die Zeit der Urteilsbildung gekommen. Wir konzentrierten uns also auf die Ohrwürmer der Zukunft, und Madonna sattelte die PR-Maschine.

»Justify my love«, wiederholte die Stimme aus dem Autolautsprecher. Dem Fahrer hätte man Beethovens Neunte vorspielen können. Er hätte nichts daran gefunden. Nähme man ihn als Gradmesser für den Erfolg der Scheibe, sie wäre schon durchgefallen. Denn solche Musik will geliebt, nicht toleriert werden.

In den Redaktionen der Rundfunkstationen und der Magazine war man zeitgleich dabei, die Notierung dieser jüngsten Veröffentlichung festzulegen. Keine Ahnung, ob die Musik dabei eine Rolle spielte. Vielleicht eher der momentane Kurswert des

Unternehmens Madonna, der »In«- oder »Out«-Faktor, das Umfeld der viel versprechenden Mitbewerber, der Gedanke der Generationenablösung, der Eröffnung neuer, rivalisierender Musikmärkte vielleicht um eine, die wie Madonna wäre, vor fünfzehn Jahren etc.

Eigentlich war es nämlich Zeit, Madonna zu den »Has Beens« zu sortieren. Sie war kürzlich in David Lettermans Show aufgetreten, hatte ihm einen Slip von sich mitgebracht und so oft »fuck« gesagt, dass das Gespräch von den Trillerketten der »beeps« skandiert wurde. Sie hatte dem großen Late Night-Talker anvertraut, er habe wohl ungesunde Phantasien, sei offenbar besessen von ihrem Sexlife, allerdings nur, wenn sie nicht dabei sei. Also los, ermunterte sie ihn, jetzt bin ich dabei! Und irgendwann hatte sie diesen vermeintlich gebrauchten Slip aus der Tasche gezogen, um ihn Letterman zu verehren. Das hieß, sich »im Stil der Show« zu revanchieren für alle erlittenen Demütigungen, und es war nicht so, als ob Letterman dabei die beste Figur abgegeben hätte.

Danach kam es über die amerikanischen Journalisten wie eine Erleichterung. Natürlich mochten sie den Auftritt, natürlich mochten sie die Idee, dass es jemand Letterman »gezeigt« hatte. Aber im Sinne des gesunden Menschenverstands, des Geschmacks und des Volksempfindens der *All American Public* lautete die Zielvorgabe: Versenkt Madonna! Nicht aus Prüderie und auch nicht aus Parteinahme für den Late-Nighter. Er war ja wirklich ein bisschen bemüht, ein bisschen verklemmt auch gewesen und bekam das von Norman Mailer in einem großen »Vanity Fair«-Artikel später noch schriftlich. Nein, auch ohne von der eigenen Empörung sonderlich überzeugt zu sein, freute sich die amerikanische Presse an der großen gemeinschaftlichen Aufgabe und schien endgültig geneigt, der Frau mit den sieben Leben den Garaus zu machen.

»Tut Ihnen Madonna Leid?«, hatte ich vor ein paar Monaten den Schauspieler Harry Dean Stanton gefragt, nachts, in einer Bar in Los Angeles. Er hatte auf der Bühne gestanden, »C'est la vie, c'est la vie« gesungen, und zwei hübsche kleine Japanerinnen hatten ihm von unten aus dem Publikum den Hof gemacht, ihm, der schon vor längerer Zeit an den Rand der amerikanischen Aufmerksamkeit gedrängt worden, aber ehemals eine Zeit lang der geistige Mentor von Madonna und Sean Penn gewesen war. Auf meine Frage blickte er so verwundert wie amüsiert:

»Madonna muss einem nicht Leid tun. Die nicht. Niemals.«

Er hatte getrunken, aber man spürte den Druck hinter den Worten, und das umso mehr, als keine Bosheit darin schwang. Außerdem war er ja mit sich selbst nicht nachsichtiger, und immerhin hatte er den beiden »kids« allerlei beigebracht, als sie noch jung, verliebt und neugierig waren.

Während ich mich also an diesem Spätsommertag im Taxi dem Pariser Hotel näherte, versuchte ich mir Madonna vorzustellen, wie sie damals gewesen sein musste, in der Zeit vor »Desperately Seeking Susan«, als sie noch so ganz ohne Raffinesse schien. Damals kultivierte sie ihren Straßengeruch, wirkte nicht abgezockt, eher milieuschlau, veröffentlichte Nacktfotos mit unrasierten Achseln, und ihre Energie schien noch von keiner Enttäuschung des Ruhms gebremst.

Jetzt dagegen war sie ein Konzern, hatte ihr Buch »Erotica« noch nicht lange hinter sich, ebenso wie ihren wohl kalkulierten Film »In Bed with Madonna«, wo sie so raffiniert unehrlich ehrlich ist. Alle ihre Platten waren erfolgreich, ihre Videos setzten Standards, eine Mädchengeneration zog sich an wie sie, und die übrigen Popgirls von Sam Brown bis Kylie Minogue dankten der großen Schwester gerne für ihren unglaublichen Einfluss (»incredible influence«), ihre Rieseninspiration (»huge inspiration«), ihre enorme Bedeutung (»enormous impact«) und ihre staunenswerten Erfolge (»amazing achievements«).

Well. Das sollte jetzt alles anders werden. Ein einziger spektakulärer Late Night-Auftritt sollte den Stein ins Rollen bringen: Das Ende aller Metamorphosen und Selbst-Erfindungen, Zeit, sich zu verabschieden, so etwa dachte die Musik- und Showpresse, und mir schienen folgerichtig die Voraussetzungen günstig für etwas Antizyklisches. Nie sind Interviewpartner dankbarer und gefährlicher als in Zeiten der Niederlage. Da verlieren sie das Augenmaß für die eigene Bedeutung, werden auskunftsfreudiger, aggressiver, und manchmal funkeln sie regelrecht, um noch einmal den ganzen Glanz der eigenen Person auszuspielen.

Im Nachhinein muss ich allerdings sagen, dass jene Monate nach dem Erscheinen von »Bedtime Stories« Madonna zwar nicht wirklich vom Thron stießen, aber doch einen irreparablen Schaden hinterließen. Es war die Zeit, in der Madonna irgendwo in die Riege der musikalisch Werktätigen eingeordnet wurde. Sie verglomm, und das fast unbemerkt, ohne große Vernichtung, ohne Pleite, eher in freundlicher Anerkennung ihrer neuesten Leistungen (»accomplishments«). Heute löst sie natürlich keine solche Hysterie mehr aus, heute würden Camille Paglia und Julie Burchill sie weniger als geradezu fraglose Leitfigur feiern, würden die absurden Anstrengungen der Fans, ihr zu begegnen, weniger obsessiv ausfallen, heute würde ihr Alter vorschmecken, ihre Mutterschaft, ihre Etabliertheit, ihr befremdliches Engagement für Nato-General Wesley Clark im US-Wahlkampf, ihr Laura-Ashley-artiges Kinderbuch, und heute würde sie auch nicht mehr im Interview die – später heftig dementierten – Worte verwenden »my fucking fans«. Heute ist sie ein paar Videos und Alben und Trennungen und Talkshows und Umzüge und »Hello«-Strecken, eine Hochzeit, einen »Evita«-Film, eine Guy-Ritchie-Komödie und mehrere »Goldene Himbeeren« weiter, aber nie mehr so groß geworden wie damals. Sie war »der Star«, sie ist »ein Star«.

Andererseits gilt das, wie man ehrlicherweise zugeben muss, auch für Michael Jackson, Prince, the artist formerly known as Prince, Symbol, Demi Moore, Axel Rose, Gorbatschow und das gesamte englische Königshaus. Es ist das Zeitalter der Neudefinition all dessen, was man ehemals ›Star‹ nannte, ein Vorgang, der an Madonna geradezu exemplarisch vorgeführt wurde, aber nur zufällig mit ihrer Musik oder ihrer künstlerischen Gesamterscheinung zu tun hat und eben, das ist das Skandalöse, nicht Halt machte vor ihr.

Nun also ist Madonna nach Paris gekommen, und die ganze Stadt spricht von ihr. Nur der Empfangschef des Hotels weiß nichts von »Madonna«, kennt keine »Madonna«, findet auch unter ihrem Geburtsnamen »Ciccone« nichts in seinem Computer, und wenn auch draußen die Teenies hinter den Eisenzäunen noch so laut ihren Namen schreien! Dieser Portier hier ist die erste von zahlreichen noch kommenden Personen, die von Madonna unwillentlich verurteilt wurden, für ein paar Tage eine lächerliche Figur abzugeben.

Der Name der Managerin dagegen ist das Passwort. Sie hat »die Liste« und glücklicherweise meinen Namen auf der Liste. Abgesehen davon hat sie die Welt an der Leitung und lässt das im Gespräch auch durchblicken. Von ihr werden im Übrigen nur die Standards abgefragt: Platte gehört? Material gelesen? Buch gesehen? Abschließend bekommt man den Barometerstand des persönlichen Befindens von Madonna und einen Startplatz im Pulk der Bittsteller für diesen zweitägigen Interview-Marathon.

Wir gehen auf den Set, die eigens präparierte Suite: ein Ensemble aus Blumensträußen, Gobelins, großblumigen Polsterstoffen, Goldrahmen, Glastischchen und nachempfundenem Empire. Weit weg von der Vorstellungswelt einer Madonna, dagegen eher einer Zeit verpflichtet, in der es eine strafbare Blasphemie gewesen wäre, unter dem Namen »Madonna« öffentlich aufzutreten.

Madonna. Jeder im Raum gehört ihr: ihre Agentin, ihre Stylistin, ihre Kameramänner, ihr Toningenieur, ihre Leibwächter, ihre PR-Dame. Wenn man ihr gehört, hat man es nicht leicht. Das merkt man. Wenn man ihr nicht gehört, auch nicht, aber wenigstens ist man noch frei in der Wahl des Verhältnisses. Einige aus dem Team stehen auf dem Balkon und überblicken rauchend Paris, zwei andere blättern in einem berufsbildenden Prospekt. Das Stillleben vor Eintreffen des Stars.

»Sie kommt!«

Dreimal sind ihre Kameraleute, die uns später bloß unsere Kassette aushändigen werden, an die Geräte gesprungen. Dreimal ist sie nicht gekommen. Es ist wie früher in der Schule. Alle stellen sich schleunigst auf ihrem Platz auf, aber niemand kommt und gibt die Hefte zurück. Dann ist sie plötzlich da – dem Klischee zuliebe eine Stunde zu spät und unangekündigt.

Weltstars wissen, dass sie als Bilder funktionieren, als Menschen zu klein, zu real, zu schadhaft ausfallen. Der erste Blick, der sie trifft, arbeitet daran, das Unähnliche, Menschliche, also Enttäuschende herauszupräparieren.

Madonna war typisch darin, unter dem ersten Blick förmlich hindurchzutauchen. Sie hatte im Raum noch kaum jemand angesehen und war schon fast auf ihrer Couch. Allenfalls orientierend schweifte ihr Blick über den Set. Sie war nicht auf Begegnungen aus, nicht auf Persönliches, und die Stunde Verspätung hatte offensichtlich einen Anlass, der ihre Laune nicht verbessert hatte.

Berufsethik hilft in solchen Fällen. Also interessierte sie sich für den Drehort, den Bildausschnitt, die Close-ups.

»Wie nah kommt die Kamera heran?«

Sie lässt sich den Ausschnitt auf dem Monitor zeigen.

»Gut. Die nächste? Bis dahin. Gut. Was ist mit der Kamera da?«

»Die zeigt nur mich.«

»Wirklich?«

»Versprochen.«

»Ach ja? Man kann nie wissen. Die Leute versuchen immer, mich reinzulegen.«

Kann sein, und deshalb hat sie auch jedes Recht, ihr Bild zu kontrollieren, eigene Kameraleute, eigene Techniker zu bestellen. Allerdings erweisen sich diese Kameraleute am Ende als so unerfahren, dass an diesem Tag nur mäßige Bilder entstehen. Ihre Maskenbildnerin hat ihr eine Melange aus Weiß, Rouge und braunem Puder in das Wangenhaar gerieben, wie in eine Teppichfliese, und die Presseagentin muss dabeisitzen und die Themenwahl überwachen. Bei den Leuten von MTV, die unter den gleichen Umständen arbeiten müssen, diskutiert man später, ob deren Bilder überhaupt als »sendefähig« eingestuft werden sollen.

Professionalität schlägt in ihr Gegenteil um, Souveränität in Abhängigkeit. Madonna hat alles unter Kontrolle, nur die Resultate nicht. Wo bleibt der Mut, die Lust an der Übertretung, der Spaß am Risiko? Statt dessen probiert die knapp vierzigjährige

Pop-Ikone vor dem Monitor ihr künstliches Leopardenjäckchen aus.

Anziehen? Ablegen?

Das räudige Textil sieht aus wie Giulietta Masinas Muff in »Die Nächte der Cabiria«, nur nicht so Herz zerreißend.

Inzwischen hat Madonna ihre starken blonden Arme entblößt und eine kräftige Schulterpartie. Die überdrehten Wasserstofflocken sind aus der Stirn gehoben, und selbst ihr Blick ist inzwischen mehrmals musternd durch den Raum gegangen. Auch hat sie zweimal ihr Kinn nach vorn gereckt und mit gefletschten Zähnen gelacht. Allerdings ohne Motiv und nicht ohne sich dabei im Monitor zu beobachten. Es ist eine der schönen Madonna-Posen. Sie weiß es.

Also, ihr Möglichkeiten der Selbstverteidigung eröffnen, außerdem ungefragte Fragen stellen, alle Stereotypen meiden und Mut haben mit der Mutigen, das ist es.

»Sie sind die berühmteste Frau der Welt. Was rechnen Sie sich als ihr persönliches Verdienst an?«

»Ich habe zur Befreiung der Sexualität beigetragen.«

»Haben Sie auch eine Botschaft für die Impotenten?«

Kichern, angejahrt.

»Excuse me?«

Sie fasst sich ans Kinn, blickt in den Raum, als sähe sie eine unmögliche Situation auf sich zukommen.

»Ich glaube, wir haben hier ein semantisches Problem. Meinen Sie physische oder mentale Impotenz?«

»Beides. Ganz egal.«

»Vermutlich haben wir eine unterschiedliche Definition von Impotenz. Wenn ich von Sexualität spreche, spreche ich nicht von der praktischen Ausführung, sondern von der intellektuellen Seite ...«

In ihrem Buch: nackt mit Handtasche an der Schnellstraße, nackt an der Heizung, nackt bei der Orgie, in den Konzerten der Griff in den Schritt, in »Body of Evidence« das tropfende Stearin auf dem Körper, das Höschen bei Letterman ... intellektuell wie alles, was den Kopf durchquert ...

»... man soll sich nicht für seine sexuellen Vorlieben und Phantasien schämen.«

»Was ist falsch daran, sich zu schämen?«

»Fragen Sie mich, weil Sie es nicht wissen?«

Gute Gegenfrage. Die Wahrheit ist, ich möchte gerne etwas durch die Augen von Madonna sehen. Keine Gemeinplätze, denn die gehören nicht ihr. Aber wenn sie etwas Persönliches sagen würde, nicht unbedingt über Scham oder Impotenz oder Sex im Allgemeinen, sondern über irgendwas, ich wäre zufrieden. Stattdessen sage ich:

»Ich frage, weil ich finde, Scham ist etwas Romantisches. Hat sie denn in Ihren Augen gar nichts Rührendes?«

»Sie haben eine andere Definition von Scham. Meine ist: sich schuldig fühlen, sich schlecht fühlen. Ich finde, niemand soll sich schämen. Er verletzt dadurch sich und andere.«

Basta. Sie bewegt sich nicht. Der Versuch, sie zu einem abweichenden Gedanken zu provozieren, geht in die Irre. Wäre es am Ende existenzbedrohlich für sie, wenn die Scham als Popanz ausgedient hätte?

Madonna hat aus Filmen, Fotos, Videos, Musiktexten und Bühnenperformances Sprechformen des Radikalen gemacht. Das Interview aber ist für sie keine Kunstform dieser Art. Es ist Marketing, also defensiv, es eröffnet keinen neuen Boden, sondern bewirbt den alten. Meine Strategie ist demnach falsch, aber gleichzeitig interessiert mich nichts anderes. Folglich kann ich dem Interview von nun an nur noch bei seinem Scheitern zusehen und hoffen, dass es interessant scheitert.

»Als Sie entdeckten, was Sex ist, haben Sie ihn da für etwas Sanftes, Liebenswertes gehalten?«

»Nein, er war mir unheimlich. Ich hatte gleichzeitig Angst davor und Lust darauf, aber vor allem war der Sex eine Art Passierschein ins Erwachsensein.«

»Und als Sie Ihre Unschuld verloren, war das ein Akt der Lust oder der Rebellion?«

Ich dachte, man dürfte Madonna so etwas fragen: die über alles redet, alles schon einmal veröffentlicht hat, ich dachte, auch sie würde sich eher für Fragen interessieren, die an das Extreme ihrer eigenen Arbeit anknüpften. Sie knetet jetzt ihren Arm, sieht mir lange ohne Lidschlag in die Augen, dann lächelt sie …

»Beides.«

Etwas Unliebenswürdiges liegt in der Luft. Ich kann fühlen, wie sich ein neues Problem anbahnt, aber diesmal ist es die Managerin, die aus dem Hintergrund hineinruft:

»Warum wechseln Sie nicht das Thema?«

Soll das heißen, Madonna selbst ist nicht geneigt, für sich selbst zu sprechen, böse zu werden, den pubertierenden Frager in die Schranken zu weisen oder dem Gespräch eine andere Richtung zu geben? Haben sich die beiden Frauen für eine Situation wie diese vielleicht sogar eigens abgesprochen? Ich habe nie etwas Ähnliches erlebt und suche in der Enttäuschung nach einem Weg nachzugeben, ohne klein beizugeben. Also frage ich sie, ob sie häufiger das Gefühl hat, Männer einzuschüchtern.

»Ja«, erwidert Madonna relativ bereitwillig.

Männer fühlen sich generell unwohl in der Gesellschaft starker Frauen. Sie rächen sich an Madonna für ihren Beitrag zur Frauenbefreiung. Aber sie, Madonna, spürt keinen Hass auf die Männer, eher Mitleid. Zum ersten Mal fühle ich mich persönlich angesprochen. Sie tun ihr Leid, sie ist nicht böse auf sie etc.

Sie sagt auch, die Veröffentlichung ihres »Sex«-Buchs habe ein »Tabuthema« berührt, dafür sei sie bestraft worden. Da die Gesellschaft voller Schuld und Scham stecke, deshalb sei diese Gesellschaft nicht fähig zur Wahrheit.

Erst Jahre später wird Madonna einräumen, dass »Sex« nichts mit Wahrheit zu tun habe, sondern mit einem persönlichen Irrweg. Aber jetzt findet sie, auch sei es ja typisch für die Gesellschaft, dass man niedergerissen werde in dem Augenblick, da man sich weigere zu sagen, was von einem erwartet werde. Da brauche man vor allem Selbstachtung. Etc. etc.

»Also sehen Sie sich als eine Person der Aufklärung?«

»Unbedingt. Ja.«

»... mit einer Botschaft?«

»Ja. Aber engstirnige Menschen wird es immer geben.«

An dieser Stelle fiel mir eine Frage ein, die ich Tina Turner einmal gestellt hatte:

»Denken Sie an all die Kinderschlafzimmer, in denen Ihre Poster hängen. Stellen Sie sich vor, Sie könnten nachts aus den Plakaten steigen und den Kindern eine Botschaft mitgeben. Welche Botschaft wäre das?«

Tina Turner hatte wunderbar geantwortet. Sie hatte geantwortet wie eine Hundertjährige: »Ihr müsst euch anständig anziehen, damit ihr nicht friert. Ihr müsst euch richtig ernähren, damit ihr nicht krank werdet. Ihr müsst lernen, eigenständige Entscheidungen zu treffen. Steh für dich selbst gerade – und du wirst es schaffen.«

Madonna machte eine lange Pause. Offenbar war diese Vorstellung Neuland, dann entschied sie sich für die Gegenfrage:

»Wollen Sie mich nicht lieber nach meiner Lieblingsfarbe fragen?«

Ich will nicht lieber.

»Also gut« ... neuerliches Nachdenken ... »Habt Selbstachtung.«

Diese Vokabel war in unserem Gespräch inzwischen fast so häufig aufgetaucht wie ein Hilfsverb. Aber sie fügte hinzu:

»Liebe dich selbst, denn wenn du das nicht kannst, kannst du gar nichts.«

Ich hatte ähnliche Maximen oft gehört, öfter gelesen. Vielleicht war es falsch zu erwarten, Madonna könne den Ehrgeiz haben, genau solche Plattitüden nicht zu sagen. Vielleicht war es Strategie, die Assimilation an das Massenpublikum. Aber sagte sie nicht auch, oft würden Dinge für Kalkül genommen, die sie einfach spontan gemacht habe?

Also fragte ich sie, wen ihr Ruhm eigentlich kalt lasse, und sie erwiderte, was alle erwidern: Freunde, Leute, mit denen sie arbeite, und alle, die sie morgens nach dem Aufstehen sähen. Und ihr Vater?, wollte ich wissen. Sie habe es aufgegeben, ihren Vater beeindrucken zu wollen, meinte sie. Offenbar fiele ihm der Umgang mit seiner berühmten Tochter leichter, wenn er ihren Ruhm einfach ignoriere.

»Und was ist, wenn Sie keinen Eindruck auf jemanden machen?«

»Ich mache immer Eindruck.«

»Sie sind selbstbewusst.«

»Nein, ich besitze nur eine starke Persönlichkeit.«

»Warum sagen Sie nicht, dass Sie selbstbewusst sind?«

»Weil ich es bin. Aber das sage ich nicht. Ich habe einen Standpunkt. Ich bin eine starke Persönlichkeit. Darum mache ich immer Eindruck auf die Leute.«

»Wie viele Freunde haben Sie?«

»Eine Hand voll guter Freunde.«

»Das ist nicht viel.«

»Eine Hand voll! Das ist das Beste, was man vom Leben erwarten kann.«

Das Gespräch sättigte inzwischen ein spielerisches Misstrauen. Sie war auf der Hut, nahm sich Zeit für die Antworten, aber die Ambition des Ganzen gefiel ihr nicht. Sie hätte es gerne lässig gehabt, während ich immer noch meinte, auf irgendeine Offenbarung zuzugehen. So entstanden kleine friedfertige Passagen im Gespräch, es gab auch mal ein freundliches Zustimmen, aber gleichzeitig wurde der Rahm der Allgemeinplätze in großen Zügen abgefischt.

»Stellen Sie sich vor, Sie wären als Schwarze zur Welt gekommen. Wo wären Sie heute?«

»Vielleicht wäre alles viel härter für mich gewesen. Ich denke, es ist hart, schwarz zu sein, und es ist hart, eine Frau zu sein, aber es ist dreihundert Mal härter, schwarz und eine Frau zu sein.«

Nein, das war kein Kalkül. Sie hatte ihre Images, ihre Frisuren, ihre Stile, ihre Moden zigmal geändert, aber nicht ihre Standpunkte, und über manches, so schien es, hatte sie schlicht nicht nachgedacht. Nahm man diese Aussage mit all jenen zum Publikum, zur Öffentlichkeit, zu den Kindern und den Fans zusammen, so drängte sich der Eindruck auf, es handele sich hier nicht einfach um schwach entwickelte Meinungen oder um die

Abwehr von Meinungen insgesamt, sondern um eine Konsequenz der Tatsache, dass sich Madonna über andere grundsätzlich nicht allzu viele Gedanken machte. Vielleicht geht diese Schlussfolgerung zu weit, aber ich habe nie neben einer Kommunikatorin dieser Größe gesessen und gleichzeitig so intensiv das Gefühl gehabt, dass sie ausschließlich sich selbst zu kommunizieren hatte. Kein Gedanke, der über das eigene Ich hinausgegangen wäre. Kein Gefühl, das jemand anderem als ihr selbst gegolten hätte. Interessante Kälte ringsum.

»Sagen Sie: Clever, selbstsicher, gut riechend und eine gute Briefeschreiberin – sind Sie das?«

Wieder blickt sie mich mit diesem gefährdeten, amüsiert skeptischen Blick an. Dann wiederholt sie die Begriffe einen nach dem anderen und nickt.

»Ja. Warum?«

»So haben Sie einmal Ihren Traummann beschrieben. Also wären Sie der ideale Partner für sich selbst!«

»Nein. Ich wäre nicht gern mein Freund.«

»Warum nicht?«

»Oh, ich fürchte, wir geraten hier wieder in Schwierigkeiten ... Warum habe ich dauernd den Eindruck, meinem Psychiater gegenüberzusitzen?«

»Tut mir Leid. Vielleicht liegt es daran, dass ich aus Europa bin.«

»Das ist wahr. Meine Psychiaterin ist auch aus Argentinien.«

»Sind Sie ehrlich zu ihr?«

»Ich zahle ihr zuviel Geld, um sie zu belügen.«

Das Gespräch wurde vor »Evita« geführt, aber ich schwöre, dass sie nach meinem Hinweis auf europäische Fragen einräumte, ihre Psychiaterin sei auch aus Argentinien. Es sollte wohl ein Vorschlag zur Güte sein, aber er geriet völlig unverständlich. Dabei stimmt es, dass Europäer mit ganz anderen Fragen nach Amerika reisen, als man sie dort zu stellen gewohnt ist. Sie sind, vereinfacht gesagt, in der Regel weniger interessiert an »career moves« als an Ideen. Ich konnte mich also nicht wundern, wenn Madonna schließlich den unvermeidlichen Satz sagte:

»Wollen Sie nicht über meine Musik mit mir reden?«

So wie ich sie bei Letterman erlebt hatte, wäre ich sicher gewesen, sie hätte Wege gefunden, ganz von selbst auf ihre Musik zu sprechen zu kommen. Dass Madonna ihre Platte überhaupt noch persönlich vermarkten musste, erschien schon fast wie das Eingeständnis einer Niederlage. Also fragte ich nach ihrer neuen Platte, und sie erläuterte:

»Die Musik ist immer ein Teil von mir.«

Außerdem sei diese neueste Platte »sehr, sehr romantisch«, denn es ginge auf ihr vor allem um Liebe. Zu sagen, die Platte sei romantisch, bedeute aber keineswegs, sie, Madonna, sei ebenso romantisch.

Ich fragte sie, ob sie gut küssen könne. Sie wand sich, lachte, blickte durch den Raum, blieb an der Managerin mit einem amüsierten »also-hast-du-das-gehört-Blick« hängen und erwiderte:

»Ich glaube schon.«

Die Pantomime hierzu war angenehm versaut, und das sollte sie auch sein.

»Also, was fehlt in Ihrem Leben?«

Sie dachte lang genug nach, um jede philosophische oder sentimentale Antwort im Keim zu ersticken. Stattdessen fiel ihr ein:

»Ich möchte noch einen Hund haben. Einen Pitbull.«

Was sie bekam, war aber eine Tochter namens Lourdes.

Als wir uns verabschiedeten, hatten wir offenbar beide das Gefühl, uns entschuldigen zu müssen. Dann zuckten wir übereinstimmend die Achseln. Die Stimmung war nicht verdorben, wir waren nur gescheitert.

Zuletzt gab sie mir die Hand, die Hand, mit der sie sich auf der Bühne so oft in den Schritt gefasst hat. Aber auch diese Geste hat inzwischen ihr Momentum verloren. Ich besaß keine Madonna-Platte, und mit ihren Filmen habe ich nicht gelebt. Trotzdem war aus meinem unbeholfenen Versuch eines Plädoyers unversehens ein Abschied geworden.

Der Bel Ami der Barrikaden

Michel Piccoli auf dem Genfer See

Diese Wehrlosigkeit vor ihm. Diese ärgerliche, störende Form von Hochachtung, weil er in der schauspielerischen Welt etwas gar nicht Schauspielerisches verkörperte: eine Haltung, keinen Habitus, etwas, das er weder annehmen noch ablegen konnte. Er repräsentierte nicht, trotzdem hätte man sich gerne von ihm vertreten lassen. Die französische Form der »sophistication«, Lässigkeit, Freigeisterei, Schwerenöterei. Und so weiter.

Das Politische an ihm. Etwas, das sein Leben durchdrang, formte, das wie der Resonanzboden seines Spiels war. Von der Art, wie er Frauen, Kleider, Gegenstände berührte, in die Welt sah, rauchte, von dort führte ein direkter Weg in die Gesellschaft, wie er sie sah und wie er sie eingerichtet wissen wollte.

Freier, wahrhaftiger, gerechter. Glaubte man. Hoffte man. Wenig typisch für einen Schauspieler, so viel Interesse am Gemeinwesen, am Ideellen. So viel Leidenschaft, sich Probleme zu machen, sich zu schaden. War er so? Konnte er so sein?

Außerdem war Michel Piccoli zu treffen eine Begegnung mit den freien Jahren des europäischen Films, mit den Blütejahren filmischer Intelligenz, mit Claude Sautet, Luis Buñuel, Marco Ferreri, Claude Chabrol, Jean Pierre Melville, Louis Daquin, Louis Malle, Bertrand Tavernier, Leo Carax, auch Jean Luc Godard, sogar Alfred Hitchcock.

Und: Piccoli war lange der beste Freund von Romy Schneider, er hatte nie einen Actionfilm gedreht, sich aber an den kleinen unabhängigen Theatern herumgetrieben und radikale Bühnenprojekte als Produzent unterstützt.

Abgesehen davon gehörte er außerdem in die Herrenriege von Philippe Noiret, Marcello Mastroianni, Michel Serrault, auch Jean-Louis Trintignant: lauter Spieler, lauter selbstironische Lebemänner, und unter ihnen war ausgerechnet er derjenige mit der größten Präsenz auch außerhalb des Films.

Erstaunlich, denn Piccoli sucht die Öffentlichkeit nicht. Er beschäftigt nicht einmal einen Agenten. Wer seine Fax-Nummer hat, landet mitten in seiner Küche und bekommt von dort eine handschriftliche Antwort: Spiele in Genf Theater, habe dann und dann frei, wir könnten einen Nachmittag miteinander verbringen.

Wir mieten ein Boot. Die Idee gefällt ihm. Als er aus dem Theater heranschlendert, kommt nicht der Gedanke, er ist kleiner, dicker, älter, blasser als erwartet, sondern: Er ist wirklich ganz Piccoli, genau der. Auch das passiert nicht oft. Jetzt musste er nur noch dem Ideal jenes Piccoli entsprechen, das ich mir vor Jahren machte. Wie unfair.

Der Weg zum Boot führt über einen Rummelplatz, auf dem zu dieser Zeit noch nicht viel los ist. Wir gehen langsam.

»Und?«, fragt er. »Gut geschlafen?«

Seltsame Eröffnung! Und noch dazu eine treffsichere, denn ich habe zwei Nächte nicht geschlafen.

»Warum?«

»In der ersten konnte ich nicht, in der zweiten habe ich mich verliebt.«

Er bleibt stehen, sieht mich frontal an.

»Gut gemacht! Und? Wird's was?«

Ich versichere ihm, dass ich das inständig hoffe. Er ist zufrieden und geht weiter mit einem haltbaren Lächeln auf den Lippen.

»Eines Tages sollten Sie mich wissen lassen, was daraus geworden ist,« sagt er noch.

Das Boot legt ab. Ich führe ihn in Gedanken in die siebziger Jahre nach Bonn, wo ich mit einer Gruppe von Freunden in jeden Piccoli-Film ging. »Piccolisten« waren wir. Es gibt bestimmt ganz wenige Schauspieler, wegen denen Männer ins Kino gehen. Ist ihm bewusst, dass man mit ihm nicht nur eine Form des Spielens verbunden hat, sondern die Rezeptur einer Gesinnung?

»Ich wollte nie einem Rezept folgen, ich wollte selbst überrascht sein, um die anderen zu überraschen. Erst wenn man sich wirklich für das Geheimnis des anderen interessiert, kann es eine indiskrete Entwicklung geben, die den anderen dazu bringt zu offenbaren, was ihn im Grunde seines Herzens, seiner Seele oder welches Körperteil Sie auch nennen möchten, bewegt. Wenn Sie Piccolist waren, sollten wir umgekehrt beschließen, uns jetzt zu hassen und zu reden, als ob wir uns weder verstehen noch hören könnten.«

Er sieht mich draufgängerisch an. Sollte er, der Interviews nicht besonders liebt, gerade versuchen, uns beide in eine unmögliche Situation zu versetzen? Unmöglich: Ich habe keine Aversion zur Hand. Nichts Schmälerndes fällt mir ein. Bin ich nicht Piccolist? Vielleicht so:

»Glauben Sie, Sie wären ein ebenso guter Schauspieler gewesen, wenn es keine Zigaretten gäbe, wenn Sie nicht auf vierhundert verschiedene Arten rauchen könnten?«

»Zugegeben, es ist altmodisch und auch ein bisschen oberflächlich, weil es so aussieht, als ob man nachdenkt. Ich habe das abgestellt. Auch im Leben zünden sich die Leute ja Zigaretten an, um Zeit zum Nachdenken zu haben. Aber Schauspielen heißt ja mit all dem zu spielen, was einen umgibt, mit der gesamten Umgebung, die man sich genau ansehen sollte. Sie haben hier ein Fenster geöffnet? Dann kann ich meinen Blick und meine Gedanken schweifen lassen. So werden die Zuschauer entweder annehmen, dass ich hier sehr wichtige Dinge sage, weil ich in die Ferne schaue, oder aber, dass ich sehr unhöflich bin, weil ich Sie beim Sprechen nicht anschaue.«

»Das heißt, Sie sind ein so guter Beobachter, dass Sie nach dem Ende dieses Interviews nach Hause gehen und zumindest zwei, drei meiner Angewohnheiten spielen könnten.«

»Ja, sobald wir angefangen haben miteinander zu sprechen, habe ich schon gleich einige Dinge von Ihnen aufgenommen, die ich vielleicht eines Tages benutzen werde, ich weiß nicht.«

»Zum Beispiel?«

»Die Spuren Ihrer beiden schlaflosen Nächte.«

»Vor ein paar Jahren haben Sie in einem Interview gesagt, es langweile Sie, Interviews zu geben, weil es Sie langweile, über sich selber zu reden. Haben Sie Angst, dass ich Sie jetzt stundenlang langweilen werde?«

»Solange ich auch mal über was anderes reden kann als über mich, wird das doch gut. Im Übrigen werden Sie vielleicht bemerkt haben, dass ich nicht sehr viel von mir geredet habe, seit wir miteinander sprechen.«

»Fiele es Ihnen leichter, dieses Interview zu geben, indem Sie einfach Michel Piccoli spielen? Irgendeinen Michel Piccoli?«

»Ja, Sie könnten auch etwas über mich erzählen, und ich höre nur zu.«

Was also: Michel Piccoli, Schauspieler franco-italienischer Abstammung, seit Ende der vierziger Jahre zunächst als Bühnen-, dann als Filmschauspieler tätig, Typus des bourgoisen Intellektuellen und Lebemanns, dessen Zusammenarbeit mit Regisseuren wie …

»Hören Sie auf!«

Ich räume ein, dass all dies auch für mich nicht wirklich Piccoli repräsentiert. Für mich bot er das Beispiel des Künstlers als

Citoyen, als mündiger Bürger. Er war der politisch Aktive, der ein Podium betritt, und Barrikadengeruch dringt ein. Er bedroht die Gesellschaft, indem er die gute Gesellschaft bedroht, also nicht durch Thesen zur Systemveränderung, sondern durch ein Aperçu. Wer anders als er hätte bei Buñuel durch den Schnee laufen können, snobistisch und blasiert, und mit einem Näseln eine ganze Klasse der Lächerlichkeit übergeben können: »Im Winter tun mir die Armen immer besonders Leid, so ohne Hoffnung, ohne Pelze!«

Er lacht, er unterbricht, das muss er, aus Gründen des Anstands.

»Eigentlich interessiere ich mich für sehr viele Dinge im Leben und gar nicht so sehr für mich selbst. Ich interessiere mich auch gar nicht so für die Rollen, die ich spiele. Ich interessiere mich sehr für die Worte des Autors, für die Regisseure, für meine Partner. Ich interessiere mich für alle Dinge des Lebens, und ich interessiere mich sehr für Politik. Denn ich gehöre einer Generation an, die in gigantische politische Momente hineingeboren wurde. Von morgens bis abends, ja sogar nachts haben wir mit der Politik gelebt, denn damals war Politik noch eine Regel des Lebens, eine Hoffnung im Leben, eine Art zu denken, eine Ethik des Lebens. Es gab phantastische Kämpfe, man wusste, wo der Feind ist, wer der Böse, wer der Gute war. Die Politik war in jedermanns Denken eine klar strukturierte Angelegenheit, gleich, welcher Meinung man war.

Ich habe immer daran geglaubt, dass die Politik unbedingt notwendig war, um zu begreifen, wie man lebt und weshalb man auf diese Art lebt und arbeitet. Und daran halte ich fest, selbst wenn die Politik selbst und der Begriff der Politik sich gewandelt haben. Ich glaube, dass jeder politisch ist und dass die gefährlichsten die sind, die sagen: Politik interessiert mich nicht. Das sind die gefährlichsten.«

»Ich interessiere mich ebenfalls sehr für Politik. Aber wenn ich politische Nachrichten sehe, erscheinen sie mir oft nicht politisch.«

»Wenn wir vom Fernsehen sprechen, handelt es sich um eine

Art Riesenvogel, dessen Schwingen die Erde bedecken. Und ich glaube, die erste Regel dieses Riesenfernsehens, von dem weder wir noch die Politiker die richtigen Begriffe haben, denn das Fernsehen ist heute gewissermaßen die Richtlinie für die Politiker, die erste Regel also ist das ›politisch Korrekte‹. Das heißt vor allem: Gehen Sie am Genfer See spazieren, aber nur, wenn es da keine Wellen gibt. Wenn es nur eine kleine Welle gibt, so wie heute, ist das schon sehr gefährlich. Ist Ihnen aufgefallen, dass auch die politischen Nachrichten im Fernsehen immer mit dem Wetterbericht beginnen? Schon sagt man den Leuten: Macht euch keine Sorgen, es wird schön. Heute ist es schlecht, aber morgen schon wird es schön. Und dann fährt man fort mit den Worten von Kohl.«

Angenehm, nicht vorfabriziert. Sitzt ein Bild schief, bleibt es schief. Auf einen Effekt ist er nicht aus, Beifall will er nicht, nicht einmal brüskieren. Eher versteht er das Interview als eine Form des öffentlichen Denkens, und die ist für ihn selbst nur interessant, wenn er Rollen auflöst, sie tauscht oder sein Denken weitertreibt. Aber genauso weiß er, dass er aus der inferioren Position heraus argumentiert, der künstlerischen, der ethischen, unterlegen der politischen Mehrheitsposition. Trotzdem fehlen ihm Talent und Neigung zum Eiferer.

Was er sagt, kommt gelassen, doch das Faszinierende ist eigentlich der Eros seiner Rede. Piccoli wirkt so ganzheitlich, dass selbst seine abstrakten Überlegungen irgendwie durch Lebenserfahrung in Schwingung versetzt werden. Man sieht ihm zu und glaubt, dass er sich seine Überzeugungen auf sinnliche Weise angeeignet hat, aber nicht im Exzess, nicht in der Entgrenzung, sondern mittels einer hoch entwickelten Intelligenz der Erfahrung. Vielleicht hat auch deshalb das Politische in seinem Munde so etwas Vitales.

»Sind Sie immer noch von der politischen Bedeutung des Filmemachens überzeugt?«

»Das ist meine tiefe Überzeugung. Wenn man sich alte Filme ansieht, egal aus welchem Land, versteht man durch die alten Filme die Geschichte des Landes. Sie bilden seine Seele vollständig ab. Und die Geschichte und die Geographie und die Politik eines Landes. Daher werden die Filme, die heute entstehen, in fünfzig Jahren hervorragende historische Dokumente abgeben. Nun glaube ich zwar nicht, dass ein Film eine revolutionäre Fahne sein kann, das nicht. Aber in vielem beeinflusst er doch unser alltägliches Verhalten, vom Thema des Films bis hin zur Frisur von BB oder dem aufflatternden Rock von MM. Politik ist nicht allein Herr Kohl, es ist auch die Art, wie wir leben, uns bewegen. Woher kommt dieser Treibstoff, der dieses Boot bewegt? Kommt er aus Saudi-Arabien? Aus dem Irak? Aus Tschetschenien? Das ist sehr interessant, und doch kann man sich gleichzeitig sehr gut auf diesem Schiff treiben lassen, ohne daran zu denken, woher der Diesel kommt. Das ist Politik.«

»Das könnte dazu führen, dass wir aus politischer Korrektheit nicht mehr Boot fahren, weil wir rausbekommen haben, woher das Öl stammt ...«

»Wenn Sie wollen, können wir uns erkundigen, wenn wir im Hafen ankommen, und dann entscheiden.«

Wir werden dagegen entscheiden, klar. Wir werden gegessen und getrunken haben auf diesem Schiff, wir werden in der Sonne gesessen, die Aussicht genossen haben und das Winken der Leute aus anderen Booten. Die Bahn wird am Ufer vorbeifahren, und wir werden auch ihr gewunken haben (sinnloserweise). Wir werden uns in die Stimmung von Sommerfrischlern gebracht haben und den Diesel des Bootes und seine Herkunft vergessen. Mutter Courage singt das »Lied von der Großen Kapitulation« für uns.

»Glauben Sie an den Film als historisch-politisches Dokument auch noch, nachdem Hollywood ihn so durchformatiert hat, dass man die Uhr danach stellen kann, wann der erste Konflikt, wann der zweite, wann die Lösung, wann das notorische Happy-Ending kommen muss?«

»Das gehört zum politisch Korrekten. So fern ist die Epoche nicht, als man in einem amerikanischen Film kein Doppelbett zeigen durfte. Das war inkorrekt, vulgär. Es gab immer zwei Betten. Es gab also immer eine Form von Ethik oder Puritanismus im amerikanischen Film – was das amerikanische Kino nicht daran gehindert hat, außergewöhnliche phantastische Filme zu machen, wie die von John Houston oder Herrn Wasweißich.

Ich glaube, man sollte im Leben immer der etablierten Ordnung misstrauen. Aber auch unabhängig davon muss man erkennen, dass der Puritanismus und die Politik der Republikaner in den USA völlig reaktionär sind, sie machen aus diesem Land das Gegenteil eines Landes der Freiheit. Und auf der anderen Seite gibt es in Amerika Leute, die eine ganz wunderbare Vorstellung von Freiheit haben. Man muss also vom Amerika der Freiheit und vom Amerika der Unfreiheit reden. Immerhin sind die Amerikaner ja die ersten, die darunter leiden.«

»Vor einigen Jahren ist eine Biographie über Sie in Frankreich erschienen, die den Titel trägt: ›Michel Piccoli – Le Provocateur‹. Wäre das heute noch immer – oder wieder? – ein guter Titel?«

»Nein, ich bin kein Provokateur. Ich verhalte mich nur, als sei ich noch kein Greis. Es gibt natürlich provokante Greise, aber ich finde, nur zu provozieren reicht nicht. Ich finde, man muss den Mut haben, sich zu irren, den Mut zu sagen, was man denkt, und den Mut, nicht immer Angst davor zu haben, die tiefsten Empfindungen und Gefühle der Leute auszusprechen. Ich rede nicht von mir – ich rede, wie ich rede –, aber ich denke an die anderen, verstehen Sie? Ich will kein Provokateur sein, ich möchte allenfalls gern immer hellwach sein, um nicht einzuschlafen, um nicht zu sagen ›Alles im Arsch‹, um nicht zu sagen ›Früher war es besser‹. Das ist doch furchtbar, oder? Leute, die sagen ›Alles im Arsch‹ oder ›Früher war alles besser‹, die sind … zu entfernen.«

Er macht eine lässige Handbewegung, die dem Entfernen eine gewisse Sanftmut gibt. Er entfernt sie in die Landschaft des Genfer Sees hinein. Das lindert ihr Schicksal.

»Heißt das nicht trotzdem, dass die Anstrengung, ein Zeitgenosse zu sein, an der Gegenwart teilzunehmen, heute schwieriger für Sie ist als vor fünfzig Jahren?«

»Vor fünfzig Jahren wusste man noch, wo die Bösen und wo die Guten waren. Aber wusste man das eigentlich wirklich?

Denn als ich klein war, und Sie waren noch gar nicht geboren, da waren die Deutschen noch klein, sie wussten genau, wo die Bösen und wo die Guten waren. Es gab den bösen Hitler, und es gab die netten Kommunisten. Als ich klein war, war die Rote Armee, Stalins Armee, die Armee meiner Befreiung. Ich rief: ›Es lebe Stalin!‹ Ist das etwa gut – sich einer Diktatur anzuschließen? Irgendeiner Diktatur?«

»Also sind Ihre politischen Anschauungen im Wesentlichen geprägt worden von der deutschen Okkupation von Paris?«

»Natürlich. Aber ist das wirklich interessant?«

Er überlegt. Und er hat Recht: Der Königsweg eines politisch korrekten Interviews zeichnet an dieser Stelle eine Antwort vor nach der Art: Der Schrecken der Nazi-Okkupation hat mich gelehrt, dass man nie nie nie ... Nein, das käme ihm zu einfach, zu stereotyp vor. Dann sagt er:

»Doch, das kann interessant sein, wenn ich Ihnen etwas dazu erzähle: Ich war dreizehn beim Einmarsch der Nazis. Und ich musste auf dem Fahrrad fliehen, viele Franzosen waren ja auf der Flucht. Ich bin also allein auf dem Fahrrad fortgezogen, denn meine Eltern hatten mir gesagt: ›Du musst fort!‹ So bin ich drei Tage lang Fahrrad gefahren mit einem bisschen Geld in der Tasche. Das waren die drei schönsten Tage meines Lebens ... als Kind. Denn ich sah alle Leute weinen, niemand kam voran. Es waren Flugzeuge über uns ... aber für mich waren das die ersten drei Tage in Freiheit in meinem Leben.

Ich war mir der gesamten Lage überhaupt nicht bewusst. Für mich war es ein einziger Spaziergang im Glück. In welchem Maße man als Kind alle Ängste verdrängen kann, auch die, die man unmittelbar neben sich sieht, ist unglaublich. Wenn man sagt: ›Psst, Vorsicht, da ist ein Kind, es darf nichts mitkriegen etc.‹, dann nehmen sich Kinder trotzdem, was sie wollen oder nicht wollen. Sie sind stärker als wir.

Als ich als Flüchtling in dem Ort auf dem Lande ankam, habe ich zum ersten Mal einen Mann von fünfunddreißig, vierzig Jahren – damals für einen Dreizehnjährigen sehr alt – weinen sehen. Und ich habe gesagt: ›Warum weint er denn?‹ Und man hat mir erklärt, dass er weint, weil er ein Jude ist. Und dass er Angst hatte. Und augenblicklich ist mir bewusst geworden, was alles in der Welt passieren kann. Ich habe nichts verstanden, aber sobald man mir diesen Satz gesagt hatte und ich einen Erwachsenen weinen sah, bin ich anders gereist. Verstehen Sie? Ich hatte also das Glück, mit dreizehn vor katastrophalen Ereignissen zu stehen, das heißt, ein Land im Exodus zu erleben und einen Mann weinen zu sehen, weil er Jude war.«

»Sie hatten das Glück?«

»Ja, das Glück.«

»Entsprang kein Hass aus dieser Situation?«

»Nein, nein, ich habe die Deutschen nie gehasst. Ich habe die Nazis gehasst. Ich habe Hitler gehasst, auch, weil ich Hitler im Radio gehört hatte.«

Er imitiert Hitler. Erst handelt es sich nur um einen befehlshaberischen Deutschen, dann wird wirklich Hitler daraus. Man möchte es nicht sehen, nicht hören.

»Ich habe mich gefragt: Wer ist dieses Tier? Und ich hatte ›Mein Kampf‹ gelesen, oder Leute haben mir davon erzählt. Wissen Sie, warum ich Deutschland überhaupt nicht hassen kann? Weil ich vier Jahre nach dem Krieg von '14/'18 geboren wurde. Meine Mutter kannte einen recht berühmten Zeichner namens Léandre, der ihr zu meiner Geburt eine Zeichnung geschenkt hat. Und wissen Sie, was sie darstellte? Einen Baum, ein Kirsch- oder Apfelbaum, auf dem Lande, sehr schön mit Bauern, die um den Baumstamm herum tanzten, und am Fuß des Baums war ein Kohlkopf und ein sehr schönes Baby, das aus dem Kohlkopf kam. Und über dem Kopf dieses sehr schönen Babys – das war ich – hing an einem Ast ein Fötus mit einer deutschen Pickelhaube. Das war noch der Hass auf den Feind. Und als ich das dann gesehen habe, hatte es den gegenteiligen Effekt auf mich. Ich habe mir gesagt: Man darf nicht so von Rache und Hass erfüllt sein. Man muss Herrn Bismarck hassen, man muss die Weimarer Republik hassen, die das Bündnis mit Hitler eingegangen ist, aber die ersten, die unter den Nazis gelitten haben, sind die Deutschen, unter anderem die deutschen Kommunisten.«

»Ihre Eltern waren beide Musiker, Sie sind der erste in der Familie, der Schauspieler wurde. Erinnern Sie sich an eine Szene, in der dieser Wunsch geboren wurde?«

»Sehr gut. Mit neun Jahren. Ich war in der Schule, im Internat, die Lehrer führten mit den Schülern Theaterstücke auf, und ich spielte. Das war – in einer ganz anderen Weise als auf meiner Flucht im Krieg – einer der schönsten Momente meiner Existenz, weil ich sah, wie die Erwachsenen – die Zuschauer waren Eltern, Cousins, ich weiß nicht wer – verstummten und mir zuhörten. Und ich erzählte ihnen extravagante Geschichten. Dadurch bin ich dann auf den Geschmack des Spiels gekommen und auch einer Form von Einsamkeit. Das hieß, die Erwachsenen verstummten, ich hatte meine Ruhe ...

Als es später ernst wurde mit dem Beruf, gehörte ich zuerst in diese Welt von Ergänzungsschauspielern, die man heute ›Statisten‹ nennt und die Teil einer sehr schmerzhaften Welt sind. Nicht, weil man bloß zum Fußvolk gehört, zur Viecherherde, nein, weil die professionellen Statisten Leute sind, die eine phantastische Leidensfähigkeit besitzen, weil sie es nie geschafft haben, wirklich zu schauspielern, und daher haben sie eine große Sehnsucht und dieses große Leid, es nie geschafft zu haben, und so stehen sie immer hinter dem, was glänzt. Das ist schmerzhaft, sehr schmerzhaft. Für die Profis unter diesen Statisten, ich habe das mit viel Respekt gesagt, ist das sehr schmerzhaft.«

Schauspieler reden gewöhnlich viel von der Strapaze der Einfühlung, von dem, was sie der Rolle geben, vom Dienen, und von Zeit zu Zeit wird es geradezu Mode unter ihnen, bescheiden zu sein und sich klein zu machen. Trotzdem habe ich kaum einen Berufsstand kennen gelernt, dem privat die Gabe der Einfühlung so abgeht wie dem Schauspieler. Selten stellt er Fragen, selten will er etwas außerhalb seiner selbst genau wissen, selten geht er einer Erfahrung anderer auf den Grund. Vielleicht ist seine Fähigkeit zur Identifikation durch sein berufliches Wirken erschöpft, vielleicht bevölkern ihn eher geschriebene Charaktere, aber dass ein Schauspieler seine Berufung aus der Wirkung ableitet und seine Einfühlung ausgerechnet an Statisten verschwendet, das hatte ich nie erlebt.

»Ganz außergewöhnlich beim Schauspieler ist ja die Tatsache, dass es eine Art Aura verleiht, wenn man vor den anderen steht und ihnen sagt: ›Seid still, was ich sagen werde, ist sehr schön, sehr intelligent, sehr witzig, sehr schön‹, eine Art Macht vielleicht, sicher, aber wenn man nicht das Glück hat, sich im Leben für etwas anderes zu interessieren als für sein Ego als Schauspieler oder Künstler und sein Schicksal, bewundert zu werden, befördert man sich in eine Art Einsamkeit, die nahezu selbstmörderisch ist. Ich weiß von einem Schauspieler, der hatte gerade in einem Film den Priester gespielt, er fuhr im Zug nach Hause und erzählte, dass die Person ihm gegenüber sagte: ›Aber mein Herr, Sie haben ja einen Heiligenschein über Ihrem Kopf.‹ Daraus können ganz phantastische klinische Fälle werden.«

»Ihre eigene Person interessiert Sie so wenig beim Spielen?«

»Meine Person interessiert mich eher, wenn ich einen Freund treffe, wenn ich mich verliebe, wenn ich gerade mit meinen Kindern spiele, wenn ich mit einer Dame zusammen bin. Aber wenn ich als Schauspieler agiere, interessiert mich nur das Instrument, das ich bin. Ich wollte nie Gary Cooper sein. Es ist sehr gefährlich, Schauspieler werden zu wollen, weil man Gary Cooper sein will. Dann ist man schon im Arsch.«

»Patrice Chéreau hat kürzlich in einem Interview gesagt, das Theater sei heute nur noch eine nostalgische Kunst. Um die Zeit zu erkennen, müsse man sich des Kinos bedienen. Würden Sie in beiden Teilen zustimmen?«

»Das ist nicht dumm. Aus demselben Grund bin ich so versessen darauf, lebende Autoren zu spielen und nicht allein bewundernswerte tote. Das Theater gibt es, seit es Menschen gibt. Das Kino gibt es erst seit einem Jahrhundert. Es ist daher eine noch gewalttätigere, primitivere und womöglich aktuellere Art, die Seele unseres Lebens zu durchstöbern. In diesem Sinne ist es weniger nostalgisch. Aber vielleicht hat Chéreau das auch gesagt, weil er gerade einen Film vorbereitete.«

Piccolis Reflexe führen von jedem Thema aus ins Freie, Oppositionelle, Unabhängige. Er kann nicht anders. Immer landet er auf jener Lichtung des freien Denkens und Gestaltens, die seinen Lebensraum beschreibt. Kein einziges Mal scheint Ambition durch, ein Drang nach Geld, Erfolg, Mehrheit. Spielen kann er das nicht, es kommt aus dem Rückenmark, er reagiert auf sein Habitat.

»Als es zu den Studentenunruhen kam, waren Sie ungefähr vierzig, also nicht mehr in dem Alter derer, die sich auf den Straßen befanden. Welche Perspektive auf diese Aufstände blieb Ihnen also? Die des Gaffers?«

»Ich bin nicht auf die Straße gegangen, weil ich ein wenig zur Generation gehörte, die da angeklagt wurde. Hinzu kommt, dass ich zwei Töchter hatte, die Verlobte hatten, die über mich zu Gericht saßen. Jeden Abend, wenn ich nach Hause kam, wurde ich vor Gericht gestellt. In gewisser Weise, ja. Ich bin trotzdem auf die Straße gegangen, spazieren gegangen. Nein, das ist nicht wahr. Ich habe demonstriert. Ja, wir waren ein bisschen verloren, muss ich sagen ... Ich habe sogar auf dem Platz de la Bastille eine kleine Rede gehalten mit der kommunistischen Liga. Und noch einmal: Ich bin nicht stolz darauf, aber ich bereue auch nicht. Überhaupt nicht.«

»Ich glaube, der erste Ihrer Filme, der ganz berühmt geworden ist, war ›Le Mépris‹ von Jean Luc Godard. Mein ewiger Lieblingsfilm. Ist es eigentlich richtig zu sagen, dass die Rolle, die Sie spielten (der Drehbuchautor, der seine Liebe, BB, verrät), die ist, die Godard selbst am meisten gehasst hat, weil er sich unter Umständen in ihr erkannt hat?«

»Ich weiß nicht, ob er die Figur gehasst hat. Wenn er sich darin wieder zu erkennen glaubte, ist er nicht ganz aufrichtig, denn er war es wirklich ganz und gar. Moment! Wir brauchen nur das Boot umdrehen zu lassen und können ihn fragen. Er schneidet da oben in seinem Studio gerade seinen neuen Film.«

»Ich habe Angst vor Godard.«

»Das müssen Sie nicht. Dennoch, die Frage ist interessant, weil die Figur, die ich spielte, eine Figur voller Feigheit war, und über Godard kann man sagen, was man will, aber er ist alles andere als feige.«

»Während die Rolle, die Jack Palance spielt, Carlo Ponti, dem Produzenten des Films, nahe kommt.«

»Ja, das war ein bisschen eine Karikatur dieser Produzenten, die nur Sex, Sex, Sex wollen. Ja, das war ..., nein, ich würde nicht sagen eine Karikatur, er war der Prototyp.«

»Im Film sieht man zunächst eine innige Liebesgeschichte zwischen Ihnen und Brigitte Bardot, im Laufe des Films entwickelt sich zwischen Ihnen beiden eine Art von Indifferenz, die von BB als ›Verachtung‹ bezeichnet wird. Sie suchen immer nach der Erklärung für ihre Verachtung. Ich werde es dir nie sagen, antwortet sie. Aber dann lässt sie sich doch einen Satz entlocken und sagt: ›Ich verachte dich, weil du mich nicht mehr zu rühren vermagst.‹ Das klingt, finde ich, wie eine Aussage über die Entwicklung von Kultur insgesamt, in der Rührung oder die Fähigkeit zu rühren immer unbedeutender und schwächer entwickelt werden. Die Kultur wird zum Dokument unserer Verachtung, weil wir ungerührt bleiben, und daher selbst verachtet.«

»Ja, die Kultur vermag uns nicht mehr zu rühren, weil sie mehr und mehr durch den Wettbewerb erobert wird, in allen Bereichen ein bisschen. Es gibt nicht viele Leute, die in allen Winkeln der Erde auf kompromisslose Art arbeiten. Und der Kommerz liebt nichts. Ich frage mich wirklich, ob man sich nicht besser in einen Maler verliebt, der nie van Gogh sein wird, als zwei Stunden Schlange zu stehen, um einen van Gogh zu sehen. Verstehen Sie, was ich sagen will?

Früher hieß es ›Geld stinkt‹. Man sagte sogar noch Schlimmeres, man sagte ›Geld stinkt nicht‹. Das ist grauenvoll! Das ist eines der widerlichsten Sprichwörter, die es gibt! Ich habe das übrigens gleich nach Kriegsende in St. Germain des Prés erlebt, wo es etwas ganz Außerordentliches gab. Es existierte nicht nur eine ganz phantastische politische Bewegung, die Leute hatten auch kein Geld. Denn damals bedeutete in Paris, kein Geld zu haben, dass man eine aufrechte Haltung während des Kriegs eingenommen hatte. Wogegen die Reichen während des Kriegs üblicherweise eine miserable Haltung gezeigt hatten. Das war also eine Epoche, in der das Geld durchaus noch einen Geruch besaß.

Heute hat es im Gegensatz dazu ein Gefühl. In den seriösesten Zeitungen, den interessantesten, sagt man Ihnen nicht mehr: ›Sehen Sie diesen Film, weil er sehr schön ist, oder sehen Sie ihn nicht, weil er sehr schlecht ist‹, man sagt: ›Das sind schon so und soviel Besucher, so und so hohe Erlöse oder Produktionssummen!‹

Doch glücklicherweise gibt es weiterhin Kunst, die zu rühren vermag. Sie sprechen von Godard. Als ›Le Mépris‹ dem Publikum vorgeführt wurde, hat er keinen Erfolg gehabt, obwohl BB dabei war, damals der Weltstar schlechthin. Der Film war ein kommerzieller Reinfall. Wenn man nun von ›Le Mépris‹ spricht, merkt man, dreißig Jahre später, dass das einer der schönsten aller Filme ist. Ein Film, der einen rührt. Wer fragt nach dem Einspielergebnis?«

Ich sage ihm nicht, dass der deutsche Verleih dem Erfolg auf die Sprünge helfen wollte durch den Titel: »Nackt und gedemütigt auf Capri«. Er muss nicht alles wissen. Stattdessen sage ich:

»Er fängt mit einer der schönsten Liebesszenen an, nämlich einer Bettszene zwischen Ihnen und BB, aber post-coitum, und Sie liegen auf dem Bett und gucken in den Spiegel und gehen mit den Augen langsam über den nackten Körper von BB. Und es heißt so ungefähr, sinngemäß: ›Siehst du meine Füße im Spiegel? Liebst du sie? – Oui. – Und meine Waden, liebst du sie? – Beaucoup. – Und meine Oberschenkel? – Vraiment.‹ So geht es den ganzen Körper aufwärts, und zum Schluss heißt es: ›Also ist deine Liebe total?‹ – Und Sie sagen: ›Oui, totalement, tendrement, tragiquement.‹ (Also etwa: ›Total, zärtlich, tragisch.‹ Die deutsche Übersetzung formulierte damals: ›Also liebst du mich ganz? Ja, von Herzen, mit Schmerzen, über alle Maßen.‹) Haben Sie je eine schönere Liebesszene gespielt?«

»Nein, das ist eine der schönsten Liebesszenen, die es im Kino gibt. Aber Sie sind sehr nostalgisch, wenn Sie sagen, das sei eine post-koitale Szene. Warum könnte das denn keine prä-koitale Szene sein?«

»Gut: Entre-Coïtale ...«

»Da sehen Sie, dass das Leben kompliziert ist, dass es kompliziert und amüsant ist. Wissen Sie denn, wie diese Szene entstanden ist? Die Produzenten Joe Levine und Carlo Ponti waren wütend, weil man nicht sieht, wie BB auf den Mund geküsst wird oder prä-koitiert oder post-koitiert, ich weiß nicht, wie man sagt, nun ...«

»Warum glauben Sie, dass es einen Unterschied gibt zwischen prä-koital und post-koital? Das kann dasselbe sein.«

»Oh, ganz und gar nicht!«

»Aber ja.«

»Aber nein!«

»Nach dem Koitus kann doch schon wieder vor dem nächsten sein.«

»Das ist überhaupt nicht das Gleiche. Das ist wie ... ah natürlich, jetzt verstehe ich, aber dann sind Sie ein Sportler. Das kann natürlich sein, aber ich wollte nicht sagen, dass alles ein Ende und einen Anfang hat, das stimmt nicht. Ein Ende kann ein Neubeginn sein. Und ein Beginn kann sein, wenn alles schon beendet ist. Wir sind uns einig. Aber schließlich war Godard gezwungen, diese Szene zu erfinden, weil die Produzenten BB so sehen wollten, und wir haben sie gedreht, nachdem der Film schon abgedreht war. Ich glaube, der Film war fast schon fertig geschnitten, und da hat er sich die für mich und viele andere Leute schönste Liebesszene ausgedacht, die es geben kann, eine Szene von einer wunderbaren imaginären Erotik. Wunderbar. Daher haben Sie vielleicht Recht, das ist vielleicht eine post-koitale Szene, die zu einer prä-koitalen wird, weil es die erotische Imagination gibt.

Aber so was ist jetzt tot! Stattdessen haben wir Fernseh-Pornos. Man hat nicht das Recht, das Imaginäre der Sexualität so herabzuwürdigen! Das ist wahrlich ein böser Akt, noch ein böser Akt des Fernsehens.«

»Aber jetzt haben wir trotzdem ein Problem. Am Anfang haben wir gesagt, man wird alt, wenn man sagt: ›Früher war es besser.‹ Aber jetzt sagen wir: ›Früher hat man Liebesszenen feiner angelegt.‹ Werden wir jetzt gemeinsam alt, weil wir uns darauf einigen zu sagen: ›Das zumindest war früher besser‹?«

»Nur in diesem Punkt, denn davon bin ich allerdings überzeugt. Aber es kommt darauf an, ein wenig Energie aufzubringen. Lasst uns also den Fernseher nicht einschalten und stattdessen ausgehen, um junge Mädchen, junge Leute zu treffen!«

Noch ein Beispiel dafür, wie Grundwerte der Kulturkritik von der wertkonservativen Rechten auf die aussterbende Linke übergegangen sind. Aber während die Rechte ehemals das christliche Abendland verteidigte, verteidigt sie heute die Marktwirtschaft, die mit der Pornographie höhere Umsätze macht als ganz Hollywood. Und auf der anderen Seite des Spektrums sitzt dieser Arthouse-Schauspieler und verteidigt aus künstlerischen und humanitären Gründen »das Imaginäre der Sexualität«! Verkehrte Welt, bedenkt man, dass er Provokateur genannt wurde und mit Kunst- oder Autoren-Filmen Konventionen brach! Verkehrte Welt, die sich um Michel Piccoli um 180 Grad gedreht zu haben scheint!

»Sie haben eine Reihe von Filmen mit Buñuel gemacht, der ganz zu Anfang über Sie sagte: ›Michel Piccoli ist ein großer Künstler.‹ War das aus seinem Mund ein Kompliment?«

»Sicher nicht. Er hatte die Angewohnheit, den Leuten zu sagen: ›Ich hasse Künstler, aber darf ich Ihnen Herrn Piccoli vorstellen – er ist ein großer Künstler.‹ Buñuel war für alle, die ihn gekannt haben, ein Leitbild, und ich hatte das Glück, einer seiner Freunde zu sein. Ich habe bei ihm immer wieder so genannte Nebenrollen gespielt, bis mein damaliger Agent sagte: ›Hör auf, solche Rollen zu drehen, sonst wirst du nie ein Star.‹ Da habe ich den Agenten verlassen.«

»Romy Schneider hat gesagt: ›Ich bin 50 Filme alt.‹ Sind Sie nun 140 Filme alt?«

»Nein. Ach, Romy, diese Hündin! Ich kann mir das erlauben, weil ich es gerne mag, wenn man nicht so viel Respekt vor den Leuten hat, und weil wir sehr, sehr gute Freunde waren, ich habe ihr damals noch ganz andere Sachen gesagt. Aber ich würde nicht sagen, dass ich 140 Filme alt bin. Ganz und gar nicht.«

»In dem Film ›Der Kommissar und das Mädchen‹ müssen Sie und Romy sich ziemlich lange küssen. Was passiert eigentlich, wenn man eine einfach gute Freundin so lange küssen muss? Schlägt es nicht doch irgendwann um?«

»Um Ihnen ganz offen zu antworten, in dem Augenblick ist es nicht umgeschlagen. Eigentlich sollte diese Kussszene in einem Bett stattfinden, und ich erinnere mich, dass wir Sautet gesagt haben – denn manchmal dürfen wir Schauspieler uns ja erlauben, etwas vorzuschlagen –, wir haben ihm gesagt: ›Warum findet das denn im Bett statt? Das könnte doch sehr schnell gehen, im Stehen gegen die Wand ... Das Bett ist doch nicht interessant, immer das Bett!‹ Und er hat zugestimmt.

Mit Romy war ich so befreundet, wir hatten eine solche Vertrautheit, die noch viel größer war, als wenn wir ein Liebespaar gewesen wären. Und vor allem, wenn wir ein Kino-Liebespaar gewesen wären. Denn tatsächlich kann man sich in seine Partnerin verlieben, das ist sogar ganz freundlich. Es ist sogar nicht sehr freundlich, sich nicht zu verlieben, oder? Das könnte um ein Haar unfreundlich sein. Aber manchmal ist eine solche Kussszene technisch so anstrengend, dass kein Platz mehr bleibt für die Phantasie, ich versichere Ihnen, das stimmt.«

»Jetzt spielen Sie nach einem Text von Marguerite Duras einen alten Mann auf der Suche nach der großen Liebe seines Lebens. Finden Sie das bei einem Mann mit siebzig Jahren eher tröstlich oder eher traurig?«

»Ich bin nicht in dieser Lage. Ich bin nicht mehr auf der Suche nach der großen Liebe, weil sich das für mich schon erfüllt hat, das kann ich gestehen, und ich das auskosten will, bis es nicht mehr geht. Aber es ist wundervoll, wenn ein Mann mit siebzig noch die große Liebe sucht. Traurig ist nur, wenn er mit achtzehn nicht danach sucht. Aber die große Liebe ...

Es gibt so viele große Lieben. Manchmal ist das vielleicht gar nicht zu erreichen. Vielleicht ist sie nur eine Illusion, ein Mythos, die große Liebe. Oder man muss viel suchen, viel ausprobieren. Wenn man das sagt, wird man gleich für vulgär gehalten, aber so ist es gar nicht. Forschungen und Versuche sind nicht vulgär, und man findet die große Liebe nicht so von heute auf morgen. Sie ist sehr selten, sehr selten. Aber man kann auch ohne große Liebe leben. Es gibt ja Leute, die ganz ohne Liebe leben, indem sie dreieinhalb Stunden pro Tag vor dem Fernseher sitzen, die leben doch auch.«

»Welches Gefühl, glauben Sie, ist stärker: die Liebe oder der Liebeskummer?«

»Ich finde, Liebeskummer ist so ein Operettenbegriff oder aus dem Schlager.«

»Und sind Sie der Sache entkommen, der Sache Liebeskummer? Sind Sie davongekommen?«

»Nein, ich bin nicht davongekommen. Oder ich bin in dem Sinn davongekommen, dass ich mich nicht umgebracht habe. Aber solange er nicht im Selbstmord endet, kann Liebeskummer auch befriedigend sein.«

»Kommt Ihnen heute, mit siebzig Jahren, das Leben lang oder kurz vor?«

»Aber wer hat Ihnen denn gesagt, dass ich siebzig Jahre alt bin?«

»... mit 140 Filmen.«

»Wer hat Ihnen das gesagt mit den 140 Filmen?«

»Ich glaube ...«

»Ich mag nicht zählen!«

»Also gut: Kommt Ihnen heute, so wie Sie da sitzen, das Leben lang vor oder kurz?«

»Sehr sehr kurz, sehr sehr kurz, sehr sehr kurz!«

»Und das Interview, kommt Ihnen das lang vor oder kurz?«

»Sehr sehr lang, sehr sehr lang.«

»Dann haben Sie gerade Zeit gewonnen.«

Vier Jahre später schreibe ich ihm ein Fax mit der Nachricht, dass die große Liebesgeschichte erst jetzt, aber ohne Zerwürfnis, zu Ende gegangen ist. Der Anblick von Michel Piccoli dagegen löst bei mir immer noch die gleiche Freude aus wie beim ersten Mal, »so ohne Hoffnung, ohne Pelze.«

Doch wie kam der Diesel ins Boot?

Der ewige Palästinenser

Yassir Arafat in Tunis

Als ich zur Schule ging, trugen die Pimpfe die ersten Baseballkappen und die aus der Oberstufe noch Baskenmützen wie Heinrich Böll und Camus. In der Mittelstufe setzte sich dagegen die Kufija, der »Palästinenserfeudel«, durch, das einzige rein politische Stück Textil der Nachkriegsgeschichte, ein Accessoire, das sich ebenso gut mit amerikanischen Jeans wie mit russischen Militärjacken kombinieren ließ. Arafat hatte es zuerst Anfang der Fünfziger auf dem Kongress der kommunistischen Jugend in Prag getragen, wo er sich als »Mister Palestine« bezeichnete.

Seither war er einer der wenigen Gegenwartspolitiker, die der Jugendkultur Impulse gegeben haben. Die Kufija, die gebunden an den Umriss Palästinas erinnern sollte, passte zu den Rolling Stones, zu Che Guevara, zu Bobby Fisher oder Muhammad Ali, zu Salvador Allende und Jimi Hendrix, und wie das so ist mit den Legenden, wussten wir besser, für was Arafat stand, als wer er war.

Aber wer wusste das überhaupt?

Was immer er tat, es besaß neben der politischen eine theatralische Bedeutung: wie sein legendärer bewaffneter Auftritt vor der UNO-Vollversammlung, sein Auftauchen und Verschwinden als Drahtzieher der Intifada, seine Schattenexistenz, sein Leben als Präsident und Nomade, als »Terrorist« und Friedensnobelpreisträger. Er schreit, er weint, er verführt, er schreitet das ganze Spektrum dramatischer Ausdrucksmöglichkeiten ab. Er küsst uniformierte Kinder, er träumt für alle, will sein Lebenswerk mit der vielleicht größten außenpolitischen Weichenstellung der Gegenwart, dem israelisch-palästinensischen Friedensvertrag, krönen, und ist längst, wovor die damalige PLO-Sprecherin Hanan Ashrawi einmal warnte, »Geisel der israelischen Innenpolitik«.

Man folgte Arafat mit den Augen, sah ihn immerzu in Missionen anreisen, ein böser Bube, ein Finstermann, anders gesagt, einer der unterhaltsameren Männer der Weltpolitik. Die Geschichten über ihn hatten stets mit Untergrund zu tun, mit konspirativen Wohnungen am Rand orientalischer Städte, mit Waffen. Wie literarisch, wie unwirklich war all das! Wie unwirklich für die Welt, die ihn mal als Schurken, mal als Friedensboten sah! Und trotzdem, als ich später einmal den Nahost-Experten der deutschen Bundesregierung, den »Ben Wisch« genannten Hans-Jürgen Wischnewski, fragte: »Wer von allen Politikern des Nahen Ostens, die Sie kennen gelernt haben, wird vom Westen am meisten verkannt?«, kam die Antwort ohne Zögern: »Yassir Arafat.«

Und jetzt?

Lässt man den Friedensnobelpreisträger, die »Integrationsfigur«, wie er noch kürzlich genannt wurde, den »zum Staatsmann gereiften ehemaligen Terroristen«, lässt man ihn zwischen platt gewalzten Autos, niedergefahrenen Laternen, zerstörten Läden und Grünanlagen, beschädigten Wasser- und Stromleitungen allein in einem zerbombten Haus in Ramallah sitzen und warten auf seine Exekution? Oder wartet man auf seinen Selbstmord, mit dem er bereits gedroht hat, ohne das erwartete weltweite Entsetzen auszulösen?

Diese Welt ist launisch. Sie gibt Arafat die persönliche Verantwortung für jedes einzelne Selbstmordattentat. Sie personalisiert das Politische, denn so ist es leichter vermittelbar, sie verwandelt den Theatraliker zurück in den Ganoven, der er ehemals war, und formuliert die ersten Artikel über Jibril Rajoub, »den nächsten Arafat«.

Das Ende des Palästinenser-Präsidenten ist nah, so oder so, sagen die Analysten und zeigen die Bilder, auf denen »der Alte« wie ein weibisches Gespenst, mit großen tragischen Augen, waidwund durch seine Räume streift, ein Lear auf der Heide, gebrechlich, gebrochen und von den Anhängern mal halbherzig, mal eher symbolisch, mal verzweifelt gefeiert.

Laut israelischer Geheimdossiers ist Arafat krank und kann nicht mehr ohne Arzt. Seit Mitte März 2003 ist sein Stadtviertel zerstört, und nein, sagen die Augenzeugen, das war keine gezielte Operation, sondern ein Werk willkürlicher oder fahrlässiger Zerstörung, begleitet von Plündereien. Ein Komitee aus Literaturnobelpreisträgern und Großschriftstellern reiste an, um Arafat einen Solidaritätsbesuch abzustatten. Der Papst hat die Besetzung der heiligen Stätten kritisiert. Vergeblich. Die Zeit nach Arafat ist eingeläutet.

Und jetzt?

Jetzt wären wir also am Ende einer Laufbahn angekommen, die sich vor knapp elf Jahren anschickte, ihren Zenit anzusteuern. Das war im Herbst 1991. Der entscheidende, unfassliche Durchbruch in den jahrzehntelangen Bemühungen um eine Verständigung zwischen Israelis und Palästinensern schien gelungen: In der so genannten »Madrider Konferenz« saßen Palästinenser, Syrer und Israelis erstmals an einem Verhandlungstisch. Nur Arafat und die PLO mussten draußen bleiben. So wollte es die israelische Regierung, das war ihre Bedingung. Arafat stimmte zu und betrieb als der Präsident, der keiner war, von seinem Exil in Tunis aus Geheimdiplomatie.

Und ich stand auf dem Flughafen Frankfurt, es war der

30.10.1991, und überlegte, welches Gastgeschenk ich Arafat mitbringen könnte. Nach Interviews mit israelischen Politikern, selbst aus dem Likud-Block, aber auch mit Haider Abdel Shafi, dem palästinensischen Delegationsleiter der Madrider Konferenz, und Hanan Ashrawi, der Sprecherin, hatten die Verantwortlichen der PLO ein deutsches Interview als flankierende Maßnahme zur Konferenz offenbar begrüßt. Wenig später saß ich in der Maschine nach Tunis, in meinem Gepäck zwei Schachteln mit Lebkuchen, Printen für Arafat!

Welcher Arafat?

Abdel Rahman Abdel Raouf Arafat al-Qudwa al-Husseini wollte in Jerusalem geboren sein, kam aber wohl am 24.8.1929 in Kairo zur Welt. Den Namen Rahman legte er später ab und nannte sich nach einem Freiheitskämpfer Yassir, frei übersetzt: »Der, dem alles leicht gemacht wird.«

Von wegen.

Arafats Mutter gehörte der Aristokratie von Jerusalem an. Sie starb, als der Sohn vier Jahre alt war. Sein Vater, ein palästinensischer Kaufmann, fiel sechzehn Jahre darauf im Kampf gegen die Israelis. Krieg war immer.

Als Kind kämpfte Arafat gegen die britische Schutzmacht in Palästina, als Halbwüchsiger gegen militante zionistische Gruppen, seit er 19 ist, befindet er sich auf der Flucht. Als Erwachsener gründete er 1959 die El Fatah-Bewegung, die Jahre später in der PLO aufging, und womit schaffte er es zum ersten Mal in die Zeitung? – Als er buchstäblich mit eigenem Blut an einen ägyptischen General schrieb: »Vergiss Palästina nicht.«

Als Sprecher der PLO leistete sich Arafat halsbrecherische Manöver in alle Richtungen: Stand er auch früh im politischen Kampf, fuhr er andererseits im Chrysler durch Kuweit wie ein Dandy. Las man in der Gründungscharta der PLO aus dem Jahr 1964 noch, alle Israelis müssten aus Palästina vertrieben werden, ist davon wenige Jahre später nicht mehr die Rede. Befreite er Ende der Fünfziger Palästina aus der Vormundschaft durch die Araber und entzog die PLO immer wieder dem Zugriff der arabischen Präsidenten, verpflichtet er gleichwohl die arabischen

Nationen darauf, die Sache der Palästinenser als die ihre anzuerkennen. Beschwor er auch den Frieden mit blumigen Worten, schlich er 1967 durch die feindlichen Linien, um an der Westbank den Guerillakampf zu organisieren, kämpfte 1968 in Jordanien direkt gegen Scharons Einheiten und besaß offenbar die sieben Leben einer Katze: Er überlebte 1982 den zweiten Einmarsch der Israelis im Libanon, die Einkesselung von Beirut, als der israelische Verteidigungsminister offen seinen Tod forderte, er überlebte die Massaker von Sabra und Shatila, die Bombardierung seines Hauptquartiers, er überlebte Attentate, die Haft in arabischen Gefängnissen, die Ermordung seiner Vertrauten. Jahrzehntelang wurde er von mehreren Geheimdiensten überwacht, schlief jede Nacht woanders, ließ Journalisten nur mit verbundenen Augen in seine Verstecke und überlebte.

Und überlebte.

Und schien irgendwann nur noch wie verschont.

Wie also sollte man diesem Mann entgegentreten, der Person und dem Phänomen? Und wie würde ich ihn vorfinden, zu jenem historischen Zeitpunkt, da das Undenkbare vor den Augen der Welt geschah: Israelis und Palästinenser saßen an einem Tisch und verhandelten über die Zukunft des Heiligen Landes.

Am Zoll in Tunis geht alles ganz schnell. Eine Abordnung der PLO pendelt zwischen den Absperrungen ganz selbstverständlich hin und her, nimmt die Formalitäten ab, lotst unsere Gruppe durch die Sperren und vermittelt den Eindruck, als sei der Gast der PLO Gast eines Staats im Staat, für den das Gastgeberland Tunesien nur nebenher verantwortlich sei.

Der Präsident ist krank, heißt es, der Präsident hat drei Tage nicht geschlafen. Bitte sprechen Sie leise, jetzt ist ein Arzt bei ihm. Er bekommt eine Spritze, anders könnte er gar nicht mit Ihnen sprechen ...

Wir stehen noch im Garten seines Palais und beginnen schon zu flüstern. Seine Zentrale hat das Äußere einer Kolonialvilla und das Innere einer Baracke. In dem kleinen Garten hört man keinen Vogel singen. Wo einmal Blumenbeete waren, liegen militärische Gerätschaften. Keiner der Angestellten wird sagen, ob Arafat in diesem Augenblick schon im Hause weilt. Immer noch schläft er jede Nacht woanders, klopft bei einem der etwa dreitausend Palästinenser in Tunis an und bekommt ein Bett. Niemand weiß, wo er bleibt. Aber morgens meldet er sich bei seinem Außenminister Kadumi und nimmt die Regierungsgeschäfte auf. Was wie ein morgenländisches Märchen klingt, vollzieht sich wirklich so. Aber der Präsident hat kein Land und der Minister keine offiziellen Botschafter.

Arafats Villa ist Kaserne, Werkstatt, Büro. Einer der Soldaten hat sein Maschinengewehr während der Leibesvisitation an die Hauswand gelehnt. Dann darf ich eintreten. Die Glanzlosigkeit des Interieurs ist deprimierend. Nichts, außer ein paar gerahmten Fotos und Öldrucken, die Fotos nachempfunden wurden, ziert die kahlen Wände. Einige der Türstürze sind angestoßen, Fingerabdrücke im weißen Kalk der Wände. Man hat es eher mit der Fortentwicklung eines Feldlagers zu tun als mit einem Präsidialsitz.

Der Soldat führt uns in den Warteraum, gleichzeitig Schlafzimmer der Wachen, Empfangs- und Besprechungsraum in einem. Eine Reihe Feldbetten zu jeder Längsseite, zwei lange Tische in der Mitte, ein paar Gläser mit süßem Tee darauf. An der Stirnseite Landkarten, das ist alles. Wir warten ein paar Stunden, die Leibwächter legen sich aufs Ohr oder spielen.

Ich sehe mir die Karten genauer an, Gebietspläne Palästinas und Israels, darin mit bunten Nadeln gekennzeichnet, Stellungen, militärische Anlagen, Sicherungsposten, Siedlungen der beiden Parteien. Einer der Leibwächter ermahnt mich im Liegen: »Sie haben keine Erlaubnis, auf diese Karten zu blicken. Unterlassen Sie es bitte sofort!« Vorgeschriebene Blickrichtung zur anderen Seite, ich verstehe.

In Arafats Hauptquartier sieht man CNN. Ich versuche mir vorzustellen, wie viele Nachrichten in eigener Sache Arafat erst auf diesem Weg erhält. Hanan Ashrawi erscheint in einem braunen Kostüm von Chanel, dann tritt Haider Abdel Shafi vor die Mikrophone. Er könnte ein ägyptischer Nabob sein. Von einem so schönen melancholischen arabischen Gentleman träumen Casting-Agenturen. Abwesend macht Arafat in Madrid offenbar die beste Figur.

Wir sehen den Arzt kommen und gehen, vorausgesetzt, es ist ein Arzt und kein Kurier mit dicker Tasche, der sich nach seinem Besuch die Hände wäscht. Dann wird Arafats Schreibtisch zum Interview vorbereitet, Gegenstände werden herbeigebracht, er soll voller erscheinen. Die Fahne muss ins Bild, wenigstens im Blickfeld rund um den Präsidenten soll es aussehen wie bei anderen Präsidenten – auch wenn der Tisch aus Sperrholz ist und der Bilderrahmen aus Plastik. Arafats Leute haben Routine in dieser Form der Kosmetik. Außerhalb unserer Ecke nichts als staubige Wände, ein abgewetztes Sofa, Linoleum. Eigentlich ist der Zustand des Raums selbst Politik.

Ich benutze die allgemeine Geschäftigkeit und folge dem in die hinteren Zimmer führenden Flur zu der Tür, die der Arzt angelehnt gelassen hat. Aus irgendeinem Grund hatte ich mir vorgenommen, Arafats Waschraum zu sehen. Und tatsächlich: Das Bad des Präsidenten ist mit einer kleinen Sitzbadewanne ausgestattet, aber der Schlauch liegt abgerissen darin und ohne Duschkopf, das Klo hat keine Brille. Eine offene Tube Colgate liegt neben dem Waschbecken, ebenso ein orangener Einweg-Rasierer, dem einzigen Handtuch fehlt offenbar seit Wochen die Kochwäsche. Mit einem Wort: Es ist das trostloseste Sanitär-Ensemble, das man außerhalb einer Jugendherberge sehen kann.

Eine Stunde später ist es soweit. Die Angestellten des Hauses, Berater, Bodyguards, Pressereferenten, alle haben im hinteren Teil des Raums Platz genommen. Arafats persönlicher Dolmetscher, der nur die Fragen übersetzt, sitzt in serviler Haltung an der Schmalseite des Schreibtischs, mein eigener Dolmetscher beugt sich von hinten an mein linkes Ohr. Er wird bei der Wiedergabe der Präsidentenworte – aus Ehrfurcht oder spontaner Distanznahme – immer wieder in die dritte Person Singular verfallen.

Doch dann füllt sich der Raum plötzlich mit einem Raunen, Scharren und Atmen, das zusammengenommen klingt wie kaum hörbarer Applaus. Noch mehr Menschen drängen jetzt aus den hinteren Zimmern herein, einige lächeln mit den Augen wie starke Söhne, die einem respektablen Ahnen ein Defilée gönnen, und in der Mitte schreitet Arafat, im Kampfanzug, das Pistolenholster an der Hüfte, das alte Gymnasialtuch auf dem Kopf, mit zitternden Händen die hingestreckten Hände schüttelnd, lächelnd, zweimal zu einem geflüsterten Dialog innehaltend und dabei, während er sich seinen Weg hinter den Schreibtisch bahnt, so unsicher und gebrechlich, dass alle, die ihn zum ersten Mal sehen, einen Schrecken bekommen. Auch meine Printen nimmt er unsicher entgegen, lacht, rappelt mit der Schachtel in der Luft. Was wohl der Vorkoster sagen wird?

Als wir endlich sitzen, frage ich nach seiner Genesung.

»Ich bin nicht krank«, sagt Arafat, und plötzlich erfüllt seine Stimme den Raum wie eine Orgel. Wer hätte ihm gerade eben noch diesen Kraftausbruch zugetraut? Seine Stimme kommt jetzt dröhnend melodiös aus einem gebrechlichen Resonanzboden. Und sie klingt empört.

»Wer hat Ihnen gesagt, dass ich krank bin? Ich bin es gewohnt, hart zu arbeiten.«

Und unser stundenlanges Flüstern? Der Arzt mit seiner Tasche? Israel, der Staat Israel, hat es mir gesagt, hätte ich antworten sollen, es wäre ihm recht gewesen, denn gleich geht es weiter mit einer Philippika gegen alle, die sein Leben fälschen oder aus diesem Leben Daten nehmen, um sie für ihren Zweck zu verdrehen. Gewiss, er hat Erfahrung damit, aber hier bietet sich wieder eine Gelegenheit, den eigenen Leuten den wahren Arafat zu präsentieren, auch wenn nicht Israel die Lüge seiner Krankheit in die Welt gebracht hat, sondern die eigenen Leute.

Arafat spricht in einer Sprache der Mantren. Er artikuliert Überzeugungen, die niemandem neu sind und es auch nicht sein dürfen. Er antwortet nicht, er spricht zu seinem Volk, er diskutiert nicht, er deklamiert, sein Gesicht kennt keine Melancholie und keinen Zweifel, aber Empörung, Schmeichelei, überbordende Heiterkeit und eine Wut, die in die Heiterkeit schnappt wie in ein Schloss.

Und das alles spontan und unverbraucht? Er hat oft geschmeichelt, er ist oft empört gewesen und ebenso oft abrupt in seiner Wut. »Die einzige rhetorische Form, die ich kenne«, hat Napoleon gesagt, »ist die Wiederholung.« Arafat spielt sie in Trillerketten herunter, die Gesichtsausdrücke, die Gesten, die großen Worte. Seine Theatralik mag imponierend sein, sie dient der Sache, aber noch suggestiver ist sein Charme.

Draußen brütet die Nachmittagshitze, drinnen hat man die Heizungen aufgedreht. Es ist zum Ersticken. Arafat krank? In der Nacht, so verrät mir später einer seiner Vertrauten, war eine Gesandtschaft der palästinensischen Delegation aus Madrid nach Tunis gekommen, um mit dem Alten zu konferieren. Wenn das rauskommt, sagt der Berater auch, brechen die Israelis die Konferenz ab. Ob er deshalb drei Nächte schon schlaflos ist? Ob er deshalb zittert? Natürlich. Jede Nacht fliegt die Delegation ein, jeden Morgen wieder ab.

»Sie glauben nicht, dass Israel solche Lügen verbreitet?«, fragt Arafat offensiv.

»Dann sagen Sie mir doch zum Beispiel, wo Sie geboren wurden: in Kairo, in Gaza oder in Jerusalem?«

»Sehen Sie, das angebliche Geheimnis meiner Geburt! Auch ein Märchen Israels! Das angebliche Geheimnis meines Lebens gehört zum psychologischen Krieg gegen die Palästinenser. Wissen Sie, was Israel will?«

Er zieht einen Schekel hervor, hält ihn mit der bandagierten Hand direkt unter meine Augen.

»Sehen Sie hier, unter dem siebenarmigen Leuchter, diese Skizze verrät Ihnen die wahren Absichten Israels, dieser Gebietsplan hier umfasst: Libanon, ganz Palästina, ganz Jordanien, die Hälfte Syriens, die Hälfte Sinais, die Hälfte des Irak, ein Drittel Saudi-Arabiens, das ist Schamirs Position in Madrid. Es ist die Position des Kalten Kriegs. Es ist die Position von Mister No.«

Das beschriebene Territorium findet sich wirklich auf der Münze. Meine Frage hat Arafat trotzdem nicht beantwortet.

»Es ist wahr, Israel nennt mich einen Lügner, ein Land, das fiktive Grenzverläufe auf Münzen prägt, das von einem pan-zionistischen Staat auf dem Territorium souveräner Staaten träumt, Israel nennt mich einen Lügner! Aber alle Freiheitskämpfer werden Lügner genannt.«

»Israel nennt Sie auch einen Terroristen!«

»Alle Führer, die ihre Völker in die Freiheit führen, werden von ihren Gegnern als Terroristen bezeichnet.«

Doch wie nennt sich Arafat selbst? Er nennt sich ganz altmodisch einen »Kader«, der für »die Kinder« kämpft, für ihr »Recht auf Selbstbestimmung«.

»Unser Volk hat immer viel gelitten, doch auch unsere Kinder haben das Recht, frei zu sein. Insofern steht auch jedes einzelne palästinensische Kind für die PLO. Auch unser Volk hat das Recht auf den Genuss der Selbstbestimmung so wie alle anderen Völker der Welt.«

»Ist das der Grund, warum Sie nicht Ingenieur geworden sind, sondern sich dem politischen Kampf verschrieben haben?«

»Ich fand es wichtiger zu kämpfen, damit mein Volk nicht als Sklave sterben muss.«

Elf Jahre später sterben die Kinder beider Seiten im Streufeuer der Milizen und Guerillakämpfer, sterben Halbwüchsige als Selbstmordattentäter, sterben alle und hoffen nicht einmal mehr.

»Wo haben Sie heute Nacht geschlafen?«

»Das kann ich Ihnen nicht sagen. Es wäre ein Sicherheitsrisiko. Aber vor ein paar Tagen noch war ich beim König von Marokko. Es ist jetzt wichtig, die arabische Solidarität zusammenzuhalten.«

Die Welt hat nicht viel bemerkt von dieser vermeintlichen arabischen Solidarität, aber im Augenblick ist eine strategische Antwort wieder mal wichtiger. Von jedem Punkt des Gespräches aus findet Arafat einen schnellen Weg in die Weltpolitik, und am liebsten verwandelt er eine beliebige Frage in eine Frage der Welt.

»Und führen Sie noch Ihr Tagebuch?«

Statt einer Antwort greift er sich lächelnd in die Brusttasche seines Kampfanzugs und zieht sie hervor, eine kleine zerfledderte Kladde, Seite für Seite mit blauer Tinte eng beschrieben. Für einen Augenblick scheint er sich im Anblick der eigenen Handschrift selbstverliebt zu verlieren. Er blättert.

»Und stehen auch persönliche Eindrücke darin? Schreiben Sie noch Gedichte?«

»Nein, keine Gedichte, das Persönliche interessiert nicht mehr. Ich bin ein Kader. Aber über alles Politische mache ich eine Eintragung. Ich werde auch über dieses Gespräch eine eigene Eintragung machen.«

»Also, was wollen Sie aus diesem Gespräch notieren?«

»Die Frage des Friedens.«

Das sagt er plötzlich bitterernst, und es wirkt nicht einmal kalkuliert, vielmehr sieht es aus, als habe er dieses Wort in seinem ganzen Leben noch nie mit einem Lächeln ausgesprochen.

»Sie hoffen auf Deutschland und doch hat Deutschland Israel mit Waffen beliefert.«

»Die ganze Welt hat Israel mit Waffen beliefert«, antwortet er erstmals fast lakonisch, und doch steckt in diesen rhetorischen Ausweichmanövern bereits das ganze Dilemma der palästinensischen Diplomatie.

Arafat sieht sich als Opfer des Nationalsozialismus wie seiner Folgen. Sechs Kriege sind in seinem Land geführt, unzählige Attentate verübt worden, Tausende von Toten säumen den Königsweg der Diplomatie, den er seit Beginn der siebziger Jahre eingeschlagen hat und den er den eigenen Kämpfern oft kaum noch erklären kann, und während die Mehrheit unter den Seinen schwindet, sucht er Verbündete überall, verweist auf seine Hilfe bei der Befreiung der deutschen Geiseln im Libanon, zieht ein Schreiben hervor, in dem er Saddam Hussein den Golfkrieg auszureden versuchte ... Ist das nichts? Und trotzdem klingt es, als habe er nach Bruno Kreiskys Tod im Westen nur noch falsche Freunde gehabt.

»Im Augenblick verlieren Sie auch unter den eigenen Leuten Freunde und Anhänger.«

Ich denke an Beirut, wo er von diesen eigenen Leuten aus der Stadt vertrieben wurde.

»Das ist Demokratie! Mir reichen genau einundfünfzig Prozent. Demokratie ist nicht leicht.«

»Besitzen Sie denn Freunde auch unter den Israelis?«

»Wir haben Freunde in der Peace-Now-Bewegung. Vergessen Sie nicht: Die Juden sind unsere Vettern. Wir sind nicht gegen sie. Wir sind nur gegen ihre territorialen Pläne!«

Manche Antworten schreit er heraus, manche flüstert er mit vor Empörung geweiteten Augen. Dann wieder wirft er sich mit entwaffnend ausgebreiteten Armen in einen Schwall von rhetorischen Fragen und weidet sich daran, wie einzig allein er sie richtig beantworten kann. Mal fixiert er mich mit karikierter Strenge, mal zieht er mich mit suggestiver Herzlichkeit zu sich heran. Nie hat irgendein Gegenüber ein Interview so leidenschaftlich choreographiert, so mit Stimmungen besetzt, so zum Tanz ausufern lassen wie dieser Präsident, der mir vor wenigen Stunden noch als ein kranker Mann beschrieben worden war.

Und dennoch ist dies alles noch sicheres Terrain, hundertmal abgegangen, durch und durch erkundet und nach Vorteilen durchforstet. Unwägbar aber ist die Antwort auf jene Frage, die alle Theatralik mit einem Schlag hinfällig werden lässt: Wird der Friedensprozess zum Frieden führen oder zu einer Situation, die schlimmer ist als alles, was Israelis und Palästinenser schon durchgemacht haben?

Als Arafat seine Angst gesteht, ist diese Angst fast ohne Ausdruck. Und sie ist ganz ohne Rhetorik. Und offensichtlich aufrichtig.

»Tragen Sie einen Revolver?«

»Ja.«

Er sieht den Dolmetscher an, als habe er nicht richtig verstanden.

»Ich bin auch ein militärischer Führer. Ich verzichte auf meine Waffe nicht.«

»Tragen Sie ihn als Symbol oder weil Sie Gebrauch von ihm machen wollen?«

»Beides. Wenn es nötig ist, werden wir uns verteidigen. Wir leben seit 43 Jahren zur Hälfte unter Besatzung, zur Hälfte im Exil.«

»Würden Sie mir Ihren Revolver zeigen?«

»Nein, das darf nicht sein. Die Waffen zeigt man nur zum Kampf. Die Waffen haben schließlich auch ihre Tradition.«

Es bleibt fatal: An diesem Nachmittag, an dem in Madrid die Friedensverhandlungen in ihre entscheidende Phase eintreten, darf der Mann, der seit seiner Jugend für die palästinensische Selbstbestimmung eingetreten ist, nicht selbst am Verhandlungstisch sein Lebenswerk krönen, er darf nicht einmal genannt werden, sondern muss übermüdet in einem überhitzten, zum Repräsentationsraum aufgetakelten Büro einem Journalisten Auskunft geben und hoffen, dass irgendwer ihn hört, und wenn man ihn hört, dann darf er auf keinen Fall dabei mit einer Waffe in der Hand zu sehen sein. Arafats Reflexe sind gut.

Als das Gespräch vorüber ist, stürzen aus allen Teilen des Raums die Mitarbeiter und Freunde auf ihn zu. Sie drücken ihm beglückwünschend die Hand, und er lacht.

»Lassen Sie uns ein Foto machen«, ruft er uns zu.

Wir gehen zurück in den ersten Raum und stellen uns auf. Hinter uns erheben sich, wie ich erst zu Hause bemerke, die Karten, auf denen in schönster Tiefenschärfe alle Landmarkierungen, Stellungen und Versorgungslinien Palästinas und Israels erkennbar sind. Vorhin hatte ich sie nicht einmal ansehen dürfen, jetzt nehme ich Fotografien von ihnen mit nach Hause.

Am Abend nach dem Interview lädt die PLO zu einem Essen. Es wird ein Gelage. Minister sitzen dabei, Delegierte im Rang von Botschaftern, Zuarbeiter. Als die Bauchtänzerin ihr Kreisen beginnt, frage ich meinen Nachbarn: »Arbeiten Sie auch für Arafat?«

»Ja.«

»Als was?«

»Ich bin sein Berater.«

»Und? Hört er auf Sie?«

»Nein.« Er lächelt so schief, als sei nicht die Antwort, sondern die Frage peinlich.

Wo Arafat zu dieser Zeit ist, kann niemand sagen. Hoffentlich im Fernsehen.

In jenem Herbst 1991 schien die Geschichte im Nahen Osten den Atem anzuhalten, und plötzlich wendete sie eine private, häusliche, handwerkliche Seite nach außen. Sie schien sich zu entpolitisieren wie unsere Politik. Wenn ich Arafat später aus einer Limousine steigen, von einem Balkon winken oder zu den Menschenmassen im Gazastreifen sprechen sah, dachte ich an seine Sitzbadewanne oder an die förmlich respektlose Gebärde, mit der er während des Gespräches sein Palästinensertuch über der Stirn löste, um sich den Schweiß abzutupfen. Haben wir es damals in der Schule nicht genauso benutzt?

Ich erinnerte mich auch an jene blonde Frau im Hintergrund, eine Frau, die von den Seinen gut behandelt wurde, eine Journalistin, hieß es damals. Ein paar Monate später sollte sie »Landesmutter« werden, Souha Arafat, die Gattin, noch später Mutter der gemeinsamen Tochter Zahwa.

Wenig später, im April 1992, kam die nächste Nachricht, die geeignet war, den Mythos Arafat zu verfestigen: Seine kleine Maschine stürzt in einem Sandsturm über der libyschen Wüste ab. 13 Stunden lang ist Arafat verschollen, unter Palästinensern beginnt die Staatstrauer. Dann die Rettung: Die beiden Piloten sind tot, die Leibwächter hatten dem Präsidenten alle Polster und Kissen um den Leib gebunden, hatten ihn geküsst und waren gestorben. Arafat überlebt verletzt und zieht aus diesem Überleben den Schluss, er brauche keinen Stellvertreter. Haider Abdel Shafi, der noble Delegationschef in Madrid und später in Washington, zieht sich aus Arafats Umgebung zurück und wird Präsident des Roten Halbmonds. Tief deprimiert, sieht er Arafat umgeben von Jasagern, unfähig, das autokratische in ein demokratisches System umzuwandeln.

Der September 1993 erscheint als Krönung der Madrider Anfänge. Vermittelt durch Bill Clinton, legt in Washington ein widerwilliger Yitzhak Rabin seine Hand in die ausgestreckte Rechte Arafats. Lea Rabin ist zugegen, Souha Arafat nicht. Brennende Strohpuppen mit Arafats Konterfei begleiten auch in den Palästinensergebieten diesen Schritt. Nach dem »Friedensschluss« ziehen 40 000 Exilierte nach Palästina, die meisten aus Tunis.

Im November 1995, offiziell ist das nicht zu erfahren, besucht Arafat erstmals Israel. Noa Ben Artzi-Pelossof, die Enkelin Rabins, hat mir selbst erzählt, wie sie im Sterbehaus des Großvaters einem Mann begegnet, der merkwürdig weibisch verschleiert gewesen sei, dann plötzlich die Maskerade abnahm, und da war es der Erzfeind, der Widersacher über Jahrzehnte, der bei der Nachricht vom Tod Rabins in Tränen ausgebrochen war, es war Yassir Arafat, der Lea Rabin zum Tod ihres Mannes kondolierte und sie auf die Stirn küsste.

Jetzt, da alles umsonst gewesen scheint und da Arafat wie das Gespenst der Geschichte in einer Ruine haust, wo er weder die eigenen Leute befehligen noch dem Gegner Konzessionen abringen kann, jetzt, da die Geschichte einen Umweg um Arafat herum zu nehmen scheint, ohne wirklich zu wissen, wohin, jetzt fällt mir wieder seine Visitenkarte ein, dieses absurde Stück Karton. Jahrelang stand nichts darauf als »Yassir Arafat«. Wozu also? Jedes Kind kannte seinen Namen, niemand sein Zuhause.

Und jetzt?

Arafat hat den Frieden nicht bekommen. Statt dessen besitzt er eine Adresse. Noch.

King Leary's Winterschlaf

Timothy Leary in Los Angeles

Die Welt muss elend sein, elend, gefährlich und gewalttätig, sonst gäbe es keine Drogen und keine Siedlungen wie Beverly Hills, diese Kreuzung aus Reservat und Hochsicherheitstrakt. Hier stehen die Milchflaschen noch vor der Tür, aber sie haben ihre Guards, die Zeitungen ihre eigenen Safes, und jede Dienstleistung kommt an die Tür: der Florist, der *Personal Trainer*, der *Cleaning Service*, der Mann, der den Hund ausführt, der die Anlage bewacht, der mit der Hausherrin schläft. Dekadenz ohne Gewissen, also ohne Aura, Snobismus ohne Stil, also als *Fun Culture*, Prestige ohne Leistung, aber mit *Membership Card* für die *Guarded Community* – hier sind sie zu Hause. Träge schleppen sich die Anwohner durch ihr Habitat, kurzärmelig und kurzhosig kultivieren sie einen

Patriotismus des Eigenheims und betreiben ihr Leben als kostspieliges Hobby.

Timothy Leary wohnt in Beverly Hills, mitten zwischen alteingesessenen Neureichen, behäbigen Chevrolet-Haltern und Witwen mit mauvefarbenen Haaren, ein Parasit im Speck des angeblich »freiesten Landes der Welt«, einer, der angekommen ist hinter den Zäunen, die ehemals zum Schutz gegen seinesgleichen errichtet wurden. Vielleicht ist das spießig, vielleicht eine Art Pop. Die Alten tragen Streetwear, die Mittelalten Streetfashion, Junge gibt es nicht. Die Kinder tragen Easywear. Timothy Leary trägt Hippie-Klamotten, einen Doktortitel und etwas noch Wertvolleres: Richard Nixon hat ihn einmal »den gefährlichsten Mann der Erde« genannt. Dieser Titel ist ein Wanderpokal und später wahlweise auf Gaddafi, Carlos, Pol Pot, Schirinowski, Osama bin Laden und Saddam Hussein übergegangen, aber Leary liebt ihn unvermindert.

Er ist der »Zerstörer der amerikanischen Jugend«; er, der an der legendären Militärakademie von Westpoint ausgebildet wurde; er, der als Dozent in Harvard unterrichtete; er, der einem Zeitalter der spirituellen Expansion den Weg bereitete und auch die entsprechenden Spezereien bereitstellte; er, der für das Recht auf Rausch eintrat, der LSD, Marihuana, Heroin, Ecstasy, Magic Mushrooms genoss, erprobte, analysierte und auswertete; er, den man wegen Besitz von elf Gramm Marihuana zu zehn Jahren Gefängnis verurteilt hat, der aus der Haft nach Algerien, Afghanistan, in die Schweiz floh, bevor er, nach Amerika zurückgekehrt, doch noch für fünf Jahre ins Gefängnis wanderte, so kurz nur, weil er mit den Behörden kooperierte; er, der jüngst sogar den Weg von den Halluzinogenen bis in den Cyberspace beschritten hat; er soll der »gefährlichste Mann der Welt« gewesen sein. Das ist lustig.

Nicht lustig ist dieser Krebs, dieser gefährlich dahinwuchernde Prostatakrebs mit seiner vitalen Absicht, das System zu zerstören, das man früher den »Drogenpapst der Beatnik-Generation« nannte. Nein, man kann es drehen und wenden, wie man will, und Timothy Leary will es drehen und wenden, will einen abweichenden Standpunkt, einen philanthropischen, abgeklärten zu seiner Krankheit einnehmen, trotzdem ist es kein Spaß, wenn es zu Ende geht. Es tut weh, es macht müde, entfärbt das Gesicht, lässt das Fett herunterschmelzen, macht den Atem schmeckend und den Gang beschwerlich, und trotzdem wird dieses dahinsiechende, schon dekomponierte Bewusstsein immer noch Haltung annehmen, wenn man ihm sagt: Mehr Menschen sollst du, Dr. Leary, auf dem Gewissen haben als die Bombe von Hiroshima! So ehemals die CIA. Gepriesen sei sie, im Angesicht des Todes, für diese Apotheose, diesen Unfug.

Timothy Leary wohnt und stirbt in Beverly Hills in einem Bungalow am Ende einer Sackgasse zwischen anderen Bungalows und anderen Sackgassen. Aber nur in Learys Sackgasse war ehemals die Charles-Manson-Gemeinde zu Hause, nur in seiner Nachbarschaft wurde die schwangere Sharon Tate ermordet, und Leary wohnt nicht zufällig hier. Es ist sein »Geschmack«.

Nicht lange nach unserer Begegnung lernte ich Kenneth Anger kennen, den Filmer und berüchtigten Verfasser von »Hollywood Babylon«, der Skandalchronik eines ganzen Jahrhunderts US-amerikanischer Filmindustrie. Er bereitete gerade den dritten Band seines Klassikers vor – der bis heute nicht erschienen ist – und erzählte, wie er in einer Bar einen Polizeibeamten in ein bierseliges Gespräch verwickelt habe, nicht einen beliebigen Beamten, sondern einen, der am Tatort des Manson-Massakers ermittelt hatte. Anger fragt auch nach einer Kamera, die damals beschlagnahmt wurde, und es gelingt ihm tatsächlich – wie, sagt er nicht –, den nicht entwickelten Film aus jener Kamera zu beschaffen. Anger verschwindet, wühlt in seinen Schubladen, kehrt zurück und wirft ein Bündel Fotos auf den Tisch. Ich werde sie nicht vergessen. Sie zeigten, was damals am Tatort zu sehen gewesen war. Nein, romantisch ist diese Nachbarschaft nicht.

Natürlich: Nichts erinnert an jene Ereignisse, dies ist kein Memorial, sondern Lebensraum. Rabatten, Doppelgaragen, Gegensprechanlagen. Manchmal mietet eine Punkband das leerstehende Sterbehaus der Sharon Tate, nimmt eine Platte auf und verschwindet. Manchmal bleibt einer der Musiker bei Leary hängen, weil da auch andere Youngster hängen geblieben sind oder weil man hier Wynona Rider treffen kann oder junge Computergraphiker, Multimedia-Experten, Poptheoretiker, Spezialisten für eine Zukunft, die Leary nicht mehr erleben wird, aber seine Sterbehelfer.

Eine skurrile Situation ist hier entstanden zwischen denen, die noch kaum richtig leben, und dem, der es bald hinter sich haben wird. Ihr zentrales Thema ist die Zukunft, aber Leary hat keine Zukunft. Stattdessen hat er eine Homepage im Internet mit schwadronierenden Endzeit-Weisheiten gefüllt, hat den Cyberspace kennen gelernt und den Cyberpunk. Verbissen hält er daran fest, ein Junger, ein immer Gegenwärtiger zu sein, auch wenn das Gegenwärtige sich unpolitisch, stammelnd und in Bildern äußert. Der Alte ist unterfordert, er ist kein vollständig intaktes Individuum mehr, eher ein Medium, in dem sich andere zeigen und wichtig machen dürfen. Und er ist überfordert, weil er immer schwächer wird.

Das eigentlich Gespenstische an der Zukunft aber, das, worüber hier niemand zu sprechen wagt, ist ihre Arbeit am Vergessen von allem, was hier und heute wichtig scheint. Die Zukunft wird nicht Cyberspace allein sein, sondern jener Raum in der Zeit, in dem Menschen eingeschlossen sind und jemand sagt »Leary«, und der Nächste erwidert: »Leary ... Leary ... warten Sie, war das nicht ... nein, tut mir Leid.« Die Zukunft, das ist der Zustand, in dem ihn die Getreuen verraten werden. Das weiß nur Leary genau und sieht zu, wie sie Devotionalien und Ideen, Souvenirs und Bonmots in alle Himmelsrichtungen verstreuen.

Nur sein Tod gehört Leary ganz allein. Sein Tod ist es, der die Besucher noch einmal aus aller Welt hierher reisen lässt, die Abschied Nehmenden, die Nutznießer und Parasiten, die Jünger der letzten Stunde, die Kinder früherer Weggefährten, die Zuspät-Geborenen, die sich noch ein paar Strahlen aus der kalt werdenden Erleuchtung Learys versprechen. Sein Tod wird sie wärmen. Aber gleichzeitig ist es immer noch seine persönliche Aufgabe, sich mit dem eigenen Sterben auf den Markt zu begeben, ein letztes Mal die Pressestimmen aufzustacheln und den Nachglanz des alten Ruhms halbkalt zu genießen. Er weiß es:

»Zu verkünden, dass man stirbt, gibt der Karriere ganz schön Auftrieb. Ich will Sie hier natürlich nicht überreden, das auch zu tun, aber immerhin ...«

Jeder, der hier hineinkommt, hat einen Nachruf im Gesicht. Jeder prüft sich selbst im Gedanken: Wie schwer wiegt dieser Abschied? Wie schwer das eigene Weiterleben? Und Leary wäre nicht Leary, wenn er den eigenen Leichnam nicht für eine Provokation eigener Art ausschlachtete:

»Ich muss sterben?«, will er gedacht haben, als der Arzt ihm die schlechte Nachricht verkündete. »Wow! Geil! Jetzt wird's richtig spannend, jetzt geht's los!«

Das klingt lustig und jedenfalls »ganz Leary«, aber unabhängig davon, was er in jenem Augenblick der tödlichen Offenbarung wirklich dachte, ist das eigene Sterben für einen intelligenten Menschen auch ein intellektuelles Problem, und wenn der intelligente Mensch alle möglichen Formen, sich dazu zu stellen, durchprobiert hat – Greinen, Anklagen, Bedauern, Spirituell-Werden, Jesus-Entdecken –, dann ist so ein fröhlicher Erlebnishunger à la Leary immer noch die originellste und massenwirksamste.

Seither verabschiedet er sich in kaum nachlassender Euphorie unaufhörlich von seinem eigenen Leben. Dass dieser Abschied öffentlich stattfindet, passt zur Person, dass er diesen Abschied aber zuletzt mit Heerscharen internationaler Journalisten wird zugebracht haben, das sollte ihm im Jenseits eigentlich schon auf die Zeit in der Hölle angerechnet werden. So viel jedenfalls weiß, wer nach Los Angeles fährt, um einen Besuch am Totenbett zu machen.

Es ist zwölf Uhr mittags. Die junge Frau, die die Tür öffnet, hat die Oberarme einer Metzgerin und ein gramvolles Gesicht. Sie flüstert. Im Innern des Bungalows nach Schlaf riechende Atemluft, Dämmerlicht. Learys Sohn schläft unter einer Autodecke auf der Couch, John Lennons Sohn Sean liegt mit seiner Freundin weiter hinten, Popstar Perry Farrell lagert im Nebenraum. Und Leary?

»In einer halben Stunde werde ich ihn wecken«, sagt die Frau mit den Oberarmen und entkommt geräuschlos auf eine Nebenbühne.

Blättchen, Shillum, Silberpapier, Kreditkarten, Kokainstaub und Haschischkrümel liegen verstreut auf dem Glastisch, dazwischen Comics, Yoko Onos letzte CD, Learys Totenmaske in Gips. Gestern Nacht wurde hier eine Kollekte für die Geister der Gehirnnahrung abgehalten. Immerhin geben die Amerikaner fünfzig Milliarden Dollar jährlich für Drogen aus. Leary hat am Überbau dieser wirtschaftlichen Entwicklung maßgeblich mitgearbeitet. Man hat ihn dafür diffamiert, schikaniert und verehrt – vielleicht von allem ein bisschen zu viel.

An ihm selbst aber sind alle diese Akte gleichermaßen wie Medaillen hängen geblieben. Über die Wände verteilen sich Leary in Öl, Leary mit Newton, Leary mit Ginsburg, mit Susan Sarandon, Leary im Gefängnis, Leary auf der Flucht oder auf der Pressekonferenz, performing, provoking, shocking: »turn on, tune in, drop out.« Er ist seiner selbst offenbar nie überdrüssig gewesen.

Der »Galileo des Bewusstseins« lebt also in einem Ego-Museum, und warum nicht? Wer war schon Elite-Student, Elite-Dozent, Zuarbeiter für die CIA und ebenso erster LSD-Proband, Drogen-Visionär und Jugend-Beweger? Wer widmet schon sein Bewusstsein der eigenen Generation und wird seither von jeder, die kommt, adoptiert? Wer hat schon mit Koestler, Mingus, Cary Grant geschnupft, geraucht, geschluckt, mit Eldridge Cleaver für die Black Panther gekämpft, John Lennon inspiriert, die virtuelle Realität mit entdeckt und die Cyberspace-Kultur verfeinert? All das war Timothy Leary, auch wenn man ihn »Verräter«, »Agent provocateur«, »Scharlatan« genannt hat, und all das soll ihm erstmal jemand nachmachen.

»Schwarz oder mit Milch?« Im Halbdunkel der Küche könnte man den Mann mit dem eisgrauen schütteren Bartansatz für einen Schamanen halten. Brannte sein Blick auf alten Fotos von Charme gefirnisst, doch wie fanatisch, so haben die Augen heute einen Milchglanz, blicken immer noch kühn, lachen noch unbändig, aber es ist, als blättere ihr Hintergrund langsam ab, so wie die Haut in papiernen Flocken von den Wangen fällt, so wie die »klinische Dementia«, von der die Ärzte sprechen, das Kurzzeitgedächtnis in lauter unscharfe oder überhelle Partien sortiert. Weiß er, dass wir uns noch nicht begegnet sind? Weiß er, dass wir uns noch nicht begrüßt haben? Auf die Milch verzichten wir beide.

»Habt Ihr die Beweismittel beiseite geschafft?«, ruft er in den Salon.

Sean Lennon, mit dicklich aufgeschwemmtem nacktem Oberkörper in eine Art Toga gewandet, sammelt phlegmatisch die Drogenutensilien zusammen, um sie auf dem Terrassentisch wieder auszubreiten. Seinen Schoß besetzt seine somnambule Freundin, ihre Fingerspitzen umkreisen gedankenverloren die blauschwarzen Brustwarzen des berühmten Lennon-Sohnes. Der fette blinde Hund zu seinen Füßen sackt in der ersten Marihuana-Wolke des Tages nieder, die Frau mit den Oberarmen nimmt telefonisch die Ergebnisse einer kardiologischen Untersuchung entgegen:

»Metastasen im Knochen ...«, sie nickt zu einer längeren Aufzählung, gramvoller werdend, während Leary feixend ins Zimmer tänzelt. Er hat nichts gehört.

»Sollen wir versuchen, etwas Radikales zu machen?«, frage ich.

»Warum nicht?«

»Also reden wir über den Tod!«, sage ich.

»Das große Tabu der Menschheitsgeschichte!«, antwortet er stereotyp.

»Aber alle reden doch davon!«

»Nicht wirklich! Es ist seit vielen Jahren meine Rolle innerhalb der Gesellschaft, Tabuthemen anzufassen. Ich sage: Der Tod ist die großartigste Erfahrung des Lebens! Wow! Nur so machen Sie auf sich aufmerksam!«

»Wozu?«

»Ich weiß nicht wozu, aber diese Rolle spiele ich eben.«

Und weil das klingt, als hätte er auf Nickel gebissen, schließt er einen Monolog an, in dem lebensphilosophische Theoreme mit Hippie-Aphoristik gestreckt werden: Es geht darum, sich durch nichts und niemanden zum Opfer machen zu lassen, den Prozess des Sterbens immer interessanter zu gestalten, bis ins Zentrum der Spannung hinein, in jene zwei bis fünfzehn Minuten, die zwischen dem Herz- und dem Hirntod liegen sollen. Diese Minuten sind der neueste Fund des Timothy Leary.

»Ich halte diese zwei bis fünfzehn Minuten für die aufregendste, interessanteste, also jedenfalls für eine der drei interessantesten Phasen des Lebens. Ich glaube, dass wir viel erfahren werden, und wenn nichts passiert, werde ich trotzdem was lernen.«

Leary wird kein Krankenhaus betreten, denn »Krankenhäuser sind Krankheitsfabriken, sind Gefängnisse, da gehe ich nicht wieder hin«.

Lieber residiert er mit seinem Tod auf einem eigens präparierten Bett und hat mit seinen jungen Freunden eine Gebärdensprache verabredet für letzte Mitteilungen aus der Agonie.

»Ich werde mein Sterbezimmer so einrichten, dass ich irgendwo drücken oder meine Augen bewegen kann, um meine Gefühle zu übermitteln.«

Und weil er der erste ist, der »auf wissenschaftliche Erkenntnisse gestützt« von diesen zwei bis fünfzehn Minuten spricht, und weil er das entsprechende Bett und die passenden vorbereitenden Monologe entwickelt hat, deshalb sieht er sich als Entdecker »wie Magellan und Kolumbus«, auch wenn er von den Kindern und Kindeskindern der alten Beatniks begleitet werden sollte.

»Ist Sterben Teamwork?«

»Ja, es ist ein Mannschaftssport. Der Reichtum Ihres Lebens bemisst sich doch daran, mit wie vielen Leuten Sie Ihr Leben teilen, und Ihr Sterben auch. Das ist Humanismus. Ich hoffe zu sterben, wie ich gelebt habe, mit Mut, und so, dass ich die Leute durch einen Schock zum Nachdenken zwinge.«

Dann plötzlich erblickt er sich selbst:

»Wenn ich mich so im Spiegel sehe, denke ich: Ach du Scheiße!«

»Warum?«

»Weil ich gestern zu viel getrunken habe.«

»Haben Sie wieder mal eine Totenwache abgehalten?«

»Naja, das machen wir nicht jeden Abend.«

»Haben Sie das Gefühl, Ihre jungen Freunde verstehen Ihren Sterbeprozess besser als die Alten?«

»Wir sprechen hier über ein sehr trauriges, ernstes Thema. Ich sterbe, und weil meine Freunde mich lieben, ist ein Teil von ihnen unheimlich traurig. Andererseits möchten sie lieber stolz auf mein Sterben sein. Wir sollten versuchen, unser Leben mit Freude und Mut zu leben, und genauso sollte man auch sterben – mit Stil, mit Eleganz und immer mit Freunden. Ich habe mich gut vorbereitet: Wenn ich nicht mehr selbst den Stecker rausziehen oder mich umbringen kann, dann sind meine Freunde befugt, es zu tun. Das dürfen Sie zwar nicht laut sagen, aber selbst bestimmter Freitod mit Tabletten ist weitaus verbreiteter, als Sie denken. Ich sage nur: Jackie Kennedy. Aber es will niemand wahrhaben.«

Vermutlich ist Timothy Leary bei aller Einschränkung seiner Kapazitäten auch jetzt wach genug, um zu wissen, dass der Schock ausbleibt, und zwar ebenso, wenn er Jackie Kennedy einen Selbstmord nachsagt, wie wenn er den eigenen Tod so lustig wie möglich für die Weltöffentlichkeit aufbereitet.

Das liegt nicht an ihm allein, sondern an den Verfallsdaten dessen, was man »Schock« nennt, und ein wenig liegt es auch an der Bewegung einer Zeit, die jeden Wunsch, zur Öffentlichkeit zu sprechen, als einen Akt der kommerziellen Selbstvermarktung begreift und diskreditiert.

Vielleicht hat Timothy Leary wirklich etwas Besonderes zu sagen, etwas, das er erst jetzt, nur unter diesen Bedingungen, sagen kann. Die Tragik seiner jetzigen Situation aber ist: Im Augenblick, da sich noch einmal alle für ihn interessieren, ist er nicht mehr in vollem Umfang Herr seiner selbst. So entsteht für jene, die ihn nicht von früher kennen, der beklemmende Eindruck, dass in dem gedanklichen Gebäude des ehemaligen Elite-Denkers die Glasbausteine alter Ideen mit dem Talmi neuer Spiritualismen verbaut werden. Anders gesagt: Wer ihn von seinem Sterben aus beurteilen will, der wird Timothy Leary nicht gerecht.

Über seinen Augen liegt ein diffuser Glanz, der trotzdem manchmal vom Witz, von einer aufzuckenden Bosheit, von dem Überspringen der reinen Neugier durchbrochen wird. Hager wie er jetzt ist, scheint die Haut schlampig über das Gerippe gezogen. Das unrasierte Kinn beult sich über dem schroffen Faltenwurf des Halses. Er muss alle diese Blicke schon kennen, den analysierenden, den mitleidigen, den karitativen, den unbeeindruckten, den heuchelnden, und er muss sich entschlossen haben, sie alle furchtbar gut gelaunt zurückzugeben und sie mit dem eigenen Enthusiasmus anzustecken. Eine heroische Anstrengung!

»Sie wollen also, wie Rilke gesagt hat, Ihren persönlichen Tod sterben, nicht den Tod jedermanns?«

Er springt fast vom Sofa.

»Rilke, ich danke Rilke! Rilke! Ich liebe Rilke. Da also hab ich das her! Ich würde gerne eine Flasche Champagner öffnen, um auf Rilke anzustoßen. Er steht nämlich für menschliche Würde und die Freiheit des Einzelnen. Sollen die Priester nur reden!«

»Wollen wir nicht stattdessen einen Joint rauchen?«

Er wundert sich nicht einmal. Tatsächlich habe ich einen einzelnen Joint aus Deutschland mitgebracht, um ihn Timothy Leary ans Totenbett zu bringen. Als sentimentale Geste. Ich bin durch alle Kontrollen und an zwei Hunden vorbeigekommen, aber der Drogenguru winkt nur ab:

»Meine Lungen reserviere ich ganz dem Nikotin.«

»Denken Sie: Es werden Drogen kommen, und Sie werden sie nicht mehr kennen lernen.«

»Na und, irgendwann kommen auch welche, die *Sie* nicht mehr kennen lernen werden!«

Auch Leary findet, die Verwendung psychedelischer Drogen sei in Amerika außer Kontrolle geraten. Aber das sind schließlich auch Nikotin, Alkohol, Benzin und andere Energiequellen. Die Herausforderung durch psychedelische Stoffe besteht für ihn aber nicht in der Frage, wie man sie kontrolliert, sondern wie man sie anwendet, und da der Staat immer gegen die Selbstbestimmung des Menschen in der Kunst, in der freien Liebe, im Rausch, im Schamanismus aufgetreten ist, wird er sich auch in der Drogenfrage immer einmischen, wo der Mensch aufbricht, »den Gott in sich selbst zu suchen«.

Das alles sagt einer, dessen Forschungsergebnisse zu Drogen von der CIA genutzt wurden und der heute noch manchmal mit alter Kommilitonen-Rivalität ausrufen kann:

»Kein General, kein Powell und kein Schwarzkopf macht mir was vor. Ich brauche denen nur in die Augen zu sehen. Ich war lange vor denen in Westpoint. Da waren das noch kleine Kadetten, Knirpse!«

»Und Sie waren nicht schockiert, als Sie herausbekamen, zu welchem Zweck sich die CIA für Ihre Ergebnisse interessierte?«

»Ich hatte mir einfach keine Gedanken darüber gemacht. Erst als ich es mir durch den Kopf gehen ließ, dachte ich: Na klar, die tun doch alles, um das Denken zu kontrollieren! Die CIA wollte Menschen wehtun. Wir wollten sie befreien. Sie taten das Gleiche wie wir, aber aus falschen Gründen, und Sie wissen ja: Das Militär bekommt immer die neueste Technologie. In allem.«

»Haben Sie in dem Zusammenhang auch Ecstasy probiert?«

Die Antwort ist die eines Veterans:

»Ich habe sämtliche Drogen probiert, von denen ich je gehört habe. Meine Frau und ich waren die ersten Menschen auf der Welt, die Ecstasy genommen haben.«

Die CIA soll auch diese Droge, die so genannte »Wahrheitsdroge«, erfunden haben, aber davon weiß Timothy Leary nichts. Sein Axiom zur CIA ist einfach, und es lautet: Jede Verschwörungstheorie, so absurd sie auch klingen mag, ist unwahr, denn in Wirklichkeit war alles immer erheblich schlimmer. Könnte die CIA danach nicht noch viel schlimmere Dinge an Leary getestet haben als Drogen?

Ich sehe ihn wieder in den alten Wochenschauen, einen gut gelaunten, lässig gekleideten Aufrührer, der irgendwo auf einer Gangway stand und Nixon zum Rücktritt aufforderte oder der mit dem Megaphon in der Hand die Studenten ermunterte, auf dem Campus eine Aussteigerbewegung zu begründen, um das »Land der klimakterischen, Whisky trinkenden Kongressmitglieder, Senatoren etc. zu Sinnen« zu bringen.

Physiognomisch sah dieser junge Leary ein wenig aus wie Hugh Hefner, und vielleicht wirkte die Provokation, die von ihm ausging, gar nicht so abweichend von der, die der »Playboy«-Begründer auslöste. Da war eine Sprechform, ein gesellschaftlicher Imperativ, eine Ermunterung zum Subversiven, die noch schlimmer aufrührten als die Inhalte der proklamierten Botschaften. Es ist nun einmal nicht revolutionär, Universitätsprofessoren das »Lieben, Fühlen und Berühren« angewöhnen zu wollen, aber die Wortführerschaft zu übernehmen, abweichende Meinungen zu publizieren und nationale Ideale zu verleugnen, das ist beunruhigend.

»Haben Sie die Sixties eigentlich gemocht?«

Leary funkelt kalt.

»Die Sechziger waren wichtig, aber sie waren gleichzeitig unglaublich primitiv. Sie waren außerdem sehr macho, sehr chauvinistisch ... meine Biene hier, meine Puppe da ... Außerdem waren sie so antiintellektuell! Man bekiffte sich und konnte dann nicht mehr über Rilke diskutieren. Und diese Mode fand ich abscheulich! Völlig stillos. Glauben Sie, Marlene Dietrich hätte je Schlaghosen getragen? Und dann diese halbwüchsigen Klugscheißer, die rumliefen und glaubten, alles zu wissen. Aber okay, sie waren schließlich die erste Generation, die überhaupt was losmachte!«

»Und Sie waren auch nicht besser. Als Sie aus dem Gefängnis ausgebrochen sind, haben Sie sich prompt erstmal den Woodstock-Film angesehen?«

»Gelogen! Da sehen Sie mal die Gerüchte, die entstehen, nicht wahr! Jeder hat seinen Timothy Leary. Ich konnte nicht schnell genug raus aus dem Land und da soll ich mir noch einen Film ansehen? Obwohl ... ach nein, ich weiß, was es war. Sie haben Recht. Am dritten Abend nach meiner Flucht hatte ich mir den Kopf rasiert wie ein republikanischer Banker. Um meine Anonymität mal auszuprobieren, bin ich mit meiner Frau Rosemarie in den Film ›Woodstock‹ gegangen, der in Seattle lief. Stimmt, hatte ich ganz vergessen! Ja, tatsächlich.«

Und vermutlich wird Timothy Leary das Glück gehabt haben, all das am Ende mit ins Grab zu nehmen. Die Verschwörungstheorien, den Glauben an den Wert der Renitenz und an die eigenen Errungenschaften, das Vertrauen auf ein ›Erbe‹, auf Nachruhm, auf die Haltbarkeit seiner Ideen, auf die eigene subversive Wirksamkeit. Die Zeit hat ihn mit ihrer Gleichgültigkeit gnädig verschont. Aber wenn Biographien Bewunderung verdienen, gebürt Timothy Leary diese Bewunderung, und das nur zu einem kleineren Teil, weil er sich traute, die Herrschaft über den Rausch in eigene Hände zu nehmen.

»Wenn Sie zurückschauen: Was verdanken Sie Drogen?«

»Was verdanke ich Sauerstoff? Wasserstoff? Wasser? Es war doch nicht der Teufel, der das menschliche Gehirn mit Sensoren ausgerüstet hat wie Computertasten, und wenn man Marihuana nimmt, dann leiten die die entsprechenden Reize weiter. Ich glaube, dass da eindeutig ein Überlebenszweck dahinter steckt.«

»Haben Sie im Drogenrausch je den Tod gesehen?«

»Na klar, immer wieder. Das Ich stirbt, das ist das Ziel, wie beim Yoga. Ich hoffe, dank meiner werden immer mehr Menschen über den Tod lachen, und es stimmt, ich ziehe daraus, dass ich in meinen Augen ein heroischer Mensch bin, eine gewisse Befriedigung.«

Wenn jemand über fünfzig Jahre lang immer zur Avantgarde gehört hat, dann ist der Tod irgendwann die letzte Zuflucht aller Anstrengungen, der eigenen Zeit voraus zu sein, und so nehmen auch die Überlegungen dieses heroischen Menschen, der so lange mäandernd vom Tod gesprochen hatte, eine abrupte Wendung.

»Wissen Sie das eigentlich schon: Ich werde mich einfrieren lassen.« Er nestelt aus dem Ärmel eine Plakette mit eingestanzten Labor-Daten hervor. »Ich werde mich einfrieren lassen, und wenn sie entdeckt haben, wie sie mich wieder zurückbringen können, dann lasse ich mich auftauen. Ich nenne das nicht Tod, sondern Winterschlaf.«

»Ernsthaft?«

»Natürlich.«

»Sie meinen, nur Ihr Gehirn?«

»Nein, alles, ganz und gar. Zum Beispiel steht in meinem Testament, dass sie mich nicht aus dem Kühlfach ziehen und auftauen dürfen, wenn die Republikaner an der Macht sind. Nein, die müssen warten, bis die Demokraten drankommen oder jemand anderes. Ich will schließlich nicht in einem Land aufwachen, in dem Adenauer und Eisenhower und Nixon am Ruder sind.«

»Glauben Sie denn, Carter war ein Hippie, weil er Bob Dylan zitiert hat, oder Clinton ist einer, weil er mit U2 auftrat?«

»Demokraten sind in der Regel humaner als Republikaner.«

»Haben Sie wirklich Vertrauen zu Rock 'n' Roll-Präsidenten?«

»Wir wollen gar keinen Präsidenten mehr! In zwanzig Jahren gibt es gar keine Präsidenten mehr. Hoffe ich.«

Vielleicht hat er diesen Satz vor vierzig, vor dreißig, vor zwanzig Jahren schon gesagt. Vielleicht wird er ihn wieder sagen, in dem Augenblick, da er ins Leben zurückgetaut ist. Jedenfalls stecken diese Scherben politischer Opposition merkwürdig dekorativ in seiner Rede. Es fehlt das Gegenüber. Es fehlt der Staat im Raum.

Stattdessen geht Leary ins Nebenzimmer und posiert für einen Fotografen. Die Fäuste hochgereckt, in einer verschrobenen, dämonisch gemeinten Pose äugt er, das kittelartige Hemd über dem Gürtel, dem Blitzlicht entgegen. Nichts kommt. Die Pose wird albern. Plötzlich sieht sogar sie nach den sechziger Jahren aus.

Inzwischen lässt mich Sean Lennon wissen, er halte »Tim« für den bedeutendsten Mann der Gegenwart. Ob er mir das aus seiner Sicht erklären könne, frage ich. Er bedauert. Nein, leider habe er heute zu viel zu tun, um über diese Frage zu sprechen, aber jedenfalls sei Tim der bedeutendste Mann der Gegenwart. Statt seines Mädchens nimmt Sean dann eine Gitarre auf den Schoß und spielt mit inbrünstiger Einfalt »House of the Rising Sun«. Leary steht immer noch in einer seiner gespenstischen Posen.

Als er zurückkommt, dringt das Licht nur noch gedämpft durch die Fenster. Er setzt sich noch einmal folgsam hin. Sein Gesicht sieht in diesem Licht noch ausgezehrter, noch jenseitiger aus. Aber es ist nicht einfach, unter seinen engagierten Worten, seiner brennenden Intensität etwas wie eine unmittelbare Berührung mit dem Tod zu erspüren. Ja, er stirbt, er hat den Tod im Gesicht, in seinen Worten aber ist dieser Tod nicht.

»Ihre erste Frau nahm sich 1955 das Leben. Haben Sie ihr Gesicht gesehen?«

Er wird ganz ruhig.

»Ich sehe sie unablässig. Das ist eines der wichtigsten Dinge in meinem Leben. Ich weiß noch, wie ich sie tot gefunden habe, und natürlich ist das sehr ... es war nicht nur, dass sie eben tot war, sondern dass sie sich das Leben genommen hatte. Ich denke jeden Tag daran.«

»Mit Schuldgefühlen?«

»Ich hatte eine Affäre mit einer anderen Frau. Ich weiß zwar, dass das in Deutschland alle naselang passiert, aber in Amerika ist das ... Ja, ich habe große Schuldgefühle. Das ist die Sache, die ich in meinem Leben am meisten bereue.«

Er spricht ganz ernst, alles Uneigentliche und Angenommene ist vergessen. Er reift. Das Kindliche ist erstickt. Aber aushalten lässt sich das nicht lange. Dazu ist das Leben zu kurz, und so kehrt er rasch zurück zur Organisation des Todes.

»Möchten Sie mit einem Lächeln auf dem Gesicht sterben?«

»Wenn es ein Lustgefühl ist wie bei einem Orgasmus, dann werde ich vielleicht lächeln, ich weiß nicht. Aber selbst wenn es der reine Terror ist, wird es aufgezeichnet, damit die Leute etwas lernen können ...«

Draußen ist es dunkel geworden. Die meisten Apostel sind in die Stadt gefahren. Die mit den Oberarmen spült, Leary kramt in einer Kiste, wickelt uns gemeinsam in eine DDR-Fahne, hebt abermals die Faust in einer erschöpften Pose der Revolution. Ja, er war in Ostberlin, hat sie gestohlen, »... mit Hammer und Sichel«.

»Hammer und Zirkel«, entfährt es mir, ich kann nicht anders.

Er studiert das Emblem.

»Tatsächlich.«

Wie enttäuschend! Wie oft hat er diese Fahne wohl schon mit der falschen Erklärung hervorgezogen! Ob die Leute, selbst die in diesem Haus, wohl wirklich etwas lernen werden durch seinen Tod? Oder durch diese Arbeit des Sprechens und Sprechens, durch die er sich das Sterben verbaut? Vielleicht frage ich es am besten so:

»Dr. Leary, was war eigentlich die Botschaft unseres Gesprächs?«

»Die Botschaft?« Er blickt draufgängerisch.

»Think for yourself, with your friends!«

Er sieht zur Decke, als käme die Inspiration immer noch von oben.

»Hey, das ist gut, und nur sechs Worte. Passt auf jedes T-Shirt!«

Nachdem wir gegangen sind, bleibe ich einen Augenblick in dem finsteren Vorgarten stehen, um ihm durch die Scheibe nachzusehen. Wenn man auch sonst stets irgendwie an ein Wiedersehen glaubt, dieser Abschied ist endgültig. Leary tappt wie ziellos durch das abgedunkelte Haus, lässt sich auf ein Sofa fallen, das blau strahlende Fernsehbild flammt auf. Dann erstarrt die Silhouette. Ob es sich lohnt, so kurz vor dem Tod noch fernzusehen? Ob er jetzt zu einem anderen Mann zurückkehrt, als zu dem, den er heute gegeben hat? Ob er heute wohl noch eine wahre Begegnung mit dem Tod hat? Das Haus ist jedenfalls endlich menschenleer.

Wenige Monate später trifft die Nachricht von Timothy Learys Tod ein. Eingefroren wurde er nicht. Vielmehr hat man seine Asche in den Weltraum geschossen. Seine letzten Worte werden über das Internet vertrieben. Sie lauten:

»Why not?«

Das ist gut, würde er vielleicht sagen. Nur zwei Worte. Passt auf jedes T-Shirt.

Außer Atem, außer sich

Auf der Suche nach Jean Seberg

Dies ist die Geschichte einer Rührung. Der Rührung beim Anblick von Jean Seberg, einer inneren Bewegung, wie man sie als Halbwüchsiger ganz für sich zu haben meint. Dann ist sie noch exklusiv, schließt die Welt aus, und niemand kann den eigenen Blick teilen. Jeder Fan guckt so.

Heute kommt es mir selbstverständlich vor, dass Jean Seberg diese Schwingung auslöst, denn inzwischen weiß ich, dass es für viele Menschen nicht anders ist, ganz gleich, wie viel sie über die Schauspielerin, die Person, den »Fall« Jean Seberg wissen. Übrigens hat niemand von all denen, die sie lieben und schätzen, je den Fan-Satz gesagt, dass sie die beste, nicht einmal, dass sie eine herausragende Schauspielerin gewesen wäre. Sie war es, manchmal, zwei Filme und nicht wenige Sequenzen lang.

Aber wo hätte sie ihre Fähigkeiten auch zeigen sollen? Drei, vier Glücksfälle unter ihren Filmen gibt es, mehr nicht. Und manchmal hat sich ihr Leben auch zwischen sie und ihre Arbeit geworfen. Dann musste sie unter ihren Möglichkeiten bleiben. Es gab Wichtigeres.

Jean Seberg ist in einem weißen bedruckten T-Shirt und mit einem Stapel voller Zeitungen unter dem Arm auf die Welt des Films gekommen. Sie ist von hinten zu sehen, und ihre Stimme ruft mit einem fast übertrieben breiten amerikanischen Akzent »International Herald Tribune, International Herald Tribune«. Dies sind nicht die ersten Worte von ihr, die es auf Zelluloid gibt, nicht einmal die ersten in einem Film sind es, aber so, als die fatale Heldin in Godards »Außer Atem«, ist sie vor allem auf die Nachwelt gekommen, eine Amerikanerin in Paris.

Ich habe diese Frau in meinem Leben häufiger gesehen als meine Tante oder meine Cousinen. Zwischen die Verhältnisse zu Freunden und Blutsverwandten hat sich eine dritte Beziehung geschoben: nicht die zum Star, sondern die zur Anima. Jenseits der Leinwand erscheint, preisgegeben von allen Filmen und Fotos von Jean Seberg, ihre wahre Person. Es ist die Jean Seberg, die sie von außen mitgebracht, nicht erarbeitet hat, es ist der Charakter, den sie im Leben, durch Biographie oder Bestimmung erworben hat, nicht durch Identifikation mit einer Rolle.

Schauspielern mag es weniger gefallen, aber für diese Person vor allem schließt man sie ins Herz. Sie können nichts dafür. Sie sind ein Tableau und doch ganz real, nicht frei für sämtliche Projektionen, mit denen man sie bestrahlen möchte, aber freier als andere. Marilyn Monroe oder Jean Seberg gehören zu der Gruppe der Schauspielerinnen, die zu solchen Erfindungen einladen, und ist die Gruppe der Phantasten im Falle Jean Sebergs auch klein, sie hat ihre Obsessionen.

Carlos Fuentes und Mario Vargas Llosa haben große literarische Texte über Jean Seberg geschrieben, ein französischer Dokumentarfilmer ermittelte filmisch jeden fassbaren Hintergrund zur Entstehung von »Außer Atem« und ließ sich immer wieder telefonisch von Godard abwimmeln (»Lassen Sie mich, so lassen

Sie mich doch. Ich bin müde.«), der letzte Bodyguard von Jean schrieb nach ihrem Tod einen Roman, in dem er die These aufstellt, dass sie ermordet wurde, aber auch im Kreise derer, die zuletzt mit ihr arbeiteten, ist Rührung die spontane Regung, mit der die Nennung ihres Namens beantwortet wird.

Unter diesen letzten, die mit ihr arbeiteten, waren erstaunlicherweise drei junge Deutsche: der Regisseur Hans W. Geißendörfer, der mit ihr Ibsens »Wildente« verfilmte, ihre letzte Arbeit, und in seinem Gefolge zwei junge Assistenten, Bernd Eichinger und Horst Königstein.

Als ich Eichinger auf Jean Seberg anspreche, wird er sofort weich. Gut sei die gewesen, gut, aber labil und unglücklich, »die Jean«, nein, die sei »scho was Besonderes« gewesen, nur eben so labil, aber ein guter Mensch, eine prima Frau, und während er diese Brocken unverbunden dahinwirft, gehen ihm lauter Bilder vor dem inneren Auge vorbei. Ich wünschte, ich sähe sie auch. Er ist gerührt, so viel ist sicher.

Mit Horst Königstein teile ich zufällig ein Zugabteil, seine Wärme spricht dieselbe Sprache. Da ist ein Respekt vor der Institution, die diese Frau geworden war, ihrem Sturz, ihrem Leiden, dem Drama mit seinem banalen Fünf-Akt-Schema, seiner Exposition in der Provinz von Iowa, seinen glamourösen Zwischenhöhepunkten und Höhepunkten in der Filmwelt von Hollywood und Paris und seinem Desaster an Fluchtorten auf der ganzen Welt und dem trostlosen Ende in einem Auto in Paris.

Dies ist die Geschichte einer Frau, die man zerstört hat. Aus keinem anderen Grund eigentlich, als weil sie war, wie sie war. Trotzdem hat man sie nicht spielerisch fertig gemacht, auch nicht so nebenbei, sondern hartnäckig und mit Methode, und da Regisseure, Journalisten, Klatschkolumnistinnen und FBI-Männer alle gemeinsam an diesem Prozess der Zerstörung beteiligt waren, ja, ihre Kräfte geradezu gebündelt auf den einen Punkt der Vernichtung konzentriert haben, kann man auch sagen, dass Jean Seberg das Opfer einer weit verzweigten und manchmal unlogischen Verschwörung gewesen ist, einer Verschwörung, die stärkere Seelen als ihre ausgelöscht hätte und die sich leider wie die Manifestation eines Krankheitsbildes auswirken musste. Denn Jean Seberg fühlte sich irgendwann verfolgt, von Zusammenhängen eingekesselt und unter Druck gesetzt, bis sie eben nicht mehr konnte.

Man könnte auch sagen, Jean Seberg hätte niemals eine richtige Biographie erwerben, sie hätte weder ihrem Traum noch ihrer Berufung folgen dürfen. Sie hätte ihre kleinstädtisch befriedete Heimat nicht verlassen, hätte sich der Filmwelt und der Welt des politischen und humanitären Engagements nicht ausliefern, hätte den Männern ihres Herzens nicht folgen dürfen.

Um was zu werden?

Sie hätte unglücklich werden müssen, um nicht auf jene Weise zu verzweifeln, die ihr bestimmt war. Darin besteht ihre Tragik. Sie hätte nach der Maxime des Blaise Pascal leben müssen, der einmal schrieb: »Das ganze Unglück des Menschen kommt daher, dass er es nicht schafft, allein in einem Raum zu bleiben.« Aber hätte sie, hätte irgendwer so leben wollen?

In meiner Wohnung hängt das Foto, das Bob Willoughby auf dem Set von »Bonjour Tristesse« aufnahm. Auf einem Badewannenrand sitzt sie da, so gelassen, als sei es überhaupt nicht schwer, in dieser Position die Balance zu halten. Sie trägt nur ein Oberhemd, ihre Beine sind nackt, die Fußnägel nicht lackiert. Die Linke nestelt hinter dem Ohr, aber der Gesichtsausdruck, dieses warme, aufmerksam und anteilnehmend, zugleich wie entrückt lächelnde Gesicht ist rätselhaft. Es vergeht kaum ein Tag, an dem ich dies Foto nicht ansehe.

Aber das ist nicht der Anfang. Der Anfang ist äußerlich, ist flüchtig, und er hängt mit ihrer unverwechselbaren Erscheinung zusammen. Zuerst waren die kurzen Haare. »La Coupe Seberg«, verlangten die jungen Pariserinnen von ihren Coiffeuren. Etwas Ratzekahles, Radikales, so als wolle man sich grundsätzlich verändern und erneuern. Eine Generation wechselte die Silhouette und entschied sich für die der Jean Seberg. Statt Dauerwelle und Außenrolle verlangte man jetzt also den Mut zum Unisex, wohlgemerkt vor Twiggy, vor Mary Quant, vor Mia Farrow. Sartre applaudierte, Cocteau war enthusiasmiert, Feministinnen fanden die junge Amerikanerin vorbildlich, freigeistig, stilbildend, sahen in ihr den Inbegriff der neuen befreiten Frau.

Die sie nicht war. Ihre Haare hat nicht sie und auch nicht Godard abgeschnitten, sondern Otto Preminger, ihr erster Regisseur. Sie lacht von Herzen auf diesem anderen Foto, dem mit dem frisch geschnittenen Strubbelkopf, in ihren ausgestreckten Händen hält sie mehr Haar, als auf dem Kopf verblieben ist. Ihre Erschaffung hatte begonnen.

Otto Preminger aber wollte keine moderne Frau, sondern eine mittelalterliche, den knechtischen Pagenkopf blond über dem Kettenhemd, ein bisschen androgyn, ein bisschen bäuerlich und trotzdem fein, frisch, jung, etwas für ungesunde Phantasien vielleicht, wer weiß, eine historientreue Jeanne d'Arc natürlich, aber doch auch von unverwechselbarem Unschuldseros. Ein robuster Mann, dieser Otto Preminger, selbst ein Glatzkopf. Sie habe »die Augen einer Lerche und ein Gesicht voll unendlichen Friedens«, sang er, berüchtigter Regie-Despot und Choleriker, in die Presse.

Lerche! Sex durfte die aus 18 000 Bewerberinnen herausgefischte und dann radikal umgemendelte Siebzehnjährige während der Dreharbeiten nicht haben, ihr gesellschaftlicher Umgang wurde ihr vorgeschrieben, und der »unendliche Frieden« ihres Gesichts verblich am Tag, an dem »Diktator Otto«, wie sie ihn nannte, oder »Otto, der Führer«, wie ihn das Team apostrophierte, bombastisch die Szene betrat.

Mit der Wahl der völlig unbekannten Jean Seberg für die Titelrolle des Historienfilms »Saint Joan« endete das umfangreichste Casting, das es in der Filmgeschichte bis dahin gegeben hatte. Werbewirksam hatten Otto Premingers Agenten im ganzen Land 35 000 Kilometer suchend zurückgelegt, über Monate vor den aufgerissenen Objektiven der Presse junge Frauen geprüft, immer neue Mädchen kommen lassen, wie für den König im Märchen, und allmählich das Netz enger und enger um die Apothekerstochter aus Marshalltown, Iowa, zusammengezogen.

Niemand aus dieser Stadt ist je wieder so berühmt geworden wie diese Jean Seberg, die Tochter schwedischer Einwanderer. Carlsen war ihr wahrer Name, aber aus Liebe zu den Seen und

Bergen der Heimat nannten sie sich Seberg. Niemand hätte je von ihnen erfahren, wäre ihre Tochter nicht geradezu versessen gewesen auf die Welt des Theaters oder des Films. Zwei Lichtspielhäuser gab es damals in Marshalltown. Die kleine Jean brachte ihnen große Teile ihrer Jugend dar.

Welche Erfahrungen mit der Schauspielerei aber besaß Jean Seberg? Erstens hatte sie schon mal auf der Schulbühne gestanden. Zweitens hatte sie in ihrer Verehrung für seine Debüt-Rolle Marlon Brando einen Brief geschrieben mit dem ungefähren Wortlaut: Sie bekommen bestimmt viele Briefe und brauchen bestimmt ihre Ruhe. Deshalb lade ich Sie ein, hierher nach Marshalltown zu kommen und bei mir und meiner Familie zu wohnen, so lange Sie wollen. – Antwort ward ihr keine. Als sie Brando aber sehr viel später in Paris begegnete, erzählte sie ihm die Geschichte, und er erwiderte prompt: »Try me now.«

Drittens hatte Jean Seberg einen Strauß Blumen zur Beerdigung von James Dean geschickt und darauf einen sehr herzlichen, handschriftlichen Brief seiner Tante erhalten. Sie bewahrte diesen wie einen Fetisch auf. Viertens hatte man sie in jungen Jahren gezwungen, ihre tote, eiskalte Großmutter zu küssen. Seitdem konnte sie auf Kommando weinen.

Ja, das alles brachte sie mit, als sie an diesem Oktobertag des Jahres 1956 in New York als die erste von drei Finalistinnen ihre Probeaufnahme bestritt. In der Hand hielt sie ein Blumensträußchen, das ihr der junge Setfotograf Bob Willoughby als Glücksbringer eigens verehrt hatte. Auf dem kleinen Streifen Film, der sich von diesen Aufnahmen noch erhalten hat, kommt Jean Seberg mit geradezu fröhlichem Schwung aus dem Dunkel des Bühnenraums und beantwortet die Fragen aus dem Zuschauerraum ganz unbefangen: »Good morning. My name is Jean Seberg ...« Die letzte Frage in diesem Take war nach der landesweiten Prozedur der Vorausscheidung eigentlich eine Farce und wurde vielleicht nur gestellt, um ihren Enthusiasmus zu testen, sie lautete: »Do you want to be an actress?« Und Jean Seberg antwortet ohne eine Spur von gierigem Ehrgeiz, aber glühend: »Very badly!« Sie hat diese Leidenschaft bezahlen sollen.

Die Dreharbeit zu »Saint Joan« wird zum Trauma, die Unterdrückung der Jungschauspielerin durch den Meisterregisseur ein Lieblingsthema der tratschenden Filmwelt. Preminger schreit sich heiser wie üblich, Wutausbrüche skandieren die tägliche Arbeit. Er überwacht Jean Sebergs ›Verkehr‹, wohnt im Hotel unter ihr, abends klopft er zeitig auf die Uhr mit den Worten: »Time to go to bed.« *Die* Unschuld wird bewahrt, sonst nichts. Im Grunde nämlich hat Preminger genau das zerstört, was ihn ursprünglich motiviert hatte, gerade Jean Seberg zu besetzen: ihre Natürlichkeit. Eine kleine Filmsequenz mit Bildern von Meister und Mündel zeigen die Schauspielerin verängstigt, hilflos und eingeschüchtert. Man fragt sich, wie sich in diesem Klima freies Spielen hat entwickeln sollen.

Das Trauma Preminger verfolgt Jean Seberg ein Leben lang. Er war mit ihr nach Rouen gefahren, um ihr die Stätte zu zeigen, an der der Scheiterhaufen der Jeanne d'Arc entfacht worden war. Als Jean später in eben dieser Szene, mit eisernen Ketten an den Pfahl des filmischen Scheiterhaufens gekettet, zu ihrem Finale anhebt, geschieht etwas geradezu Symbolisches. Eine undichte Gasleitung lässt das Feuer unter dem Scheiterhaufen plötzlich wie eine Wand emporsteigen. Außer Kontrolle leckt es an dem sackleinenen Gewand der Schauspielerin, frisst sich hoch, und Jean Seberg, die sekundenlang in der Feuersbrunst verschwindet, windet sich in den Ketten, sucht mit beiden Händen das Gesicht zu schützen, schreit. Sie brennt wirklich.

Die Komparsenmasse, die größte, die das amerikanische Kino bis zu diesem Tag aufgewendet hat, steht erst erstarrt. Dann bricht vorn ein einzelner Mann aus der Menge, weicht aber wieder zurück. Schließlich stürzen die Hundertschaften der Laiendarsteller in Hysterie davon. Die mit solch riesigem Aufwand auserwählte Schauspielerin brennt immer noch.

Otto Preminger fand die Aufnahmen später so überzeugend, dass er sie umstandslos verwendete und nicht einmal einen Nachdreh anberaumte. Die Narben auf Jeans Bauch aber blieben sichtbar als ein Ausdruck jener doppelten Brandmarkung, die sie durch die Arbeit mit Otto Preminger erfahren hatte. Wer genau hinsieht, erkennt sie zum Beispiel in der Bikiniszene am Anfang von Chabrols »La Route de Corinthe«.

»Saint Joan« enttäuschte Presse, Publikum und die Buchhalter der Produzenten. Kann man sich wundern, wenn die Hauptdarstellerin bei aller Unerfahrenheit zusätzlich verunsichert wirkt? An einem Abend in der Oper stellte ihr Otto Preminger Ingrid Bergmann vor, eine andere berühmte Jeanne d'Arc der Filmgeschichte. Die beiden lachten sich an und sahen sich wirklich in jenem Augenblick so ähnlich wie Schwestern.

Der Film mochte die Erwartungen enttäuschen, aber Jean Seberg hatte einen Sieben-Jahres-Vertrag unterzeichnet und wanderte in den nächsten Preminger-Film, »Bonjour tristesse«, die nächste Enttäuschung, veredelt nur durch die Mitwirkung von Deborah Kerr und David Niven sowie reichlich Strandkleidung, Hot Pants, gestreifte Bademäntel und ein todschickes, schulterfreies Abendkleid mit schwarzer Schleife um den Hals.

Die Ambition dieses Films blieb unbelohnt. Aus der angestrebten Verbindung zwischen amerikanischer Série Noire und jungfranzösischem Existenzialismus war eine Mesalliance geworden, ein Film über Langeweile, der Langeweile auslöste. Dabei war Jean Sebergs Gesicht jetzt reiner Piero della Francesca, unter den stark gezeichneten Schwibbögen der Brauen amüsierte Kinderaugen, der Mund im Stillstand sinnlich, im Lächeln verflüchtigt zur Sichel, ohne Ironie, das Ganze von herzzerreißender – wie soll man sagen? – Zutraulichkeit?

Die mit ihr arbeiten, sprechen von ihrer Menschlichkeit und Bescheidenheit, ihrem Liebreiz natürlich, ihrem Humor. Einer sagt, er habe nie einen Filmstar getroffen, der der branchenüblichen »personality« so wenig entsprochen habe, »nobody so unlike ...«. Ein anderer sprach von ihrer unvergleichlichen Ausstrahlung, ihrer beeindruckenden hohen Intelligenz, ihrer verblüffenden Fähigkeit, gebunden zu sprechen, sich kohärent zu artikulieren, und Raoul Coutard, Godards legendärer Kameramann, formulierte einmal den schönen Satz: »Das Licht lag immer schön auf ihrem Gesicht.« Das zumindest hatte Bestand.

Und der Misserfolg. Denn auch die kühle, im Herzen aber leidenschaftliche Cécile aus »Bonjour Tristesse« brachte dem Duo Preminger/Seberg keinen Erfolg. Vielleicht hatten es einfach auch damals schon die abendländischen Stoffe in Amerika schwer. Selbst der Kinobesitzer aus Marshalltown, wo man Jean Seberg stets verehrte, musste die europäischen Filme der lokalen Heldin später oft schon nach Tagen aus dem Programm nehmen, während sich ihre eher reißerischeren US-Produktionen hier als Kassenmagneten entpuppten. Ach, Marshalltown, hier sind die Räume weit, die Häuser stehen auf Abstand, der Himmel spannt sich höher. Aus den engen Räumen der Großstadt sollte es sie immer wieder in diese große Offenheit ziehen.

Nach dem zweiten Misserfolg in Folge und der wachsenden Renitenz einer Hauptdarstellerin, die sich von »Führer Otto« nicht mehr alles vorschreiben lassen wollte, trennte sich Preminger von Jean Seberg und vermachte sie der »Columbia«. Die dortigen Studiobosse hatten nichts am Hut mit cineastischer Prätention. Sie suchten etwas Leichtes, Belangloses für Jean, und ganz nebenbei weckten sie ihre komödiantische Seite. An der Seite von Peter Sellers vollendete sie also rasch eine Filmkomödie mit dem Titel »Die Maus, die brüllte«. Darin nimmt sie unter anderem ein Duschbad in einer Tonne. Natürlich wurde der Film ein Erfolg.

Anschließend entsagte sie dem Film für etwa zwei Jahre und heiratete den französischen Rechtsanwalt François Moreuil, in dessen jungenhaften Zügen die Beschäftigung mit der Justiz keine Spuren hinterlassen hatte. Ihm sollte die Sympathie jeder fühlenden Seele schon aus zwei Gründen zufliegen: Erstens litt er ehrlich und heftig, als sich Jean Seberg zwei Jahre später von ihm scheiden ließ, zweitens führte er sie in die Kreise der »Nouvelle Vague« ein, wo sich ein junger Obskurant namens Jean-Luc Godard ein Herz fasste und sie fragte, ob sie bereit sei, in seinem ersten richtigen Film, »À Bout de Souffle« solle er heißen, die Hauptrolle zu übernehmen.

Godard war geschickt, machte er sich doch Premingers Werbearbeit zunutze, Jean Seberg war amüsiert und vielleicht auch ein bisschen geschmeichelt. Immerhin gehörte der energische

Cineast mit den abweichenden Ideen zu den Begründern und den programmatischen Köpfen der einflussreichen »Cahiers du Cinéma«. Außerdem verwandte er nicht weniger als ein Fünftel seines Budgets auf die einundzwanzigjährige Hauptdarstellerin. Trotzdem waren zwanzigtausend Dollar natürlich ein Schnäppchen für einen kleineren Star aus dem Hause »Columbia«.

Gewonnen also hatte Godard seine Jean Seberg und doch hätte er sie fast umgehend wieder verloren. Nach nur einem Drehtag nämlich hatte die Preminger-gehärtete Actrice den Eindruck einer unseriösen Unternehmung, die unter ihrem Niveau, also selbst unter dem der »brüllenden Maus« lag. Gedreht wurde nicht im Studio, sondern auf der Straße oder in kleinen Privatwohnungen, die Crew war denkbar klein, es gab kein künstliches Licht, keine Maskenbildnerin, und der Ton sollte erst später über die Schnittfassung gelegt werden.

Am schlimmsten aber war, dass Godard sein Debüt ohne festes Drehbuch bestritt. Meist kam er morgens zum Drehort, las etwas aus seinem Notizbuch vor, verteilte ein paar Blätter oder schloss noch rasch ein paar Dialoge ab, die von den Schauspielern lieber nicht gelernt, sondern zum Fundament ihrer Improvisation genutzt werden sollten. Außerdem erklärte er nicht viel, und das Verhältnis zu seiner Hauptdarstellerin entwickelte sich auch nicht gerade prächtig. Darüber hinaus hatte der Film in seiner Rohfassung einen Umfang von fast vier Stunden.

Das Resultat ist bekannt. Wenn irgendwann, dann war Jean Seberg jetzt ein Star, *die* Seberg, so unpassend das sein mag. Aber wirklich: Welche amerikanische Schauspielerin dieser Generation hätte die Patricia Franchini sonst so spielen können, so unexaltiert, so unabgenutzt vom Fach? Da lag alles drin, ihre viel berufene »Frische« und »Reinheit« und »Wärme«, ihr Haltloses und Streunendes, ihre Neugier und ihr Staunen und schließlich eben selbst jene Ängstlichkeit im Zurückschrecken vor dem Off-Beat-Charakter der wahren, der Série-Noire-Gangsterbraut, vor jenem Überschreiten der Grenze, gegen das sie sich mit dem Verrat hilft. Die Kindfrau wird zum Todesengel, naiv und korrupt und gut zu lieben.

In diesem Spiel agierte Jean Seberg wie gerade erst auf die Welt des Films gekommen, wie eine Zugelaufene, und auf der ganzen wirklichen Welt gibt es Menschen, die große Teile des Textes auswendig hersagen können. Überall leben Cineasten, für die jene gepflasterte Straße in Paris, auf der Jean-Paul Belmondo stirbt und auf der Jean Seberg die letzten Worte des Films spricht – »Qu'est-ce que c'est ›dégueulasse‹?« – zu den mythischen Orten des Kinos gehört. Ich war einmal da. Eine Einbahnstraße, immer noch, ohne Bäume, immer noch, mit einer Reihe parkender Autos zu beiden Seiten, immer noch. Der Rest ist Kino.

»À Bout de Souffle« wurde der Auftakt der »Nouvelle Vague«. Er wurde für Jean Seberg völlig überraschend zu jenem einen Film, der im Leben einer Schauspielerin alles verändern kann, er macht sie zur Projektionsfigur, zu einer Verehrungswürdigen, zu einer Heldin der aufbrechenden Jugend, und er taugt seltsamerweise zum Musterbuch für viele künftige Seberg-Filme. Neben den kurzen Haaren passen jetzt Dinge zu ihr wie gerippte, ärmellose Leibchen, Kunstdrucke, Zigaretten, Mokassins, Lastex-Hosen, und weil's so schön war, haben es sich ein paar ihrer künftigen Regisseure auch immer mal wieder einfallen lassen, sie als Verräterin zu besetzen, als Frau, die mit dem Mörder des Geliebten schläft.

Frankreich wird ihr zur neuen Heimat. In der künstlerischen Demimonde ist sie Legende, oberhalb davon korrespondiert sie mit Malraux, wärmt in kleineren Filmen mehrmals die Rolle der Amerikanerin in Paris auf, wird zur *Célébrité*, zur viel fotografierten Heroine selbst der Klatschpresse. Und was für einen Stoff sollte sie abgeben!

Sie bleibt viel allein, liest viel, schreibt. Im Flugzeug nach London kritzelt sie einmal ein Gedicht auf den Rand einer Zeitung. Die letzte Zeile will nicht sitzen, wird deshalb ausgestrichen. Angekommen, stellt sie sich, die Zeitung unter dem Arm, den Fotografen. Die »Daily Mail« vergrößert das Gedicht und schreibt einen Wettbewerb für die beste letzte Zeile aus. Ja, sie wird auch als *Femme de lettre* plötzlich ernst genommen, und das nicht nur wegen der eigenen literarischen Versuche.

Ihr neuer Freund ist der 24 Jahre ältere, verheiratete Romain Gary, preisgekrönter Schriftsteller, Diplomat, später Filmemacher, Gatte Nummer zwei nach einer turbulenten Scheidung und Vater ihres Sohnes Diego. Lange hat sie diese Affäre, hat sie ihre Schwangerschaft geheim gehalten. Es hätte ihre Laufbahn in Amerika sofort beendet, wäre ruchbar geworden, dass sie, eine noch verheiratete Frau, das Kind eines ebenfalls noch verheirateten Mannes austrug. Sie ist nervös, melancholisch, beruflich immer noch von den Folgeleiden der Preminger-Kur verunsichert.

»Der Film ist für mich nicht alles«, sagt sie in einem Interview. »Die Tragik beim Film aber, das ist seine Ausschließlichkeit. Wenn es schlecht ausgeht, dann hat er einen am Ende aufgefressen.«

»Und Sie lassen sich nicht auffressen?«, fragt der Interviewer nach.

»No«, erwidert sie und wendet den Kopf mit einer lächelnden Bewegung, die aussieht, als habe sie eigentlich bereits verloren.

Fünf Jahre vergehen nach »À bout de souffle« mit kleineren Arbeiten, bevor wieder ein ›großes‹ Drehbuch eintrifft, Robert Rossens »Lilith«, ein meisterliches Spätwerk, und neben Godards Frühwerk vermutlich der beste Jean-Seberg-Spielfilm überhaupt – Porträt einer jungen Nervenkranken, die ihren Pfleger Warren Beatty vexiert, an seiner Seite zu gesunden scheint, zuletzt zusammenbricht. Kein ungefährlicher Film für eine Schauspielerin von der Labilität Jean Sebergs und eine Rolle an der Grenze, »schizophren, nymphomanisch und lesbisch« zugleich, wie sie selbst es beschreibt.

Zu Studien besucht sie an der East Coast ein Irrenhaus. Einer der Insassen stürzt auf sie zu: »Sind Sie nicht der Star aus ›Außer Atem‹?«

»Gewiss«, sagt sie, »warum?«

»Weil Sie so schön sind, dass Sie mich verrückt gemacht haben.«

Ihre Schönheit in »Lilith« ist Zärtlichkeit ohne Objekt. Jean Seberg, wie immer nahe am Wasser gebaut, wirkt kindlich ehrlich, steckt voller gestischer, mimischer Einfälle und atemloser expressiver Spannungsbögen. Riskantes Spiel, Szenen, die zu den Glücksfällen des Kinos zählen, Bilder, die sich unmittelbar vom traurigen Grund ihrer Gemütsverfassung abzulösen scheinen: eine extrem heikle Sequenz, in der sie am Wasser das eigene Spiegelbild küsst, eine magische Szene mit Kind und Eisbottich, die zu den erheblichsten Vorstößen gehört, die dem Kino auf dem Gebiet der Frau-Kind-Erotik gelungen sind.

Das Besondere an ihrem Spiel in »Lilith«, ein scharfsichtiger Beobachter wird es benennen: Sie spielte keinen neurotischen Wahnsinn, eher den Schwindel des Wahnsinns, eine Bewegung, die strudelt, die benommen macht, die auf ihre Weise mitreißend wirkt. Jean selbst konnte, wie Zeugen berichten, mit hoher Präzision und Intelligenz von diesem Film sprechen, und zwar nicht aus der gängigen Perspektive der Schauspielerin, die alles um sich gruppiert, sondern von der Totalität dieses Films.

Wieder einmal sind die Dreharbeiten gefährlich für sie und insgesamt schwierig. Einmal muss sie Warren Beatty ohrfeigen, er wehrt ihren Arm ab, wieder und wieder, schnell ist ihr ganzer Unterarm voller blauer Flecke. Co-Star Peter Fonda droht Beatty Prügel an, es kommt zum Eklat. Erst als Fonda im Hintergrund des Sets ein paar Rocker-Freunde und einen Karate-Meister aufbaut, gibt »Mr. Hollywood« nach. Aber Peter Fonda wird ermahnt. Als ich ihn später einmal nach der Szene frage, spielt er sie herunter. Die Produzenten hätten einfach Schiss um ihren Star Beatty gehabt.

Ein Leben lang hat Jean Seberg »Lilith« als ihr Bekenntnis gesehen, als ihre einzige echte Errungenschaft. Neue Freunde mussten sich zuerst diesen Film ansehen, der sie mit ihrer bislang besten und mutigsten Leistung zeigt. Von seinen seelischen Anforderungen hat sie sich lange nicht erholt, fiel in Depressionen, »der schwarze Schwede überfällt mich wieder«, sagte sie, in Anspielung an eine Ingmar-Bergman-Figur.

Kaum mehr als ein Achtungserfolg bei Kritik und Zuschauern, wurde der Film finanziell ein Reinfall. Seine Hauptdarstellerin hatte sich mit ihm über die Grenze zwischen Jean Seberg und Lilith hinausgeschoben.

Filmchen folgen, belanglose Rollen, die ein blondes Barbie-Püppchen von erkennbarer Hübschheit fordern, kaum mehr. Gleichzeitig beginnt die Politik den Film in Jeans Leben fast zu verdrängen. Ihr nahezu selbstzerstörerisches Mitleiden mit sämtlichen unterdrückten Volksgruppen, Rassen, Minderheiten hatte sich zu radikalem Engagement formiert. Zunächst unterstützt sie die Ziele der pazifistischen Bewegung, der Flower-Power-Demonstranten, trägt seltsame Schlapphüte, Folklorekleidung und raucht Zigarillos, Maurice Ronet nennt sie »die Jeanne d'Arc der Guerilla«.

Schließlich aber macht sie die Sache der Afroamerikaner zu ihrem wichtigsten Anliegen. Anfangs in ihrem Engagement noch mit Vanessa Redgrave, Shirley Sutherland und Jane Fonda verbunden, wendet sie sich bald entschiedeneren Mitteln zu. Sie unterstützt die Black Panther finanziell, hilft ihnen bei der Verbreitung ihrer Programme, beherbergt ihre Mitglieder, gewährt ihnen Unterschlupf auch für ihre Versammlungen. Angeblich kauft und übergibt sie sogar Gewehre, versteckt Angehörige der Bewegung vor der Polizei, riskiert mehrfach Zuchthaus und führt – zumindest vom Standpunkt der Ermittlungsbehörden aus – weitgehend das Leben einer terroristischen Sympathisantin. Trotz der Vehemenz ihres Engagements und der Risiken, die sie eingeht, ist ihr Eintreten nicht primär politisch, es ist humanitär.

Ihre Rolle dabei ist komplex. Solches Engagement, sie weiß es, gefährdet ihren Beruf, ihre Stellung, ihre Freiheit, sogar ihr Leben. Trotzdem wird sie als Weiße auch von den Panthern nicht einmal wirklich anerkannt. Unter den Weißen verliert sie Freunde, und wo sie unter den Schwarzen Freunde zu finden glaubt, bucht man sie insgeheim unter »twinkly« ab, einer Code-Bezeichnung für sympathetische Stars, von denen letztlich einzig Geld erwartet wurde.

Außerdem soll man nicht glauben, die schwarze Bevölkerung sei allein kraft ihrer Hautfarbe schon über die Moralvorstellungen der Weißen erhaben gewesen. Nein, Jeans Geliebter zu jener Zeit war Hakim Jamal, der selbst ernannte Statthalter von Malcom X, den sie, eine noch verheiratete Frau, angeblich seiner Frau entfremdete. Das wurde ihr hier nicht weniger verübelt als früher im Falle Romain Garys. Nicht nur, aber auch aus diesem Grund gerät Hakim Jamal zunehmend in Kontroverse zu den »Black Panthern«. Er ist später, lange nach der Trennung von Jean Seberg, von schwarzen Aktivisten erschossen worden.

Aber auch um die »Jeanne d'Arc der Guerilla« selbst zieht sich das Netz aus Gerüchten, Verleumdungen, Diffamierungen und Nachstellungen zusammen. Man wollte ein Exempel statuieren, die ohnehin schmalbrüstige Sympathie der Intellektuellen mit der Sache der Schwarzen brechen, wollte die Furcht vor Berufsverboten und neuen Mc-Carthy-Prozessen schüren. Wer wäre da ein geeigneteres Opfer gewesen als diese politisch wie moralisch suspekte Schauspielerin mit ihrer Vorliebe für europäische Linke, für Schwarze, für Indianer, eine Person, die obendrein labil genug war, setzte man sie nur richtig unter Druck!

Die Grausamkeit dieses Kalküls ist beklemmend, weil Jean Seberg den Ermittlern des amerikanischen Staates so viele Angriffspunkte bot und weil sie obendrein psychisch nicht in der Lage war, den Kampf, der nun eröffnet werden sollte, durchzustehen. Als schließlich das FBI gegen sie zu ermitteln beginnt, hat ihre Verfolgungsangst gleich mehrere Gründe: Hakims Ehefrau, die Black Panther, die Klatschpresse sowie das FBI, so fühlt sie, sind hinter ihr her. Ihr seelisches Gleichgewicht gerät in schwere Turbulenzen. Mal bildet sie sich mehr ein, als der Fall ist; mal erscheint, was der Fall ist, schwerwiegender als ihre Einbildungen.

Ein Beispiel: Sie und ihr Begleiter nehmen während einer Autofahrt einen Anhalter mit. Nachdem der Mann den Wagen wieder verlassen hat, entdecken die Weiterfahrenden mehrere Tüten und einen Revolver auf der Rückbank. Sie halten an, werfen alles sofort in einen Abfalleimer an der Straße. Dreihundert Meter weiter wartet die Polizei, hält den Wagen an und durchsucht ihn sofort.

Jeans Telefon wird abgehört, sie spürt, sie wird ausgespäht. Zur Klimax aber kommt es erst, als Joyce Haber, die Klatschkolumnistin der »L.A. Times«, am 19. Mai 1970 mit einem Artikel herauskommt, der eine Lawine ins Rollen bringen soll.

Inzwischen weiß man: Das FBI hatte die Schauspielerin als eine Person kategorisiert, die man notfalls präventiv verhaften müsse, die Behörde selbst lancierte das gesammelte Material über Jean Sebergs Black-Panther-Kontakte sowie ihr freizügiges Sexualleben an die einflussreiche Megäre der Yellow Press, und diese verarbeitete alles zu dem gewünscht denunziatorischen Pamphlet, in dem der Schauspielerin unter anderem nachgesagt wird, mit einem halbschwarzen, außerehelich gezeugten Bastard schwanger zu gehen. In den FBI-Akten wird Jean Seberg sogar als »sex pervert« beschrieben. Ähnlich lautende Artikel wie der von Haber erscheinen anschließend in »Newsweek« und anderen Blättern. Die Kampagne nimmt ihren Lauf, und das FBI braucht die Früchte nur zu ernten, die es gesät hat.

So schwer es ist, den Fall auf heutige Verhältnisse zu übertragen, so wirksam könnte eine vergleichbare Kampagne auch jetzt noch – mit anderen Themen – inszeniert werden. Dazu aber kommt: Jean Seberg trug das Erbe ihrer Erziehung in Marshalltown mit sich. Sie war nicht unabhängig von den Moralvorstellungen der amerikanischen Gesellschaft. Auch hatte sie keinen ideologisch kämpferischen Weg in die radikale, antirassistische Politik beschritten. Eher war sie ihrem humanitären Empfinden gefolgt und hatte den Weg des plausibelsten Engagements gewählt.

Sie bricht zusammen, nimmt sich einen Bodyguard, flieht unter falschen Namen vor den Augen der rasch zusammengerotteten Presse, von Freund zu Freund, von Hotel zu Hotel, die Ärzte bezeichnen die Folgen des Artikels während der Schwangerschaft als lebensgefährlich. Sie befindet sich an der Grenze zum Selbstmord.

Jeans Tochter Nina wird einen Monat nach der Scheidung von Romain Gary im Jahre 1970 tot geboren. Die Kampagne hatte sich im Wesentlichen darauf konzentriert, das ungeborene Kind als Tochter eines Black-Panther-Führers zu diskreditieren. Aber Nina war weiß. Ihren Vater hatte Jean Seberg, hochinteressiert an allen indianischen Belangen, während der Dreharbeiten zu »Macho Callahan« kennen gelernt. Er war ein mexikanischer Indianerhäuptling.

Am Morgen der Beerdigung besucht die gebrochene Mutter ein Indianer-Reservat. Indianer wohnen der Bestattung bei, legen Talismane in den aufgebahrten Sarg. Seit jenen Tagen hat Jean Seberg die Indianer immer wieder, meist heimlich, unterstützt. Den Tod ihrer Tochter konnte sie nie verwinden.

Verfolgungswahn und Depressionen steigern sich. Sie wechselt jetzt dauernd ihre Namen, lässt in den Hotels Bilder abhängen, sucht dahinter und unter dem Teppich nach Mikrophonen. Selbst im geschlossenen Zimmer sitzt sie mit Sonnenbrille und Perücke, liest viel und schreibt. Tatsächlich, so weiß man heute, sind ihr damals Vertreter von FBI und CIA nachgereist.

Sie mischt sich Cocktails aus Alkohol und Pillen, raucht Marihuana, taucht nachts aufgelöst bei Freunden auf. Im Flugzeug kommt sie einmal nackt von der Toilette, das Flugzeug sei gehijackt, sie solle ermordet werden; ein andermal schreit sie einen schwarzen Polizisten an: »Verräter! Du bist schwarz. Wie konntest du Polizist werden?« Sie hört Stimmen aus dem Kühlschrank, Freunde behaupten, sie schicke sich selbst Blumen, fahre zum Flughafen, angeblich um irgendwelche prominenten Freunde abzuholen, wieder und wieder spielt sie sich das Tonband von Ninas Beerdigung vor, versucht, wie ihr Biograph vermerkt, siebenmal sich umzubringen, meist an Ninas Todestag. Im Rückblick auf 1970 bemerkte sie lakonisch: »I went crazy.« Sie wird tragisch. Einmal sagt sie zu einer Freundin: »Siehst du, jetzt bin ich selbst Lilith geworden.«

Ein führender Vertreter der Black Panther hat noch vor wenigen Jahren zu Protokoll gegeben: »Wir wissen durch unsere abschließende Analyse, dass das FBI Jean Seberg in den Tod getrieben hat.« Und Joyce Haber, die Scharfrichterin von der »L. A. Times«, resümierte nach dem Tod ihres Opfers: »Ich mochte Jean sehr. Sie war so aufrichtig menschlich wie wenige Leute hier.«

Trotzdem sammelt Jean Seberg noch einmal alle ihre Kräfte im Verlangen, ein neues Leben zu beginnen. Nach gerade vollzogener Scheidung macht Romain Gary sie trotzdem zur Hauptdarstellerin seines zweiten Films, »Kill«, eine verbaute, gespreizte Schnurre aus dem Drogenhandel. In der ersten Einstellung nimmt sich Jean Seberg ostentativ eine Afro-Perücke vom Kopf. Es ist 1971, die Black-Panther-Periode, so scheint das Bild sagen zu wollen, ist vorbei, die Kampagne des FBI – gebaut nach dem gleichen Muster, das sich bei der Denunziation Martin Luther Kings bewährt hatte – abgeschlossen. Ihre Folgen aber reichen viel weiter.

Jean Seberg verbarrikadiert sich in ihrer Pariser Wohnung, schluckt Tabletten, trinkt. Die wenigen Menschen, die sie empfängt, beschreiben sie als aufgeschwemmt. Aus Scham über ihr Aussehen spricht sie mit Besuchern mehrfach nur durch die geschlossene Tür. Rätselhafterweise sind ihre Mundwinkel von den Tabletten schwarz geworden. Ihre Freunde und Liebhaber wechseln in rascher Folge, Sex immerhin scheint sie in großen Dosen zu genießen. Eines Abends besucht sie mit dem Schauspieler Fabio Testi einen Nachtclub, wirft aber trotzdem ein genießerisches Auge auf einen jungen Lockenkopf am Nebentisch und fragt: »Willst du nicht rüberkommen und mich küssen?« Er kommt, küsst, und sie heiraten wenig später in Las Vegas. Die Kinder des Priesters sehen während der Trauung im Nebenzimmer »Frankenstein«.

Der Mann vom Nebentisch, ein amerikanischer Jungregisseur namens Dennis Berry, scheint Jean Seberg für kurze Zeit Halt zu geben. Sie schreibt das Drehbuch für ein nie realisiertes Filmprojekt »Frontier Palace«, führt Regie in dem nach ihrem Drehbuch verwirklichten Film »Ballad for the Kid«, verfasst ein autobiographisches Buch mit dem Titel »Blue Jean« und einen Ratgeber für Selbstmord-Aspiranten unter dem Titel »Comment s'en évader« (»Wie man sich entkommt«).

In all der Zeit bleibt ihr Engagement für Minderheiten gleichwohl uneingeschränkt. In ihrer Heimatstadt Marshalltown kauft sie eine Farm, auf der Schwarze in einer Kooperative arbeiten können. Als suizidgefährdete Patientin eines Psychiaters stellt ausgerechnet sie ihre Dienste der Telefonseelsorge zur Verfügung und setzt sich nebenbei auch noch für die Rechte der Algerier ein.

Ahmed Hasni, ein 29-jähriger algerischer Schauspieler, wird nach der Scheidung von Berry ihr letzter Lebensgefährte. Sie plant, mit ihm eine Bar, vielleicht auch ein Restaurant in Spanien zu eröffnen. Natürlich zerschlägt sich der Plan. Mehrfach muss sie in Kliniken, wird entlassen, durchscheinend und dürr.

Einige Filmszenen aus dieser Zeit zeigen Jean Seberg am Rande ihrer Kraft. In »A Kind of Love« spielt sie sich nahe an die eigene Geschichte heran und stellt sich selbst dem Kindsverlust, der sie auch im Spiel dem Zusammenbruch nahe bringt.

In »Les Hautes Solitudes« spielt sie eine Selbstmordszene so echt, dass der Regisseur abbricht, um sie zu retten. Sie ist empört, beschuldigt ihn, ihre beste Szene zerstört zu haben, und doch haben die »Cahiers du Cinéma« exakt diese Szene unter die ergreifendsten hundert der gesamten Filmgeschichte gewählt. Und was für eine Szene: Schwarz-weiß und ohne Ton in Jeans eigenen Räumen aufgenommen, zeigt sie die Hauptdarstellerin, wie sie sich hungrig ihre Tabletten aus der Hand frisst, im Bildausschnitt schwankt, einmal gar herauszufallen scheint.

Im Abspann von »Le Bleu des Origines« lässt sie sich nicht nennen und nur von hinten oder von weit weg filmen, aus Scham vor dem eigenen Umfang, der, soweit Filmen und Fotos zu glauben ist, nie »dramatisch« war. Während der Dreharbeiten trinkt sie Unmengen Underberg, verfasst einen lyrischen Einkaufszettel für Drogenabhängige unter dem Titel »Madame se promine« und in »Libération« einen Text mit dem Titel »Love Letter to the Junkies«.

Ihr letzter Film ist eine deutsche Produktion, die »Wildente«, unter der Regie von Geißendörfer. Nach der »Wildente« aber erhält Jean Seberg – die stets tief bewegt war, wenn jemand in ihr die gute Schauspielerin erkannte, die sie war – nur noch pornographische Angebote. »Ich werde dieses Jahr leben, als sei es mein letztes«, verkündet sie Neujahr 1978/79.

Am 29. August 1979 sieht sich Jean Seberg abends im Fernsehen »Clair de femme« an, einen Film des »Z«-Regisseurs Costa-Gavras, nach einem Drehbuch von Romain Gary. Sie meint, Züge der eigenen Geschichte zu entdecken, erkennt sich selbst in der Rolle, die hier Romy Schneider spielt. Es ist deprimierend. Sie telefoniert noch eine halbe Stunde vor Mitternacht mit einer Freundin. Sie sei nüchtern gewesen, gibt diese später zu Protokoll, nüchtern und beherrscht, aber niedergeschlagen wegen des Films. Noch in derselben Nacht verlässt sie das Haus.

Am 8. September 1979 wird die Leiche von Jean Seberg nackt unter einer blauen Wolldecke auf dem Rücksitz ihres Renault 5 gefunden. Der Wagen parkt in der Rue Général Appert, im vornehmen 16. Arrondissement. Ich war einmal da. Es handelt sich um eine Straße, ganz ähnlich jener, auf der »Außer Atem« endet, eine Einbahnstraße, inzwischen baumlos, beidseitig zu beparken und ohne Glanz.

Jean Seberg gilt, als sie gefunden wird, seit zehn Tagen als vermisst. Ihr Körper ist in der Gluthitze bereits teilweise verwest. Als ihr Todesdatum wird der 30. August vermutet. Neben ihr findet sich ein Zettel, gerichtet an ihren Sohn Diego: »Forgive me. I can no longer live with my nerves. Understand me. I know that you can and you know that I love you. Be strong. Your loving mother, Jean.«

Die Obduktion verzeichnet: Exitus durch das Barbiturat »Nebutal« und einen Blutalkoholspiegel von 7,1 Promille. Spätestens ab sechs Promille aber, so weiß die Medizin auch, tritt tiefes Koma ein. Wie hätte sie in diesem Zustand fahren können? Wo waren die leeren Flaschen für all diese Spirituosen geblieben, oder hatte man ihr den Alkohol injiziert? Auch fand sich in ihrem Wagen keine Spur ihrer Brille, ohne die sie unmöglich von ihrem Zuhause in der Rue de Longchamps in die Rue Général Appert hätte fahren können. Warum waren am Tag der Entdeckung alle Autodächer auf beiden Seiten der damals noch von Bäumen flankierten Straße mit Laub bedeckt, nur das ihres Wagens nicht? Und warum war sie, der von ihren Freunden Schamhaftigkeit nachgesagt wurde, nackt, als sie gefunden wurde?

Hatte sie also, als sie am 30. August, unbemerkt von ihrem Freund und offenbar kaum bekleidet, ihre Wohnung verließ, einen Helfer, der sie fuhr und die Flaschen beseitigte, oder wurde sie, wie ihr Leibwächter Guy-Pierre Geneuil in seinem Buch »Le Narvalo« (»Der Falsche«) behauptet, umgebracht?

Der Staatsanwalt erstattete Anzeige gegen Unbekannt. Dabei blieb es.

Am Tag der Beerdigung gibt das FBI seine Rufmord-Kampagne gegen Jean Seberg zu. Die Trauergesellschaft auf dem Montparnasse-Friedhof besteht aus Filmleuten, Dropouts, Dealern, Survivern, Gestrandeten, Liebhabern der Frau wie der Schauspielerin Jean Seberg. Im Hintergrund taucht sogar Jean-Paul Belmondo auf, aber nur kurz, schließlich muss er gleich darauf den millionsten Besucher seines neuen Films in einem Kino an der Champs Elysées begrüßen.

Der Grabstein trägt allein die Inschrift: »Jean Seberg 1938 – 1979«. Sie war den weitesten Weg gegangen, die heitere Apothekerstochter aus Marshalltown, die »Jeanne d'Arc der Guerilla«, die Säulenheilige des Autorenfilms. Vorbei also ein ganzes Kapitel filmsprachlicher Artikulation. Hin das Lachen unter dem Schatten der Melancholie, hin ihr Staunen und ihre Empörung, die verfließenden Gesten mit den spitz zulaufenden Fingern, ihr Entsetzen hin, hin ihr Kampf und ungelöst das Rätsel ihrer furchtbaren Aufregung.

Die Insel der schwarzen Skorpione

Mikis Theodorakis auf Ikaria und in Athen

»Jener Tag, an dem die Sonne tanzt«, ich erinnere mich, »jener Tag der Freiheit in Athen«, ich kann es noch singen, »jener Tag, an dem wir auf den Straßen tanzen und uns wieder sehn.« Auf der letzten Zeile hüpft die Stimme euphorisch, sie klingt jetzt eben so befreit wie die Vorstellung, von der sie inspiriert wird. Wenn es den »Geist der Freiheit« wirklich gibt – und von diesem singen geknechtete Völker glaubwürdiger als andere –, dann war er hier.

Die Stimme, die dies sang, gehörte Franz Josef Degenhardt, den man zu Unrecht einen »Protestsänger« nannte, denn er war nicht nur das. Hier zum Beispiel protestierte er nicht, er jubelte im Pathos der Befreiung, der Rebellion, des Umsturzes, er feierte die Vorstellung vom Ende der griechischen Militärdiktatur, der geöffneten Gefängnisse, der Rehabilitation der Gefolterten. »Für Mikis Theodorakis« hieß das Lied, gewidmet der Galionsfigur der Befreiung.

In den Siebzigern sang man es bei uns auf dem Pausenhof. Europa hatte keinen Che Guevara, es hatte Mikis Theodorakis, der später schreiben sollte: »Ich gehöre einer Generation an, die sich einem extremen Idealismus verschrieben hatte. Mein ganzes Leben war ein endloser Kampf zwischen dem Idealischen und dem Wirklichen, dem Alltäglichen und der Vision.« Wir waren mit ihm. Wer nie vom Umsturz der Diktaturen geträumt hat, wird bekanntlich nie erwachsen.

Nein, das weiß er nicht, dass wir dies sangen damals, als er im Gefängnis saß, und den Namen »Degenhardt«, nein, den kennt er nicht, vielleicht kann er sich aber auch nur nicht recht erinnern, die Zeiten waren so ..., so ..., aber natürlich ist er froh, dass sein Leben uns politisiert hat.

Wir sitzen in seinem Arbeitszimmer, direkt gegenüber der Akropolis. Man sagt, es gibt in Athen kein Zimmer, das sich dichter an der Tempelanlage befände. Tatsächlich: Sähe man die Arbeiter nicht auf den Gerüsten krabbeln, man könnte das Panorama für eine Bildtapete halten.

Er raucht eine Cohiba und dreht eine afrikanische Kette in den Händen. Sein Gesicht ist wunderschön, stark und komisch, weibisch und listig. Der Körper groß, massiv, gebückt, auf einen Stock gestützt, sinkt in einen tiefen Sessel mit Blick über die Stadt. Was für ein Weg, aus den Verliesen bis hoch in diesen Adlerhorst, und ich bin wieder mal Deutscher auf die Art, wie man es nur Opfern gegenüber ist.

Wir reisen in seine Vergangenheit, in das Jahr 1947, als in Griechenland die Hatz auf die kommunistischen Oppositionellen wütete. Theodorakis wurde ergriffen, gefoltert. Als man ihn für tot hielt, schmiss man ihn in eine Leichenhalle. Er entkam, wurde wieder ergriffen, wieder gefoltert.

»Als man Sie 1947 verhaftete, waren Sie 22 Jahre alt und bereits eine Bedrohung für den griechischen Staat?«

»Zu Beginn der Diktatur wurden alle meine Lieder verboten, weil die Obristen sie fürchteten, obwohl sie keine politische Botschaft beinhalteten. Es waren Liebeslieder.«

»Sie wurden nach Ikaria verbannt, weil Sie Liebeslieder geschrieben hatten?«

»Nach Ikaria wurde ich nicht verbannt, weil ich Musik gemacht habe, sondern weil ich mich gleichzeitig mit Politik beschäftigt habe. Dafür bin ich verbannt, gefoltert und eingesperrt worden – was mich aber nicht daran hinderte, mit der Musik zu leben. Ikaria ist ein begnadeter Ort, eine Festung über dem Meer. Hier kam ich mit der Volksmusik in Berührung. Außerdem hatte ich Heimweh, war getrennt von meinen Eltern, meiner Verlobten, meinen Freunden, und das hat mir einen süßen Schmerz verursacht, der sich in Musik verwandelte.«

»Ikaria«, kaum ein Grieche, dem man den Namen nennt, reagiert gleichgültig. Ikaria, das ist die »andere« Insel, die Insel des Widerstands, der Kommunisten, Rebellen und Partisanen, noch heute, die Insel, auf der der Jugoslawienkrieg, der Kosovokrieg, der Afghanistankrieg, die Golfkriege eins bis ultimo unisono mit »Fuck Nato«- und »Fuck USA«-Parolen und Graffiti quittiert werden, auch die Insel der Freien Liebe und der Träume von einer klassenlosen Welt, die Insel, auf die zum 15. 8. die Hippies zurückkehren und ums offene Feuer tanzen. Es ist die Insel, auf der man nachts lebt und am Tag wenig Arbeit hat …

»Also hätten Sie besser die Hände von der Politik gelassen?«

»Wenn ich über Politik rede, spreche ich über eine ›existenzielle Politik‹ und nicht über die Politik der Berufspolitiker. In Griechenland waren wir damals alle Politiker. Wir verteidigten unseren Glauben, unsere Prinzipien.«

»Kein Pamphletismus, keine Marschmusik?«

»Nichts von alledem. Musik ist unsterblich, Politik nur flüchtig. Aber da wir hier am Fuße der Akropolis sitzen, muss man daran erinnern, dass in der Antike alle, die sich nicht mit Politik beschäftigten, verbannt wurden.«

»Gut zweieinhalb Jahrtausende später wurden Sie verbannt, *weil* Sie sich mit Politik beschäftigten. Was für ein Fortschritt!«

»Wir haben uns eine friedliche Zukunft vorgestellt: Das war die ganze Gefahr, die von uns ausging. Und ohne Intervention der Deutschen und der Engländer hätten wir es vielleicht auch geschafft.«

»Man brachte Sie auf ein Schiff. Wussten Sie, wohin die Reise ging?«

»Nein. Wir waren zehntausend Gefangene im Alter von durchschnittlich 25. Der Durst wurde unerträglich, die Hitze hat uns regelrecht deformiert, wir wurden verrückt, brüllten, die Zunge schwoll uns im Mund, manche stürzten sich ins Meer. Dann wurden wir in den Bauch des Schiffs verbracht, standen bis zur Brust im Salzwasser. Erst als nach zwei oder drei Tagen die Klappe aufging, sagte man uns, wo wir waren: Ikaria, diese legendäre Insel vor der türkischen Grenze. Mir kam sie paradiesisch vor.«

Ich erzähle ihm von meinem Plan: Von Ikaria will ich mir erzählen lassen, von der magischen Insel, so wie er sie erlebte. Ich will wissen, woran er sich erinnert, will die Insel in seiner Erinnerung zusammensetzen und anschließend hinfahren, und was ich finde, mit seiner Erinnerung vergleichen. Er lacht. Wenn jemand das im Gedanken an einen anderen tut, dann ist dessen Geschichte wirklich keine persönliche mehr, dann ist sie kollektive, und wirklich lässt sich ja der Wandel der Zeiten an der Ablösung von Regierungen, politischen Ideen, gesellschaftlichen Positionen so gut wie an der Diskrepanz zwischen dem Erinnerten und dem Aktuellen darstellen.

Er zieht ein weißes Blatt hervor, einen Stift und beginnt, mir eine Karte der Insel zu zeichnen, mit gestrichelten Linien für alle Fußwege, die er ehemals zurücklegte. Ich verspreche, sie nachzugehen. Er verspricht mir Strapazen und wird Recht behalten.

»Ikaria ist wie ein Felsen, den man abrupt ins Wasser geschleudert hat, und sie ist die Insel der Schwarzen Skorpione. Seien Sie also vorsichtig, wenn Sie dort hinkommen. Aber ebenso ist sie die Insel der starken, säubernden Winde. Man ist dort wie in ständiger Euphorie. Nirgends ist das Meer blau wie dort, und ich bin sicher, wenn Sie einmal dort waren, werden auch Sie eines Tages wieder dorthin zurückkehren. Ich hatte großes Glück, auf diese Insel zu kommen, und muss denen im Grunde dankbar sein, die mich dorthin geschickt haben.«

Der Versuch, die Insel mit seinen Augen zu sehen. Vier Uhr früh, die Fähre kämpft sich, zehn Stunden hinter Athen, durch den hohen Wellengang. Eine geschwungene Bucht. Schlafende Abholer, gekrümmt zwischen den Tau-Stapeln liegend, torkelnde Ankömmlinge, suchend. Der Duft von Thymian, Vanille und Ziegenkacke in der Luft. Auf der Hafenmauer Hammer und Sichel, Nato-Schriftzug mit Swastika. Daneben: »Punk is not dead.«

Jedenfalls hier nicht.

Es ist vier Uhr früh. Das Hotel hat tatsächlich einen Fahrer geschickt, der mich wortlos einlädt, wortlos losfährt. Wir fahren lange. Viele Häuser wurden als Solitäre in die Hügel gesetzt. Individualistische Besiedlung. Tiefgraues Morgengrau, in das von den verbrannten Hügeln her wie illuminiert ein paar bleiche Stämme ragen. Steinbrüche am Weg, Kiesabbau.

Die Häuser wurden in die Stille gebaut. Ein Hahnenschrei. Ein Schafsblöken. Ein albanischer Radiosender. Die Akustik ist gut: Eine Klospülung im Tal hört man noch auf den Hügeln.

»Wen fanden Sie auf der Insel vor?«

»Andere Verbannte und die Einheimischen, arme Bauern, die fast alle auf unserer Seite waren. Wir lebten als eine große Familie, denn es handelte sich um eine ›linksorientierte Insel‹.«

Eine »linksorientierte Insel« ist Ikaria heute noch. Die kommunistische KKP ist stark. Auf den Friedhöfen liegen die Gräber der Partisanen dicht an dicht, geschmückt mit den Insignien des verlorenen politischen Kampfes. Glaubt man den Alten, hat er nie wirklich aufgehört. Innig wie der Gottesglauben ist der Glaube an die klassenlose Gesellschaft, in den Kirchen wohnt der Herz-Jesu-Marxismus, und auf den Plätzen lebt man das Ideal vom »Freien Griechenland« wie zu Lord Byrons Zeiten.

»Wer hat Sie bewacht?«

»Zwei bis drei Kriegsschiffe patroullierten vor der Küste, anfangs kamen auch ein paar Mal Polizisten auf die Insel. Aber eigentlich waren wir weitgehend frei, haben das Gemeinschaftsleben schnell organisiert, die Insel in Sektoren geteilt und ganz nach sozialistischen Prinzipien allen alles gegeben. Jedes Dorf hatte eine eigene Verwaltung, mit eigenem Lagerhaus, eigener Küche. Sogar eine Arztpraxis hatten wir. So haben auch die Ikarioten von unserer Anwesenheit profitiert.«

Der schweigsame Fahrer ist an seinem Steuer inzwischen zweimal eingenickt, zweimal habe ich ihn geweckt, als er den Mittelstreifen schon mit allen vier Rädern überschritten hatte. Er öffnet das Fenster. Die Luft kühlt kaum. Er schiebt sich einen Kaugummi zwischen die Zähne. Aus dem Augenwinkel kann ich sehen, wie er seine Kautätigkeit nach dreimal Zubeißen einstellt. Einmal holt er Mineralwasser aus dem Kofferraum, einmal schmeißt er sich an einem Brünnchen zwei Hände voll Wasser ins Gesicht. Nachdem er mich im Hotel abgeliefert hat, kippt er den Sitz in die Horizontale und ist eingeschlafen, bevor ich den Schlüssel gefunden habe, den man für mich bereitgelegt hat.

»Wo wurden Sie untergebracht?«

»Die Jüngsten wurden in das entlegenste Dorf gebracht, sechshundert Meter über dem Meer. Die Älteren kamen nach Christos. Dort errichteten wir die Zentralverwaltung.«

Christos. Der Nacht-Ort. Hier beginnt das Leben nach Sonnenuntergang nicht einfach nur heftiger zu pulsieren, hier setzt der Puls nach Mitternacht erst ein. Am Platz ein Kriegerdenkmal, nein, ein Obelisk für die Opfer von 1912 bis 1922, 1940 bis 1944, 1945 bis 1949. Obwohl Regionalhauptstadt, liegt der Ort immer noch versteckt wie ein Partisanennest unter einem Blätterdach auf der bewaldeten Hügelkuppe.

Die Straßen wirken wie die Flure eines einzigen Hauses, und auf dem Platz, dem Salon, reden die Alten zuerst und sammeln die Bürger wie die Mitglieder einer Großfamilie um sich. Junge Frauen werden hofiert, weil sie so selten sind. Eine unterhält eine Geschenk-Boutique. Wie überflüssig, müssen sich die Alten denken, aber sie ist starkknochig und stolz, und Männer aus drei Generationen geben ihr nach Mitternacht Frappés aus.

»Sie waren 22. Die Frauen müssen Ihnen sehr abgegangen sein ...«

»Und ob! Aber wir hatten ein Statut aufgestellt: Hände weg von den Frauen und von den Ernten der Bauern. Nicht mal Früchte haben wir genommen. Sie müssen wissen, es gab nur wenige, aber sehr schöne Frauen auf Ikaria. Sie waren kostbarer als die Männer, denn Ikaria ist der einzige Ort in Griechenland, wo die Männer die Mitgift bezahlen.«

»Man brachte Sie nach Vrakades. Wie haben Sie sich dort versorgen können?«

»Wir absolvierten einen dreistündigen Marsch nach Christos, hoch über der Küste dahin. Kleine Seen gab es am Weg, und der Pfad führte lange durch Pinienwälder. Wir trugen fünfzig Kilogramm Gepäck auf dem Rücken zum Aufbau unserer Küche. Trotzdem waren diese Gänge der angenehmste Teil, wir picknickten auf den Felsen, badeten in den Seen und fanden Schutz im Schatten der Pinien.«

»Und Ihr Haus steht noch?«

»Ja, vor einem Jahr bin ich zum ersten Mal wieder dort gewesen. Ein kleines Museum soll daraus werden, hat man mir gesagt. Mein Gott, mit fünfzehn Männern haben wir damals in drei Zimmern gelebt und nie über Frauen gesprochen.«

Auch gut fünfzig Jahre später haben sie der Natur noch keine Asphaltierung aufgezwungen: Nur eine Schotterstraße führt nach Vrakades. Man blickt ins Tal und findet keinen Hinweis auf moderne Zeiten. Der Wind singt in den Krüppelkiefern, die Zapfen fallen. Mehr nicht. Kinder und Ziegen schreien auf dem gleichen Ton.

So weit das Auge reicht kein kultiviertes Stück Land, nur große Findlinge auf den Viehweiden, die auch keine Spuren menschlicher Arbeit zeigen. Ein Gerüst an der Kirche, so klapprig, als müsste es selbst eingerüstet werden. Dann ein Bäuerlein. Dann eine Dampfwalze. Sie könnte aus der Frühzeit der Technikgeschichte stammen. Ein Pope in Sandalen. Zwei Hunde auf beiden Seiten des Weges, festgekettet an einer Tonne. Besinnungslos vor Hitze, Durst, ohnmächtigem Freiheitsdrang. Das Meer ohne Welle, der Horizont ohne Linie. Ein ideales Gefängnis.

Vrakades schart seinen kleinen Ortskern um den roten Kuppelbau der Kirche. Der Rest ist zersiedelt. Den alten Ahorn umgibt eine Rundbank, die vielen Sitzbänkchen stehen leer. Etwa zweihundert Menschen leben noch in diesem Räubernest, leben zwischen Denkmälern und Erinnerungstafeln. Zwei Alte in der Bar tragen Militärmützen, die Schule unterrichtet noch fünf Kinder in drei Klassenstufen. Die helläugigen Schüler tragen Pokémon-Shirts und Military Look. Alles wirkt so heutig, so neutral. Wo ist das Leiden hin? Wohin mit der Erinnerung?

Ja, sagt die wie aus Wurzelholz gewachsene Alte in der Bar. Mikis Theodorakis ist einmal hier eingekehrt. Sein Haus ist da oben, ein »fragma«: Das Wort erinnert an »Diaphragma«, an »Fragment«, eine Ruine also.

»Ein Museum soll es werden«, beharre ich.

Der Lehrer mischt sich ein.

»Ein Museum? Und wer soll das bezahlen?«

»Die Gemeinde«, mir fällt nichts anderes ein.

»Welche Gemeinde?«, sagt er und wendet sich ab, Kafka hätte gesagt, mit dem »großen Schwung« der Leute, »die mit ihrem Lachen allein sein wollen«. Wer weiß, ob die eigene Arbeit dieses Lehrers von einer »Gemeinde« bezahlt wird.

Ich frage die Alte nach einer Mahlzeit. Ein Salat ist da, sagt sie. Und ein Ei. Wenig später sehe ich sie den Salat aus dem Erdreich ziehen. Das Ei wiegt sie in der hohlen Hand. Es ist um keinen Cent weniger kostbar als vor fünfzig Jahren.

Als die Alte wieder an den Tisch tritt, liegt neben dem Ei ein einzelner Fisch von der Größe einer Sardine.

»Ich habe Ihnen einen von meinen Fischen dazugelegt«, sagt sie verschwörerisch. Es bleiben also drei Fische für sie, die Tochter, die Enkelin. Afrikanische Verhältnisse. Und kaum habe ich die Sardine verspeist, tanzen die Wespen über der Gräte und versuchen noch, sie in die Luft zu heben. Alles wird verwertet, von jedem Glied der Natur.

Als ich ihr vor dem Aufstehen ein Trinkgeld liegen lasse, droht mir die Alte mit der Hand zum Spaß Prügel an. Trinkgeld? Wofür?

Es ist Siesta. Man hört nichts als die Vögel, die Wespen und das Schnarchen der Feldarbeiter.

»Wurden Ihnen die Tage lang?«

»Nein, der Boden war arm und das Anlegen unserer kleinen Felder mühsam. Eigenhändig mussten wir die Erde herbeischleppen. Abends kam das Kulturprogramm mit Gedichten und Musik. Im Ort tanzten manchmal die Einheimischen. Oh weh, sie tanzten so einen dionysischen Tanz, bei dem die Körper von Mann und Frau regelrecht aneinander klebten. Eigentlich konnten wir kaum hinschauen.«

»Und Sie dachten an Ihre Verlobte daheim?

»Ach ja, das größte Problem war der Liebeskummer. Immerhin war es unsere erste Trennung.«

Ein paar Abende vor meiner Abreise nach Ikaria hatte ich Mikis Theodorakis in einem Vorort Athens bei einem Open-Air-Konzert beobachtet, das ihm zu Ehren gegeben wurde. An seiner Seite eine kleine, grazile Frau mit durchscheinendem Teint, sehr feinen Zügen. Diese Frau! Fast 55 Jahre später.

»Dann waren sie zu verliebt, um sich nach den Frauen der Insel umzudrehen?«

»Genau. Wer verliebt ist, den interessieren doch andere

Frauen gar nicht. Ich hatte zwei Freunde dort, denen es genauso ging. Wir nannten uns ›die drei Verlobten‹. Manchmal setzten wir uns ans Meer und weinten. Dabei hatten wir noch nie Sex gehabt. Bei mir kam das erst mit 25. Die kommunistische Partei war ja sehr puritanisch. Man kann heute darüber denken, was man will, aber die Ideale waren sehr stark. Natürlich habe ich irgendwann begriffen, dass es Utopie war, und wir haben ja eigentlich immer und überall verloren. Unser einziger Sieg war die Vertreibung der Deutschen. Danach haben wir wieder alles verloren, moralisch, militärisch, strategisch ...«

»Merkwürdig, das alles klingt trotzdem frei ...«

»Wir hatten die Illusion der Freiheit mitten auf einer Gefangeneninsel in der Ägäis, und doch: Das Meer war unser Stacheldraht. Ich habe das Meer gehasst in dieser Zeit.«

Nur die Alten von Vrakades wissen noch, wo es steht, aber ohne ein Geländefahrzeug namens »Suzuki Samurai« käme man kaum in die Nähe des ehemaligen Gefangenenhauses, des heutigen Eselstalls.

Mikis Theodorakis hat es mit dem Stift auf ein Din-A4-Blatt gezeichnet, aus dem Gedächtnis, trotzdem genau. Aus Lehm, Stein und Bambus war das zweistöckige schmale Haus gefertigt, ein Meter fünfzig hoch pro Stockwerk und sehr eng.

Blau hatten die Gefangenen Fensterläden und Schränke angemalt und eine Feuerstelle in die Wand gesetzt, in der heute drei rostige Konservendosen und ein Medizinfläschchen stehen. Auch eine Kommode steht noch. Die Dächer, aus Rundhölzern und Bambus gefertigt, sind niedergebrochen, viereckige Zimmermannsnägel ragen aus den Balken, die Natur hat übernommen mit Huflattich, Brombeeren und Disteln. Rosmarinduft liegt in der Luft und arabische Musik aus dem Transistor.

Dies also ist das Haus der Schmerzen und des Liebeskummers, der drei weinenden Junggesellen über dem Tal, der abendlichen Stunden für die Ideale und die Poesie, die Mauern, in denen die griechische Volksmusik neu erschaffen wurde, denn noch heute kehren in den großen Sinfonien und Orchesterwerken von Mikis Theodorakis die Volksweisen aus Ikaria wieder. Und da liegt er, der Platz mit dem Blick über die Siedlungen der Arbeiter und Bauern, die Geschütz-Wölkchen auf den Hängen und die wogenden Gefängnismauern vor der Küste.

»Sie müssen trotzdem an Flucht gedacht haben ...«

»Vor der Amnestie im Herbst 47 kam ein Mitgefangener zu mir und sagte: Ihr müsst fliehen. Geht nach Evdilos, da gibt es ein geheimes Haus der Flüchtlinge. Wartet dort ein paar Tage. Ein Boot wird kommen, das Weintrauben transportiert, ihr legt euch unter die Kiepen und setzt über nach Chios. Das haben wir gemacht. Sogar die Kontrolle eines Kriegsschiffs haben wir überstanden, aber dann kam ein so starker Sturm auf, dass wir unmöglich anlegen konnten. Innerhalb von einer halben Stunde wurden wir nach Ikaria zurückgetrieben.«

Evdilos. Man blickt sich um, man sucht in den Gesichtern der alten Einwohner. Niemand wird sagen, dass ihnen, die von der Globalisierung noch weiter an den Rand gedrängt werden, der Reiseverkehr nicht gut täte, und doch sehen sie sich um, unter einer Piz-Buin-Wolke, in der Menschen liegen, die ihre persönliche Bedeutung aus der Wahl der richtigen Sonnenbrille ableiten, sehen sich an, als wollten sie sagen: Wir mögen dem Imperialismus widerstanden haben, gegen den Tourismus waren nicht einmal wir immun.

Wo Mikis Theodorakis ehemals seine Flucht plante, schwimmen heute drei Rentner zwischen Zementblöcken im Hafenbecken. Die Musik von »Café del Mar« und »St. Germain« dringt aus der Bar, der Zahnarzt operiert bei offener Tür, der Klopapier-Lieferant kommt mit Viertonhupe auf den Platz, und der Pope kauft sich am Kiosk eine schlüpfrige Publikation, ehe er in seinen Ford Fiesta steigt. Es gibt auch einen Reiseleiter, der einer kleinen Gruppe alternativer deutscher Touristen die Armut erklärt:

»Verlangen Sie keinen Rosé halbtrocken. Es gibt nun mal nur einen Wein.«

Das ist alles nicht so schlimm. Das lässt sich alles noch ertragen. Das ist immer noch besser, als was der Insel über ein halbes Jahrhundert widerfuhr. Nur die Träume sind ausgeträumt. Was Wunder, dass sie bei ihrem Eintreffen in der Realität anders aussahen, und auch Mikis Theodorakis war inzwischen einmal der Kulturminister einer konservativen Regierung.

Die alten Partisanenhäuser stehen wie faule Zähne in der Kulisse, die Balkons brechen herab. Mit den Fassaden zerfällt das Gedächtnis. Die einzige echte Präsenz der Geschichte findet sich in den Gesichtern, und ich sehe noch, wie Theodorakis' Finger auf einem alten Foto von Gestalt zu Gestalt ging: Der ist tot, der auch, der auch, der auch, der lebt noch auf Ikaria, der ist tot, der auch ...

Drei Reihen Gräber auf einer Empore über dem Tal, das ist der Friedhof von Evdilos. Die ewigen Lichter sind erloschen, Grabplatten, Stelen, Amphoren zerbrochen. Zwischen den Scherben liegen noch einige auf weißes Porzellan gezogene Fotos von Verstorbenen, die mürrisch aus dem Schutt blicken, unwillig, sich fotografieren zu lassen, böse, so zu enden, verblichen, im doppelten Sinn des Wortes. Die einzigen Blumen, die blühen, sind aus Plastik, und in das Kirchlein tritt man lieber vorsichtig ein. Es beherbergt ein paar offene Särge und drei Wespennester.

Zu den wenigen intakten Gräbern, draußen, nahe dem Friedhofstor, gehört jeweils ein kleiner Schrein mit Memorabilien, einem Fläschchen Olivenöl, einem Amulett, einem Plüschtier. Ein Alter starb 96-jährig. Ihm hat man ein Päckchen seiner Lieblingszigarette hingelegt: »Rex Ultima«.

»Was überwog bei Ihrer Rückkehr nach Ikaria im letzten Jahr, Schmerz oder Rührung?«

»Rührung. Denn es gab auch ein Glück in dieser Zeit. Ich war wie ein kleiner Mönch, der sich der Religion der Freiheit verschrieben hat. Dabei hätten wir nur eine Erklärung unterschreiben müssen, dass wir dem Kommunismus abschwören, und wir wären sofort frei gewesen, kein Einziger auf Ikaria hat unterschrieben. Ikaria war ein Sieg über mich selbst.«

»Und haben Sie schließlich Ihren Frieden auch mit den Deutschen gemacht?«

»Ich fand sie schizophren. Es rettete mir das Leben, dass die Gestapoleute, die mich gefangen genommen und meinen Kameraden umgebracht hatten, in meinem Ausweis die Bezeichnung ›Komponist‹ fanden. Da riefen sie plötzlich: ›Bach! Beethoven! Mozart! Mahler!‹ Und ließen mich frei. Die sind verrückt, dachte ich, mit der einen Gehirnhälfte töten sie, mit der anderen lieben sie Beethoven.«

Die Untragbare

Vivienne Westwood in London

Für Menschen wie Vivienne Westwood verwendet man im Deutschen Adjektive wie »schrill«, »schräg« oder »exzentrisch«. Wahr ist, dass sie nichts von alledem ist, aber dass sie auffällt, sie und die Kleider, in denen sie ihre altmodischen Träume träumt. Für Menschen wie Vivienne Westwood werden Vokabeln wie »Kult« geprägt. Wahr ist aber, dass ihr solche Verehrung weder liegt noch ganz geheuer ist.

Für Menschen wie Vivienne Westwood wird auch die Vokabel »Avantgarde« immer wieder ausgemottet. Dagegen ist ihre Mode schon lange eher retrospektiv und setzt eine akkurate Analyse der Geschichte der Schneiderei voraus. Bei genauerem Hinsehen könnte man sogar zweifeln, ob sich die namhafteste und langlebigste aller lebenden Modeschöpferinnen überhaupt für Mode interessiert, während sie sich ganz sicher für Literatur, für

Malerei, für Ideenlehren aller Art interessiert. Jedenfalls muss man selbst sich nicht unbedingt für Mode interessieren, will man sich Vivienne Westwood nähern.

Man muss zunächst einmal aufhören, Mode als ein Oberflächenphänomen zu verstehen, dann nähert man sich automatisch auch den Ansätzen von Vivienne Westwood. Sie versteht ihre Arbeit als Interpretation des historischen Verhältnisses von Mensch und Körper. Nichts Geringeres als das. Die Spanne dieser Historie reicht aber nicht von einer Saison oder von einer Kollektion zur nächsten, sondern von den ersten Versuchen der textilen Formgebung bis zum aufgemalten Latex-T-Shirt, und Westwood weiß, wovon sie spricht. Sie kennt die Entwicklung der Materialien, der Manufakturen, der Verarbeitungsstile, sie sieht den Wandel der Mode immer in einem Zusammenhang mit dem Wandel gesellschaftlicher Bedürfnisse. Deshalb ist es schwer, in ihrer Gegenwart Mode isoliert zu betrachten, und deshalb ist es reizvoll.

Das Schöne an den raschen Verfallsfristen der Mode ist, dass das Hässliche bald passé sein wird. Das Traurige ist, dass es wiederkommen wird: der Mittelscheitel, der Fransenlook, die Trevira-Hose, die Golfkappe, »Freddy«, der Freizeithut, und »Taillana, das Mieder mit dem Streckausgleich«. Man fährt also nicht nach Paris oder Mailand, um Erfindungen zu beobachten, sondern um Plagiate und Anleihen zu vergleichen. Der Stil der Zeit ist eklektisch, wie er es vor hundert Jahren auch war. Er ist auch historistisch, die Epochen und ihre Formen übereinander blendend, sie zugleich demokratisch nivellierend.

Die Zuschauer in Mailand erwarten von Vivienne Westwood die höchste Veredelung dieses Stils. Sie möchten einen Fragonard-Druck auf einem Top sehen oder einen Stuartkragen unter einem Geschäftsanzug. Sie möchten das Absurde der Zeit in ihrem Ausdruck wieder finden (auch wenn es ihr darum gar nicht geht), möchten das Defilée des Untragbaren und sich nebenbei hier und da mit einem Einfall aus der Patsche helfen lassen. Vivienne Westwood ist die letzte Radikale unter den Großen, deshalb taugt sie so gut als Muse und wird reichlich beklaut, zuletzt vor allem von Galliano.

In Mailand sind ihre Shows berühmt, nicht, weil hier viel verkauft würde, sondern weil sie das Auge erfrischen und das meiste andere abgestanden wirken lassen. Männer treten auf in Lederhosen oder Bustiers, mit Federkleid oder Kimono. Über schwelgerisch hindrapierten Stoffen mit edel herauspräparierten Faltenwürfen tragen sie rot unterlaufene Augen oder die Blässe von Wöchnerinnen. Erstaunlich, was man mit einem Körper alles anfangen kann!

Westwood ist bei diesen Gelegenheiten immer furchtbar nervös, raucht unablässig hinter der Bühne, beißt sich die Unterlippe wund, während sie den Ablauf auf dem Monitor überwacht. Aber sie amüsiert sich auch, und manchmal gibt sie einem der Models, wenn diese wieder hinter dem Vorhang erscheinen, im Vorbeigehen flüchtig die Hand. Sie wird gemocht.

Auf der anderen Seite sitzen die internationalen Abnehmer und *Fashion Editors*, machen sich Notizen und lächeln schmaler, als es diese Mode mit ihrem seltenen Humor verdient hätte. Die Modewelt ist nämlich nicht von Eitelkeiten allein überwuchert, sie nimmt sich in der Regel auch so gravierend ernst, dass dagegen schon der erste sichtbare Fetzen eines Westwood-Kostüms wie Esprit wirkt.

Trotzdem höre ich das interessierte Fachpublikum sagen: »Ach, jetzt kopiert sie sich selbst«, »jetzt wird sie ein bisschen zu gewollt«, »mit zweieinhalb Stunden ist ihre Show einfach zu lang«, »wer soll das noch kaufen?«, »sie wiederholt sich«, »ihr Geschäft soll ja gar nicht gut laufen« etc. Mit einem Wort, für die Brillanz ihrer Darbietung bezahlt die kühne Designerin mit den erhobenen Augenbrauen des Markts. Der reine Luxus der Haute Couture ist nirgends luxuriöser als bei ihr. Und sie hält sich. In einer Branche, in der sich fast niemand bis in ihr Alter hält, hält sie sich, trotzig.

Anders als es diese öffentlichen Auftritte vermuten lassen könnten, ist der Londoner Laden von Vivienne Westwood dagegen keineswegs pompös, aber er wird bevölkert von Kunden mit markanten Physiognomien und Verkaufskräften, die als wahre Puristen nicht nur alle auffällig gekleidet sind, sondern auch mit sublimer Herablassung an die Nicht-Eingeweihten weitergeben, was sie selbst wie ihre tägliche Offenbarung behandeln. Wie so häufig, wird die Idee erst kanonisch, wenn sie unter den Proselyten angekommen ist.

Drei verschiedene Kombinationen werden mir angezogen. Die Krawatten sind breit und wölben sich als seidige Parabeln bis fast unter das Kinn. Die Hose hat lila und grüne Karos, der Mantel ist kurz und breit wie eine Pelerine, ein Sakko aus dicker Schurwolle mit ebenso dicker Weste variiert Beige- und Grautöne, ein anderes in Blaugrün mit breitestem Revers wird mit einer sandfarbenen gestreiften Krawatte kombiniert ...

Das alles schmeckt unvertraut, wenn nicht befremdlich, aber doch so, als würden neue Zonen auf dem Gaumen erschlossen. Nur in London kann man solche Kleider selbst im Bus tragen und verursacht kaum ein einziges Stirnrunzeln. Vivienne Westwoods Mode im Selbstversuch: Nur das Umfeld aus Jeans und Leggings und Business Suits lässt sie so exzentrisch wirken.

Am darauf folgenden Tag fahre ich dann wieder in meinen eigenen, nichts sagenden Kleidern hinaus in das Industrieviertel, in dem recht passend bei einer Autoreparaturwerkstatt und einer brachliegend verwahrlosten Parzelle das Geschäftsgebäude von Vivienne Westwood liegt, von außen mehr Lagerhaus als kreatives Hauptquartier, von innen eine Flucht von Werkstätten, Büros und Depots. Bestimmt fünfzig Personen kommen an diesem Morgen durch das Portal und verschwinden auf Nimmerwiedersehen irgendwo in der Tiefe der Flure.

Auch Vivienne Westwood kommt pünktlich. Sie hat erst in den frühesten Morgenstunden einen Zug aus Paris genommen, um die Verabredung nicht zu gefährden, die bereits mehrmals verschoben worden war. Mal blieb sie länger als erwartet in Mailand, mal reiste sie auf unbestimmte Zeit nach New York, mal war sie schlicht verschwunden, abgetaucht, unauffindbar. Doch heute Morgen ist sie da, übernächtigt, aber mit wachen Augen, den Mund knallrot gemalt, die blondierten Haare ein bisschen aufgedreht, ihr mausgraues, dekolletiertes Kleid extravagant in einem Schnitt, der an Ballkleider der fünfziger Jahre erinnert.

Nicht eine Mode, nicht ein »Look« oder ein Stil war es, was ich mit Vivienne Westwood zuerst verband, es war ihr Gesicht, und dies ist erstaunlich. Es könnte das Gesicht einer Lady aus einem Agatha-Christie-Krimi ebenso sein wie das der Managerin einer Punk-Band. Es wirkt in der klaren, hellgraublauen Augenpartie intellektuell und ein wenig lasterhaft um den Mund herum. Es gehört keiner jungen Frau, aber die Frische ihres Blicks ist manchmal geradezu halbstark. Sie hat viel riskiert, sich aber immer an klar entwickelten Ideen orientiert, so wirkt auch ihr Gesicht.

In ihrem Zimmer stehen der nackte rote Plastiktorso eines Männermodells und eine altmodische Schneiderpuppe. Es finden sich alle bürokratischen Utensilien gleich neben Schere, Stoff und Fingerhut. Es gibt auch Bücher hier und kleine skurrile Gegenstände, aber keine Ordnung, kein Design, keine Corporate Identity, eher inspiriertes Chaos.

Ich habe mir ein Paar Gangsterschuhe gekauft, hellbraun mit weißen punzierten Applikationen auf dem Oberleder. Sie laufen ganz allein, so auffällig sind sie, und jeder Westwood-Mitarbeiter sagt an diesem Morgen zur Begrüßung: »Nice shoes!«, nur sie selbst sagt nichts.

»Sie sind die Einzige, die meine Schuhe nicht kommentiert, soll das heißen, Sie halten sie für einen Missgriff?«

»Eine Art von Eleganz liegt im subjektiven Wohlgefühl, und dies hat wiederum sehr viel mit der Selbstwahrnehmung zu tun.«

Sie hält inne. Wenn ich ihr sagte, sie sähe gerade wie eine Sphinx aus, es käme ihr entgegen. Ich warte.

»Ich glaube, es ist mir damit gelungen ... mich nicht festzulegen«, fügt sie hinzu.

»Sehe ich denn nicht aus, als fühlte ich mich in diesen Schuhen wohl?«

»Sie fühlen sich sicher wohl, die Schuhe gefallen Ihnen offensichtlich.«

In ihren Augen ein Missgriff, keine Frage. Ich berichte ihr umgekehrt, wie sich am Tag zuvor meine Selbstwahrnehmung in ihren Entwürfen gewandelt hatte. Ich fühlte mich extravagant, ein bisschen snobistisch, ich verwende das Wort »flamboyant«. Ob sie diese Art Reaktion beabsichtigt? Ihr Lächeln hellt das ganze Gesicht auf:

»Flamboyant! Ich bin begeistert, dass Sie sich so gefühlt haben, extravagant und vielleicht ein bisschen gleichgültig gegenüber der öffentlichen Meinung. Genau das wünsche ich mir.«

»Aber bedenken Sie: Ich habe sehr die Aufmerksamkeit auf mich gezogen. Das verlangte ein hohes Maß an Selbstsicherheit. Ich weiß nicht, ob mir das gefällt, und auch nicht, ob ein Kunde eine solche Selbstsicherheit immer mitbrächte. Er muss doch dauernd bereit sein, sich vor der Öffentlichkeit zu exponieren.«

»Ich verstehe schon, was Sie meinen, aber für mich ist die Verpflichtung, großartig auszusehen, so zwingend, dass dies einfach alle eventuellen Probleme, die ich in der Richtung haben könnte, gar nicht erst entstehen lässt. Ich bin mir durchaus bewusst, dass mich die Leute anstarren, wenn ich über die Straße gehe. Oft bin ich allerdings weitaus förmlicher gekleidet, als das heute üblich ist. Ich gebe mir Mühe mit meinem Aussehen. Und das trägt mir Blicke ein, und so gewöhnt man sich einfach daran, Kontakt mit Leuten zu vermeiden. Wenn Sie dagegen jemand sind, der Kontakt sucht, dann haben Sie mit dieser Kleidung die besten Voraussetzungen, denn wenn Sie ungewöhnlich aussehen, hat immer jemand einen Anknüpfungspunkt für ein Gespräch mit Ihnen.«

»Es gibt bei Ihnen Schuhe von der Höhe antiker Kothurne. Muss man bereit sein zu leiden, um Vivienne-Westwood-Kleidung zu tragen?«

»Das stimmt. Ich trage die sehr hohen Schuhe zwar, aber auch nicht jeden Tag. Aber bei bestimmten Gelegenheiten ziehe ich sie an. Dann fühle ich mich nämlich genau richtig darin. Wir haben ja zu Anfang schon darüber gesprochen, dass Wohlfühlen mit Selbstwahrnehmung zu tun hat. Nur müssen Sie schon ein gewisses Maß an Unbequemlichkeit in Kauf nehmen.

Ich gebe Ihnen ein Beispiel, damit Sie sehen, inwiefern selbst das eine Sache der Einstellung ist: Eine Zeit lang war man daran gewöhnt, ein Korsett zu tragen. Ich spreche hier nicht von so einem ganz eng geschnürten Korsett, sondern von einem, das einfach Halt gibt. Das ist wie ein Insektenpanzer und sorgt für eine wunderbare Haltung. Man sitzt richtig schön adrett darin, weil man sich gar nicht lümmeln *kann*. In so einem Korsett kann man sich entspannen, während es einem gleichzeitig eine aufrechte Haltung gibt. Es ist sogar ganz bequem.«

»Und die Schuhe? Die Kothurne?«

»Zugegeben, die nicht. Nein, ich kann beim besten Willen nicht behaupten, dass hochhackige Schuhe bequem seien. Das sind sie wirklich nicht, sie können sogar schrecklich weh tun. Aber das ist eine Phase, die man einfach überwinden muss. Am allerschlimmsten ist es übrigens oft, wenn man sie wieder auszieht. Dann brennen die Füße und schmerzen wirklich. Sobald man die Schuhe ausgezogen hat, fühlen sich die Füße an, als ob jemand einem eine Zigarette unter die Sohlen hält. Weil der Druck auf sie einfach zu groß war. Aber das ist es wert. Man ist sich der Schuhe sehr bewusst, und sie haben eindeutig eine Auswirkung auf den Gang. Wenn Sie in so einem Paar hochhackiger Schuhe die Straße entlanggehen, dann haben Sie sozusagen Augen im Rücken. Sie wissen einfach, dass die Leute ihnen nachgucken. Und das hat ebenfalls Auswirkungen darauf, wie Sie gehen.«

Ich habe sie über die Straße gehen sehen mit ihren hohen Schnürschuhen. Man sähe ihr nach, das stimmt, auch wenn man nicht wüsste, wer sie ist.

Westwood denkt Mode nicht vom Markt, nicht vom Fabrikat, nicht von der Verarbeitung aus, sie erkennt in der Mode ein soziales Phänomen, in dem die Voraussetzungen der Kommunikation geregelt werden. Nie haben sich, findet sie, die Menschen schlechter angezogen als heute, deshalb hat sie auch wenig Grund, die Menschen auf der Straße anzusehen, und die Kommunikation ist entsprechend.

»Am ehesten hat man seine Freude noch an diesen alten Dämchen, die etwas auf sich halten und proper und liebevoll gekleidet sind.«

Sie sagt dies entschieden, geradezu verletzt, schert sich nicht um den untertonigen Snobismus und auch nicht darum, dass im Zeitalter der Demokratisierung auch des Geschmacks ihre

Aussagen geradezu systemfeindlich klingen könnten. Zu den Zumutungen einer falsch verstandenen Demokratie, findet sie, gehört leider auch, dass niemand besser aussehen darf als sein Nächster.

Massentechnologie und Massenfertigung sind schuld. Sie befriedigen Geschäftsleute und lasten Fließbänder aus, sie schaffen Massenindividuen und Massenbedürfnisse, sie lassen zu, dass von Saison zu Saison mal die Fabrikate, mal die Farben ein wenig variiert werden, aber doch nicht, dass sich Menschen in ihren Kleidern zu Individuen zurückverwandeln. Sie leben nicht in ihren Kleidern, vielmehr verlieren sie in ihnen den Bezug zum Körper.

Die Mode produziert, mit einem Wort, keine Individuen, und sie wird Individuen nicht gerecht. Stattdessen versucht jeder auszusehen wie jemand anderes. Alle werden sie hineingezogen in diese modische Bewegung, die Silhouette zu ändern, und dem sehen sie durch die Filter der verschiedensten Vorbilder und Images zu. Man versteht jetzt, dass Vivienne Westwoods Art, über Mode zu denken, nicht primär exzentrisch, schrill oder ästhetisierend ist – nur lassen die Transmissionsriemen der Publizistik keine andere Übersetzung zu –, sie denkt vielmehr zuerst kulturkritisch und stellt die Mode in den Zusammenhang aller expressiven Leistungen zur Bestimmung des gegenwärtigen Menschen.

»Es liegt in der Natur der Mode, dass sie sich verändert. Und sobald Sie in der Mode etwas ändern, macht es die Leute stärker auf den Körper aufmerksam. Wenn man sich an breite Schultern gewöhnt hat und die plötzlich schmal werden, dann nehmen sich die Leute selbst auf einmal ganz anders wahr. Dann heißt es: Ach, mein Kopf ist zu groß oder mein Hals ist zu lang – weil sie sich nämlich bislang so nicht gesehen haben. Das Auge gewöhnt sich an bestimmte Proportionen und bestimmte Schnitte, so dass sich die Menschen gar nicht mehr wirklich sehen. Sobald man das aber ändert, erlangt der Körper plötzlich Sichtbarkeit.«

Ich erzähle ihr eine Anekdote aus dem Paris der Jahrhundertwende. Oskar Bie erzählt sie in seinem Buch über den Tanz. Ein

Gefangener wird dort nach zehn Jahren Haft entlassen. Man fragt ihn: »Was verblüfft dich am meisten, was ist nach all der Zeit deine stärkste Empfindung?« Er erwidert: »Die Silhouette der Frau.«

Die Geschichte gefällt ihr, aber es verblüfft sie nicht, dass um die Jahrhundertwende ein Haftentlassener gleich wie Westwood denkt.

»In der abendländischen Mode«, spinnt sie den Gedanken fort, »ging es historisch immer schon um eine radikale Veränderung der Körpersilhouette. Und jedes Mal, wenn eine solche Veränderung stattfand, waren sich die Leute auf einmal ihres eigenen Aussehens bewusst und damit auch irgendwie befangen. Nehmen Sie zum Beispiel Chanel: Coco Chanel war eigentlich, was Design betrifft, gar nicht so radikal neu. Aber ihr Stil, wie sie ihre eigene Kleidung präsentierte, führte dazu, dass alle so aussehen wollten wie sie. Die Leute, die Chanels Image nacheifern wollen, sehen sich folglich nicht selbst im Spiegel, vielmehr glauben sie, Chanel ziemlich ähnlich zu sehen.«

In Westwoods Erfindungen sind Anleihen, Anspielungen und lose Assoziationen verbreitet. Sie werden aber nicht einfach zitiert, vielmehr besitzen sie einen historischen Hintergrund, den die Modeschöpferin in jedem einzelnen Bestandteil aufrufen und erläutern kann – eigentlich ein guter Ausdruck für sie, »Modeschöpferin«:

»Die Mode im Abendland fing damit an, dass man ein Kleidungsstück entwickelte, das man unter einem Brustharnisch trug. Ursprünglich wurde dieses Kleidungsstück nach Maß gefertigt und mit vielen Knochen ausstaffiert. Jeder musste bei sich für das Korsett Maß nehmen lassen, bis schließlich elastisches Material erfunden wurde. Und das hieß, dass ich das gleiche Korsett mit weniger Knochen und mit einem elastischen Seitenstück herstellen konnte. Auf die Weise war es mir möglich, es als Prêt-à-porter-Artikel zu verkaufen. Anstatt hinten mit Häkchen und Ösen geschlossen zu werden, hatte es einen Reißverschluss. Damit kann man es auch ohne Zofe anziehen, na ja, mit etwas Mühe.

In gewisser Weise habe ich das Korsett des achtzehnten Jahrhunderts also neu erfunden, habe ihm wieder zu Sichtbarkeit verholfen, dem Korsett, das bereits im sechzehnten Jahrhundert verbreitet war. Das Korsett schob außerdem die Brust nach oben und nach außen. Es entstand ein neues Dekolleté, so wie es noch niemand zu Lebzeiten gesehen hatte. Von diesem Punkt an habe ich begonnen, die Silhouette neu zu definieren. Ich habe einen Käfig unter den Rock geschoben, um einen falschen Po zu schaffen. Und natürlich hatte ich immer schon die hohen Plateausohlen. So habe ich also schrittweise eine Form eingeführt, wie sie bis dahin noch nie existiert hatte.«

Allmählich verdichtet sich der Eindruck, dass Vivienne Westwood Mode gar nicht isoliert betrachten kann. Sie spricht stattdessen von Formen des gesellschaftlichen Austausches, von Produktionsweisen, von der Definition der Geschlechterrollen, von der Funktion der Bekleidung und den Metamorphosen ihrer frühesten Elemente. Sie beruft sich auf chinesische Kimonos der Bronzezeit, kann die Herkunft des Stundenglas-Ideals für die weibliche Silhouette erklären, sie spricht von der Schuhmode der griechischen Tragödie, den Ärmellängen im Mittelalter, dem schönen alten Brauch, sich im Festtagskleid begraben zu lassen, und vom Korsett für kleine Jungs. Ja, sie hat eine hohe Meinung von Ideen, und man gewinnt den Eindruck, als hätte sie nie etwas entworfen, das nicht auch ein Stück sinnlicher Intelligenz gewesen wäre.

»Das bedeutet aber auch, Sie müssen den Körper Ihrer Kunden jeweils genau begutachten.«

»Nun, bei der Mode geht es, weil sie so hautnah mit dem Körper zu tun hat, im Wesentlichen um die Sexualität. Das ist ein Bestandteil der Mode. Wenn Sie einer Variante, sich sexuell auszudrücken, überdrüssig werden, dann suchen Sie sich eine neue Ausdrucksmöglichkeit oder einen andersartigen Umgang mit der Sexualität. Sogar eine Frau, die sich als Mann kleidet, kann weibliche Sexualität ausstrahlen, vorausgesetzt, die Kleidung ist keine klischeehafte Nachahmung, sondern setzt sich auf eine neue Art mit männlicher Körperlichkeit auseinander. Es stellt sich also nur die Frage, wie Sie das Wechselspiel zwischen diesen beiden Polen gestalten.

Ein weiteres Gegensatzpaar ist das zwischen Bekleidet- und Unbekleidetsein. Manche Leute finden Nonnen sexy, weil bei ihnen alles verhüllt ist. Deshalb haben von Zeit zu Zeit selbst Fußknöchel sexy gewirkt. Sehen Sie, ich trage zum Beispiel ein Kleid mit Dreiviertelärmeln. Im achtzehnten Jahrhundert hatten Ärmel diese Länge, weil die Leute den Ellenbogen nämlich hässlich fanden. Wenn Sie aber Literatur des neunzehnten Jahrhunderts lesen, finden Sie ständig Beschreibungen von Frauenarmen. Weil die Damen zu der Zeit nämlich ihre Arme herzeigten. Da ist ständig von diesen jungen, rundlichen Armen die Rede. Arme sind zu der Zeit ungeheuer wichtig, weil sie etwas Neues darstellen.«

Ich versuche es mit einem anderen Gegensatz und lasse zwei Thesen nebeneinander stehen: Man kann sich auf den Standpunkt stellen, das Rokoko sei die erotischste, amouröseste Ära gewesen, weil die Menschen zu jener Zeit ihre Sexualität wirklich betonten. Sie rieben sich Asche unter die Augen, um anzuzeigen, dass sie eine wilde Nacht verlebt hatten, sie verbrachten ganze Tage im Bett, nur um anzudeuten, wie strapaziös ihre Nächte gewesen waren.

Andererseits ließe sich argumentieren, das Mittelalter sei am erotischsten gewesen. Weil alles verboten war, weil jede kleinste Einzelheit, die zum Vorschein kam, das Handgelenk, die Fesseln, alles die Phantasie anregte, die Lust entfachte. Vereinzelt tranken die Männer sogar das Waschwasser ihrer Geliebten.

»Ich nehme an, Sie würden sich für das Rokoko als das erotischste Zeitalter entscheiden?«

»Nein, überhaupt nicht. Ich wollte nur sagen, dass Arme zum Brennpunkt des sexuellen Interesses wurden, weil sie bis dahin nie wirklich entblößt worden waren. Nein, nein, ich glaube, dass die Mode bis in die fünfziger Jahre hinein einfach großartig war, und zwar solange wir zurückdenken können. Danach hat sie sich mehr oder weniger in Wohlgefallen aufgelöst. Trotzdem kann ich vom Rokoko nie genug bekommen.«

Und schon spricht sie weiter über die »sanfte Formengebung« Fragonards, über die »Frische seiner Farben« und die »Delikatesse seiner Komposition«. Alle Beispiele für Kleidung auf der

Höhe der Zeit stammen aus Malerei und Literatur vergangener Jahrhunderte. Mode wird zu einem Mittel der Unterscheidung, der geretteten Individuation, der Sprache. Sie unterhält demnach zwei Beziehungen, eine zur Gesellschaft, eine andere zum Körper; innen und außen, dialektisch vermittelt. Bleiben wir einen Augenblick beim Äußeren:

»Da Brust und Po einer Frau wohl die beiden Körperteile sind, die die größte Aufmerksamkeit auf sich ziehen«, frage ich, »müssen Sie viel Zeit damit verbracht haben, über diese beiden Partien nachzudenken. Ist Liebe im Spiel, wenn Sie versuchen, den Blick des Mannes auf diese Körperteile nachzuempfinden, oder überlegen Sie sich eher, wie Frauen sich zeigen, wie sie gesehen werden möchten?«

»Für mich ist der Brennpunkt einer Frau, der Mittelpunkt ihrer Figur, die Taille. Wenn sie ein langes Kleid trägt, ist das sogar noch besser, denn der Rock beschreibt dann einen Bogen nach oben zur Taille, so dass dieser Teil fast wie eine Marmorbüste wirkt. Wissen Sie, und wenn sie dann noch ein Dekolleté hat, wie herrlich! Aber in Wirklichkeit handelt es sich nur um eine Betonung des Gesichts. Der gesamte Körper ist nichts anderes – das meine ich, wenn ich sage, Kleidung drückt die Persönlichkeit ihres Trägers aus.

Wenn die Frau großartig aussieht und die Taille wirklich den Mittelpunkt bildet, dann gleitet der Blick nach oben, und man sieht alles auf einmal. Dank der Taille, und das ist sehr, sehr wichtig. Aber wissen Sie, natürlich gehört das Dekolleté unbedingt dazu und der Po, der Po an sich ist ja bereits ein herrlich sinnliches Körperteil.

In meiner neuen Kollektion verwende ich einen Stoff mit Pfirsichen drauf, die aussehen, als könne man reinbeißen. Der Druck verwendet das Aquarell eines Blumen- und Früchtemalers aus dem achtzehnten Jahrhundert, auf das ich gestoßen bin. In Wirklichkeit sehen diese Pfirsiche aber genau wie ein Hintern aus, sie sind ganz, ganz sinnlich, wissen Sie. Und das ist der Po ja, manche Leute versohlen ihn gern, andere beißen gern rein oder was auch immer. Außerdem müssen Sie bedenken: Der

Mensch ist das einzige Lebewesen, das auf zwei Beinen steht. Dadurch wird der Po zu einer sehr betonten und einzigartigen Form. Natürlich ist der Männerpo anders als der von Frauen, und Afrikanerinnen besitzen mit Sicherheit einen anderen Po als die Fragonard-artigen Frauen des Westens. Naja, auf jeden Fall komplettiert der Po die menschliche Schönheit.«

»Ich stelle mir also vor, wie Sie über dem Hintern einer Frau meditieren.«

»Kommt vor, aber ich liebe auch Frauen mit Hüften!«

»Und beim Mann die Gegend des Gemächts?«

»Absolut, das ist der Fokus aller Mode für Männer: das Gemächt! Was immer die Herrenmode auch tut: das ist ihr Brennpunkt.«

»Finden Sie einen nackten Mann inspirierend?«

»Vielleicht, ich weiß nicht. Ich bin mal gefragt worden: Was ist Mode? Das war in Japan, und ich gab gerade mein x-tes Interview. Deshalb habe ich völlig automatisch geantwortet: Mode ist, letztlich nackt zu sein. Worauf die Interviewerin meinte: Wenn's nach Ihnen ginge, sollten also alle nackt rumlaufen? Und ich sagte: Nein, nicht unbedingt, was mich betrifft, so hätte ich gern ein Paar hochhackiger Schuhe. Verstehen Sie, wenn ich sage, dass es letztlich bedeutet, nackt zu sein, dann heißt es, dass es bei Kleidung im Endeffekt um den bloßen Körper geht.«

»Angeblich tragen Sie keine Unterwäsche – aus historischen Gründen oder weil das eine Mode ist, die man nicht sieht?«

»Früher habe ich nur deshalb meist keine Unterwäsche getragen, weil ich nie welche finden konnte, die mir gefiel. Aber seit kurzem habe ich fast ständig Unterwäsche an, weil mein Sohn ein Geschäft für Dessous führt, und ich muss sagen, sie gefallen mir.«

Ich sage, sie idealisiere den Körper. Das sei ihre Aufgabe, erwidert sie. Dior, der einzigartige und unvergleichliche Dior habe wie kein zweiter die Frauen geliebt und sie verherrlicht, mehr als Frauen dies selbst täten:

»Frauen denken da ein wenig praktischer. Männer dagegen wollen immer das Unmögliche. Sie möchten sogar, dass Frauen unmöglich aussehen, und manchmal gelingt ihnen das sogar.«

Wir sitzen immer noch auf diesen beiden Barhockern in ihrem Atelier-Büro und reisen aus dem Gebiet der Theorien in das des Sinnlichen und wieder zurück. Alles ist ihr gleich nah. Kein Zucken, kein Zögern. Es sei denn, um das richtige Wort zu finden, die sprechendste Wendung. Manchmal schweifen ihre Gedanken weit weg. Dann entsteht eine Pause, dann kommt ihre Entschuldigung, dann geht es weiter, mit geradezu literarischer Präzision. Ihre Stimme prononciert genau, sie klingt warm und gedeckt und setzt die Vokabeln in gediegenstem Englisch sorgsam voneinander ab. Wir sprechen über den Hintern und das Gemächt mit dem gleichen interessierten Wohlgefallen, mit der gleichen amoralischen Intensität der Feststellung. Keine Sekunde bricht ihr Stil.

Das ist zugleich so merkwürdig. Der Vorstellungsbereich, in dem wir uns bewegen, führt immer wieder in frühere Zeitalter zurück. Der Gestus, mit dem Westwood spricht, hat etwas von der Tiefenschärfe des Ausdrucks, wie ihn jene Zeitalter besaßen. Da ist so viel Bewusstsein, so viel Idee. Zugleich aber wirkt sie so befreit, so gelöst von allen moralischen Präokkupationen, dass man diese Sprechform am liebsten auf alle möglichen schattigen Bereiche des menschlichen Lebens anwenden würde. Außerdem provoziert sie die Lust, eine Grenze vor sich herzuschieben, wie sie andere Gespräche verlangen, aber dieses hier vielleicht nicht.

»Ich muss Ihnen gestehen, bevor ich Ihre Mode kannte, kannte ich Ihr Gesicht. Es faszinierte mich ehrlich gesagt durch den Widerspruch zwischen ihren klaren Augen und dem geradezu lasziven Mund. Sind Sie glücklich mit Ihrem Gesicht?«

Ihre Antwort kommt ohne das geringste Zögern.

»Schon. Aus irgendeinem Grund mag ich meinen Mund lieber als einige andere Züge an mir. Was auch immer das heißt, aber mein Mund bin ich. Ich glaube, mein Gesicht prägt sich den Leuten sonst nicht so sehr ein. Es haut niemanden um. Ich glaube, es ist eher ein Gesicht, das entdeckt werden will. Das mag ich ganz gerne. Aber ich kenne es schließlich auch besser als jeder andere.«

»Fühlen Sie sich verantwortlich für Ihr Gesicht?«

»Ach, es hat sich nicht groß verändert. Ich besitze eine Fotografie von mir als kleines Mädchen. Auf ihr sehe ich schon genauso aus.«

»Fühlen Sie sich so, wie Sie aussehen, oder erscheint Ihnen Ihr Gesicht als Verkleidung?«

»Nein, es ist keine Verkleidung, das sicher nicht. Wenn es etwas gibt, das mich ganz fraglos kennzeichnet, dann ist es meine Ehrlichkeit. Ich muss ehrlich sein. Das ist meine Methode des Verstehens, und damit meine ich nicht dieses stereotype ›ehrlich wie ein Kind‹, nein, ich bin fünfundfünfzig, und ich will wie fünfundfünfzig sein, nur vielleicht ein bisschen älter im Kopf.«

»Und gefällt es Ihnen noch immer, wenn ein Mann Ihr Dekolleté betrachtet, ich meine, bei einem Kleid wie diesem?«

»Ich hab nichts dagegen. Doch.«

»Sie haben nichts dagegen oder doch?«

»Ich mag es.«

Diesmal hat sie gezögert, hat sogar für einen kleinen Augenblick verlegen ausgesehen – oder beschämt? Ihr Dekolleté ist weiß und schön. Sie mustert meinen Blick, der sie mustert. Der Moment ist voller Indezenz, ein Risiko liegt in der Luft. –

Nie vergisst man im Gespräch den Augenblick seiner größten Unmittelbarkeit. Das war er. Westwood bleibt sich treu, mutig, ehrlich, dabei völlig ohne Koketterie.

»Andererseits ... Ich muss doch zugeben, als Sie das gesagt haben, war ich für einen Augenblick ein bisschen peinlich berührt. Ich meine, es macht mir nichts aus, wenn ich Männer sexuell anziehe, mich ziehen Männer ja auch sexuell an. Es hat offenbar mit meiner Art zu reden zu tun. Andererseits interessieren mich Personen aber vor allem als menschliche Wesen, und Sexualität ist einfach eine Art und Weise, sich als menschliches Wesen verständlich zu machen. Auch Casanova fand, der erotischste Teil einer Frau, das sei ihr Gesicht, um sie zu lieben aber müsse er ihre Sprache sprechen. Auch er musste vor allem mit der Frau reden können!«

Damit sind wir zurück auf sicherem Gelände. Sie erzählt mir von »Casanovas Mantel«, einer Kopie des echten, die sie früher einmal entwarf. Ich verteidige den Autor Casanova, sie setzt ihn eher herab, vergleicht ihn zu seinen Lasten mit Anatole France oder Gustave Flaubert, setzt diese beiden wiederum von Jane Austen ab, der hochtrabenden Pute, die keine Psychologie kannte und alles in Soap Opera verwandelte, »reine Zeitverschwendung«, sich auf das Niveau dieser Naivität und Einfalt zu begeben. Ich suche insgeheim eine Verbindung zwischen der Literatur und der Gegenwart der Mode.

Als Oscar Wilde nach Amerika ging, nannte er sich »Professor für Ästhetik und Kleidungsreformer«, er bedauerte, dass sich Martin Luther nicht besser angezogen hatte, und äußerte, die bestgekleideten Leute, die er in den USA getroffen habe, seien die Bergarbeiter in den Rocky Mountains gewesen. Er hoffte, dass sich deren Kleidung nie ändern würde. Hat er Recht behalten?

»Ich weiß nicht, wie die Bergarbeiter damals aussahen. Außerdem war Wilde offenbar gegen den Anzug. Als er sagte, die Bergleute sollten ihre Kleidung so bewahren, meinte er, dass diese den Arbeitern irgendwie auf natürliche Weise gut zu Gesicht stand. Ich glaube auch, er war überzeugt, dass ihm seine eigenen Seidenstrümpfe und Breecheshosen und Samtjackets auf natürliche Weise standen. Mag sein. Aber wissen Sie, was er, der seine Vortragsreise ja bezahlt bekam, über sein Gastland sagte: ›Wenn man es sich leisten könnte, nach Amerika zu fahren, würde man es bleiben lassen.‹ Und heute? Eine Zeit lang fanden die Leute Jeans ja ziemlich schick. Aber inzwischen sehen sie einfach nur noch grässlich aus, finden Sie nicht?«

Wohin sich das Gespräch auch bewegt, immer treffen die Fragen auf die Vorarbeit des Gedankens, und je länger wir sprechen, desto entschiedener löst sich Vivienne Westwood aus den Klischees, die über sie im Umlauf sind. Für die Öffentlichkeit und den mäßig interessierten Markt soll sie die Provokateurin bleiben, die Bizarre, die Frau, die ohne Slip zur Ordensverleihung durch die Königin kam.

Die Komplexität der Ideen, die sie in ihre Mode gießt, passt weder in Fashion Magazines noch in die Tagespresse. Dort ist man ihrer literarischen Zitate müde und hält sie für Snobismus. Wenn man ihr dann außerdem noch die Preise ihrer Stücke vorhält, bekennt sie, leider nicht billiger fertigen zu können. Sie selbst hat Armut gut genug kennen gelernt, um sie nicht zu vergessen, auch erkennt sie keine Elite des Geldes an, sondern allenfalls eine der Meriten, was sie jedoch will, lässt sich mit geringen Preisen nicht realisieren.

Jeder Modemacher begründet seine Schnitte heute mit »Philosophie«, aber so nennt er schon die Bestimmung der »aktuellen Farbe«. Bei Westwood sieht man sich dagegen wirklich einem gedanklichen Gebäude gegenüber, aber weniges davon hat die Öffentlichkeit erreicht: nicht die Einbettung der Gestaltung in die Tradition des Malens, Formgebens und Formulierens, nicht das Retrospektive ihres Arbeitens, nicht ihre Opposition gegen die Produktionsbedingungen, die gesellschaftliche Uniformität, das Stilllegen des Körpers im Massentextil.

Was die Öffentlichkeit stattdessen erreicht, ist die Unterstellung, bei Vivienne Westwood handele es sich per se um Avantgarde. Sie selbst geht mit dem Begriff wesentlich vorsichtiger um. Es habe nur Sinn von Avantgarde zu sprechen, wenn man die Opposition, die akademische, institutionell getragene Kunst dagegenhalte. Da aber augenblicklich alle Kunst akademisch sei, sich an ihrem kommerziellen Nutzen, ihrem Markt messen lassen müsse, gebe es für den sensibel Begabten heute nur noch zwei Möglichkeiten:

»Entweder er scheitert, weil er in dieser Maschinerie untergeht, oder er entdeckt irgendetwas Verkäufliches, einen roten Kreis auf schwarzem Grund, dann einen schwarzen Kreis auf gelbem Grund, schließlich vielleicht einen gelben Kreis auf schwarzem Grund. Danach dreht er durch, schmeißt die Farbe gegen die Wand und verkauft das Resultat. Sie sehen: Wie beschränkt sein Blickwinkel auch sein mag, solange man ihn vermarkten kann, ist er ein Künstler. Es ist alles akademisch.«

Ich versuche, sie mit einer anderen Tradition der künstlerischen Vorhut zu ködern. Immerhin enthielt die Avantgarde ja auch ein Element der Provokation, des Subversiven. Könnte es sein, dass sie den Glauben daran verloren hat, noch Teil eines gesellschaftlich subversiven Prozesses zu sein? Es ist eine Unterstellung, angeregt von ihrer Zeit mit den »Sex Pistols«, als nichts subversiver war als Punk und Westwood mitten darin war und das berühmte T-Shirt entwarf, auf dem man die Queen gepierct sah, mit einer Sicherheitsnadel im Nasenflügel. Damals, unterstelle ich, glaubte sie an die Kraft der gesellschaftlichen Veränderung aus dem Geist der Musik, der Mode, der kreativen Prozesse.

Sie lächelt ihr literarisches Lächeln.

»Ich glaube, dass ich einer der wenigen verbliebenen subversiven Menschen bin. Aber es ist schon komisch, das Wort ›subversiv‹ benutze ich eigentlich gar nicht mehr. Außerdem verwechseln die Leute Tradition meist mit Konservatismus. Aber es gibt nun mal eine Tradition, und Sie können sich, so wie ich das tue, kontinuierlich mit ihr auseinandersetzen, Gebrauch von ihr machen, sie manipulieren, und zwar dadurch, dass man sich ihre Ideen zunutze macht.

Man kann die Tradition zum Beispiel im Hinblick darauf untersuchen, wie etwas gemacht worden ist. Wenn Sie das tun, dann entdecken Sie neue Möglichkeiten, etwas zu nutzen. Und Sie schaffen etwas Eigenes, etwas Originelles. Etwas, das typisch ist für die Zeit, in der es entsteht, weil es vorher nicht möglich gewesen wäre. Weil Sie nämlich *jetzt* existieren und Ihre Erfahrungen sich bis zu diesem Punkt angesammelt haben. Leute, die also immer der Idee nachlaufen: ›Ich muss individuell sein‹ oder ›Es muss modern sein‹ oder ›Es muss aktuell sein‹, wissen Sie, befinden sich in einem grundlegenden Irrtum. Es ist ein furchtbarer Fetisch des zwanzigsten Jahrhunderts, dass die Leute glauben, immer auf der Höhe ihrer Zeit sein zu müssen, und dass sie allem Neuen nachjagen und auf diese Weise alles verpassen.«

»Besteht für Sie denn eine Kontinuität zwischen Ihrer Zusammenarbeit mit den Sex Pistols und Ihrer Beschäftigung mit Fragonard oder Boucher?«

»Nein, überhaupt nicht. Das war ein völliger Bruch. Natürlich ist der Bruch nicht über Nacht passiert. Aber ich blicke auf die Zeit damals als auf das Experiment eines sehr jungen, na ja, ziemlich jungen Menschen zurück. Ich war regelrecht traumatisiert zu sehen, wie korrupt die Welt war, versuchte das Establishment anzugreifen, zu entdecken, was das überhaupt war und ob man etwas tun konnte, um es zu ... unsere Parole damals lautete – zerstören, Dinge zerstören. Irgendwann habe ich dann erkannt, dass ich, wenn ich weitermachte, sozusagen zur Vorzeigerebellin werden würde, weil das Establishment nämlich unsere ganze Energie ausgesaugt hatte: sogar die modischen Frisuren sahen schon fast wie Punkfrisuren aus. Den größten Einfluss auf die Mode hatte ich also durch Punk. Und ich glaube, das gilt bis heute.«

»Heute heißt das ›Grunge‹.«

»Grunge kann man wohl kaum einen Stil nennen. Wenn Leute sich ihre Sachen aus der Mülltonne holen, weil ihnen im Protest gegen die Massenkonfektionen nichts einfällt, als sich noch mieser anzuziehen, als die es vorsieht, noch dazu in Materialien, die noch schlechter sind als die aus dem Supermarkt, nein ...«

Wer ihre Leistung für den Punk und ihre heutige Einschätzung von Grunge vergleicht, wird immerhin zugeben müssen: Punk war Reaktion auf eine Hochkultur, die so nicht mehr existiert. Er wurzelte also im Akademischen, und Vivienne Westwood hat sich wohl von dort im selben Moment der Mode zugewandt, als der Protest in sich zusammenfiel und eine Generation entweder die Schönheit der inneren Welt oder die der Oberfläche entdeckte. An dieser Stelle wurde die Modeschöpferin Vivienne Westwood geboren.

Doch sie hängt in Gedanken noch unserem vorigen Thema nach und fügt schließlich, wie resümierend, an:

»Über das Establishment denke ich schon längst nicht mehr nach, gebrauche nicht einmal das Wort, diesen Ausdruck, wie in Stein gemeißelt.«

»Das Establishment hat Sie immerhin für eine Nacht ins Gefängnis gesteckt.«

»Wirklich und wahrhaftig, ich muss blöd gewesen sein, aber ich hatte nicht mal einen richtigen Hass auf die Polizei. Bis heute hasse ich immer noch viel eher Fashion Editors. Bei Polizisten denke ich immer noch, die kriege ich am Ende doch rum, die kann ich noch beeinflussen ... So viel zum Establishment.«

Die Queen war damals Inbegriff des Establishments. Nicht umsonst war sie es, die von den Sex Pistols in ihren frühen Emblemen diskreditiert und der Lächerlichkeit preisgegeben wurde. Viele Jahre und viele biographische Wegbiegungen weiter steht die Gestalterin der Sex Pistols eines Tages vor der Königin, um eine Auszeichnung entgegenzunehmen. Konnte irgendetwas an der Königin nach all diesen Jahren einen bleibenden Eindruck bei Vivienne Westwood hinterlassen?

»Ach, ich kenne die Königin ja gar nicht. Ich meine, als ich ihr begegnet bin, da hat sie sich ja wie eine Marionette verhalten. Zu jedem hat sie das Gleiche gesagt, so in dem Stil: Und wie lange sind Sie schon im Stadtrat von Worthing tätig? Und mich: Wie lange sind Sie schon im Modegeschäft? Jeder hat die gleiche Frage bekommen. Als ich dann anfing, ihr zu antworten, hat sie eine Heidenangst gekriegt. Schließlich wollte sie mir nur die Hand geben und dann zum nächsten Gast weitergehen. Ich meine, ich hätte einfach sagen sollen: Seit zwanzig Jahren. Mehr nicht. Stattdessen fing ich an, noch ein bisschen mehr zu sagen, und sie war völlig entsetzt. Aber na ja ...«

Ob die Queen wusste, dass hier die Frau stand, die ihr ehemals die Sicherheitsnadel verpasste? Ob sie anderntags die Zeitungen las und das Foto fand, auf dem einer »unten rum« unbedeckten Vivienne Westwood der Wind den Rock hochgeweht hatte? War das, wie die Zeitungen fanden, ein neuer Beweis dafür, wie exzentrisch Westwood sei?

»Ich bekomme diesen Titel ›exzentrisch‹ schlicht, weil ich ein wenig untypisch bin für meine Zeit. Natürlich rebelliere ich gegen sie. Aber ›exzentrisch‹ bedeutet, dass man sich nicht im Zentrum der Dinge befindet. Gut, ich bin sicher nicht gerade an der Peripherie, aber ebenso wenig bin ich konformistisch ... ach, am besten vermeidet man diese ganzen Begriffe!«

Sie hat nicht gesagt, das »Subversive« habe sich erübrigt, weil es sich in Entertainment aufgelöst habe oder als Unterhaltung begriffen werde. Sie hat alle diese Vokabeln in ihrem Gebrauch abgelehnt, nicht in der Substanz. Sie hat ergänzend sogar, ganz wie eine genaue Leserin der »Dialektik der Aufklärung«, »Zukunft« und »Fortschritt« weiträumig voneinander abgegrenzt, wobei sie von »Fortschritt« überhaupt nur in dem Sinn zu sprechen scheint, in dem man bei einer Krankheit von »Fortschritt« spricht. Abschließend sagt sie sogar mit entwaffnender Leidenschaft:

»Ich bin sicher, die Welt wäre besser, würde sie statt von Ökonomen von Humanisten regiert.«

Auch damit steht sie fest auf dem Boden der Tradition seit Platon.

Zugleich hat sich da schließlich eine letzte Facette dieses heftig strapazierten Begriffs eröffnet. Tradition ist in Westwoods Arbeit auch eine Erinnerung an Humanes. Jedes Kleidungsstück, das wir mögen, enthält eine Erinnerung, eine kleine Geschichte, die es wie eine nostalgische Aura umgibt. Irgendwann wird diese Aura so stark, dass wir das Kleidungsstück nicht einmal mehr beurteilen können. Ähnlich verarbeitet Westwood in ihren Kleidern kleine Parzellen der Menschheitsgeschichte. Selbst wenn uns aus diesen Teilen die Erinnerung nur unbestimmt anwehen sollte wie ein Stück kollektiven Gedächtnisses, so besitzt doch selbst das neu Erworbene bereits etwas Nostalgisches.

»Es mag paradox klingen, aber interessieren Sie sich überhaupt für Mode?«

Sie zögert, sie lacht nicht.

»Allmählich interessiert sie mich mehr und mehr. Einmal weil ich überzeugt von der Wichtigkeit bin, den Menschen gerade in unserer Zeit die Freiheit der Wahl zu geben. Ich erlaube den Menschen ja gewissermaßen einen eigenen Geschmack zu haben. Ich habe sicher keinen Beweis dafür, aber es gibt Menschen, die brauchen meine Sachen. Sie brauchen Schönheit in ihrem Leben, Eleganz, sie brauchen das Gefühl von Humanität. Stellen Sie sich vor, Sie befinden sich in der ausgedörrtesten Wüste und mitten darin finden sie eine einzige Orchidee. Mozart! Man muss die Fähigkeit ausbilden, das Wunder zu erkennen, sobald man ihm begegnet. Ich glaube an die menschliche Fähigkeit, etwas Einzigartiges, Menschliches hervorzubringen, und wenn es irgendetwas gibt, das mir wirklich am Herzen liegt, dann ist es die Überzeugung: Es muss ein Milieu geben, in dem sich das Talent ausbreiten kann, so dass solche Dinge möglich werden. Das Erkennungszeichen des Spießers dagegen ist, dass ihm alle diese Dinge völlig egal sind. Er erkennt keinen Wert in ihnen, deshalb besitzen sie für ihn keinerlei Bedeutung.«

Vermutlich war sie immer produktiv aus Widerstand, aus Empörung. Schließlich wurde sie in einer Schule der Church of England erzogen, ein kleines Mädchen, das in jedem Zeugnis die Bemerkung fand: »Dieses Kind ist sehr schöpferisch.«

Als Kind glaubte sie natürlich an Gott. Sie verstand den Ausdruck »Schöpfer«, nicht verstand sie das Adjektiv »schöpferisch«, und noch heute sieht sie sich weniger als eine, die erschafft, denn als eine, die kopiert. Hübsche Kleidchen hat man in jenen Jahren nach dem Krieg getragen, Flanellshorts und kleine Sweater, alles sauber und geschmackvoll, und auch wenn es ihr vielleicht nicht allzu wichtig war, hatte sie doch immer genaue Vorstellungen davon, wie ihre Kleidchen zu sein hätten ...

Auf dem Land ist sie aufgewachsen, aber Naturbeobachtungen haben sie nie inspiriert. Mal wollte sie aus Mitleid mit den Ferkeln zur Vegetarierin werden. Aber das ist so ungesellig. Also gab sie es wieder auf.

Ihr Haus liegt am Clapham Common Park. Dort wohnt sie seit fünfundzwanzig Jahren, das bisschen Ländlichkeit tut ihr gut. Auch pflückt sie gerne wilde Blumen. Manchmal zieht ihr ein Geruch in die Nase, und sie denkt, ach ja, ja, ich weiß, was das ist. Eine Blume, die duftet, das nahe Gewitter oder was auch immer. Gerne wohnt sie dort. Am liebsten aber geht sie in den Park, wenn es regnet. Dann zieht es sie dorthin, und sie weiß:

»Wesentlich für mich war, zu einer Zeit zur Welt zu kommen, als alles noch ruhiger war.«

Es ist ganz ruhig.

»Allein zu sein ist sehr, sehr wichtig.«

Sie ist es offenbar.

Papa Popstar und der Krieg

Papa Wemba in Kinshasa

»Keine Aufnahmen, bitte«, sagt die Stewardess und drückt die Kamera eigenhändig nach unten. Für einen Augenblick hatte man zwischen den Wolken so etwas wie einen riesigen Kurort sehen können, grün, vom Delta des Kongo-Flusses durchschnitten, zersiedelt: Kinshasa im Kriegszustand, charmant wie Baden-Baden, doch offenbar inkognito.

»Wir müssen Ihnen von dieser Reise abraten«, hatte das Auswärtige Amt formuliert. Aber das klang wie aus dem Stehsatz. Sie »wollen«, sie »dürfen« die Verantwortung nicht übernehmen, die sie nicht haben. »Worst city in the world, multiplied by ten«, hatte ein australischer Kollege ergänzt, und jetzt agierte selbst die Stewardess, als müsse sie das Luftbild der Stadt vor Paparazzi schützen?

Vergessen Sie die Romantik von »Gorillas im Nebel« aus dem benachbarten Ruanda, die Euphorie des »Rumble in the Jungle«, die Hoffnung des Friedensabkommens von Lusaka. Die Gorillas wurden im Krieg gemetzelt, aus ihren ausgehöhlten Beinen hat man Aschenbecher gefertigt, und ihre Innereien trocknen auf Wochenmärkten als medizinische Wundermittel. Das Stadion, in dem Muhammad Ali George Foreman ausknockte, ist eine verfallene Schönheit, die von der Luftfeuchtigkeit zersetzt wird mit Hilfe von Pilzen und Flechten. Das Friedensabkommen, ach, es erinnert an ein paar hoffnungsvolle Jahre, als dem unter dem Kolonialismus zusammenbrechenden Land für ganz kurze Zeit Träume geschenkt wurden, die mit der Ermordung des Freiheitskämpfers und ersten Präsidenten Lumumba ausgeträumt waren.

Nein, der Kongo, das ist traurigste schwarzafrikanische Geschichte. Erwarten Sie nicht Gesetz und Ordnung, erwarten Sie Selbstjustiz und Anarchisten, Rebellen, Wilderer, Kindersoldaten, Besatzer, Stammesrivalen, Kleinkriminelle, Paten in einer seit Jahren umkämpften Stadt. Erwarten Sie das Gesetz der Straße mit Minenopfern und Überlebenden jahrelanger Folter, gebrochenen Häftlingen und Verwirrten, das ganze Spektrum an menschlichem Strandgut und Verlierern der Geschichte, ein Land mit achtzig Prozent Arbeitslosigkeit, weit verbreiteter Unterernährung, Medikamentenknappheit, die Heimat des Ebola-Virus.

Sehen Sie sich die Menschen an, die morgens wie Dolden an den Abteilfenstern der Vorstadtzüge hängen, oder jene, die auf den Dächern dieser Züge während der Fahrt auf und ab gehen, Geschäfte machen, tauschen, Karten spielen, während der Zug langsam durch die Außenbezirke von Kinshasa zieht. Lassen Sie keines dieser tausend Schicksale, das Ihnen zwischen zwei Lidschlägen unter die Augen kommt, unbeachtet und fühlen Sie mit! Ach, vergessen Sie es, so langsam wie Sie sind und so sentimental!

Ich war für einen Musiker in die Demokratische Republik Kongo, dem ehemaligen Zaire, gereist. Für *den* Musiker des Landes, den Vater der urbanen, kosmopolitischen Jugend, die nachts auch in den Clubs von Kinshasa zu seiner Musik tanzt und davon träumt, wie er eines Tages nur noch aus dem Pariser Exil anzureisen: Papa Wemba, weniger ein Leidensgefährte, mehr ein Tourist, der Miterfinder des »Soukous«, jener panafrikanischen, auch »Rumba-Rock« genannten Musik, die in den siebziger Jahren von Kinshasa aus den ganzen Kontinent eroberte – die musikalische Sprache für das Selbstbewusstsein einer Jugend, die heute, ein paar Kriege weiter, keines mehr hat, nur noch die Musik.

Ich wollte wissen, was aus der Musik in diesen Zeiten geworden war, wollte sehen, wie der überlebensgroße Musiker in die Umlaufbahn des Krieges eintritt, hören, wie sich der Weltbotschafter des Afro-Pop zur Politik des Präsidenten stellte, er, ein Unberührbarer, der unter den Augen der musikalischen Weltöffentlichkeit reist. Wieviel Freiheit nimmt sich der Unantastbare, wieviel davon gibt er seiner Musik?

In Kinshasa geht man den Weg vom Flugzeug zum Terminal zu Fuß, immer entlang einer gelben Markierung. Auf demselben Weg wird man zurückgehen, verändert, so viel ist sicher. Wer gehen darf, kann sich verändern, wer bleibt, muss sich gleich bleiben und den Verhältnissen gewachsen sein. Auf der Besuchertribüne des Flughafens werden Menschen sitzen, auf die Landebahn sehen, an die Räume denken, in die hinein wir davonfliegen werden. Einer winkt immer.

Die Packer an den Förderbändern wuchten Polstermöbel hinunter, eingeschweißt in lange Bahnen Noppenfolie, unter denen rosa Floraldessins wie Eisblumen wuchern. Nach einer langen Reise von einer billigen Produktionsstätte irgendwo auf der Welt sind diese Sessel endlich im Kongo angekommen. Doch auf der anderen Seite der Halle reisen im gleichen Augenblick ganz ähnliche Sessel wieder ab, gefertigt in den Straßen von Kinshasa. Die Packer stehen zwischen den Bändern, regeln diese Kreuzung des sinnlosen Warenverkehrs und folgen immer noch jedem Fernsehsessel mit einem Blick, lang genug, als wollten sie das ferne Wohnzimmer erkennen, in dem die Heimat mehr als ein Sitzmöbel ist.

Der Himmel vor dem Flughafen hängt tief und farblos, der Pulk der fliegenden Händler treibt mich auf einen Pick-up zu, an dem ganz blass mein Freund und Kameramann Detlev Schneider lehnt. Auf dem Weg hierher ist in einer Senke die Achse des Kleinbusses bei 80 km/h doppelt gebrochen. Der Wagen stürzte in die seitliche Abwasserrinne und verkeilte sich knapp vor der Beton-Brüstung. Vier Meter Luftweg durch den Wagen hat die Kamera zurückgelegt, ehe sie eine Fleischwunde in den Tonmann riss und zu Boden krachte. Detlev hat ein Schädeltrauma, unser Bodyguard, ohne den wir keinen Schritt tun sollen, eine diffuse Rückenverletzung, der Fahrer ist auf und davon. Drei Tage später wird der Wagen noch an der Straße liegen, ausgeweidet. Vom Fahrer, den keine Schuld trifft, fehlt jede Spur.

Auf dem Hotelbett wenden wir den riesigen Körper unseres Bodyguards vorsichtig um, sein Ächzen wird lauter, und auch Detlev kann den Kopf jetzt kaum mehr bewegen. Sechs Stunden lang werden die beiden im Krankenhaus nebeneinander auf zwei Pritschen liegen. Dann bekommt der Kameramann eine Halskrause und darf gehen. Als man den Bodyguard ins tiefere Innere des Krankenhauses rollt, hat er schon drei Stunden geweint und geschrien, dieser Koloss von einem Mann. Wirbelbruch, vermuten die Ärzte.

Papa Wemba wartet zu dieser Zeit an der Bar des »Hotels Memling«, d.h. er wartet nicht, er residiert, richtet die gebückt Herantretenden auf, lässt sich Hände und Wangen küssen, die Zeitungen bringen, in denen seine Ankunft auf der Seite eins gemeldet wird, und studiert die Cocktailkarte.

Als kleiner Junge begleitete er seine Mutter, eine »Pleureuse«, professionelle Klagesängerin, auf Beerdigungen, lernte von ihr den hohen, melancholischen Ton, den süßen Schmelz der Intonation, den kein Gesangsunterricht je verdorben hat. Er kam in die Stadt, wurde Sänger der Gruppe »Zaiko Langa Langa« und stieg über mehrere Stationen in den Himmel der afrikanischen Popmusik auf. Indirekt war ihm der damalige Präsident Mobuto behilflich, denn als dieser die »L'Authenticité« ausrief, also heimatliche Musik forderte und folgerichtig kubanische, lateinamerikanische, westlichen Pop und Rock, Soul und R&B aus den Rundfunkstationen verbannte, Musiker verhaften und internieren ließ und eine Besinnung auf die nationalen Wurzeln postulierte, da schlug die Stunde des Papa Wemba. Er reicherte die heimische Tanzmusik mit E-Gitarren und Dancefloor-Elementen an und führte sie zu einem Erfolg, der ihn selbst bald populärer machen sollte als alle Präsidenten.

Was er anfasste, wurde Erfolg. Im Westen wurde man aufmerksam, in Paris produzierte man seine Platten. Infolge einer optischen Täuschung, die von Kinshasa aus betrachtet verständlich ist, sah man den Kongolesen Papa Wemba im ewigen Musik-Himmel zur Rechten von Michael Jackson. Irgendwann ist es dann jemandem – wenn nicht ihm selbst – eingefallen, von dem »magic touch« des Papa Wemba zu sprechen. Den Ausdruck hat er sich auf Autogrammkarten drucken lassen und genießt seither den Ruf eines mythischen Mannes oder Gurus, und wegen jener äußerst flamboyanten Kleidung, die seine Konzerte zu modischen Ereignissen werden lassen, auch als stilbildende Kraft zentralafrikanischer Couture. Aber das hört er inzwischen nicht mehr gern.

Ja, er ist ein bedeutender Mann mit untersetzter Statur, gemessenen Bewegungen und Talent zum Pathos. Seine indigoblaue Seidenbluse ist mit goldenen Applikationen bestickt, die großzügig bemessene Hose knittert edel, und selbst sein Fliegenwedel segnet jedes Insekt, das er verscheucht. Joppe von Yamamoto, Brille von Mikli, Handy am Ohr, er setzt kurz ab, reicht die Linke: »Willkommen im Kongo! Nüsse? Cocktail?«

Wir sitzen und warten, wie man nur in Afrika wartet. Papa Wemba telefoniert in einem fort. Delegationen treten an seinen Tisch. Sie bücken sich, er sitzt. Ich frage nach einem möglichen Drehbeginn. »Garçon, mehr Nüsse!«, ruft er einem Livrierten zu und wedelt mit dem leeren Schüsselchen. Von einem Zeitpunkt kann keine Rede sein. »Wo sind die anderen?«, will Papa Wemba wissen. Ich berichte von unserem Unfall, wir könnten ein gutes Wort im Krankenhaus gebrauchen. Er schiebt mir die Nüsse rüber.

Worauf wir warten, weiß ich nicht. Irgendetwas wird kommen, ein Bote etwas bringen oder eine Nachricht eintreffen. Aber auch ohne dass all das passiert, werden Absprachen getroffen, Verabredungen fixiert, sogar ein Treffpunkt für den nächsten Morgen wird abgemacht. Beide Seiten lächeln und nicken, beide wissen, dass all das Makulatur ist.

»Lassen Sie mich Ihre Drehgenehmigung sehen«, sagt Papa Wemba zuletzt. Ein Viertelpfund Papier lege ich ihm vor, alle Schriftwechsel, die in den letzten Monaten zwischen Botschaften, Behörden und Amtsstuben zweier Kontinente hin- und hergegangen sind, um diesen launigen Cocktail an der Bar des »Memling« möglich zu machen. Er schüttelt den Kopf über den Briefköpfen, Stempeln und Signaturen. Irgendwo am linken Rand eines Papiers hat er eine gestrichelte Linie entdeckt, hier, meint er, fehlt die Unterschrift des Ministers: »Zu gefährlich!« Er schiebt mir das Konvolut wieder rüber und legt, ohne Sinn für die Ironie der Szene, die Rechnung für Cocktails und Nüsse obendrauf.

»Besorgen Sie sich erst diese Unterschrift!«

In der Lounge steht eine Gruppe von Männern in Safarianzügen um ein Fernsehgerät, Präsident Kabila spricht. Er ist hier noch breiter als auf den Plakaten oder auf der Anstecknadel am Revers des Zöllners. Wenn er lacht, rastet sein Mund ein und bleibt stehen, dann springt er zurück.

Ausländische Beobachter nennen ihn einen schwachen Mann, der im letzten Augenblick in sein Amt gehoben worden sei von einer Gruppe marodierender Banden, die ihn jetzt bekämpften. Den eigentlichen Präsidentschaftsanwärter habe man im Feldzug gegen Mobuto kurz vor Erreichen der Hauptstadt umgebracht und in ein Gebüsch geworfen. Kabila betrat die Szene erst, als Kinshasa schon unterworfen war. Willkür herrscht, Besatzer aus Burundi, Uganda und Ruanda haben das Land besetzt, Kabilas Leute im Norden sind bereits entwaffnet.

Doch wie er da im Fernsehen spricht, wirkt er präsidial, das lernt man offenbar am schnellsten: »Wir wollen die Anhänger Mobutos einbinden«, sagt er. »Aber wir dulden keine Nazi-Partei!« Die Kamera schwenkt auf die Anhänger der »Nazi-Partei«, die Partei der Anhänger Mobutos. Sie sitzen fassungslos. Ernst zu nehmende Gegner sind sie nicht mehr, jedenfalls weniger als die Rebellen, die auf dem Land gegen Kabilas Leute kämpfen und auch Kinshasa unsicher machen.

Der Präsident im Fernsehen wendet sich jetzt den Besatzern zu, die er nicht so nennt. Wie soll er drei Sechs- oder Acht-Millionen-Einwohner-Staaten in seinem Fünfzig-Millionen-Reich als ernsthafte Aggressoren akzeptieren? Wie soll er zugeben, dass diese einige Landesteile längst kontrollieren? Herablassend akzeptiert er den Präsidenten von Botswana als »Vermittler«. Doch kaum hat der den Saal verlassen, macht er sich über ihn lustig. Der UN-Beobachter zu meiner Linken schüttelt ungläubig den Kopf. So ist der Präsident eben. Vor zwei Wochen hat er erstmalig ein Kamerateam aus New York zum Interview eingeladen. Acht Tage ließ er sie warten. Gestern sind sie unverrichteter Dinge wieder abgereist.

An der Rezeption checkt das einzige andere westliche Kamerateam gerade aus: »Viel Spaß im Informationsministerium«, belfert der Regisseur, als ich ihm meine Geschichte erzählt habe. »Die verstehen hier nichts von Information, und was noch schlimmer ist, von unserer Liebe zu ihrem Land noch weniger. Raten Sie mal, wie viel wir hier in siebzehn Tagen gedreht haben: Acht Minuten. Das war mein letztes Mal im Kongo!«

Er ist schon aus der Tür, als er für eine Anekdote noch einmal zurückkommt: »Seien Sie bloß vorsichtig. Eine Freundin von ›Ärzte ohne Grenzen‹ hat eine kleine Wohnung in der Stadt. Einmal hat sie einem Bekannten erlaubt, von ihrem Balkon aus mit dem Fernglas über die Stadt zu blicken. Dafür sind sie beide für ein paar Wochen ins Gefängnis gewandert, Spionageverdacht. Ich sag nur: ›Nie wieder!‹« Und weg ist er.

Wir begreifen zunächst: Der Krieg liebt keine westlichen Berichterstatter, keine Liebhaber von Massakern. Wozu auch? Aber sind wir nicht hier im Dienste der Musik?

Erst später werden wir widerwillig auch das Zweite begreifen: Als eine Folge der blutigen Kolonialgeschichte und ihrer Fortsetzung in der Politik des Welthandels mit den schwarzafrikanischen Ländern vollzieht sich hier die langsame Umkehr des Rassismus. Man hat begonnen, die Weißen zu hassen, man schikaniert sie, unterwirft sie immer neuen Autoritäten, lässt an der Grenze ihre Pässe stundenlang verschwinden oder nur mit Geld wieder auslösen.

Mein Pass wird vom Grenzbeamten dreimal wie absichtslos zu Boden geworfen. Jedes Mal lässt er ihn sich neuerlich reichen, um ihn dann ganz unten in den Stapel der Dokumente wieder einzuordnen. Wer als Weißer unter diesen Umständen trotzdem noch im Lande ist, hat meist altruistische Gründe, ja, am Ende sogar ein gewisses Verständnis für solche Formen blinder später Revanche. Doch selbst all dies mühsam erworbene Verständnis, die Duldermiene im Ausdruck der Weißen, findet man hier offenbar zum Kotzen.

Am Schlagbaum des Informationsministeriums wachen ein paar halbwüchsige Kindersoldaten. Man hat ihnen ein Gewehr in die Hand gedrückt und gesagt: Geht und verteidigt euer Land. Erst haben sie sich an irgendeiner Front bewährt, jetzt dürfen sie mit grimmiger Landsermiene das Hauptquartier der Propaganda bewachen. Jeder von ihnen kennt das Töten. Wenn ihnen ein Missgeschick passiert und jemand irrtümlich ermordet wird, pflegt Präsident Kabila zu sagen: Sie sind noch so jung. Was kann ich für ihren Übermut?

Der Campus des Ministeriums ist verlassen. Seit langem schon steht das Presse-Hotel leer, in den Mauern steckt der Schwamm. Im Souterrain des Hauptgebäudes sitzen die einheimischen Journalisten und Kameraleute, spielen Karten, warten auf ihren nächsten Einsatz und flirten mit den Bürodienerinnen. Den meisten Frauen fehlen Zähne, manche sind von Narben entstellt, immer wieder schließen sie ein Auge sekundenlang und neigen den Kopf: »Komm mit!« Aber wohin? Man kann nirgends hingehen.

Immerhin gibt es einen Kiosk im Hof, wo sie »Fanta Orange« verkaufen und wo ein paar junge Frauen im Schatten sitzen und warten. Für Angestellte der Regierung sind sie zu stark geschminkt, noch dazu mit einem Make-up, das sich manchmal maskenhaft über den sinnfälligen Ausdruck ihrer Aids-Infektion legt. Erst hat die Krankheit die Gesichter gezeichnet, dann haben die Frauen alles übermalt, jetzt blicken die Augen des Todes, von Cayalstift und Eyeliner unterstützt, noch ausdrucksvoller aus ihren Höhlen, und die Wangen glühen fiebrig durch dicke Schichten Rouge.

Im zehnten Stock des Ministeriums, hat man uns gesagt, werden Sie Ihr Dokument bekommen. Vor dem Fahrstuhl im Parterre schleppt ein Arbeiter auf seinem Rücken immer neue Zementsäcke heran.

»Sie bauen?«, frage ich einen Beamten. Der lacht, beugt sich hinunter und öffnet einen Riss in der Verpackung mit zwei Fingern:

»Nein, nein«, antwortet er. »Ich liefere nur die Gehälter.«

Und wirklich werden die Löhne so verteilt, zahlbar in Cent. Das Geld reist mit im Aufzug. Aber auf jedem Stockwerk öffnen sich die Türen ins Dunkel. Menschen steigen aus und verschwinden in völliger Finsternis, das Geld geht den gleichen Weg. Kein Laut ist zu hören, nicht mal ein Telefon. Auch im zehnten Stock hat der Geruch der Fäulnis nicht nachgelassen. In einem Eckbüro findet sich trotzdem der ganze »Vorgang« zu unserer Einreise. Mehr Dokumente werden angefordert, mehr Passfotos, mehr Geld wird nötig.

In den kommenden Tagen werde ich mehrmals täglich im Ministerium vorsprechen, Freundschaften schließen, Motivlisten beibringen, Impfpässe anschleppen, einen Besuch Papa Wembas in Aussicht stellen, sogar Unterschriften fälschen und in all der Zeit immer genau wissen, wo sich der Informationsminister gerade aufhält. Trotzdem wird es sich als unmöglich erweisen, den Minister und unsere Dokumente an einem beliebigen Punkt zusammenzuführen.

Einmal sehe ich sein Gesicht ganz kurz auf einem schwarzweißen Fernsehschirm unter den Zuhörern einer Parlamentsdebatte. Eine Journalistin der BBC zeigt ihn mir. Der Beamte bestätigt noch einmal:

»Dieser Mann und dieses Papier, die müssen zusammenkommen. Mehr nicht.«

Verstehe. Ob er je von unserem Anliegen erfahren hat?

Das Büro der Journalistin liegt in einer der obersten Etagen des »Interconti«. Ob wir wohl vom Dach aus wenigstens einen raschen Schwenk über die Stadt drehen könnten? Wo denken Sie hin? Viel zu gefährlich, wiegelt sie ab.

Stattdessen nutze ich die Zeit und versuche mir hier ein neues Bild vom Krieg zu machen. Die Artikel in den westlichen Zeitungen beginnen mit Sätzen wie »Dopka ist ein totes Dorf. Es riecht nach verbranntem Reet.« Oder: »Die Nacht brach ein, als Dzara Dzeha zusah, wie ihre Mörder das Dorf stürmten.« Oder: »Die Toten liegen in der Kirche.« Glanzbildchen von Massakern statt politischer Analysen, das ist das Afrika des Westens.

Sie sagen nicht, dass der Kongo ein besetztes Land ist, das von den Nachbarstaaten bis zu zweitausend Kilometer tief ins Land hinein okkupiert wurde. Sie erinnern nicht daran, wie Ruandas Rebellen 1996 den Sturz von Diktator Mobuto inszenierten und danach den Siegeszug des jetzigen Präsidenten Laurent Kabila. Die Weltöffentlichkeit applaudierte damals verhalten. Wer war schon für Mobuto? Doch die politische Opposition im Kongo lebt seither aus Angst vor Repressalien so verborgen, dass die Bevölkerung, wünschte sie eine Alternative, nie von ihr erführe. Wer hätte überhaupt den Mut, unter solchen Umständen als Alternative in Erscheinung zu treten? Die Alternative zu Kabila heißt also Kabila.

Er, der ungeliebte, angeschlagene Präsident droht im Straßenbild von hohen Transparenten. Doch so abwesend der Krieg auch in Kinshasa wirken mag, so präsent ist die Gewalt des Krieg führenden Präsidenten. Sieben Menschen sollen kürzlich von seinen Leuten erschossen worden sein, weil sie seiner Auto-Kolonne nicht schnell genug die Straßenkreuzung räumten. »Was kann ich dafür«, kommentierte der Präsident. Die Angst vor seiner Willkür sitzt tief.

Papa Wemba dagegen wird geliebt. In seinen Gesprächen mit Freunden, lokalen Musikern oder Anhängern kommt der Krieg nicht vor und der Präsident auch nicht. Stattdessen fährt er in der tiefgekühlten Mercedes-Limousine durch die Stadt, telefoniert dabei mit Paris, lässt sich Obst und Zeitungen in den Wagen reichen, hört pausenlos die eigenen Platten, und manchmal winkt er auch in die nie abreißende Menge der Enthusiasten an der Straße, die vor Begeisterung fast seinen Wagen demolieren.

»Das sollten Sie filmen«, sagt er.

Sofort! Von nun an filmen wir stundenlang seine Triumphfahrten durch die Außenbezirke von Kinshasa, geschützt von seinem Ruhm, und jetzt winkt er auch häufiger.

»Ich bin zwar Künstler, aber ich rede durchaus über Politik«, wagt er einmal zu sagen, doch als ich es genauer wissen will, setzt er hinzu: »Eine politische Position werde ich allerdings nicht beziehen.«

Widerspricht die Musik dem Krieg oder ist sie eine zweite Welt? Ist sie das Kontinuierliche in der Geschichte des Landes oder bricht ihr Stammbaum jetzt ab?

»Die Musik soll die Menschen über den Krieg informieren«, meint er, »und wir müssen diesen Krieg gewinnen.«

Was man in diesem Zusammenhang eine »Information« nennen soll, sagt er nicht, und auch nicht, wie ein gewonnener Krieg aussähe.

Er sagt auch: »Die Armen soll man in Frieden lassen«, aber nicht, dass sie keinen Frieden haben, sondern den Krieg bezahlen. Er sagt »ich bin stolz auf mein Land«, aber vielleicht nur, weil es ihn hervorgebracht hat. Der Name Kabilas fällt nicht ein einziges Mal. Wahrscheinlich muss man das verstehen.

Und schließlich hat ja auch das Leben den blinden Wunsch, weiterzugehen. Im Hof seines Stadthauses unterrichtet Papa Wemba seine eigene Jugendband, überwacht die Stimmbildung eines überragenden Albino-Sängers ebenso wie die neuen Choreographien seiner Bühnentänzerinnen. Wer eine Frage an ihn hat, nimmt erst die Kappe ab. Die Stimmen zittern beim Reden, nicht beim Singen.

Wir gehen mit ihm in die Kirche, wo er als Knabe glockenhell von der Empore sang und jetzt zum Gottesdienst in Schlappen und adidas-Anzug an den Altar tritt, um den Witwen, den alten Frauen, den Ausgemusterten und enttäuschten Tagelöhnern zu sagen, sie alle könnten es schaffen, wenn sie es nur wollten. Meint er mit »es« eine internationale Karriere? Die Gemeinde ist schon einen Schritt weiter und denkt eher an Erlösung.

Wird er der Bevölkerung also nichts zeigen als seinen Ruhm? Wird er nichts für sie haben als seine winkende Hand? Wird er den Krieg nicht kommentieren, nur gewinnen wollen?

Wir fahren in sein Haus am Stadtrand, filmen vom Rand des Swimmingpools aus, wie er oben auf der Veranda steht. Er ist ein Profi, also winkt er. »Jetzt die Einstellung noch einmal im Gegenschuss«, sage ich dem Tonassistenten an der Kamera.

»Es wäre gut, wenn er jetzt noch einmal winken könnte«, sagt dieser, nachdem er sich in Papa Wembas Rücken aufgebaut hat. Es ist mir peinlich, das weiterzugeben. Aber schon hebt Papa Wemba die Hand und winkt in seinen leeren Garten. Tatsächlich, ein Profi.

»Hätten Sie sich je träumen lassen, als der kleine Junge aus der Provinz, einmal hier anzukommen?«

»Ich habe es immer gewusst. Immer«, sagt er prompt. »Dies ist kein Zufall. Denn es war vorherbestimmt. Immer. Und eines Tages werde ich auf der ganzen Welt explodieren.«

»Vorherbestimmt«, ketzert ein einheimischer Musiker, dem ich die Geschichte abends erzähle. »Gefeuert haben sie ihn bei ›Zaiko Langa Langa‹. Darauf hat er sich bei seinem besten Freund ausgeheult, so einem durchgedrehten Diplomatensohn. Der hat ihm westliche Klamotten besorgt, lauter verrückte Teile. Dass er darin bei uns auftrat, war eine Sensation. ›Sape‹ taufte man seinen Stil. Seitdem kommt er von der Mode nicht los, aber sie ist ihm unheimlich. Er verdankt ihr zu viel.«

Und jetzt? Der Krieg hat den Präsidenten installiert, die Mode den Musiker? Der eine träumt von der Herrschaft über das Land, der andere von der über den Weltmarkt. Ihre innigste Verbindung haben die beiden, wenn der Präsident durch Verweigerung der Drehgenehmigung die Herstellung von Bildern des Popstars unterbindet und der Popstar die Bildung einer Meinung vom Präsidenten. So leben sie in inniger Trennung voneinander, in weiter Ferne so nah.

Ein paar Jahre später hat die Politik beide eingeholt: Kabila wird von seinen Anhängern, seiner Palastwache, dem Sicherheitsdienst, möglicherweise Teilen seiner Familie in seinen Räumlichkeiten hingerichtet. Eine zuverlässige Darstellung der Umstände steht bis heute aus, doch sein Sohn Joseph Kabila kommt an die Macht.

Papa Wembas musikalische Laufbahn explodiert nicht. In Interviews bietet er sich jetzt zwar als politische Kraft der Integration an, doch die Zeit ist über seine Stimme hinweggegangen. In Paris wird er stattdessen inhaftiert, als herauskommt, dass er Landsleuten für viel Geld die illegale Einreise nach Frankreich ermöglicht haben und einen ganzen Schleuser-Ring unterhalten haben soll.

Doch als wir an jenem Herbstnachmittag Kinshasa verlassen, sind der Präsident und der Popstar noch im Amt. Auf dem Flughafen stehen die Sitzmöbel-Packer wieder zuverlässig am Band, regiert von Kabila, beschallt von Papa Wemba. Ihre Arbeit ernährt alle beide. Und eine Gewissheit bleibt noch. Als wir auf der gelben Markierung auf unser Flugzeug zulaufen, drehe ich mich um. Tatsächlich: Einer winkt immer.

Die blaue Blume der Spione

John le Carré in Cornwall

Diese Geschichte beginnt in Moskau, ich glaube etwa zu der Zeit, als hier die Dreharbeiten zum »Russlandhaus« mit Michelle Pfeiffer und Sean Connery abgeschlossen waren. Nach einem Roman von John le Carré.

Ich weiß noch, es war nicht kalt, man ging mit einer Windjacke auf die Straße. Aber menschlich war es auf eigenartige Weise frostiger geworden. Nicht wie bei meinem letzten Aufenthalt, als die Korrespondenten zweier rivalisierender deutscher Zeitschriften im Hotel »Lux« ihre Hochzeit feierten, ein Kosakenchor sang und tanzte und Gerd Ruge bedächtig Blinis kaute. Da waren die Leute im Gorki-Park noch verspielt gewesen, hatten, durch den Schlamm von Karussell zu Karussell watend, große Tüten mit Pommes frites vor sich hergetragen, hatten aus den Attrappen von Jelzin und Gorbatschow für die Fotografen gelächelt und den Touristen uralten, hart gewordenen Kaviar in handwarmen Dosen andrehen wollen.

Jetzt lag der Gorki-Park verwaist, die Erde gehäutet und glatt, die Gorbatschow-Attrappe war aus dem Verkehr gezogen worden, und wenn an einer roten Ampel Kinder sich den Autos mit Bananenstauden näherten, drehte der Taxifahrer die Scheiben hoch und sagte:

»Einmal in den Wagen gehustet und Sie holen sich die Diphterie oder noch was Schlimmeres ... Nee, nee, keine Bananen mehr durchs Fenster!«

Also gestikulierten die Kinder flehentlich durch die Scheiben, streckten ihren Mittelfinger aber dann doch noch kurz aus, als der Wagen anfuhr.

An jenem Tag saß ich kurz vor Büroschluss in einem großen Saal im Parterre des weitläufigen KGB-Hauptgebäudes in Moskau und wartete auf Hansjoachim Tiedge, den inzwischen legendären hohen Verfassungsschutzbeamten, der im August 1985 in die DDR übergelaufen war und sein Wissen anschließend den Russen zur Verfügung gestellt hatte. Tiedge wohnte irgendwo außerhalb, zwei Autostunden von Moskau entfernt. Er war auf dem Weg, hatte aber von unterwegs angerufen, man sei in einen Stau geraten und würde sich bestimmt um mindestens zwei Stunden verspäten.

Also unterhielt ich mich mit dem Führungsoffizier Tiedges, einem sympathischen, gemütvollen Georgier mit Lebensart und gutem Englisch.

»Wo ist die Grenze zwischen Polizei und Mafia?«, wollte ich wissen.

»There is no such thing«, antwortete er lakonisch.

Anschließend erklärte er ganz sachlich, es gebe in Russland nur zwei stabile Systeme: den KGB, der mit keiner Regierungspartei und keiner Putschistengruppe je gemeinsame Sache gemacht habe, anders gäbe es ihn heute nicht mehr. Und eben die Mafia.

Überhaupt antwortete er eigentlich immer, manchmal ein bisschen blumig, manchmal sehr allgemein, aber immer musste man sehr genau zuhören, um zu merken, ob er einmal gar nicht geantwortet hatte. Er war ein netter Kerl und interessierte sich für alles Genießbare.

Es war schon längst dunkel draußen, als zwei rosa gekleidete Mädchen in den Saal wehten. Sie waren nach russischer Art stark geschminkt mit violettem Lidschatten, starkem Gesichtspuder, übertriebenem Rouge und ebensolchem Lippenrot, das über die Konturen des Mundes hinübergezogen worden war. Die beiden waren die Töchter des Beamten, die sich von ihrem Vater verabschieden wollten, bevor sie zum Tanzen gingen. Der KGB-Mann musterte sie wie ein Ballettmeister.

»Jetzt fehlt nur noch ein Likör«, sagte er und verließ den Raum, um nach der Flasche zu suchen. Die beiden Mädchen sahen mich wortlos an. Ich machte ihnen ein Zeichen, ihre Klamotten seien schön. Sie sahen unverwandt zurück.

Als ihr Vater zurückkam, trug er zwei Cognacschwenker in der Hand.

»Damenwein«, rief er triumphierend. »Southern Comfort.«

Die beiden Mädchen kippten ihre Getränke im Stehen, küssten den Vater wie im Film und waren wieder draußen.

»Wir sollten etwas Ernsthaftes trinken«, meinte der Beamte, als die Tür wieder zu war. »Whisky?«

Ich antwortete mit einer Gegenfrage, die ihn zunächst ein wenig stutzig machte.

»Kennen Sie John le Carré – alias David Cornwell?«

»Natürlich.«

Unmöglich zu erkennen, als was er ihn kannte, als Autor, als ehemaligen Spion, persönlich?

»Er war Spion beim Secret Service«, fügte ich hinzu.

»Ich weiß«, sagte er gelassen, »aber nicht für lange.«

»Ich weiß«, sagte ich. »Ich habe ihn kürzlich besucht. Wissen Sie, was er mir erzählte: In Moskau könne man leicht fett werden. Alle träfen sich hier, um Spesen zu machen. Und dann das ewige Warten auf das Mittagessen! Sie können sich vorstellen, wir haben über Whisky gesprochen. Er versteht viel vom Whisky.«

Das gefiel meinem Gegenüber.

»Und welcher ist sein Lieblingswhisky?«

»Talisker, from the Isle of Skye (of good age)«, genauso hatte er es mir aufgeschrieben. Wörtlich.

Mein Gegenüber verließ den Raum. Als er zurückkam, schwenkte er eine Flasche Talisker – »of eighteen years«.

»Hat er noch mehr Lieblingswhiskys?«

»Macallan's.«

Er brachte die Flasche.

»Weiter?«

»Laphroaig.« Er hatte auch ihn.

»Lagavulin.« Ebenso.

Lauter Fabrikate von entlegenen Inseln, meist aus Destillerien mit kleinem Ausstoß und immer Flaschen von hohem Alter, alle angebrochen. Zuletzt saßen wir mit sechs Flaschen besten schottischen und irischen Whiskys im KGB-Gebäude in Moskau und tranken im Namen des ehemaligen Spions der englischen Königin, John le Carré, nach und nach von jedem seiner Lieblingswhiskys, und ich erzählte dem freundlichen Georgier von meinem Besuch in Cornwall.

Kurz vor neun Uhr morgens auf einem Bahnhof in Südengland. Bevor der Zug aus London zum Stillstand kommt, gehorcht er noch eben dem Klischee und entlässt eine schwere weiße Dampfwolke. Der Mann in der Wolke trägt Strickweste und Windjacke, unter dem Arm den »Guardian«, gefaltet, nicht gerollt.

»Ist das Ihr Erkennungszeichen?«

Sein Lächeln wirkt indigniert. Mit David Cornwell, oder auch John le Carré, scherzt man nicht über Spione – auch wenn seine eigenen, wenigen Jahre beim Secret Service gut dreißig Jahre zurückliegen und auch wenn er sich selbst immer wieder die Freiheit nimmt, das altmodische Märchenland der Geheimagenten ironisch zu entrücken.

Was war sie schon anderes, diese Welt der Spione, als eine eigene Zeichenwelt, ein sich selbst tragendes System der Bedeutungen, in dem sich alle Beteiligten gut zurechtfanden? Auch nach Ende des Kalten Krieges hat der Autor John le Carré an dieser

Welt festgehalten wie an einer Konstruktionsform, einer Bauweise seiner Bücher.

Der Geheimdienst, das ist ein Prisma, in dem sich alle Strahlen einer Gesellschaft sammeln lassen. So ein Dienst enthält im Kern die Psychologie des Landes, aber schließlich, und das ist das Entscheidende, haben alle Institutionen und Systeme etwas Metaphysisches. Vermutlich ist es genau das, was John le Carré am Topos des Geheimdienstes, jenseits aller historischen Verfallsdaten, festhalten lässt.

Ich dagegen leide lächerlich unter Liebeskummer, konnte die ganze Nacht über im Schlafwagen kein Auge zumachen und habe jetzt etwa zwölf Stunden Zeit, in der Gesellschaft des scheuen, lebenserfahrenen John le Carré auf andere Gedanken zu kommen.

Mein Gastgeber watet in solidem Schuhzeug auf den Geländewagen zu, der uns in die Abgeschiedenheit seines Wohnhauses bringen soll. Der Finger zeigt auf die nahe Hügellinie. Inzwischen redet er von der Schule südenglischer Impressionisten, die sich hier in der Nähe niedergelassen hatten. Ihre Ateliers stehen noch, ihre Bilder werden mir im Hause meines Gastgebers begegnen.

John le Carré hat das Gesicht, das schwierige Jugendliche meinen, wenn sie einen Fremden zum Vater adoptieren wollen. Er hat überhaupt das beste Gesicht, das sich ein Mann in den weißhaarigen Jahren wünschen kann, ein Gesicht für ausgeleierte Wollpullover ebenso wie für Ordensverleihungen, ein Gesicht, dem Sacharow und Margaret Thatcher ebenso vertraut haben wie Alec Guinness und Graham Greene, und während er jetzt seinen Range Rover über die Schlammwege steuert, die Bauern mit der Hand grüßend, wirkt die Erscheinung dieses zurückgezogenen Mannes wie prädestiniert für eine solide Doppelexistenz.

Lag nicht das Versteck seines Lieblingshelden Gordon Pym hier in der Nähe?

»Ein Stück weiter westlich, ja.«

Es scheint ihm unangenehm, Bezüge zwischen seinem Leben und dem Werk zu diskutieren. Werkgeschichtliches und Biographisches seien immer unauflöslich miteinander verknüpft, das wisse ich doch wohl. Felderfluchten, kleine Pensionen, Hinterzimmer von Landgasthöfen – das Rückzugsgebiet von le Carrés Agenten ist zugleich der Lebensraum, den er sich für sein Versteck gewählt hat, und es ist die Bühne seiner Kindheit in Dorset. »Scheint in seiner eigenen Welt zu leben«, hatten die Lehrer dem Knaben ins Zeugnis geschrieben.

1959 wird er offiziell in seine eigene Welt aufgenommen. Man kann sich vorstellen, wie er seine Berufung durch den Secret Service als »Berufung« empfunden hat. Er kannte dieses Milieu aus Rudyard Kiplings »The Great Game«, und er wusste: Das Handwerk des Spions bot alle Voraussetzungen, sich selbst auf nützliche Weise loszuwerden, nicht umsonst quält sich Gordon Pym fast von Anfang an mit Selbstmordgedanken.

Er steuert den Wagen durch den Matsch in eine Einfahrt. Noch ist das Haus nichts anderes als ein flacher, gestreckter Bau auf sehr altem Mauerwerk. Die beiden Hunde, die nass aus den Wiesen herangestürmt kommen, wehrt er mit einem einzigen Wort freundlich ab:

»Liebesdiebe!«

Sie lecken ihm die Hände, schnüffeln ihm den Weg frei.

Das Haus auf der Landspitze über dem Meer ist so eines, das einem als Kind die Tränen der Rührung in die Augen getrieben hätte, so schön stellte man sich ein Leben in diesen Wänden vor. Einsam, in den Ecken verwahrlost, von einem großen Grundstück eingefasst, nachlässig bewirtschaftet und von Skulpturen, Büchern und Bildern bewohnt, ohne an ›Kunst‹, an ›Literatur‹ denken zu lassen, eines von mehreren Häusern, die der rastlose Autor zu kaufen und zurückzulassen liebt.

»Liverpool ist berühmt für seine Hässlichkeit – falsch! Man könnte ausgezeichnet in Liverpool leben oder in Seattle, in Paris natürlich ... Vor einiger Zeit besaß ich ein Haus in der Schweiz. Aber wir hatten Nachbarn, die es liebten, uns dann und wann Höflichkeitsbesuche abzustatten. Nicht einmal oder zweimal, sondern immer wieder, offenbar suchten sie Anschluss. Es ging nicht, wir mussten wieder wegziehen.«

Er sagt das ohne Arroganz, eher wie einer, den gesellschaftliche Konventionen – gerade weil er sich ihnen verpflichtet fühlt – um die Seelenruhe bringen. Deshalb, und weil er mit all diesen Häusern und Winkeln von ausgesuchter Landschaft eine Lebensform, sogar das Ideal einer Lebensform verbindet, deshalb sucht er dauernd neue Rückzugsgebiete, neue Immobilien, um in neue literarische Räume einzutauchen.

Wir gehen durch den Garten, eine feine, liebevoll verwahrloste Anlage hoch über dem Meer. Skulpturen stehen im Garten, darunter eine nackte Fliehende aus schwarz polierter Bronze, man kann ihr zwischen die Beine sehen. Die Anlage ist terrassiert, voller verborgener Rasenflächen und Schlupfwinkel mit steinernen Bänken, niemand kann hier von außen Einblick nehmen, und zu allem Überfluss scharwenzeln die Liebesdiebe geschäftig hin und her.

Le Carrés Ehefrau bittet uns ins Haus. Es wirkt fast bäuerlich, Holz getäfelt, voller guter, solider Geräte, Dinge, die man in einem Landhaus braucht: eine Schaufel, wollene Socken, Gummistiefel, eisernes Kaminbesteck oder dickwandiges Steinzeug. Diese Dame des Hauses muss sich an ein Leben in der Unscheinbarkeit gewöhnt haben. Sie bittet zum Frühstück, hat aber wie immer um diese Zeit bereits an den Manuskripten ihres Mannes getippt, hat wie immer den Verkehr mit der Außenwelt abgewickelt, Faxe geschrieben, Termine bestätigt, und eben übermittelt sie noch ein Telefonat mit Sidney Pollack. Es geht um die Verfilmung des »Nachtmanagers«.

»Wissen Sie, was Hollywood will? Die große Besetzung: Mel Gibson, Sean Connery, Anthony Hopkins ...«

Der Autor macht ein angeekeltes Gesicht.

»Wissen Sie, was ich will? Theaterschauspieler, lauter neue, unveröffentlichte Gesichter! Aber die sind alle nicht ›bankable‹. Ich fürchte, wir werden uns nicht einigen.«

Er fürchtet richtig.

Seine Frau schaltet sich noch einmal ein. Da ist diese amerikanische Zeitschrift, für die ihr Mann gerade einen kurzen Text geschrieben hat. Sie lassen anfragen wegen dieser einen

Stelle (sie zitiert sie aus dem Kopf), also ob man dort, wo er das Gesicht dieser Frau beschreibt ... ob man dort vielleicht ein zusätzliches Adjektiv einsetzen könnte?

»Ein Adjektiv? Sag ihnen, das kostet.«

Er lacht, als genösse er es, selbst »bankable« zu sein.

Wir brechen zu einem »Spaziergang« auf. Vier Stunden wird er am Ende gedauert und uns bis auf die Haut durchnässt haben. Wir verlassen einfach das Grundstück, schlagen uns durch Ginster und Strandhafer hinunter an die Küste, steigen dort über Felsbrocken und angespültes Strandgut und wieder den Hang hinauf. Die längste Zeit gehen wir hintereinander, ein paar Mal hilft mir mein englischer Landedelmann mit der zurückgestreckten Hand weiter. Diese Hand ist rätselhafterweise völlig trocken geblieben. So hintereinander trottend kann man über delikate Dinge ganz gut reden.

»Der Geheimdienst war wohl nicht sonderlich begeistert davon, dass Sie schrieben?«

»Die bestanden nur auf einem Pseudonym, sonst nichts. Schließlich war ich der Spion, der vorher bereits Autor war. Die Amerikaner glaubten lange, der erzählt, wie's tatsächlich zuging. In Wirklichkeit war ich ein sehr kleiner Fisch in diesem Apparat, und meine Perspektive war die Wurmperspektive. Sehen Sie es lieber so: Was für Joseph Conrad die See bedeutete, das waren für mich die Spione. Mein Szenario gab mir ein Bestiarium, die Tiere kannten ihre Regeln, und es ist mir völlig gleichgültig, wenn heute ausgediente Spione kommen und sagen: Es war gar nicht so ... Für *mich* war es so.«

Selbst im Gespräch findet der Autor literarische, metaphorische Wendungen für den Geheimdienst. Es könnte sich dabei genauso gut um Masken handeln, um Versuche, auszuweichen. Denn vergisst man einmal Graham Greene und James Bond, dann sind Geheimdienste auch lebensbedrohliche Systeme, nicht sentimental genug für die Träumereien eines Autors ohne Kindheit. Außerdem definieren sich diese Dienste über ihre Ziele, und konnte man geheimdienstliche Aufgaben erfüllen, ohne von diesen Zielen überzeugt genug zu sein?

»Macmillan hat mal gesagt, wir sind wie die Römer: Wir haben das Können und die Kenntnisse, aber nicht mehr die Macht. Ich glaube, das ist das Lebensgefühl meiner Generation. Die eigentliche Politik wird durch das Foreign Office chiffriert. Spione und Intellektuelle haben etwas gemeinsam: die Liebe zur Exklusivität. Sie wünschen sich einfach Eintritt in diesen Club.«

Hier spricht einer, der sich sein Leben selbst erklärt, der viele Wege gegangen ist, um sich mit jenem verflossenen Beruf immer noch einmal zu konfrontieren, und der bei lauter Gedankenspielen angekommen ist. Natürlich, alles bricht sich für ihn in diesem einen Prisma des Geheimdienstes. Er scheint die Witterung der Spione zu kennen, ihre Zeichensysteme, ihre Brandmarkung, ihre Lösung aus der Klassenzugehörigkeit. Er bekennt auch, die Geheimnisse, die gesuchten Objekte, sie seien in seinen Romanen oft nichts anderes als »red herrings«, Irreführungen. Trotzdem mussten schließlich profane, alltägliche Aufgaben erfüllt werden, ehe er sich Spion nennen durfte.

Er war in Berlin damals. Sein schamhaft gesprochenes Deutsch ist immer noch reich und literarisch. Er kann es seit der Blütezeit des Kalten Krieges.

»Wir dachten, es sei furchtbar wichtig, das Gesundheitssystem der DDR zu schädigen, indem wir bei einem Jugendfestival die sanitären Anlagen sabotierten, so dass niemand mehr aufs Klo gehen konnte. Was wir für einen Teilsieg des Kapitalismus hielten, war im Grunde bloß lächerlich und machte alle sauer. Genau betrachtet aber hielten wir schon die roten Streifen in der Zahnpasta für einen Sieg des Kommunismus.

Der Kalte Krieg war eine Sache der Etikette, eine wunderbare Entschuldigung für die völlige Ignoranz gegenüber dem Nord-Süd-Gefälle. Lieber fraß man sich in Moskau an Spesen fett und feierte eine große Party, statt sich um echte Lösungen zu kümmern – die Folgen davon sehen wir jetzt.«

An dieser Stelle wird schlagartig erkennbar, dass auch die für den Spion charakteristische Illusion, am politischen Gestaltungsprozess teilzunehmen, für le Carré nicht vollends erschöpft ist. Zumindest leistet er sich Gedankenspiele zur Aufgabe der UNO in der Welt und zur Organisation einer Art Weltpolizei, nennt die europäische Einheit lächerlich vor dem Panorama des Jugoslawien-Krieges und der dort gescheiterten Vereinten Nationen, und er spricht mit unverhohlener Verachtung von Botschaftern und hohen kapitalistischen Kreisen, die eigentlich der Überzeugung sind: Sollen die Sozialisten sich nur gegenseitig ausrotten, soll Afrika am Aids-Virus zugrunde gehen, wir sehen zu.

»Aber aus jedem kleinen Krieg kann ein großer werden«, warnt le Carré.

Ja, er verschiebt immer noch Mächte auf dem Brett.

Offenbar schwebte dem jungen John le Carré diese sympathische Alec-Guinness-Version des Englischen Empires vor, das mit wenigen Mitteln wie guten Handelswegen und ebenso guten Nachrichtendiensten zwei Drittel der Welt beherrschte. Er hat später diese Welt erlebt, hat sich von ihr erzählen lassen, von ihren Skurrilitäten und Marotten.

Da existierte einmal ein ganzes Departement in Südostasien, das der Langeweile, aber keiner politischen Aufgabe ausgesetzt worden war. Aber da der Chef dieses Departements einen Ruf als Spezialist für Süßwasser-Raubfische genoss, stellte er bald sein gesamtes Büro darauf ein, einen bestimmten, sehr seltenen Süßwasser-Raubfisch im Mekong zu erforschen. So publizierte die Abteilung bald in Fachblättern für Flussbiologie. Die politischen Funktionen der Abteilung wurden nur pro forma aufrechterhalten.

Le Carré selbst verbrachte ein nächtliches Bombardement im Mittleren Osten unter einem Schlafzimmertisch, wohin der exzentrische lokale Agent im Nachthemd mit einer Flasche Wein nachgekrochen kam.

Schoten. Der Geheimdienst – das war eben der Eintritt in den Club, und es sieht aus, als habe le Carré immer in irgendwelchen Clubs verkehrt wie etwa auf der Elite-Schule in England, später in Bern, dann in Oxford, wo er in Germanistik graduierte, oder in Eton, wo er dann widerwillig unterrichtete:

»Das ›Wir‹, dieses ›Einer von uns‹, das ist entscheidend für alle Stammesgesellschaften, dieser Begriff absoluter, humorloser

Treue, er hatte etwas Vielversprechendes, Attraktives. Er ist im Kern konservativ.«

Ich erinnere mich, dass Margaret Thatcher diese Floskel stets wie eine Beschwörungsformel oder ein Passwort wiederholte. Die ganze innere Organisation ihrer Welt hing an einem »one of us«, an der Geschwindigkeit, der Präzision und der Konsequenz der Feindmarkierung.

»Ich hatte Glück, ich war wie gemacht für den Geheimdienst«, schließt le Carré an, »bot er doch die Möglichkeit einer feinen heimlichen Lüge – und darüber hinaus konnte ich auch noch kreativ arbeiten. Wurde ich aber dem Ganzen gegenüber einmal zu kritisch, half ich mir mit der Überzeugung: Ich bin ja nicht wichtig, ich bin harmlos. Wissen Sie, der Geheimdienst, das ist eine Metapher auf die Gegenwart schlechthin, und es ist merkwürdig: Ich habe gerade mal ein paar Jahre primäre Erfahrung sammeln können, aber schriftstellerisch bin ich diese Jahre nie wieder losgeworden. Ich lebe schon eine ganze Weile von ihnen, vermutlich sind sie in meinem Blut für immer.«

Unwillkürlich muss ich an die Zeit vor diesem Einschnitt denken, versuche mir diesen Mann, der sich so ganz der erwachsenen Welt widmet, als Kind vorzustellen, frage mich, welche Phantasien ihn bewegt haben könnten, bevor er durch die Tür des Geheimdienstes trat.

»In vielerlei Hinsicht hatte ich keine Kindheit, keine Frauen, keinen richtigen Vater, keine Schwester. Die Frauen, die mein Vater ins Haus brachte, blieben nicht lange. Es gab auch keine verschiedenen, romantisch besetzten Elternhäuser, und sie sehen ja, jeder Schreiber erfindet sich sein Landhaus.

Meine Lehrjahre später im Dienst waren blendend, das Licht schien sehr, sehr hell. Denn ich kam von der falschen Seite der Straße, deshalb habe ich die Gesellschaft gleich institutionell gesehen, und Institutionen haben mir alles ersetzt.«

Er macht keinen Hehl aus der Tatsache, dass er über diese Kindheit erst schreibend triumphierte. Er ist ins Schreiben desertiert, das war sein einziger, wenn auch harmloser Verrat.

»Für den Spion gibt es immer eine Blaue Blume, das letzte

geschlossene Zimmer, das es zu öffnen gilt. Auch während meiner Zeit im Geheimdienst war ich nie zufrieden, nur zu dienen, nur zu schreiben, es ging mir nicht einfach um die Auflösung im Einzelnen, es ging mir geradezu fanatisch darum herauszufinden, was die Welt im Innersten zusammenhält.«

Der Agent als Metapher: Hat nicht auch Robert Musil seinen »Mann ohne Eigenschaften« eine Zeit lang »Der Spion« nennen wollen?

Dagegen war die politische Bedeutung der Spionage eine Sache von niederer Ordnung. Noch heute verachtet le Carré Leute vom Schlage Kim Philbys, den er »einen Verräter« nennt, oder jenen Markus Wolf, der heute den Ehrenmann gebe, während er doch genau gewusst habe, für welches System er arbeite. Wolf selbst sei Urheber des Gerüchts, er, John le Carré, habe den Agentenführer in »Der Spion, der aus der Kälte kam« nach dem ehemaligen DDR-Geheimdienstchef benannt.

»Ich saß im Garten und sah den Rasenmäher einer Firma namens ›Wolf‹ – das brachte mich auf die Idee. Denken Sie nur: Markus Wolf wollte sich auf meine Kosten die Weihen einer Romanfigur geben! Aber ich will Ihnen etwas sagen: Markus Wolf erinnert mich an Globke! Was machte er wohl, als Mielke die Todesurteile unterschrieb? Er hielt sich in einer Nische! Er war auf der falschen Seite, er wusste es, und er hat nichts getan, es wieder gutzumachen.

Es lag eine ganze Welt zwischen Wolf und Sacharow. Oder zwischen Sacharow und Philby. Philby kannte die UdSSR gut, er hätte sie und seinen eigenen Staat mit demokratischen Mitteln bekämpfen können. Sacharow hatte dagegen den Mut aufzustehen, zu protestieren und die Strafe zu bezahlen. Die Wasserstoffbombe hat für ihn alles geändert. Einen Philby dagegen, wie Graham Greene es tat, zum Helden zu machen, das scheint mir absurd und vulgär.«

Er erzählt diese Geschichten nicht ungern, geben sie ihm doch die Gelegenheit, politische Spekulationen daran anzuschließen. Offenbar ist ihm das lieber, als wenn er sich über seine Romane äußern müsste.

»Ich denke, wir haben vor allem zwei Fehler gemacht. Erstens: Wir haben niemals wirklich an den Zusammenbruch des Kommunismus geglaubt, und zweitens, wir hätten nie gedacht, dass die schlimmste westliche Propaganda über die Geheimdienste, die Polizeimethoden, die Ausforschung etc. im Osten tatsächlich schlicht der Wahrheit entsprach.«

Er geht vor mir, hält mir die zurückpeitschenden Ginsterzweige rücksichtsvoll aus dem Weg und spricht wie für sich selbst. Vielleicht ist ihm der leitartikelnde Teil unserer Unterhaltung in dieser Form am liebsten. Doch ist es nicht einfach, nun den Rückweg zu seinen Büchern zu finden. Wo er sie überhaupt erwähnt, tut er es nachlässig, fast müde und ohne Absicht, irgendetwas zu erhellen. Deshalb wählt er vielleicht lieber diese Brocken politischer Erkenntnisse, die er sich erschrieben hat auf seiner quasi-romantischen Suche nach dem, »was die Welt im Innersten zusammenhält«:

»Ich lehne es nicht ab, bewusst den Sinn meines Lebens zu untersuchen, aber ich glaube, die Wahrheit wird sich einfach erschließen, indem ich weitermache. Der Wettbewerb mit dem eigenen Talent, das ist das einzige, und die Überzeugung: Wenn ich den letzten Berg besteige, werde ich es viel besser können.«

»Die Literaturkritik spricht auch von ›Genreliteratur‹.«

»Darüber beschwere ich mich nie, denn diesen Krieg führe ich nicht. ›Geschichtenerzähler‹ passt gut und reicht aus. Auch das richtige Erzählen ist ja kaputtgemacht worden, und wissen Sie, wer vor allem dafür verantwortlich ist: dieser Bloomsbury-Kreis, Virginia Woolf, Vita Sackville-West, all diese Prosa und diese dazugehörige Literaturkritik ...«

Dieser Streit wird nie aufhören. Die einen werden Joyce und Woolf ihr hypotaktisches und asyntaktisches Schreiben als letzte Errungenschaft des Realismus anrechnen, die anderen werden ihnen dasselbe als Abkehr vom Realen vorwerfen. Wenn wir hier weiterredeten, würde er vermutlich sagen, Jack London sei unter- und Dos Passos überschätzt. Und so weiter. Aber tiefer geht an diesem Tag kein Vorstoß auf das Gebiet der ernsten Literatur.

Wir laufen ohne eine Pause wieder zurück. Nur einmal bleibt

le Carré kurz stehen und warnt einen leicht bekleideten Spaziergänger vor der Beschaffenheit des Weges. Auch sieht er mal, auf einen Stock gestützt, über das Meer und scheint kurz die Zeit zu vergessen. Er könnte einfach ein nachdenklicher Rentner sein. Ein guter Nachbar. Ein distinguierter Liebhaber der südenglischen Impressionistenschule. Vermutlich prädestiniert ihn gerade das, John le Carré zu sein.

Wir sind aus dem Regen gekommen, die Liebesdiebe haben sich in der Küche trockengeschüttelt, wir haben einen Talisker getrunken, ja, le Carrés liebsten Single Malt. Anschließend hat er mir eine Kollektion guter, solider Landkleidung gegeben, zwei Handtücher und zwei Stunden Zeit auszuruhen. Die Badewanne im ersten Stock steht auf vier Füßen isoliert im Raum. Selbst wenn man tief in sie hineinrutscht, blickt man immer noch über das Meer. Rutscht man aber ein wenig hoch, sieht man noch das Gebüsch der Landspitze, die schwarzbronzene Nackte im Garten, die letzte Terrasse mit ihrer steinernen Bank. Die Zimmerdecke ist wie in alten italienischen Villen mit Grotesken bemalt, Faunen, Girlanden, idyllischer Vegetation. Es ist ein Ort für das Paradiesbüchlein der vollkommenen irdischen Stätten.

Ich dachte über das Geheimnis des Stils nach, der meinem Gastgeber so selbstverständlich war, dass er nie aus ihm herausfiel – nicht, wenn er andere Menschen nachmachte, nicht, wenn er mit sich und anderen fast indiskret umging, nicht, wenn er sich, was häufiger vorkam, über andere abfällig oder unduldsam äußerte.

Er konnte ein Telefonat mit Alec Guinness nachspielen, und obwohl er verschiedene Stimmen und Charaktermasken annahm, wurde er keine Sekunde haltlos oder unwürdig. Er konnte Larry King nachmachen (»David, who is the ›Nightmanager‹?«), ohne ihn im Geringsten bloßzustellen. Er konnte Literaturkritiker und Journalisten mit Spott überziehen, ohne dass es seinem Gegenüber unangenehm geworden wäre. Mit einem Wort, wenn Persönlichkeit die Fähigkeit ist, sich in jeder Situation und jeder Person gegenüber gleich zu verhalten, dann erwies sich John le Carré als eine starke Persönlichkeit.

Am Spätnachmittag haben wir uns dann noch einmal zusammengesetzt. In meiner Erinnerung handelte es sich bei der Räumlichkeit um ein Herren- oder Raucherzimmer, in dem wir uns niederließen. Jedenfalls war der Salon düster, die Möblierung schwer, in dunklen Hölzern und Leder gehalten, und wir tranken uns allmählich durch die Whiskymarken.

In dieser Stimmung erzählte ich ihm dann auch von meinem Liebeskummer. Das interessierte ihn, und er fragte zurück, nicht nur höflich, aber ebensowenig zudringlich, eher protokollarisch. Trotzdem schien seine Ferndiagnose bald fertig, und auch wenn er sagte: »Sollte sich das Ganze noch einmal reparieren lassen, genehmigen Sie sich ein Haus in Südengland«, war seine Expertise insgeheim ziemlich hoffnungslos ausgefallen. Also stellte ich ihm eine Frage, die seit jenem Abend zu einer meiner Lieblingsfragen werden sollte:

»Welches Gefühl halten Sie für stärker, die Liebe oder den Liebeskummer?«

Er überlegte nicht lange, ist aber der bisher einzige mit dieser Antwort:

»Ich vermute, der Liebeskummer. Aber vielleicht bin ich ein schlechter Ratgeber, denn ich selbst bin immer den Feiglingsweg gegangen, habe eine Leidenschaft nie zum Inhalt meines Lebens gemacht. Nein, da gibt es nur tiefe Freundschaften, unterbrochen von wahnwitzigen Liebschaften. Ach, ich erinnere mich an diese Russin in Paris. Ich hätte mit ihr durchbrennen müssen, denn sie war verheiratet. Aber andererseits war mir klar: Wie soll ich schreiben, wenn ich immerzu diese Frau im Kopf habe. Also nein.«

Die Erinnerung hat ihn erwischt. Sein Gesicht nimmt merkwürdig wolkige Züge an. Vermutlich war diese Russin lange nicht mehr so schön gewesen, wie in diesem Augenblick der Erinnerung. Dann aber setzte er noch einmal an:

»Ich kenne nicht viele Autoren, aber die wenigen, die ich kenne, hatten eher unscheinbare Frauen. Graham Greene hatte dazu alle möglichen Affären. Da gab es eine verheiratete Frau, sie kam nachmittags. Er hatte um die Zeit schon getrunken. Also schliefen sie miteinander, anschließend kehrte er zu seinem Schreibtisch zurück und sie zu ihrem Gatten. Alles schien perfekt. Andererseits dieser Maler hier in der Nähe und seine ewigen Probleme mit der Geliebten: Mal ein paar geöffnete Pulsadern, mal ein Sprung von der Klippe ... Maler können mit so etwas umgehen, es nimmt keinen direkten Eingang in ihr Leben. Für einen Autor ist das anders ...«, und dann geht es weiter mit einer ausführlichen Darlegung der Verwüstungen des Schreibens durch die Liebe.

Wir haben noch lange gesessen, das Abendessen nach reichlich Whisky animiert verzehrt. Zu später Stunde, die Liebesdiebe schliefen schon, aber Sidney Pollack hatte inzwischen zum dritten Mal angerufen, also zu später Stunde wurde ich zurück zum Zug gebracht und merkte erst im Abteil, dass dieser Tag so leicht gewesen war wie lange keiner. Bei genauer Betrachtung hatte le Carré soviel Rührung gezeigt wie Pragmatismus. Wie tröstlich! Und einmal hatte unser Gespräch diese Doppelbegabung sogar gestreift, als ich nämlich noch einmal auf die philologische Beurteilung seines Werkes gekommen war.

»Wissen Sie eigentlich, dass es genauso viele Literaturkritiker gibt, die Sie für einen Materialisten, wie solche, die Sie für einen Idealisten und Ethiker halten?«

Merkwürdig, aber das eine Wort, mit dem er parierte, hatte in seinem Munde immer noch Stil:

»Arschlöcher«, sagte er.

Als ich nach Hause kam, war meine Liebesgeschichte endgültig zerrüttet. Sie blieb irreparabel.

Aber noch Monate später verursachte mir das Glas »Talisker« im Moskauer KGB-Gebäude ein mattes Gefühl im Bauch. Vielleicht handelte es sich einfach um das Nachbeben eines guten Tages. Nur hätte ich darüber mit dem freundlichen Führungsoffizier nun doch nicht reden können.

»Fucking Je t'aime!«

Jane Birkin in Paris

Man geht durch einen Hinterhof. Dann durch den nächsten. Jemand schreit von oben einen falsch geparkten Wagen an. Oder seinen Besitzer. Es wird rangiert. Drei Autos setzen sich in Bewegung. Aus dem Büro im Erdgeschoss dirigiert ein aufgebrachter Kittelträger die Fahrer. Auch als sie schon unter dem Torbogen verschwunden sind, schreit er weiter. Zwei Autos kehren zurück, parken wieder.

»Dépêche toi! Vite, vite!«

Im Schacht des Hofes treffen sich die Stimmen, die von unten hinaufgrölenden, die von oben runtergebrüllten. Der gemauerte Trichter schickt sie gemischt in den blauen Himmel.

»Oui«, kommt Jane Birkins Stimme aus dem Metallrost der Sprechanlage. »Come up!«

Ihre Stimme wird vom Windhauch ihres Atems betrieben. Zu

viel Luft, zu viel Hauch. Die Silben kommen in einer Hülle aus Atemluft. Erst ist die Luft da, dann wird ein Laut in sie hineinmoduliert, ein Klang, eine Silbe.

Draußen ist es zufällig im selben Augenblick mit einem Schlag still. Der Bekittelte schließt das Fenster. Als er wieder erscheint, hält er eine Mülltonne in den Pranken und rollt sie wie auf Samtpfoten über den Hof, die Augen nicht von der Tür wendend.

Schon die erste Jane Birkin meines Lebens war so. Sie war auf dem Cover der Single »Je t'aime« allein zu sehen, schwarz-weiß unter einem Schriftzug, der an Afri-Cola erinnerte, mit Beinen, die der Schatten schluckte. Erst konnte ich gar nicht identifizieren, was an »Je t'aime« Gesang sein sollte, wer da sang und wovon genau, aber auf den ersten Klassenfesten der Schule waren zwei Dinge verboten: Das Licht auszumachen und »Je t'aime« zu spielen. Das machte die Platte kostbar.

Die nächste Jane Birkin tollte als Nymphchendarstellerin (wie man damals fand) neben Vanessa Redgrave durch Antonionis »Blow Up«, riss im Film die Studiodekoration ein und ruinierte mit ihrem Hintern den Folienhintergrund, wobei man ihre Beine zappeln und David Hemmings abdrücken sah. Das war so frisch wie »Her mit den kleinen Engländerinnen«. An etwas wie »Je t'aime« hätte man nie gedacht. Trotzdem produzierte der kurze, unbeschwerte Auftritt den sogenannten »Schamhaar-Skandal« und mit ihm den Presse-Namen: »Jane Blow up Birkin.«

Die dritte Jane Birkin war eine Trabantin der Nouvelle Vague oder zumindest ihrer verkäuflicheren Ableger. Man sah sie im »Swimmingpool« neben Romy Schneider, Maurice Ronet und Michel Piccoli, sah sie in bisexuellen oder androgynen Rollen wie in »Don Juan 73«, wo sie die Liebhaberin von Brigitte Bardot spielt, oder in »Das wilde Schaf«. Sie erschien und verschwand im Bereich der peripheren Aufmerksamkeit. Wäre sie nicht in kühnen »Lui«-Fotos, gefesselt ans Bett, an die Heizung, »Warencharakter« darstellend, wieder aufgetaucht, wir hätten sie allmählich vergessen. Ihre kleinen Brüste mit den starken Knospen, ihr schmales Becken, ihre vorstehenden Zähne, ihren manchmal einfältig herausgewölbten Mund, der im Lachen alle Proportionen durcheinander brachte. Es gibt Menschen, die wechseln die Persönlichkeit im Lachen. Jane Birkin kam einem so vor.

Aber dann war da noch die Jane Birkin an der Seite, nein, mitten in der *Alliance terrible* mit Serge Gainsbourg, ein Objekt der Mutmaßungen. Denn wer hätte sich das Leben an der Seite dieses wandelnden Ernstfalls vorstellen können, eines Mannes, der in Frankreich wohl Musik machte, auch mal in Filmen erschien, aber von Deutschland aus gesehen vor allem der Mann von Jane Birkin war, der Mann, der sie verrückt machte, einer, der sich schlug, der öffentlich pisste, der im Fernsehen Geld verbrannte und der mit ihr in einem Film namens »Cannabis« im räudigen Pelz, mit hängenden Tränensäcken und Segelohren (und Fingern, die man über die Landwand riechen konnte), den charmanten Gangster gab. Sie war in diesem Film mehr nackt als bekleidet, das machte den Film gut.

Aber noch besser wurde er, weil man wusste: Die sind so, die küssen sich wirklich, und wenn sie in ihren verschraubten Umarmungen und Umbeinungen verschwinden, dann soll es so sein, dann ist alles gut. Gleich, wer sie waren, sie hielten einen Ausdruck von Freiheit hoch, in dem man damals etwas Zukünftiges witterte, ohne zu wissen, dass diese Freiheit so nicht wieder kommen sollte.

Ach ja, und dann war da noch, viel später, »Daddy Nostalgia«, Bertrand Taverniers filmisches Kammerspiel von 1990. Man konnte lesen, die gesamte Crew inklusive Darsteller habe über viele Wochen in einem aufgegebenen Hotel gewohnt. Es war der erste Film der einsamen Eminenz Dirk Bogarde nach zwanzig Jahren und in einem seiner raren Interviews sagte er tatsächlich sinngemäß, nichts habe ihn vorbereitet auf die Größe und Intelligenz und Menschlichkeit dieser Schauspielerin Jane Birkin, die seine Partnerin war und die er nur aus »Je t'aime« gekannt habe.

Ich steige die Treppen hoch zu ihr und weiß nicht, wo ich ankommen werde. Eine Haushälterin öffnet, Jane Birkin huscht als Schatten über einen hinteren Flur. Eine Jeans erkenne ich, einen rehbraunen Pullover mit V-Ausschnitt, nichts darunter.

Die Haushälterin ist das Nobelste an der Wohnung, die ein Boudoir ist, eine vollgepfropfte orientalische Kaschemme voller roter Stoffe, Bilder, orientalischer Textilien, Federn, Blumen, Requisiten, Devotionalien, voller Achtlosigkeiten, die vielleicht seit Jahren kein Blick mehr streifte, Erinnerungen an Vergessenes, Schneekugeln von Orten, die kein Bild hinterlassen haben. »Cosy« sollte es sein, hat sie mal gesagt, cosy ist es geworden.

Auf einem unter Büchern ächzenden Tischchen zwei Bände zu Afghanistan, ein Band mit dem Bild von Massud, dem Führer der Nordallianz, dem charismatischen Helden jenes Afghanistan, das sich vor der Invasion der Amerikaner gegen die Taliban und gegen das Regime, das die USA dort installiert hatten, auflehnte. Massud kam zwei Tage vor dem 11. September 2001 bei einem Attentat ums Leben. Die USA hatten mit ihm, dem legitimen Vertreter der innerafghanischen Opposition, nicht einmal Verbindung aufgenommen.

Dann ein Bild Massuds an der Wand, eines liegend, dann noch eines, aufgestellt.

»Massud«, sage ich, nach der Begrüßung, die flüchtig ist, weil Jane Birkin noch an mehreren Stellen gleichzeitig zu sein scheint, »... überall Bilder von Massud.«

»Ach, mein armer Massud!«, sagt sie, und ich traue meinen Ohren nicht. Etwas Herzzerreißendes ist in ihrer Stimme, sie streicht sogar mit der Hand über sein Bild wie über das eines gefallenen Liebhabers. Sie kannte ihn nicht nur, sie kannte ihn gut. Er war in Paris gewesen, er war hier in dieser Wohnung, reiste nach Brüssel, dann durch Europa, auf der Suche nach Unterstützung für seine Sache, seinen Kampf gegen die Taliban.

»Was für ein wunderbarer, charismatischer Mann, und wie furchtbar haben wir ihn alle enttäuscht!«

Sie ist plötzlich verschwunden. Als sie zurückkommt, hält sie ihr kleines Notizbuch in der Hand:

»Hier. Ich habe mir aufgeschrieben, was er über die Führer der Nordallianz gesagt hat. Der hier ...« – sie buchstabiert einen Namen – »vertrauenswüdig, der hier, General Dostum, ein gefährlicher Verbrecher.«

Sie geht die Namen durch. Sie werden in den Nachrichten der nächsten Wochen immer wieder genannt werden. Man wird spekulieren, welche Massaker auf wessen Kosten gehen, wird Massud herabsetzen, weil er sich »mit solchen Elementen« verbündet habe, man wird die Nordallianz insgesamt als Bande von Plünderern und Vergewaltigern abstempeln, auch um zu sagen: mit solchen konnten die Amerikaner nicht verhandeln. Aber es wird auch ein Dokumentarfilm über Massud gedreht, Artikel werden erscheinen, aus denen sich ein ganz anderes Bild ergibt. Nur, wer wäre je darauf gekommen, in der Wohnung von Jane Birkin nach seinen Spuren zu suchen?

»Ach, Massud brauchte Unterstützung, er setzte auf uns, und was haben wir getan? Nichts. Keine Zeitung hat berichtet, niemand hat sich für ihn interessiert. Es war eine einzige Enttäuschung!«

»Und dann stirbt er als Opfer eines fingierten Kamerateams, eines Interviewers!«

»Er, der Interviews nicht ausstehen konnte! Irgendwie habe ich gefühlt, dass ich ihn wohl zum letzten Mal sehen würde, jeder hier hat es gefühlt ...«

»Er soll sogar noch vier Tage gelebt haben.«

»Das haben sie nur behauptet. Ich habe, gleich als die Nachricht kam, die Witwe angerufen. Sie hat sogar getan, als lachte sie, und auch die anderen haben extra erst einmal vor Fremden gelacht, damit niemand eine Ahnung hätte, alle haben sie bloß gespielt. Es war ja auch richtig, mich anzulügen. Ich kann ja meinen Mund nicht halten und hätte am Ende alles ausgeplaudert. Ich bin so. Aber als die Nachricht dann offiziell war, haben alle sofort angefangen zu weinen. Alle. Er war für sie wie ein König.«

»Der Dolmetscher, der einzige Überlebende, sagte aus, Massud habe nur zur ersten Antwort Atem geholt, und dann sei die Bombe detoniert ...«

»Mein einziger Trost ist, dass er nicht gefoltert wurde, dass er nicht leiden musste. Aber dass er die Befreiung von den Taliban nicht miterleben durfte, es ist zu traurig ...«

Sie streicht wieder mit der Hand über sein Foto. Die Geste

wäre theatralisch, wenn sie nicht so impulsiv käme, so unkontrolliert. Mag sein, dass in ihrer Bewunderung eine Art Che-Guevara-Bewunderung mitschwingt, aber was sagt das schon? Die Identifikation mit seinem Leiden, mit dem seines Volkes ist so echt wie der politische Impuls, und ich kann mir nicht helfen zu denken: Wann hätte man je eine amerikanische Schauspielerin so reden hören?

Wir gehen in ein hinteres Zimmer. Der Bau wird immer voller, immer geschichtlicher. Der fette, altersschwache Hund, der sich jetzt asthmatisch keuchend zu unseren Füßen niederlässt, beruhigt sich unter ihrem Kraulen. Im Kopf suche ich ein Bild ihrer Kindheit in London. Zehn Tage vor Weihnachten geboren, hat sie bestimmt nie doppelt Geschenke bekommen. Nein, das ist es nicht.

Sie war ein braves Kind. Einmal hat sie der jungen Königin Elisabeth II Blumen überreicht, und Prinz Philipp fragte, ob sie diese Blumen selbst gezüchtet habe. Da wusste sie keine Antwort und schämte sich furchtbar.

Wie war sie, die alle für eine Beatnik-Rebellin der Carnaby Street halten wollten, »langweilig.« Früh verheiratet mit dem Filmkomponisten John Barry, ein Peter-Sellers-Typ ohne dessen Verrücktheit. Mutter mit 19 und nach Dreharbeiten in Frankreich verliebt in den Hauptdarsteller: Serge Gainsbourg. So entkommt die kleine Engländerin auf den Kontinent. Und trotzdem: Es ist ihr furchtbar schwer gefallen, das Haus ihrer Kindheit zu verlassen, und es wird ihr schwer fallen, eines in Paris zu erwerben. Gut, dass ein Drittel so lange der Bank gehört. Immer stellt sie sich vor, wie eines Tages ein Finanzbeamter mit Hut und Köfferchen kommt und sagt: Schön bei uns, nicht wahr?

»Wussten Sie, als Sie damals aus London nach Paris kamen, wer Serge Gainsbourg war?«

»Ich wusste, er hatte mal in einem Film mitgespielt, und ich dachte, sein Name sei Serge Bourguignon, das war das einzige französische Gericht, das ich kannte.«

Anfangs hatte sie ihn nicht besonders gemocht.

»Muss sich geändert haben«, kommentierte sie später. Kein Schatten von Enttäuschung, immer noch über ihn reden zu müssen. Sie ist doch international weit bekannter als er, lebt künstlerisch fort, dreht Filme, steht auf Bühnen, aber ihre Selbstlosigkeit Gainsbourg gegenüber ist geblieben. Sie gibt eine Edition seiner Platten heraus, reist mit 25, 30 seiner besten Lieder in Länder, die er nie gesehen hat, und spricht dort nur über ihn.

»Gerade komme ich aus Algerien zurück, davor war ich im Kosovo, das ist die Welt, die mich interessiert. Ich sehe den Krankenschwestern bei der Arbeit zu und wünschte, ich könnte, was sie können. Ich habe einen reizenden kleinen Pianisten bei mir, der ist nicht teuer und angstresistent ...«

»Attentate auf dekadente Westler sind in Algerien nicht selten.«

»Ich weiß, aber es freut mich so sehr, solche Orte zu besuchen und somit Serge ein bisschen das Leben zu verlängern – es ist wie eine Nachspielzeit beim Fußball.«

»Das klingt, als hätten Sie sich nie getrennt.«

»Haben wir ja auch nicht. Ich habe mich von ihm getrennt. Danach schrieb er die schönsten Lieder für mich.«

»Also 1980, nach der Trennung?«

»Nach der Trennung schrieb er gleichzeitig eine Platte für Isabelle Adjani und für mich. Dann eine zweite, eine dritte für mich, nicht lange vor seinem Tod. Ich sagte: Wozu diese Eile, ich stehe jeden Tag auf der Bühne und muß schreien. Meine Stimme ist angegriffen. Warum warten wir mit der Platte nicht bis Januar, dann ist Schluss mit dem Theater. Nein, sagte der Produzent, er ist in Eile. Ich verstand überhaupt nicht, was für eine Eile das war. Nicht mal, als er ein Chanson mit dem Titel »Amour des feintes« (Die Liebe der Toten) schrieb, fiel bei mir der Groschen. Also kriegte ich jeden Tag Spritzen, damit ich umso höher singen könnte, und die Platte wurde rechtzeitig fertig. Am Ende starb mein Partner in dem Theaterstück, nicht Serge.«

Serge Gainsbourg: Sohn jüdisch-russischer Einwanderer, enfant terrible, erste Chansons unter Pseudonym Julien Grix; spielte Klavier in Nachtclubs; hatte das Gitarrenspiel von Zigeunern gelernt; Verballhornung der Marseillaise zu karibischen Rhythmen; komponierte für Adjani, Bardot, Deneuve, Gréco, Montand, Sacha Distel, Vanessa Paradis. Ab 1955 Mischung von Jazz und Existenzialismus; das Chanson jenseits des Purismus, eine Form, die andere Formen aufnahm; einer der ersten Weißen, die Reggae spielten; konnte von Klassik bis Reggae jedes Genre bedienen; im Fernsehen in einer Kategorie zu Hause, die man in England »Rent-a-Monster« nennt; geht 1965 auf Tournee, die zum Fiasko wird, danach 14 Jahre nicht mehr; schreibt im selben Jahr »Poupée de cire, poupée de son« für France Gall und gewinnt den Grand Prix d'Eurovision de la Chanson; schreibt 1967 in einer einzigen Nacht drei Lieder für Brigitte Bardot, eines davon heißt »Je t'aime«; 1968 zerbricht sein Verhältnis zu Bardot, er schreibt »Initials B.B.«; lernt Jane Birkin kennen, sie ist 22.

Das Ideal eines Paars, eines Kraftzentrums mit eigener Gravitation. Wo sie waren, wurde die Atmosphäre gelöster. Das war nicht allein die Libertinage, es war ein Politikum, Jugend und Reife in einer gefährlichen, die bürgerliche Welt mit Gesinnung, mit Freizügigkeit, mit Schamlosigkeit bedrohenden Intensität. Sie, diese beiden im Ausland geborenen Aliens, sie scherten sich nicht, und trotz all der Öffentlichkeit, die sich um sie bildete, schlossen sie im Kern etwas Undurchsichtiges, Zartes ein, das in ihrer äußeren Erscheinung nachzitterte. Und das sollte je enden?

»Und nach Ihrer Trennung wurde das Verhältnis einfach kameradschaftlich?«

»Er war so gut und akzeptierte mich als Kumpel. Wenn er sich also mal langweilte, was ziemlich oft vorkam, dann besuchte er mich, oft in Begleitung von Polizisten, die erkannte ich schon von weitem am Geräusch ihrer Stiefel.«

»Der skandalöse Mann ausgerechnet in Begleitung der Polizei?«

»Er versprach ihnen immer etwas von meinem Eintopf, ›Jane macht so einen guten Eintopf‹, sagte er, und die armen Kerle mussten reinhauen. ›Gut, was?‹, fragte er sie dauernd. ›Ja, Monsieur Gainsbourg, ganz köstlich‹, erwiderten sie. Noch heute treffe ich sie manchmal auf der Straße, und sie rufen schon von weitem: ›Köstlich, Ihr Eintopf!‹ Serge rief sie einfach an und sagte: ›Ich finde kein Taxi, können Sie mich schnell zu Jane bringen?‹ Dann verlangte er, dass sie das Blaulicht anmachten, das machte mehr her. Und manchmal, wenn wir alle keine Zeit hatten oder uns feige hinter unseren Anrufbeantwortern versteckten, wen sollte er da anrufen? Die Polizisten, die traktierte er dann mit Champagner, und natürlich haben sie ihn nie vergessen. Auch hat er viel Geld gespendet für ihr Waisenhaus. Sie sind dann alle bei seiner Beerdigung erschienen.«

»Er scherte sich wohl nicht darum, dass es rufschädigend wirken konnte, in ihm einen Freund der Polizei zu sehen.«

»Er war nie politisch korrekt und erlaubte es sich, so wenig ›in‹ zu sein, dass er sein Mitleid mit den Hinterbliebenen toter Polizisten offen zeigte. Er war einfach ein sehr liebenswerter Mann, und ich hatte das Glück, dass er mich als Kumpel akzeptierte. Als ich dann ein wenig alt wurde, hinterließ er überall kleine Anweisungen auf Zetteln: Falls Jane sich erkälten sollte ..., falls Jane Geld brauchen sollte, falls Jane ... und nie habe ich ihm für all das gedankt. Mir war gar nicht klar, dass er all diese Fürsorge in den wenigen Monaten organisierte, die ihm noch vor seinem Tod blieben.«

»Wenn Sie sich die Qualität der Balladen ansehen, die er vor seinem Tod für Sie geschrieben hat, und diese mit den Kompositionen vergleichen, die er vor ihrer Trennung für Sie geschrieben hat, können Sie Unterschiede feststellen?«

»Riesige! Die späteren waren viel interessanter. Denn ich glaube, dass er vorher versucht hat, seine Sachen ein wenig auf mich abzustimmen, während sein Stil eigentlich nicht so stereotyp war, so nach der Art ... Sie wissen ja, wie Männer ihre Freundinnen angeblich gerne sehen: niedlich und als kleine Püppchen.«

Sie wird unruhig, sucht Streichhölzer, beginnt sie anzuzünden, während sie spricht. Erst halte ich es für eine Spielerei, dann für eine Übersprungshandlung, schließlich für eine Marotte. Ganz ruhig tut sie das, als müsste sie das Gespräch mit dem Geräusch der angerissenen Zündhölzer skandieren.

»Soll ich den Hund entfernen?«

Erst jetzt begreife ich. Der Hund furzt in aller Ruhe vor sich hin. Sie vertreibt den Geruch mit den Streichhölzern. Bald sitzen wir im Schwefeldampf. Der Hund trollt sich von allein.

»Wo war ich?«

»Bei den Männern und den Püppchen. Das waren Sie doch wirklich nicht, aber war Ihnen die Diskrepanz zwischen Ihnen beiden schon damals bewusst?«

»Ich verfiel in eine große Depression, als ich mit ihm zusammen war. Das konnte er nicht verstehen. Deshalb schrieb er ein Lied darüber und sagte: ›Ich habe gerade dieses Lied namens ›Dépression‹ geschrieben.‹ Aber er hat es nicht wirklich verstanden, er sagte immer: ›Du hast doch alles.‹«

»Haben Sie es denn verstanden?«

»Weshalb ich depressiv war? Ja, weil das Äußere nicht mit dem Inneren korrespondierte. Serge wollte nicht, dass jemand wächst, er wollte, dass alles so blieb, wie es immer war. Und es ist ja auch nicht so, dass man sich ändert, aber man wächst. Charlottes Beine ragten irgendwann aus dem Kinderbett, und ich sagte: ›Serge, sie ist vier! Sie gehört längst nicht mehr in dieses kleine Bett‹, und er antwortete: ›Dann zieh ihr Strümpfe an!‹ Nichts sollte sich ändern, das war ganz süß. Zuletzt konnte ich ihn wenigstens zu einem Doppelbett überreden. Dann ging es.«

»Aber auch Sie selbst waren ihm entwachsen.«

»Ich will nicht böse sein, aber Sie wissen, wie das ist: Der Erste, der kommt und etwas Faszinierendes an Ihrer Persönlichkeit findet, all diese Dinge, der hat ein leichtes Spiel. Bei mir war es der Regisseur Jacques Doillon.«

Jacques Doillon, auch einer, der mit der Bourgoisie nicht konnte, ein Unkonventioneller, Liebhaber von Alltagsgeschichten, erzählt von Laiendarstellern. Erst Assistent von Alain Robbe-Grillet und Eddie Matalon, dann Zögling von Alain Resnais. Widmete sich am liebsten den Problemen Jugendlicher, Heranwachsender. Er ist Jane Birkins Generation, besetzt sie gegen ihr erotisches Image. Erst da, erst Anfang der Achtziger wurde sie ernst genommen, aber ist das fair? War sie nicht eine gute, präsente Schauspielerin auch, als sie noch zeitweilig entblößt spielte? Nun gut, er hatte es leicht.

»Also verließ ich Serge.«

Pause.

»Dann ging ich irgendwann bei ihm vorbei, hielt den Eintopf so vor meinem Bauch und sagte: ›Serge, ich habe mich verändert.‹ ›Ja, du hast dir die Haare geschnitten.‹ ›Nein‹, sagte ich, ›es ist etwas anderes.‹ ›Ein neues Kleid.‹ ›Nein, Serge, was anderes ... Serge, ich bekomme ein Kind.‹ Er konnte meinen Bauch nicht sehen, der Eintopf war ja davor. Er erwiderte: ›Dann verbiete ich dir, künftig meine Mutter zu besuchen.‹«

»War das eine Strafe?«

»Die Höchststrafe. Aber seine Mutter war reizend, rief nach der Entbindung an und fragte: ›Wie ist es, wie ist es?‹ ›Ganz normal‹, sagte ich. ›Ein Baby mit Haaren obendrauf, ist nichts Besonderes dran zu sehen.‹ ›Das glaube ich nicht‹, rief seine Mutter mit ihrem russischen Akzent. ›Brrring es her.‹ Das machte ich, und Serge überschüttete das Kind mit Geschenken. Nicht leicht für den leiblichen Vater, aber das ist eine andere Geschichte.«

Ich stelle mir vor, wie die Trauer, die Depression, sein Trennungsschmerz, ihr Phantomschmerz Eingang in die gemeinsame Arbeit finden, wie beide irritiert und darüber nicht völlig glücklich zusehen, wie ihre gemeinsame Arbeit immer besser und tiefer wird. Ich erinnere mich an Sätze, die Jane Birkin früher über die Liebe gesagt hatte, Sätze, wie sie nur Liebenden einfallen. Sie sei unsicher und nostalgisch und fast krankhaft darin, auf die Anfänge der Dinge zu blicken, der Formen, in denen Verhältnisse entstehen, auf die ersten Abschiede auf einem Bahnhof, auf die Küsse im Park, wenn die Liebenden nicht warten können, bis sie zu Hause sind.

Ich denke daran, wie sie ihre Wohnung beschrieb. Dass sie das Anrufbeantworterzimmer nicht mag, wo die Stimmen von draußen ankommen. Dass sie den Schimmel auf dem Wasser mit den lange verwelkten Blumen mag. Dass sie die Gesellschaft von Büchern mag, auch wenn sie wenig liest und sich selbst wenig Phantasie attestiert. Und dann sehe ich sie im weißen Hemd auf einer

Bühne stehen, als sie zum ersten Mal vor Publikum sang, noch dazu einen eigenen Text, und als es vorbei war, johlte das Publikum und streckte die Hände aus nach ihr, und sie senkte den Kopf, beschämt.

Aus all diesen Bildern spricht eine Bedürftigkeit, ein Mangel, der zu dem Bild der Liebe passt, das sie aus ihrer Vergangenheit nach oben holt. Immer noch spricht sie mit viel Atem, vertieft den Eindruck der von vielem geleiteten, von einem zum anderen springenden Atemlosen mit dem liebevoll verwahrlosten Erscheinungsbild. Das ist ihr wohl gerade recht. Nein, sie macht den Kardinalfehler aller Schauspieler nicht: Sie will kein Bild abgeben. Anders gesagt, sie kann sich auf ihre Wirkung verlassen, denn die liegt ohnehin abseits.

»Serge gab mir damals immer Verse zu singen wie: ›Lauf weg vor dem Glück, das Gefühl ist dahin, der Himmel wird grau ... ‹, solche Dinge. Und plötzlich, als ich diese Musik im Studio sang – da oben hab ich das Manuskript des Liedes aufgehängt – sah ich ihn auf der anderen Seite hinter der Scheibe weinen, und ich weinte auf dieser Seite der Scheibe und versuchte, immer noch höher und höher zu singen und ihn noch stolzer zu machen. Wir beendeten die Aufnahme, und ich bekam zum ersten Mal den Prix Charles Cros, die höchste Musik-Auszeichnung Frankreichs.

Ich drehte gerade, also nahm er ihn für mich in Empfang, und ich habe erst später begriffen: Die Chansons, für die ich da ausgezeichnet wurde, die waren nicht ich, die waren er. Er hatte mir seine feminine Seite verliehen und sie zum Singen gebracht. Seine B-Seite. Dieser Trick erlaubte es ihm, der Wüste, Gefährliche und Verrückte zu sein, dieser ›Gainsbarre‹, wie er sich dann nannte, der 500-Franc-Noten im Fernsehen verbrannte. Die andere Seite behielt er für sich, für mich, es war die Seite des melancholischen Jünglings.

Bis heute habe ich ein schlechtes Gewissen und denke, wenn ich ihn nicht verlassen hätte, vielleicht wäre ihm dieses ganze Elend erspart geblieben, in dem ich ihn manchmal im Fernsehen sah. Durch mich war er in der Lage, seine zerbrechliche Seite zu zeigen und dabei um so verwegener zu sein. Dabei hätte ich ihn nur blockiert. Wären wir zusammen geblieben, wäre er wohl konventioneller geworden.

Ich wollte, dass er wie ein jüdischer Dichter aussah, Anzug mit Weste trug und eine halbe Brille. Ich mochte ihn nicht, wenn er Leute verletzte und so halbstark tat. Und ich sagte: ›Was hast du da für eine schreckliche Schlangenlederjacke?‹, die er trug und von der er sagte: ›Die wurde bei Nacht hergestellt.‹ Und ich antwortete: ›Die sieht auch so aus, als ob sie bei Nacht fabriziert wurde.‹ Und er sagte: ›Die Kids lieben sie.‹ Und er hatte Recht: Die Kids liebten sie. Gott sei Dank war er unkonventionell, Gott sei Dank bewahrte er sich seine Gainsbarre-Seite: Er tanzte auf der Straße herum und fragte: ›Wie fandest du mein Interview letzte Nacht?‹ Und ich sagte: ›Gott sei Dank habe ich es nicht gesehen, denn ich habe gehört, es war furchtbar.‹ Und er: ›Nun, der Polizist mochte es, die Kids liebten es ... ‹, und ich sagte: ›Wie schön für sie! Viel Spaß damit!‹«

»Aber Banknoten im Fernsehen zu verbrennen, ist ja nicht nur provokativ, sondern auch theatralisch.«

»Die Hälfte seines Geldes ging an die Steuer, warum sollte er nicht öffentlich 500 Francs verbrennen? Es war eine wahre Geste. Das ist das Traurige am Fernsehen heutzutage: Niemand hat mehr den Mut, die Wahrheit zu sagen. Alle sind bloß politisch korrekt, haben Angst um ihr Image. Serge war nie so.«

»Die meisten Sendungen sind ja nicht einmal live. Da kann sowieso nichts mehr passieren.«

»Genau. Ich erinnere mich an einen englischen Nachruf auf Serge, der lautete etwa: Auch wir haben einen Dichter – sie nannten einen Namen – aber ist er auch ein Clown? Wir haben einen Clown – sie nannten ihn – aber ist er auch Performer? So ging das immer weiter, bis zum Schluss: Wir haben keinen Serge Gainsbourg. Das fand ich passend.«

»Das alles klingt ein wenig nach Bohème. Aber es muss doch Menschen gegeben haben, die das provozierte, denen Sie beide ein Dorn im Auge waren.«

»Natürlich, eine faschistische Gruppe kündigte an, uns in

Straßburg in die Luft zu jagen. Die amerikanischen Touristen waren natürlich stinksauer, dauernd mussten sie mitten in der Nacht raus auf den Rasen vor dem Hotel wegen einer Bombendrohung gegen einen unbekannten Franzosen namens Serge Gainsbourg. Da standen sie in ihren Pyjamas und fluchten: ›What the fuck are we doing here?‹ Erst wollte Serge sein Konzert ganz absagen. Dann ging er allein auf die Bühne und sang die Marseillaise. Da stand die faschistische Gruppierung und wusste nicht was tun. Sie salutierten, setzten sich, standen auf, salutierten. Am Ende machte Serge das Fuck-Zeichen. Als wir nach Paris zurückkamen, war er der Held. Es war die erste politische Aktion seines Lebens. Abgesehen davon, dass er mit zwölf Jahren den gelben Stern tragen musste, war ihm jedes politische Engagement eher fremd.«

»Anders als Ihnen?«

»Ja, ich war immer politisch, ging gegen die Todesstrafe auf die Straße, als das ziemlich unpopulär war, und Serge, der immer wollte, dass die Franzosen mich entdeckten, mich liebten, warnte mich davor, unpopulär zu werden, und doch haben die Franzosen ihm nie das Kreuz der Ehrenlegion verliehen. Also kaufte er sich so ein Kreuz auf dem Flohmarkt und trat damit auf. Prompt bekam er empörte Briefe: ›Monsieur, legen Sie sofort das Kreuz ab, Sie haben es nicht verdient.‹ Serge rief meinen Vater an: ›Was soll ich tun?‹ ›Vor allem sollst du dieses Kreuz nicht einfach so tragen,‹ sagte der, ›du musst es illuminieren.‹ Die Idee gefiel Serge, also schraubte er eine Birne rein. Die Briefe wurden nur schlimmer. Einer schrieb, Sie sehen aus wie eine Kröte auf dem elektrischen Stuhl. Das gefiel ihm.«

»Sie sind eine leidenschaftliche Testamentsvollstreckerin!«

»Ich weiß, dass Serge mir seine Dinge bewusst vermachte, damit ich sie in meiner Obhut behielte. Er wusste, ich würde eine getreue Verwalterin sein. Eine Sache, die ich gut kann, ist das Bewahren der Kostbarkeiten anderer Leute und die Sorge dafür, dass alle sie sehen können. Ich bin gut darin, in der Welt herumzulaufen und ihn hochzuhalten, als wäre er die Fackel bei einer olympischen Zeremonie. Ich tue das, was ich am besten kann, und ich werde es tun, bis ich tot bin, und ich glaube, dass er das auch wusste. Er wusste es.«

»Ich erinnere mich an eines der letzten Interviews mit Dirk Bogarde, in dem er Sie so pries. Es muß Sie doch Ihr Leben lang begleitet haben, dass die Leute Sie unterschätzen, dieses Liedes wegen?«

»Ich glaube, in vielen Ländern, auch in meiner Heimat England, bin ich ausschließlich für ›Je t'aime‹ bekannt.«

»Nicht für Antonionis ›Blow up‹?«

»Vielleicht ein bisschen. Ungefähr vor einem Jahr war ich in London und befand mich auf dem Weg in ein BBC-Studio für ein Live-Interview. Normalerweise habe ich, wenn mich die Leute auf der Straße fragten, was ich mache, immer geschwindelt, ich sei Kriegsreporterin, Krankenschwester oder so was. Aber diesmal spielte ich die Andromache in ›Die Frauen von Troja‹ im Nationaltheater, und als mich der Taxifahrer fragte, was ich denn so beruflich mache, hatte ich ausnahmsweise keine Lust, mich als Scriptgirl auszugeben. Ich sagte: ›Ich bin Sängerin, vielleicht haben Sie mal ein Lied gehört, das ich vor 30 Jahren gesungen habe. Mit einem Franzosen namens Serge Gainsbourg, das Lied heißt ›Je t'aime‹.« Er stieg voll in die Bremsen und schrie: ›Fucking ›Je t'aime‹‹, und er drehte sich um, ›ich habe fünf *fucking* Kinder gezeugt bei dem *fucking* Song ›Je t'aime‹. Kann ich Sie wieder zurückfahren?« Die Geschichte habe ich natürlich gleich im Fernsehen erzählt, die Leute fielen fast in Ohnmacht, und ich fragte: ›Was hab ich gesagt?‹ Und sie flüsterten: ›Sie dürfen in der BBC nicht fucking sagen!‹

Wenn man schon mit einer bestimmten Sache in Verbindung gebracht wird, warum nicht mit ›Je t'aime, moi non plus‹, wo die Kinder zu einer Schallplatte gezeugt werden, an die sich jeder erinnert und die nicht im entferntesten altmodisch geworden ist? Man könnte auch mit etwas ganz Nichtigem in Verbindung gebracht werden, aber bei mir war es eben ›Je t'aime‹, und ich vermute, das wird für den Rest meines Leben so bleiben. Hätte schlimmer kommen können, immerhin ein Liebeslied. Serge wäre stinksauer, wenn man mich für irgendetwas anderes im Gedächtnis behielte.«

Es ist nicht die Energie allein, mit der sie von dieser Beziehung spricht und ihre Geschichte erzählt, es ist die Frische dieser Liebe, die so mitreißend wirkt. Jede Episode mündet immer noch in Serge, und das ohne Sentimentalität. Man kann nicht anders, man befindet sich in der Gegenwart einer großen Liebe.

»Als ich für den ›Nouvel Observateur‹ einen Artikel über Serge schrieb, zehn Jahre danach, sagte ich: Zehn Jahre, Serge, und ich bin immer noch nicht über dich hinweg. Und ein Freund sagte: Nein, schreib das nicht, Serge wäre so traurig, wenn er das läse. Und ich rief: Spinnst du, er wäre begeistert. Er wollte, dass die Leute nie über seinen Tod hinwegkommen, nie. Wir sollen immer noch weinen und sagen: Serge, du fehlst uns so. Und es ist ja wahr, niemand ist in seine Fußstapfen getreten. Niemand ist so komisch, so wild wie er. Er ist nie veraltet. Jetzt inspiriert er die Jugendlichen, und ihre Eltern sind sauer, weil er sie daran erinnert, dass sie ihre eigene Jugend verpasst haben, und ich meine mehreres, die Arroganz der Jugend genauso wie ihre Romantik, ihre überwältigende Sentimentalität. Ach, und sie haben es in ihrem Leben nicht mal geschafft, einen Drei-Tage-Bart zu tragen und Jeans ohne Socken! Serge hat nie aufgehört, so zu sein.«

Sie sagt das nicht kulturkritisch, eher mit Bedauern darüber, dass nicht alle eine wahrhaft unendliche Jugend bekommen wie sie oder dass sie nichts tun, sie zu fordern. Sie spricht nicht um ihretwillen so. Sie hat es hinter sich und wird es nie hinter sich haben.

Noch in diesem Augenblick wird sie vom Atem dieser Liebesgeschichte animiert, die 1980 ihre Form wechselte, als das Paar nicht mehr Paar war, die 1991 noch einmal die Form wechselte, als Serge Gainsbourg starb, nachdem er sein letztes Lied geschrieben hatte mit dem Titel »Requiem für ein Schwein«, und die heute in zeitloser Form überdauert als leidenschaftliches Vermächtnis. Wie ironisch, dass ein Titel namens »Je t'aime« die Repräsentation dieses Paares in der Außenwelt bleiben sollte, ein

Titel, der so wenig von dem enthielt, was sie sich wirklich bedeuteten.

»War eigentlich die Situation, in der ›Je t'aime‹ produziert wurde, wirklich intim?«

»Nein, Serge sagte immer – und das war eine ganz clevere Antwort –, wenn es real gewesen wäre, hätte es keine Single, sondern eine Langspielplatte sein müssen. Aber tatsächlich war die Aufnahmesituation eher klinisch, wir befanden uns wie in zwei Telefonzellen, getrennt voneinander, und durften nur einmal singen. Vielleicht waren es auch zwei Aufnahmen, aber jedenfalls machte man damals nicht hundert wie heute. Und er stand da, dirigierte mit beiden Händen und hatte Angst, ich könnte durch mein Stöhnen die Kontrolle verlieren und den höchsten Ton vergessen. Wenn Sie genau zuhören, dann merken Sie da eine kurze Pause nach dem Stöhnen. Das hat er so dirigiert, damit ich den hohen Ton nicht vergesse. Er dirigierte wie ein Irrer. Nein, an dem Tag gab es keine Intimität im Marble Arch Studio.«

»Wussten Sie, was Sie da taten?«

»Naja, wir wohnten damals in dem Hotel, in dem der arme Oscar Wilde starb, da hatten sie einen Plattenspieler im Essraum, und natürlich konnten wir der Versuchung nicht widerstehen und spielten das Demo von ›Je t'aime‹. Es waren gerade alle beim Essen. Und wir sahen, wie sie alle gefroren, mit Messer und Gabel in der Luft. Da wussten wir: Wir hatten einen Hit! Also gingen wir zum Chef der Phonogram. Er saß auf dem Boden, hörte zu, dann sagte er: ›Für eine Single gehe ich nicht ins Gefängnis. Fahrt zurück nach London und macht eine LP daraus‹.«

»Vor dem Skandal hatten Sie keine Angst?«

»Der Skandal war mir eigentlich ziemlich egal. Ich wollte einfach verhindern, dass sich Serge mit irgendeinem anderen Mädchen in eine Telefonzelle stellte und das sang, und es gab andere ...«

»Brigitte Bardot hatte ihn 19 Jahre lang unter Verschluss gehalten.«

»Genau. Und weil ich ja wusste, dass er mal mit Brigitte Bardot zusammengewesen war, hatte ich einen Grund mehr, keine andere Frau an ihn ranzulassen. Diese Mireille Darc scharwenzelte dauernd um ihn rum: ›Oh, Serge, was für ein wunderbarer Song, wo hast du ihn?‹ Und ich erwiderte: ›Ich hab ihn, er liegt in der Schublade‹, und als mich Serge dann fragte: ›Willst du ihn singen?‹, sagte ich sofort: ›Klar will ich ihn singen.‹ Das Original haben wir verloren, aber als wir es für eine Wohltätigkeitsveranstaltung spenden sollten, haben wir es noch mal aufgeschrieben, eine Kaffeetasse drauf abgestellt, Rotweinflecken hinzugefügt, Zigarettenasche drübergestreut, es angekokelt und drauf rumgetrampelt. Wir haben es gemeinsam getan, also ist es in gewisser Hinsicht ein Original.«

»Gibt es Lieder, die ihm zu privat waren für eine Veröffentlichung?«

»Serge musste immer alles gleich raushauen. Er schrieb sie seinen Musen auf den Leib. Er konnte schöne Frauen nicht leiden, er mochte auch keine Sängerinnen, aber er mochte schöne Frauen, die sangen. Also schrieb er für Adjani, Bardot, Vanessa Paradis. Die war übrigens ziemlich wählerisch, schickte ihn immer wieder zum Nachsitzen nach Hause, und er wühlte durch seine Wörterbücher auf der Suche nach immer neuen Reimen.«

»Und Sie? Sie wussten doch ursprünglich nicht viel über Chansons und die französische Literatur. Wie haben Sie sich das alles zu Eigen gemacht?«

»Durch Serge, durch Serge. Als ich mit John Barry verheiratet war, hat er zwei Oscars bekommen. Ich kannte mich ein bisschen mit Musik aus, genau gesagt mit Filmmusik. Ich glaube, in Frankreich hörten wir nur Sachen, die Serge hören wollte. Wir verbrachten unser halbes Leben in Nacht-Clubs. Gewöhnlich gingen wir abends um 9 Uhr aus, wenn die Kinder im Bett waren, und kamen morgens um 6 Uhr zurück, wenn der Müll abgeholt wurde. Dann haben wir gewartet, bis die Kinder aufwachten, und uns danach bis 2 Uhr nachmittags ins Bett gelegt.«

»Dann kamen die Kinder aus der Schule ...«

»Ja, es war ein komisches Leben, mit der Musik, die Serge mochte und die ich nicht unbedingt mochte. Klar, ich kannte die Beatles. Ich war ja so konventionell. Einmal war ich sogar mit John Lennon zum Essen verabredet. Als mir das einfiel, habe ich gleich in meinem kleinen Tagebuch nach einer Notiz gesucht, und was finde ich: ›Lunch with J. Lennon ... v. nice‹. Das war alles: ›v. nice‹, na ja, vermutlich war er einfach ›v. nice‹.

Ach, diese Tagebücher sind ein so reizender Spiegel unserer Zeit damals. Die Sommer verbrachten wir in meinem kleinen Cottage auf dem Land. Serge hasste es, er langweilte sich, versuchte die Ziege zu dressieren und wartete, bis abends die Bar aufmachte. ›Ich hasse das Land‹, sagte er. ›Es fühlt sich an, als sei man schon unter der Erde.‹ Und all diese Tagebücher über das unverfälschte Leben, das wir mit unseren Kindern führten, sie sind so rührend. Ich hatte fast vergessen, dass das unser Leben war. Alles wirkte so leicht und kindlich und voller Freude, es war alles so heiter. Ja, ich habe wirklich Glück gehabt.«

Spricht's, geht ins Nebenzimmer, und ich bin nicht sicher, dass sie nicht weint. Vielleicht vor Glück.

Vom Menschen essen

Begegnungen mit Issei Sagawa

Im Februar 2004 flog ich nach Tokio, um ihn endlich wieder zu sehen. In den U-Bahn-Schächten und vor den Ladenpassagen hatte die Firma Godiva rot ausgeschlagene Tischchen aufgebaut mit braun und gold verpackten Schokoladenbarren. Es war die Woche des Valentinstags. Die ganze Stadt dachte dauernd an die Liebe.

Es sollte nicht mein erstes Wiedersehen mit Issei Sagawa werden, nach unserem ersten Zusammentreffen Anfang der neunziger Jahre in Hamburg. Er war auch später noch einmal dort gewesen. Ein wenig ratlos hatten wir da zusammen gegessen. Ein andermal hatte ich ihn vor einer deutschen Boulevardjournalistin gewarnt, die sich mit plakativen Fragen an ihn gewandt hatte. Getroffen hatte er sie dennoch und anschließend lamentiert.

Auch hatten wir manchmal telefoniert, und zu Weihnachten schickte er kleine Geschenke, ein paar Schachteln bunter Kekse, in Seetang eingewickelte Cracker, ein Set japanischer Bierdeckel, ein Konvolut mit fotokopierten Zeitungsartikeln über sein Fortleben unter den Augen der Öffentlichkeit.

Eine persönliche Beziehung war nicht entstanden. Fragen stellte er nicht, seine Antworten waren in der Regel einsilbig, und was genau er in unserer Verbindung suchte, weiß ich nicht. Vielleicht war es eher der Nachhall einer starken geteilten Erfahrung, der Wunsch, nicht loszulassen, auf beiden Seiten. Irgendwann bekamen diese Anrufe etwas Quälendes. Ich beantwortete sie nicht mehr und war eher erleichtert, als auch Sagawa seine Versuche einstellte, die Verbindung zu halten.

Trotzdem war ich nach Tokio gereist, um ihn wieder zu sehen. Vielleicht um abzuschließen, um ihn als werktätigen japanischen Bürger in seiner Heimat zu erleben, um mir endgültig klar zu werden über ihn. Angekündigt hatte ich mich nicht, aber in den knapp zwei Wochen, die ich bleiben wollte, würden wir schon einen Termin finden.

Doch bevor ich zum ersten Mal den Hörer aufnahm, setzte ich mich hin und begann im Hotel, seine Geschichte zu schreiben. Sie beginnt mit einer kleinen Agentur-Meldung. Ein Japaner, hieß es da, der vor Jahren eine junge Frau in Paris von hinten erschossen und anschließend von ihr gegessen habe, feiere jetzt in seiner Heimat einen großen Erfolg mit seinem ersten Roman, »The Fog«.

Eine Redakteurin unseres Interview-Magazins rief den japanischen Verlag an, erhielt problemlos Sagawas Telefonnummer und hatte ihn Minuten später selbst am Apparat. Würde er nach Deutschland kommen, um ein einstündiges Gespräch über seine Tat zu führen?

Er schlug vor, das Gespräch in Japan zu führen, wollte aber nur von hinten gefilmt werden, weil die japanische Presse schon allzu grausam mit ihm umgegangen sei. Tage später meldete er sich erneut. Jetzt schien ihm der Vorschlag, nach Deutschland zu reisen, weit attraktiver, und hier könne er auch sein Gesicht zeigen. Das letzte Hindernis, sein fehlender Reisepass, wurde ausgeräumt. Es stand fest: Elf Jahre nach seiner Tat in Paris würde Issei Sagawa erstmalig wieder europäischen Boden betreten.

Die Vorbereitung in Deutschland verlief mehrgleisig. Redakteure reisten zu den Angehörigen des Opfers, andere nach Paris zu Bernard Defer, dem verantwortlichen Gerichtsgutachter, ein drittes Team mühte sich in Japan um Auskünfte der Verantwortlichen, die Sagawa ehemals aus der psychiatrischen Anstalt entlassen hatten, konnte aber kein verwertbares Material bekommen.

Parallel wurde in Deutschland das Bundeskriminalamt benachrichtigt und ein Begleiter für Sagawa verpflichtet, der sicherstellen sollte, dass er zu keiner Zeit unbeobachtet blieb. Auch die beiden Redakteurinnen, die das Thema erarbeitet hatten, sollten Sagawa zu keinem Zeitpunkt allein ausgesetzt werden.

Außerdem stellten wir sicher, dass er das Land zum Zeitpunkt der Ausstrahlung bereits verlassen hätte, so dass er nicht auch hier mit der aufmerksam gewordenen Presse konfrontiert würde.

Die Interview-Vorbereitung gestaltete sich schwierig. Zum einen war der Fall von den Zeitungen in einer Weise fiktiv aufbereitet worden, dass man den Sachinformationen kaum trauen konnte. Sodann lag er vor uns wie das Rohmaterial zu einer Interpretation, deren Boden uns Sagawa im Handumdrehen entziehen konnte. Schließlich war er so vielen Polizeiverhören und psychotherapeutischen Sitzungen unterzogen worden, dass man nicht ausschließen konnte, einem Vokabular zu begegnen, das von Psychoanalyse überformt und kaum mehr durchlässig war für jene ursprüngliche Erfahrung, die ihn ehemals geleitet hatte und um die allein es gehen sollte. Alles andere hätten wir uns als Fallstudie eines Experten leichter beschaffen können. Endlich aber war nicht einmal sicher, dass Sagawa bereit sein würde, sich mit uns noch einmal in jenen Tunnel zu begeben, der zu seinem gefährlichsten Erlebnis führte.

Natürlich entstand im Laufe der Recherche ein Bild des Mannes, eine Theorie der Tat. Als plausibelste Lesart erschien es mir, einen Akt der Liebe zu unterstellen, eine Handlung der Entgrenzung und ekstatischen Aneignung, eher als eine der Bestrafung oder des Sadismus. Also beschäftigte ich mich zuvor mit dem Liebestod, dem »délire à deux«, dem Liebeswahn, und versuchte, das Paradoxon zu denken, das sich im Mord am geliebten Wesen manifestierte.

Auf diesem Komplex baute ich einige meiner Fragen auf. Erst im Interview stellte sich heraus, dass diese Lesart so falsch war wie die umgekehrte, die aggressive, oder eine Mischung aus beiden. An dieser Stelle entzog mir Sagawa in wenigen Sätzen den Boden und stieß mich durch seine glaubwürdigen Dementi zurück in den Raum des Unvordenklichen.

Man konnte folglich nur noch induktiv vorgehen, von Element zu Element, und sich auf dieser Basis eine Deutung zurechtlegen – wenn es denn überhaupt eine solche geben konnte. Was er selbst zu seinen Motiven beibrachte, war darüber hinaus in einer Weise präzise, die weit über das hinausging, was wir uns selbst überlegt oder auch von ihm zu hören erwartet hatten.

Meine erste Begegnung mit Sagawa am Tag vor dem Interview konfrontierte mich mit einem schmächtigen, sehr höflichen, verschüchtert wirkenden Mann, der sein Möglichstes tat, nicht aufzufallen und den Aufwand, der mit seiner Person getrieben wurde, herunterzuspielen. Seine Augen wagten nicht zu insistieren, der Blick schweifte, suchte immerzu nach einem Indifferenzpunkt.

Als Geschenk hatte er ein Exemplar seines japanischen Buches mitgebracht. Auf der dritten Seite befand sich eine einzelne Zeichenkolonne.

»Ist das eine Widmung?«, fragte ich.

Er verstand das Wort »Widmung« nicht.

»Did you write your book for somebody?«, versuchte ich zu umschreiben.

»For my victim«, antwortete er.

Die Wahrnehmung Sagawas verlor keinen Augenblick ihren Hintergrund, ihre Geschichte. Auch wenn wir uns hüteten, seine Vergangenheit schon jetzt zu erörtern, ließ sie uns keinen Augenblick los. Zum Mittagessen am Tag vor dem Interview gingen wir zu viert in ein kleines italienisches Restaurant. Ich weiß noch, wie wir später übereinstimmend feststellten, hypnotisiert nach seinen mahlenden, schiefen Zähnen gesehen zu haben, die in Tomatensauce schwammen, und nach seinen faltenlosen Kinderhänden, wie sie das Messer führten – alles zugleich normal und unheimlich.

Darüber hinaus konnten simple Versprecher eine zweite Dimension annehmen, die uns peinlich war, auch wenn wir lachten. So missverstand Sagawa das Wort »Kettenreaktion« und machte stattdessen die Bewegung einer Kettensäge. Keiner am Tisch, der sich nicht sofort um elf Jahre zurückversetzt fühlte. So lächerlich konnte der Schrecken nachhallen, der mit Sagawa verbunden war.

An diesem Mittag sprachen wir von seinem jetzigen Leben, seinen früheren wissenschaftlichen Arbeiten und den Erinnerungen an Europa. Auf seine Vergangenheit rekurrierte er allenfalls als auf »meine Tat«. Das war die Wasserscheide, dort entschied sich sein Schicksal, dort trat er in eine Sphäre der Schuld wie der Berühmtheit ein, die er beide in seinem Leben nicht mehr verlassen würde.

Am Ende des Mittagessens hatte sich zu Sagawa eine freundliche, von Respekt, auch von gewissem Mitleid geprägte Beziehung ergeben, die im Wesentlichen darauf basierte, dass niemand von uns ihn verurteilte oder offen Abscheu artikulierte. Dieses neutrale Verhalten, so erfuhren wir erst später von ihm, war ihm völlig neu und erleichterte ihn, der eine lange Reise in eine ungewisse Situation angetreten hatte, enorm.

Am Tag des Interviews trug Sagawa einen guten blauen Anzug, und er war nervös, sei es, weil er das Fernsehen fürchtete, sei es, weil ihm die Konfrontation mit der eigenen Vergangenheit schwer fiel. Wir zeichneten das Interview mittags auf. Die beiden japanischen Dolmetscher erfuhren erst Stunden vor der Aufnahme, um welche Art von Gespräch es hier ging. Ihre Reaktion war undurchsichtig. Sie kannten den Fall, ein paar Namen und Daten ließen sie sich nachreichen, zuletzt fragten sie mich, ob ich Sagawa lieber als Verbrecher oder als Herrn angeredet hätte. Ich bat um »Sagawa san«, »Herr Sagawa«.

Meine eigene Empfindung vor dem Gespräch war ein Komplex aus unlösbaren Widersprüchen. Da war Angst, dem Gast, der Geschichte nicht gewachsen zu sein, die richtigen Fragen nicht zu finden, zu fern zu bleiben. Dann war da die Neugier auf Sagawas Version der Geschichte, denn noch hatte ich nur eine sehr diffuse Vorstellung von den Wegen, die er zur Selbsterklärung einschlagen würde. Schließlich empfand ich eine Art Mitempfinden, wusste aber, dass diese Regung nicht nur unverständlich für den Zuschauer, sondern auch vernebelnd wirken könnte. An einem emotionalen Widerstand, einer gewissen Ungerührtheit des Fragers wächst der Gast, und endlich musste ich mich zwingen, im Kopf zu behalten, dass es ein Opfer Sagawas gab, dass die Familie dieses Opfers immer noch litt und in unserem Gespräch nur durch eine für ihn überraschende Einspielung zu Wort kam.

Auch wenn der Sinn des Gesprächs nicht sein konnte, einen Prozess anzustrengen, bei dem beide Seiten ihre Redezeit erhielten, sollte nicht vergessen werden, auf welcher Seite des Tisches ich saß. Aber das bedeutete auch: Nicht Verurteilung, sondern Darstellung war die Absicht. Nach allem, was wir über den Fall Sagawa in Erfahrung gebracht hatten, wäre die Anwendung des Schuldbegriffs anmaßend, falsch und fruchtlos gewesen.

Sagawa war der Mann, der morgens unbescholten aufgestanden war und abends zwei der schärfsten Tabus der Menschheit gebrochen hatte: Getötet hatte er und vom toten Menschen gegessen. Wenn es sinnvoll war, keine Demarkationslinie zu einem Raum des gesellschaftlich Unaussprechlichen zu bezeichnen, dann ging es nicht um die Frage, »was« man nicht besprechen durfte, sondern »wie« man es nicht besprechen durfte, wollte man Täter-Erfahrungen nicht gänzlich zu Spekulationsobjekten juristischer, medizinischer oder journalistischer Erörterungen machen.

Blieb also die entscheidende Frage, wie ehrlich Sagawa sein, wie sehr er sich auf das Erkenntnisinteresse seines Gegenübers einlassen würde. Bevor das Gespräch begann, saßen wir ein paar Minuten lang schweigend am Tisch. Dann begann ich mit der für ihn unverständlichen Aufforderung:

»Issei Sagawa, zeigen Sie mir Ihre Hand.«

Er hob diese winzige Kinderhand mit eingeknicktem Ringfinger und lächelte sie an, als müsse er ihr Lächeln erwidern.

»Ist dies die Hand eines Mörders?«

Er lächelte verwirrt, legte sie weg und sagte:

»Vielleicht ja, vielleicht nicht, ich weiß nicht.«

Ich glaube, so war es, und spätestens, als er die Hand hob, ohne zu wissen, warum, war mir bewusst, dass er entschlossen war, sich der Situation auszuliefern. Entsprechend hat er keine überprüfbar falsche Aussage gemacht und noch Fragen nach kleinen sinnlichen Details so genau beantwortet, wie es ihm möglich war, selbst wo er nicht nachvollziehen konnte, warum sie gestellt wurden.

Dies ist seine Geschichte:

Im späten Frühling des Jahres 1981 schreibt die holländische Literaturstudentin Renee Hartevelt ihren Eltern einen Brief aus Paris. Sie beschreibt ihnen die Stimmung auf den Straßen der Großstadt, schreibt, es gehe ihr gut, und sie habe auch einen sehr freundlichen Japaner kennen gelernt, den sie gerne im Sommer mit nach Rotterdam bringen würde. Ausschnitte dieses Briefes erscheinen später in einer französischen Zeitung. Einen der Leser – Sagawa selbst, der zu dieser Zeit im Pariser Gefängniskrankenhaus sitzt – treffen diese Zeilen als ein Schock, von dem er sich sein Leben lang nicht erholen wird.

Renee Hartevelt ist eine sensible Frau, groß, mittelblond, 25 Jahre alt, nicht schwach, eher heiter, von freundlicher Erscheinung. Die Pariser Polizei wird ihren Körper später genauer vermessen und nach gerichtspathologischen Mustern beschreiben lassen. Dieses Wissen über Renee Hartevelt aber gelangt nicht an die Öffentlichkeit und liegt noch heute in der Obhut der französischen Ermittlungsbeamten.

Der Japaner, den Renee Hartevelt im Brief an ihre Eltern erwähnt, ist Issei Sagawa, Sohn von Akira Sagawa, dem Generaldirektor der »Kurita Water Industries« in Kobe, einer Firma, die sich auf die Aufbereitung von Abwasser spezialisiert hat, zugleich einer der reichsten Männer des Landes. Sein Sohn Issei ist ein Schwächling, einen Meter 48 klein, 40 Kilo schwer, von zartem Wuchs und beinahe unterentwickelten Gliedmaßen.

Ein Passbild aus jener Zeit zeigt ein klares, wenn auch verdrossenes Gesicht, unter den hohen, schütteren Brauen brütend melancholische Augen, von den schweren Lidern wie verhangen; der Mund ein störrischer Komplex mit fallenden Winkeln, die Haare aber wie zur Abmilderung oder Umschmeichelung der Gesichtsmaske wellig über die Ohren gelegt, die gestreifte Krawatte zu einem protzigen Knoten gebunden.

Sagawa ist 31 Jahre alt, lebt seit vier einsamen Jahren in Paris, wohin er gekommen ist, um Vergleichende Literaturwissenschaft zu studieren, so wenigstens hat er es seinen Eltern gesagt, und, ja, er ist ein hoch begabter Student, der seine Abschlussarbeit an der Universität Osaka über Shakespeares »Macbeth« geschrieben hat, sich jetzt aber auf expressionistische, dadaistische, surrealistische Lyrik und ihre Wechselbeziehungen zur zeitgenössischen japanischen Literatur konzentriert. Ein halbes Jahr später soll er, so ist vereinbart, einen Lehrauftrag an einer japanischen Universität antreten, qualifiziert durch seine hohe Begabung, zwei wissenschaftliche Aufsätze und einen Forschungsaufenthalt an der Sorbonne, der Mutter westeuropäischen Wissens.

Als er Renee Hartevelt kennen lernt, ist er ausgebrannt, von seiner Einsamkeit eingeschüchtert. Seinen täglichen Weg in die Sorbonne legt er geduckt zurück. Voller Angst aufzufallen, hat er um sich nichts als Bücher, fühlt sich aber bei alledem den westlichen Frauen gegenüber sicherer als unter den japanischen seiner Heimat.

Man muss sich wohl vorstellen, dass diesen kleinwüchsigen Mann eine Aura von Einsamkeit umgab, vielleicht auch von Wunderlichkeit, die die Kommilitonen eher von ihm abhielt. Möglich, dass er in seiner merkwürdigen Situation auch nicht wirklich Kontakt zu anderen suchte, jedenfalls bildet sich in ihm eine phantastische Innenwelt heraus, an der niemand partizipiert.

In Wirklichkeit ist er nach Paris gegangen, um dort den westlichen Frauen näher zu sein als daheim – jedenfalls ist dies sein geheimes Motiv –, denn diese Frauen, sagt er, sind für ihn etwas anderes als die Frauen, die er kennt, die mütterlichen, freundschaftlichen, gutwilligen Frauen Japans, die ihn ängstigen und seinen kleinwüchsigen Körper verkrampfen lassen, sobald sie sich ihm nähern. Diese Frauen suchen ein Verhältnis wie Freundschaft, wie Geschwisterliebe, und ein solches Verhältnis kann Sagawa in sich nicht finden. Seine Fremdheit ängstigt ihn.

Die europäischen Frauen sind etwas anderes, er weiß nicht, was sie sind, am ehesten sind sie Männer. Warum? Weil sie nicht mütterlich, weil sie praktisch, fast funktional sind – westlichen Frauen gegenüber ist Freundschaft unmöglich. Früher in Japan hat er einmal eine Frau gekannt, vergeblich eine Beziehung gesucht wie die zu einer Schwester, mit westlichen Frauen aber ist ein solches Verhältnis unmöglich, deshalb kann es keine wahre Bindung an sie geben.

War er aggressiv gegen sie, als er ihnen auf den Straßen im Pariser Frühling zusah? Jeder Mann, der unterdrückt ist, so Sagawa, wird diesen Frauen gegenüber irgendwann den Wunsch verspüren, sie zu vergewaltigen, und diese Gewalt im Zentrum eines Verhältnisses, das ist der Beleg für eine ungute, nicht-freundschaftliche, nicht-liebende Bindung. Aber eine Bindung. So beweist sich Sagawa, dass er die Frauen, die ihn seit der Kindheit wie eine Obsession verfolgen, nicht liebt.

Der holländischen Studentin begegnet Sagawa durch Zufall, irgendwie erkennen sie sich – sie schüchtern, mit einem Geliebten irgendwo in Holland, von dem Sagawa weiß, er eine Grenzpersönlichkeit, das ist ihm bewusst, träumerisch und seit langem sehr eigen in allem, was ihn treibt. Sagawa sagt, Renee war sanft und großmütig, das war sie, aber niemals mütterlich.

Irgendwann fasst er sich ein Herz und lädt Renee Hartevelt in seine Wohnung im 16. Arrondissement ein, Rue Erlanger. Am Spätnachmittag des 11. Juni kommt sie zu ihm. Weiß er, dass man dieses Datum, diese Tageszeit einmal als Tatzeit festhalten wird? Hat er sich nicht eine Long Rifle Kaliber 22 mit Schalldämpfer besorgt? Hat er nicht ein elektrisches Messer im Haus? Hat er nicht unzählige Simulationen dessen durchgeführt, was er nun tun muss?

Der 11. Juni ist ein schöner Tag, überall im Viertel stehen die Fenster sperrangelweit offen. Sagawa schließt die in seinem Wohnzimmer. Er erinnert sich plötzlich an Hitchcocks »Fenster zum Hof«, denkt an die Nachbarn, zieht sogar die Vorhänge zu und schaltet das elektrische Licht an. Er redet mit Renee wie ein Kommilitone oder Freund, in Wirklichkeit aber in der Furcht, sie könne jetzt noch, unerwartet und unwillkommen, ihre Rolle wechseln, von der Hure oder Jungfrau zur Mutter werden.

Wenn sie in diesem Augenblick mütterlich geworden wäre, ja, wenn sie ihm nur von ihrer Familie erzählt oder sich als ein ganzer Mensch entpuppt hätte – der ganze Plan, die zwanghafte Vorstellung, wie er sagt, zerstört wäre sie gewesen.

Während er weiter mit ihr redet, ringt er darum, die mütterliche Seite von ihr zu trennen.

»Ja, wenn ich nur gesehen hätte, dass sie ein Mensch war wie jeder andere auch, ich hätte sie nicht töten können.«

Deshalb wird er so entsetzlich erschrecken, als er aus der Zeitung erfährt, wie gut sie von ihm gedacht hat.

Er bietet ihr Tee an, schaltet ein Tonbandgerät auf Aufnahme, legt ihr eine Anthologie mit deutscher expressionistischer Lyrik in den Schoß, damit sie ihm vorliest. Unterdessen nimmt er das Gewehr aus dem Schrank. Genauso hat er die Tat immer wieder simuliert. Er wird das Gewehr nehmen. Er tut es. Er wird hinter sie treten. Er tut es. Die Waffe zittert in seinen Händen so stark, dass er sie nicht einmal heben kann. Als er sich überwindet und abdrückt, löst sich die Kugel nicht aus dem Lauf. Renee Hartevelt sitzt und liest weiter. Sagawa hat auch diese Situation vorausgesehen, vor Tagen ist er nachts in den Garten gegangen, um das Gewehr zu prüfen. Die Kugel verpuffte im Erdboden.

Er beginnt wieder, mit Renee Hartevelt zu reden, schlägt eine

Seite auf, später sagt er, die Wahl des Gedichts sei die Wahl des Zufalls gewesen. Renee gehorcht und liest im deutschen Original Johannes R. Bechers Gedicht »Abend«, Sagawa steht hinter ihr. Sie liest:

»Da nun aus schwacher Brust, durchwühlt ein Toben,
Schon warmer Hauch in kühles Dämmern schied,
So will ich gern den mächtigen Herren loben,
Der mit der Sonne rot im Westen zieht.
Es treibet heim das blutgeschwoll'ne Tier
das schlang die Städte über Tag
und fraß sich satt an Hirnen.«

Die Kugel trifft Renee Hartevelt in den Hinterkopf, zerschmettert ihren Schädel, ertränkt die Haare im Blut, zerfetzt ihr das sanfte Gesicht, reißt mit ihrer Wucht die ganze hochgewachsene Person vom Stuhl, streckt sie auf dem Teppich hin. Das ist Sagawas Werk.

Er steht und staunt, seine erste Sorge ist: das Grauen ihrer Leblosigkeit zu überwinden. Auf den Tod, so erfährt er erst jetzt, ist er nicht vorbereitet, ihn hat er nicht simulieren können, ihn hat er nicht gemeint, sondern etwas anderes, das noch wartet. Und während die Frau noch stirbt und die Wärme aus ihrem Körper weicht, sagt er wie ein Kind: Nicht ich habe sie getötet, es war ja nur eine Bewegung des Zeigefingers.

Und dann: »Wenn ich sie erstochen hätte, wäre es eine Arbeit gewesen, die ich körperlich hätte spüren müssen, aber so war es die Kugel. Die Kugel.«

Und trotzdem: Das zerschmetterte Gesicht droht ihm, droht mit Erwachen, mit der Zerstörung seiner Phantasiewelt. Der Tod ist es, die Blutspur der Gewalt, die er früher nicht in sich gesehen hatte. Der Tod ist für ihn der Beweis, dass das Verhältnis, das er sich ausgedacht hatte, nicht existieren kann. Die Leiche ist es, die in seinen Simulationen nicht vorkam, und er reißt sich zurück: Alles, was ich jetzt erleben soll, ist doch nur die Wiederkehr der eingeübten Zivilisation, sagt er sich. Denn in Wirklichkeit, in seiner Wirklichkeit, liegt hier das Rohmaterial zu jener Realität anderer Art, die seit vielen Jahren in ihm kondensiert ist.

»Nein, ich habe sie nicht geliebt in diesem Augenblick, hätte ich sie töten können, wenn ich sie geliebt hätte? Ich war nicht einmal sexuell erregt, sie war ja keine ganze Frau, sie war das Objekt meiner Begierde, und als das Blut floss, da hatte ich keine Begierde mehr, nicht einmal Freude, es war keine Erfüllung meiner Wünsche, es war Gehorsam, Gehorsam gegenüber meinem Szenario, an das ich mich zwanghaft halten musste.«

Er zieht die Leiche aus. Das Zimmer ist ganz still, keine Musik, Lampenlicht. Sagawa macht sich an die Arbeit. Er schleppt das elektrische Messer und eine Polaroidkamera herbei, zerrt den toten Körper mühsam ins Bad, mühsam, ist er doch kleiner und schwächlicher, als Renee Hartevelt es noch im Tode scheint.

Er beginnt, Aufnahmen zu machen, wer weiß warum? Die Fotos liegen immer noch bei der Pariser Polizei. Sagawa hat sie nie gesehen. Er hat auch das Tonband nicht abgehört, das während der Tat mitlief. Auf den Pariser Polizeifotos sieht man Pappteller, auf den Papptellern sieht man Fleischbrocken, im Gesicht des Verhafteten sieht man nichts. Er kennt nicht einmal den Inhalt des Gedichts, das Renee Hartevelt las, nicht die Verse mit der kannibalistischen Anspielung, die ihre letzten Worte werden sollten, und doch hat sie – ist das ein Trost für ihn? – ihr Leben mit einem Vers auf den Lippen beendet.

Aber die Leiche sieht er noch da liegen, auf dem Kachelboden des Bads, Objekt seiner Souveränität und Selbstbestimmung, und während er sich zu ihr hinunterbeugt mit dem Messer, weiß er: Ich bin angekommen, mein Leben erfüllt sich. Der Kindertraum, der Traum des Schwächlings, des Einsamen, des heimlichen Ausnahmemenschen, der Traum des Sohnes, des Künstlers, des unterlegenen Japaners, der Traum des vereitelten Mannes, der Traum der Träume erfüllt sich, und die Wirklichkeit streichelt mich.

Sagawa tritt in die Realität seiner Phantasien ein, das ist nicht leicht, aber er stachelt sich an, treibt sich voran, er fühlt kein Verbot mehr, »denn ich hatte ja keine Vorstellung mehr von anderen Menschen, nicht davon, dass sie ... wie soll ich sagen ... dass auch andere Menschen ein Recht haben auf das Leben. Das alles war völlig weg von mir.«

Ach, es war ein entsetzliches psychisches Dilemma. Auf den Pariser Polizeifotos sieht man nichts, nur einen Verwilderten, selbstgerecht in der Pantomime des Outlaws, des Monsters, stolz und wehrlos zwischen sehr ernsten Beamten.

Wo sind Sie, Sagawa, während das geschieht, was sehen Sie? Kommt Ihnen die gesellschaftliche Konvention immer noch unwirklich vor?

Sagawa löst mit Tranchiermesser und Rasierklinge Lippen, Brüste und Oberschenkel ab, er beginnt zu essen.

»Sie zu essen, zu diesem Zweck habe ich sie umgebracht, das Essen war das Primäre, der Tod nur ein Hindernis. Für mich wäre es das Bessere gewesen, wenn ich sie hätte essen können, ohne sie zu töten, und wenn sie sich dabei gefreut hätte, das wäre das Beste für mich gewesen.«

Er liegt wie ein Kind neben der Leiche, gekrümmt, die winzigen faltenlosen Babyhände an ihrem Körper, der Mund mit dem unregelmäßigen Zahnstand blutverschmiert, voller halb zerkautem Gewebe. Er ist an einem Ziel angekommen, das er kaum mehr erkennt.

»Ich habe immer die Sehnsucht gehabt, groß und stark zu sein, aber ich war eine Missgeburt. Von Kind an habe ich die Vorstellung gehabt, große westliche Frauen aufzuessen. Es war für mich eine Art Fetischismus herauszufinden, wie das Fleisch, besonders von hübschen westlichen Frauen, wie das schmeckt. Es war eine Verpflichtung, diese Frauen zu verspeisen, täte ich das nicht, ich könnte keinen Schritt weiterkommen in meinem Leben.

Und dieser Zwang hat mir Angst gemacht, täglich habe ich gegen ihn gekämpft, aber welche Realität hatte ich denn sonst? Die Realität meiner Freunde, meiner Familie, das alles war friedlich und sicher, aber diese Realität konnte ich nicht als meine Realität identifizieren. Es war eine gesellschaftliche Realität ohne Beziehung zu mir, und deshalb musste ich mir eine Realität selbst aufbauen, mit Beziehung zu mir, eine eigene Realität, mein Szenario, und ich wusste: Nur wenn ich dies erfülle, wenn ich mich in dieser Situation Schritt für Schritt so verhalte, wie ich es will, dann werde ich wirklich.«

In seinem Szenario steht, dass Sagawa Renee Hartevelt von hinten erschießen und dann vom After an aufwärts essen muss, und er gehorcht. Dass er die Leiche zerschneidet, hat nichts mit dem Aufessen zu tun, eher mit Angst, denn da sie mit der Zeit verwesen und auffallen könnte, musste man sie fortschaffen, und wenn man sie fortschaffen wollte, dann musste man sie zerlegen und verpacken, zumindest die großen Teile, den Rumpf und die Extremitäten. Und wenn man sie noch brauchte, Teile wenigstens, dann musste man diese Teile in Portionen schneiden und sie im Kühlschrank aufbewahren.

Er isst, er fühlt keinen Ekel, auch kein anderes realitätsbezogenes Gefühl. Er erreicht auch keine Sättigung, eher hat sich nach der Mahlzeit die zwanghafte Neigung erschöpft, und in dieser Erschöpfung beginnt er den Unterschied zwischen der Welt der Phantasie und der Wirklichkeit zu spüren. Plötzlich steht er an einem Ort, von dem aus er die Illusion als Illusion betrachten kann, und an dieser Wirklichkeit spürt er, dass der Tod nur hässlich ist und grässlich und dass sein Szenario nicht nur verboten, sondern dass seine Verwirklichung unmöglich ist. Mit solchen Gedanken schläft er ein. Er ist erschöpft.

Als er Stunden später neben der Leiche aufwacht, ist alles noch da, auch sein Szenario, und er folgt ihm. In seinen Handlungen waltet eine krämerische Ökonomie.

Er schließt seine grausige Arbeit ab. Was er noch brauchen wird, packt er auf weitere Pappteller, verstaut auch sie im Kühlschrank, den Rest bringt er vollständig in Müllsäcken unter. Am folgenden Tag wird er sie, der kleine Kerl, in zwei Koffer laden, ein Taxi rufen. Er wird die schweren Behältnisse ganz allein zu einem See im Bois de Boulogne zerren, um sie dort zu versenken. Am freundlichen Ufer angekommen, fällt er aber den Spaziergängern auf und macht sich mit seinem schweren Gepäck noch einmal auf den Rückweg nach Hause.

Die kommenden vier Tage werden zu einem Albtraum. Immer wieder holt sich Sagawa zurück in die Welt seiner Phantasien, isst von dem Fleisch, das er im Kühlschrank aufbewahrt hat, schläft. Wenige Tage später werden die Zeitungen der Welt den Ablauf dieser Tage genauer kennen, als ihn Sagawa je erfahren wird.

Sie werden angeblich wissen, wie er Renee vergewaltigt, wie er sie gebraten und mit Senf bestrichen, wie er sich an ihrem Kalbfleischgeschmack berauscht hat. Als die besseren Kannibalen können die Reporter eine Tat zu Ende denken, die Sagawa nur stümperhaft auf den Weg brachte, und nur sie kennen auch sein Motiv: zurückgewiesene, glühende Liebe.

Er dagegen kennt bis heute einen Cluster an Impulsen, Bedeutungen, Beweggründen, keine Motive: die Mütter, die Missgeborenheit, die zwanghafte Vorstellung, Gott, das Szenario. Oder das:

»Bei der Zubereitung der Leichenteile bin ich keinem Ritual gefolgt, aber manchmal fühlte ich etwas Japanisches, Kulturspezifisches in meinem Handeln. Japan wäre fast wie China kolonialisiert worden, seit jener Zeit tragen die Japaner einen Minderwertigkeitskomplex gegenüber den Westeuropäern in sich, und diesen versuchen sie, auch im Gefühl, aufzuholen. Es war vielleicht auch dieser latent vorhandene Komplex, der in meinem Fall explodiert ist. Es war eine Tat zwischen Japan und Frankreich.«

Als Sagawa am 13. Juni zum zweiten Mal versucht, die beiden Koffer mit der Leiche im Bois de Boulogne zu verstecken, wird er von Spaziergängern beobachtet. Er lässt die Koffer zurück und flieht.

Sein Zustand verdichtet sich zu einer einzigen Qual.

»Die Welt war da, ich konnte mich ihrer nicht erwehren, konnte sie aber ebenso wenig spüren, nicht mit ihr kommunizieren.«

Er rührt sich nicht, wartet nur, bittet heimlich darum, die Realität möchte auf irgendeinem Wege in seinen Zustand einbrechen und ihn erlösen. Zwei Tage später wird er von der Polizei in seiner Wohnung festgenommen, verwirrt und verwildert, ohne sich in der Wirklichkeit oder in der Illusion seines Szenarios eingerichtet zu haben. Die Verhaftung ist diese Erlösung.

»Ohne Verhaftung wäre ich heute noch verrückter.«

Am 22. Juni 1981 wird Issei Sagawa in ein Pariser Gefängniskrankenhaus eingeliefert. Er erwartet seine Hinrichtung, rechnet damit, erhängt zu werden. Der Pariser Appellationsgerichtshof aber weist ihn nach ausführlicher Begutachtung durch französische Spezialisten als dauerhaft unzurechnungsfähig in die psychiatrische Klinik Villejuif ein.

»Wir hatten ja diese perverse Tat von Sagawa«, gibt Bernard Defer, der Gutachter, zu Protokoll und macht das Dilemma der Psychiatrie unwillentlich deutlich. »Es galt also, eine Tat, die man abartig, unmenschlich, ›pervers‹ nannte, in eine Verbindung zu einem Krankheitsbild zu bringen.«

Anders gesagt, man suchte eine Deduktion zu bewerkstelligen zwischen zwei nur unscharf aufeinander bezogenen Sphären. Da war diese einzigartige, keiner Regel gehorchende Tat, die auf einem ganzen Schwarm von Motiven schwamm, und auf der anderen Seite war da ein Katalog möglicher pathologischer Formen, die irgendwie auf diese Tat anwendbar sein mussten.

»Es galt, einen Zusammenhang zu finden mit einem Krankheitsbild.«

Das heißt, denkt der Zuhörer, einen Zusammenhang zu finden zwischen inkompatiblen Sphären.

»So sind wir alle«, so Defer, »zu der Schlussfolgerung gekommen, dass diese Perversion von Sagawa einen organischen Ursprung hatte. Es handelt sich dabei um eine Veränderung im Gehirn von Sagawa. Das hat die Computer-Tomographie ergeben. Man muss sagen, dass er ein intelligenter Mann war, sehr gebildet. Er sprach zusammenhängend, war sehr aufgeschlossen und zu rationalem Denken fähig. Aber die Motive, die ihn bewegten, waren sicherlich pathologischer Natur, denn wie kann man jemanden, der eine junge Frau ermordet, zerstückelt und aufisst, als normal bezeichnen?«

Noch im Gefängnis, in der Erwartung seines raschen Todes,

beginnt Sagawa zu schreiben, für niemanden als für sich selbst. Das Schreiben, die Analyse seines Falls, seines Szenarios, wird für ihn zur einzigen Möglichkeit, sich selbst zu beweisen, dass er lebt, und sei es nur, um die vier Tage seiner Hölle zu objektivieren, so weit es geht. Aber bei welchem Leben kommt er an?

Erst später, als der Abscheu der Weltpresse über ihm zusammengeschlagen ist, fällt ihm noch eine andere Bedeutung seines Schreibens ein:

»Mein Fall hatte globale Bedeutung, sonst hätte nicht die ganze Welt über ihn geschrieben. Meinen Fall der Welt zu erklären, machte ich eine Zeitlang zum Sinn meines Lebens. Der Kannibalismus ist überall, er ist international, wenn er sich erst einmal in einer Person gebildet hat, wird er niemals verschwinden, selbst wenn er nicht zum Verbrechen führt. Für mich selbst ist das Töten die größte Angst, mit der ich zu tun habe. Für mich selbst das Töten.«

Noch im Gefängnis schreibt er mehrere Briefe an die Eltern des Opfers, in einem heißt es: »Lassen Sie mich Ihnen bitte sagen, dass ich keine Worte finde, um Sie um Verzeihung zu bitten. Ich bedauere wirklich sehr, weil Renee wirklich sehr, sehr nett zu mir gewesen ist, und ich hatte keinen Grund, eine so schreckliche Tat zu begehen. Ich bin Tag und Nacht genauso verzweifelt wie Sie. Was ich nun kaum zu hoffen wage, ist, durch Ihre eigenen Hände auf dem Grab von Renee zu sterben. Bitte tun Sie es für mich. Ich bitte Sie darum und verbleibe Ihr treuer Issei Sagawa.«

Der treue Sagawa wird nie eine Antwort erhalten. Renee Hartevelts Mutter wird bis heute die Angst nicht verlieren, ihre Haustür zu öffnen. Der Bruder glaubt, es mache Sagawa nichts als Lust, sich durch das Gerede von der Tat noch einmal an ihr zu berauschen. Tatsächlich lässt sich Sagawa später von einem japanischen Herrenmagazin neben eigenen Gemälden nach Motiven seiner Tat und Installationen mit nackten Frauenkörpern ablichten. Sagawa vollendet sein erstes Buch, künftig möchte er, so sagt er, von seiner Tat weder reden noch über sie schreiben, er will ein normaler Schriftsteller sein.

Akira Sagawa, der Vater, tritt von allen seinen Ämtern zurück. Durch einen Anwalt erwirkt er, dass der Sohn im Mai 1984 von den französischen Behörden ausgewiesen wird. Sagawa wird nach Japan abgeschoben. Dort muss er sich einer psychiatrischen Behandlung in einer geschlossenen Institution unterziehen. Die meisten meiden ihn. Aber er ist höflich. Ein paar respektieren ihn. Einer ist ihm ähnlich. Aus ihm wird ein Schriftsteller.

Im August 1985 wird Sagawa als geheilt entlassen. Vermutlich hat er seine Freiheit dem Vater zu verdanken.

»Im Augenblick«, sagt er, »geht keine Gefahr von mir aus.«

Er lebt und schreibt unter falschem Namen. Da er sich selbst nicht ernähren kann, wohnt er wieder bei seinen Eltern, die er fürchtet und liebt. Er schreibt Filmkritiken, mehrfach über europäische Kriminalfilme. Nagisa Oshima hat sein Leben verfilmen wollen, aber das Projekt scheiterte. Nun schreibt ihm der Regisseur von »Im Reich der Sinne« zu jedem Weihnachtsfest eine Grußkarte. Doch manchmal findet er morgens immer noch seinen Briefkasten beschmiert: »Kannibale«, »Menschenfresser«, »Ungeheuer«.

Issei Sagawas Geburt war langwierig, dreißig Stunden vergingen, dann tat er seinen ersten Schrei.

»Ja, ich war eigentlich eine Missgeburt, und wenn das dazu geführt hat, dass ich die schreckliche Tat begangen habe, dann wünschte ich, nicht geboren worden zu sein, aber wenn es einen Gott gibt, dann war es sein Wille, dass ich geboren wurde und so handelte. Solange die Vergangenheit existiert, werde ich nie glücklich werden, und wer kann die Vergangenheit auslöschen? Wenn der Frühling kommt, habe ich immer Angst, dass alles erwacht und wächst, aber weil Renee tot ist, dann hat das Leben keinen Sinn. Gar keinen, und ich, der ich hinausgehe in die Natur, ich habe zuletzt Renee Hartevelts Leben nicht mehr gesehen und denke daran, dass dies Leben durch mich verschwunden ist. Deshalb werde ich hart mit mir sein, ich werde versuchen, mich nicht mehr umzubringen.«

Das erste, was Sagawa mir nach dem Abschluss des Gesprächs sagte, war, es habe ihn fürchterlich angestrengt und sei für ihn »ein schweres Stück Arbeit« gewesen. Der Anblick von Renee Hartevelts Bruder in einer Filmeinspielung hatte ihn fassungslos gemacht, und er bekannte wieder und wieder, niemals werde er künftig versuchen, Kontakt mit der Familie aufzunehmen, auch wenn ihm das seine Lage neuerlich erschwere.

Wir tauchten in eine vollständige Leere ein, wussten kaum noch, was wir einander sagen sollten. Der Trost, den er sich zu erhoffen schien, blieb aus. Was er erntete, war das professionelle Lob derer, die in der Redaktion zugesehen hatten, für die Ehrlichkeit, mit der er geantwortet hatte. Das war alles, das blieb.

Meine letzte Erinnerung ist ein kleiner Mann im blauen Anzug auf dem roten Ledersofa des Gästezimmers, wartend, dass sich jemand um ihn kümmern würde. Mir fiel aus Gründen, die ich nicht erklären kann, jede weitere Begegnung mit Sagawa von diesem Augenblick an schwer, auch wenn sich meine Haltung ihm gegenüber nicht eigentlich verändert hatte. Ich gab ihm die Hand, er stand auf, und wir verabschiedeten uns höflich. Es dauerte Tage, bis ich wieder so etwas wie den Wunsch verspürte, mit Issei Sagawa zu reden. Aber da war er längst abgereist.

Tage nach der Ausstrahlung erhielten wir Besuch von zwei Vertretern des japanischen Konsulats. Sie erkundigten sich nach den Hintergründen des Interviews, erhoben keinerlei Vorwürfe, wollten aber doch erfahren, wie es zustande gekommen war. Wie sich herausstellte, hatte Sagawa Japan verlassen, ohne seine Familie vom Ziel seiner Reise zu informieren. Vielmehr hatte er seine Mutter aus Deutschland angerufen und vorgegeben, er habe nur eine kleine Reise innerhalb Japans angetreten. Der Pass wurde ihm nach seiner Heimkehr umgehend entzogen, man untersagte ihm, in nächster Zeit das Land zu verlassen. Zwischen uns entwickelte sich eine kleine Korrespondenz. In allen Briefen klagte er, es ginge ihm schlecht. In einem schrieb er, die Tage in Hamburg seien die schönsten seines Lebens gewesen.

Vier Tage, nachdem ich in Tokio angekommen war, habe ich zum ersten Mal seine Telefonnummer gewählt. Niemand antwortete, und ein Anrufbeantworter sprang auch nicht an. Ich ging weiter durch die alten Aufzeichnungen und schrieb täglich an seiner Geschichte.

Drei Tage später rief ich zum zweiten Mal an mit dem gleichen Resultat.

Nach abermals zwei Tagen, ich hatte den Bericht am Vorabend abgeschlossen, sah ich mich in einem Verhau in Shinjuku, wo man alte Zeitschriften verkaufte, plötzlich Sagawa gegenüber. In der alten Ausgabe einer wohl künstlerisch ambitionierten Zeitschrift stand, lag und kauerte er auf mehreren Fotos zwischen Brocken von Fleisch, Nahrungsmitteln, Textilien.

Ich blieb noch zwei Tage in Tokio und reiste ab, ohne noch einmal versucht zu haben, ihn zu erreichen.

Der Spaßdienstverweigerer

Durch die Jahre mit Harald Schmidt

Anfang der Neunziger kam ich nach drei Jahren in London zurück nach Deutschland, um im unverschlüsselten Programm von »Premiere« ein tägliches Interview-Magazin zu moderieren. Ich besaß keinen Fernseher, hatte nie einen besessen. Während ich also ein paar Monate lang im Hotel wohnte, schaltete ich jeden Abend den Apparat an und glotzte. Wenn man ohne Fernseher aufgewachsen ist, genießt man das Medium auf die schönste Art: verschämt, wenn nicht schuldhaft. Jedenfalls mit Konträrfaszination.

Vormittags saßen Menschen zusammen und sprachen über

Achselnässe bei Tieren, abends ließen sie sich von Margarethe Schreinemakers in ihr früheres Leben zurückführen. Dann zappelten sie so komisch, und die Moderatorin, die auch schon ein paar Existenzen hinter sich hatte, bekannte: »Im 17. Jahrhundert war ich so arm, dass ich Tapeten essen musste.«

Das war grässlich und komisch, doch sehr, sehr wichtig. In der nächsten Woche würden wir dann mal hören, was zwei zu sagen haben, die am Kopf zusammengewachsen sind, oder es würde dem keuschen Knaben von »Wahre Liebe wartet« verraten: »Deine Mutter ist eine Hure.« Immerhin hatte sich die Kollegin vom Mittagstalk gerade einen UFO-Landeplatz in den Garten gebaut, und eine andere trank Eigenurin. Warum? Warum nicht?

Fernsehen ist Völkerkunde. Man trägt einen Knochen durch die Nase und phallisches Drohen zur Schau. Man lebt in Stammeskulturen, die digital sprechen können, ihre Ja-Nein-Gut-Böse-Impulse müssen so sicher funktionieren wie der Wechsel von Rotz und Wasser, Blut und Samen, Hysterie und Herzzerreißen. Die Mittel des Mediums sind so durchsichtig wie seine Absichten, immer lüstern auf Massen, immer das gemeinsame Vielfache suchend, den kleinsten Nenner, das Massenindividuum in jedem Einzelnen. So bildet sich Öffentlichkeit.

Und dann war da manchmal ein Gulliver zu sehen, der in der Liliputaner-Kulisse eines Fernsehstudios öffentlich-rechtlicher Unterhaltung ein Ratespiel moderierte, das »Pssst« hieß und alle seine Mitwirkenden liebenswert unterforderte. Gäste traten auf, die ein Geheimnis hatten, das wurde eingeblendet und dann von einem Rateteam charmant entschlüsselt. Der Moderator trug statt Frisur eine Matte, staubgrau gefirnisst, und er sah aus wie er hieß: Harald Schmidt. Genau: Schmidt wie Schmidt.

In Frankfurt sah ich mal einen Bettler sitzen, ein Schild vor sich mit der Aufschrift: »Finde keine Arbeit wegen meinem Gesicht.« Fred Kogel, der spätere SAT-1-Chef und Mentor dieses Harald Schmidt, sagte einmal, er glaube nur an Moderatoren, in deren Gesicht etwas vorgehe. In Harald Schmidts Gesicht ging eigentlich nicht gerade viel vor. Eher besaß er eine Art Tom-

Hanks-Gesicht, eines, das man erst definieren muss und das sich immer gut assimiliert. Bei Schmidt handelte es sich im Grunde um ein abgefeimtes Gesicht, dem man allerlei Hintergedanken zutraut.

Jedenfalls sah man bei »Pssst« den Hai in der Rolle des Zierfischs, und während üblicherweise die Moderatoren von »Heiteres Beruferaten« oder »Ruck Zuck« kein geheimes Leben suggerieren, keinen Doppelsinn, nichts Dämonisches, bedrohte der Moderator Schmidt sein Publikum mit der Lust an der Entgleisung, herabgesetztem Ernst im Umgang mit dem Medium und guten Reflexen.

Den wahreren Schmidt aber erlebte ich eine Metamorphose später, im nächtlichen Dritten Programm des WDR. »Schmidteinander« hieß eine originelle, selbsterfundene Show, in der ein älterer Herr namens Feuerstein, ein Humorbegabter ohne telegene Vorzüge, den masochistischen Sklaven gab, und ein irgendwie nie ganz jung gewesener Zweiter, eben Schmidt, den böswilligen Herrn. Dazwischen tanzten manchmal ein paar desorientierte »Hupfdolls« in prätentiöser Eurythmie aus einer Garage heraus; dann saß eine Alte, »Oma Sharif« mit Namen, auf einem Thron und wurde öffentlich mit Liebe beschenkt; schließlich fuhr eine Spielzeugeisenbahn mit Kameraauge durch das Studio; einmal wurden auch ein paar Tausend Fliegen freigelassen: Niemand sollte vor der Sendung ganz sicher sein. Das war etwas anderes als die kalkulierten Nichtigkeiten der großen Samstagsabendshow, die damals noch ein Fernsehmythos war.

Das Beste, was ein Anfänger im Fernsehen moderieren kann, ist eine Sendung, die einen guten Ruf hat, aber von niemandem gesehen wird. Ich moderierte eine solche Sendung, deshalb fragten die Journalisten jetzt gern und in der Hoffnung auf eine dünkelhafte Replik: »Wen sehen Sie denn gern im Fernsehen?« Ich antwortete: »Harald Schmidt?«, fragend wie ein ABC-Schütze.

Dann kam die Einladung zu »Schmidteinander«. Hinter der Bühne begegnete ich Marie-Luise Marjan, der »Mutter Beimer« aus der »Lindenstraße«. Sie steht nicht unverdient im Ruf, wehrlose Männer gerne lange auf den Mund zu küssen. Auch der Moderator Fritz Egner war da, der für den Bayerischen Rundfunk die Lange Nacht der amerikanischen Präsidentschaftswahlen vorbereitete, gedacht für den Tag, der Bill Clinton ins Amt katapultieren sollte. Unsere Meinung zum möglichen Wahlausgang wurde auf einem DAT-Rekorder festgehalten. Mutter Beimer war so unentschlossen, ob sie nun George Bush sen. oder Bill Clinton den Vorzug geben sollte, dass ich ihr erst zu einer Aussage über Ross Perot riet und, als sie mit dem nicht viel anfangen konnte, zu einer über den Clinton-Kater »Socks«.

Sie war trotzdem nicht zu bewegen und wusste warum: »Wenn das in Amerika ankommt, was ich hier sage, kann das dann nicht Einfluss auf die Wahl haben?« Experten schätzen den Einfluss der deutschen »Lindenstraße« auf die Politik der Vereinigten Staaten eher gering ein, auch kann eine Rundfunksendung, die am Wahlabend in Bayern ausgestrahlt wird, das Wahlverhalten der Amerikaner nicht mehr maßgeblich beeinflussen. Aber Mutter Beimer entschied sich sicherheitshalber für etwas so Salomonisches wie »Möge der Bessere gewinnen« oder »Dabeisein ist alles«. So konnte Clinton siegen.

Anders gesagt: Im Umfeld von Schmidt war alles Schmidt, alles Rohmaterial, alles Sketch. In meinem anschließenden Interview sollte ich dann beantworten, wie die Dekodierung beim Pay-TV-Sender »Premiere« funktioniere. Ich hatte keinen Schimmer und Harald Schmidt kein Interesse. Der Reiz der Ratlosigkeit, die dabei entstand, wurde gesteigert, als meine damalige Freundin den Kameramann, der sie »einfangen« wollte, mit dem Schuh in der Hand bedrohte. Das wenigstens gab dem Auftritt, wie das Fernsehen gerne verschwenderisch sagt, »Ereignischarakter«.

Geblieben ist die Erinnerung an zwei Dinge, die Harald Schmidt bleibend charakterisieren: Erstens ist er ein amoralischer Unterhalter, der vor allen anderen den Standpunkt der Standpunktlosigkeit humorfähig gemacht hat, und das heißt nicht bloß, die notorische eigene Großmutter für einen Witz zu verkaufen, sondern es heißt, den Mehrwert der Moral, der guten Absicht, auch der politischen Korrektheit zu diskreditieren. Im

Grunde hat Schmidt gegen den Lauf der Welt wenig einzuwenden, so lange er verzweifelt und komisch bleibt.

Zweitens ist er ein so scharfer Beobachter, dass nur Debile, Schamlose und Menschen ohne Selbstreflexion völlig unschuldig vor ihm agieren. Alle anderen wissen, dass sie gerade verarbeitet werden, und da Schmidt sich weniger für das Wesen eines Menschen interessiert als für seine Wirkung, da er außerdem die Wirkung nicht wie etwas Unfreiwilliges, sondern als das Resultat einer Inszenierung behandelt, aus der niemand wirklich ausbrechen kann, deshalb werden Menschen vor ihm oft so hilflos. Ja, wahrscheinlich ist seine eigene Hypochondrie nichts anderes als eine stark ausgebildete Form der Selbstreflexion.

In den nächsten Jahren erschloss Schmidt immer neue Territorien des Ketzerischen, Blasphemischen, während ich meine öffentliche Rolle lieber besserwisserisch, d.h. gesellschaftskritisch interpretierte. »Gesellschaftskritisch« ist ein Spottwort für Schmidt, der an spontane Empathie wohl nie glauben wird, widerspricht sie doch seiner eigenen Homophobie, dem Widerwillen gegen jede Form von Berührung. Einfühlung ist ihm so unangenehm wie körperliche Zudringlichkeit, und wenn er nicht Verona Feldbusch gerade quer durchs Gesicht leckt, empfindet er die größte Nähe zu seinen Mitmenschen, wenn sie auf seinem Objektträger liegen.

Nein, im Grunde mag er Menschen nicht sehr, Aufläufe noch weniger und das soziale Gequatsche von Partys und Medientreffs am wenigsten. Lieber verbarrikadiert er sich hinter dem Schutzwall seiner privaten Existenz entweder als lustloser Glotzer und gieriger Leser oder hungrig, selbst nach der Show noch eine Bühne zu betreten – im Burgtheater als Vorleser von »American Psycho«, am Bochumer Schauspielhaus als »Lucky« in Becketts »Warten auf Godot« etc. Schmidts Beobachtungen haben die Prägnanz von denen eines Autors. Könnte es sein, dass ihn sein Respekt etwa vor Thomas Bernhard selbst von ausgreifendem Schreiben abhält?

Vermutlich hat seine Herkunft ihn immunisiert, die schwäbische Provinz, der Pietismus zwischen Kirche und Elternhaus, früher Misserfolg bei Frauen und Schauspielschulen und die Verklärung aller dieser Elemente im Medium des Kabaretts, das erst die Fesseln des Klassenkampfes, dann des Politischen überhaupt ablegte und sich in Schmidt schon zur Indifferenz emanzipierte, als er noch wider die hohe Schule des legendären Düsseldorfer Kabaretts »Kom(m)ödchen« frevelte. Über nichts spricht Schmidt noch heute so emphatisch, so detailscharf und eigentlich so melancholisch wie von diesen Lehrjahren unter Kay und Lore Lorentz.

Hätten sie gedacht, dass er je den Weg in die große Show finden würde, in den öffentlich-rechtlichen Hauptabend, Samstagabend, mit dem Auftrag, das Saalpublikum zu penetrieren, das Massenpublikum daheim mit massenkompatiblen Witzen zu versorgen, noch dazu unter Einsatz von Ladenhüter-Filmchen mit versteckter Kamera und der neckischen Frage »Verstehen Sie Spaß«?

Jetzt also musste sich Schmidt die große Show bewohnbar machen. Aber was sind das für Menschen, die so etwas wollen und können? Der erste bestrahlt sein Millionenpublikum mit sinnlos gefletschtem Gebiss; der zweite hat nichts zu sagen, sagt es aber von Herzen; der dritte würgt seine Gedanken heraus wie ein durchs Maul gebärender Magenbrüter; der vierte kompensiert durch Übersprungshandlungen den Wunsch, gleich wieder zu verschwinden; der fünfte metzelt mit der Handkante imaginäre Kontrahenten.

Was dann? Das Strahlen dauert, die Arme öffnen sich, die Welt wird licht, sobald sie sich in seiner Erscheinung spiegelt. Mit dem Eintritt in die Vervielfältigung werden die Gedanken geschmackvoll und die Gefühle populär, der Master der Show zelebriert den Ritus des telegenen Zwei-Stunden-Lebens. Fühl dich wohl, will er sagen, Schnarchsack im Lande, mein Gaffer, mein Bruder.

Die meisten werden unter der Last, all dieses Wohlgefallen aus sich herauszuwursten, selbst trostlos, müssen sie doch dem, was die Öffentlichkeit als gute Laune kennt, einen persönlichen Ausdruck geben, auch wenn sie sich selbst dabei abhanden kommen. Das Fernsehen schleift jene Sicherheitszone, in der sich die Heimlichkeit der Individualität entwickelt. Das Lachen wird professionell, das Gesicht ein Plakat, Witze sind Gold wert.

Dann breiten sie zur Begrüßung die Arme aus, als ob sie ihr Lachen mit der ganzen Welt teilen wollten, sind glücklich zu sein, wo sie sind, auch wenn es eine Pappmaché-Klitsche in einem Regionalstudio ist oder eine Stadthalle in Dormagen, wo man schlecht isst, schlecht schläft, schlecht hört und trotzdem große Unterhaltung machen muss.

In diese Welt hinein brach Harald Schmidt. Besser gesagt, er latschte hinein, mit unglaubwürdigem Charme, einem zu reichen Vokabular und einer ansteckend subversiven Energie, die sich über dem einzigen Massiv entlud, das sich zur Schändung anbot: die Sendung und der Saal. Er suchte nicht den Königsweg ins Herz des Publikums, wollte nicht einer von ihnen sein, ging sich nicht verloren.

»Verstehen Sie Spaß?«, lautete die Frage und »Nein« die Antwort. Jedenfalls nicht den seines Publikums. Ein bisschen Spaß muss nicht sein, und Humor ist auch nicht, wenn man trotzdem lacht. Denn wenn man schon dabei erwischt wird, wie man sich bis auf die Knochen blamiert, dann möchte man nicht, dass anschließend Harald Schmidt aus dem Busch tritt und freundlich, aber unmissverständlich zu verstehen gibt: Ein Depp sind Sie!

Ein Sakrileg war das, damals, wenn man der ersten Reihe sagte: »Stehen Sie bitte alle mal auf«, und sobald sie stand: »Sie machen aber auch alles mit!« Früher haben Leute, die solche Witze machen, in der Bäckerei angerufen und gefragt: »Haben Sie Schweineöhrchen? Ja? Dann müssen Sie ja schön aussehen!« Witzig, was? Ein Pennälerscherz, aber gerissen zu einer Zeit, da die Gesetze des Fernsehens noch in Stein gemeißelt schienen: Das Publikum war heilig und der unsichtbare Orchestergraben unüberbrückbar. Zu jener Zeit also ein treffender Witz.

Dann also Schmidt. Improvisiert in die erste Reihe hinein, verschleudert Sendezeit, ohne dass viel passiert, hält echte Eröffnungsmonologe, hört minutenlang dem Klacken eines Metronoms zu, bedroht den Saal mit der Möglichkeit eines immer ausstehenden Ernstfalls ... Nee, so was hätte es bei Kurt Felix nicht gegeben, nicht geben dürfen, dachte das Publikum, dachte auch Kurt Felix.

Und merkwürdigerweise war Schmidt enttäuscht, sah zu, wie die Quoten von Sendung zu Sendung sanken und versenkte schließlich mit Mutwillen den alten Tanker. Mit Grausen wandte er sich ab, während sich die Oberen zeitgleich von ihm abwandten, und mühte sich andernorts, das Lachen auf den neuesten Stand zu bringen, wogegen die ARD die Verwesungsrückstände der Siebziger-Jahre-Unterhaltung zur Produktlinie ausbaute.

Schmidts öffentlich-rechtliche Laufbahn war damit unwiderruflich zu Ende, oder erstmal unwiderruflich, und es wird wohl ewig zu den humoristischen Fußnoten der deutschen TV-Geschichte gehören, dass das Staatsfernsehen seinen größten Humoristen ziehen ließ, weil er an einer Veranstaltung namens »Verstehen Sie Spaß?« scheiterte.

Genau gesagt, mussten drei Menschen scheitern, um den späteren Schmidt zu ermöglichen. Nach ihm selbst warf der noch öffentlich-rechtliche Fred Kogel das Handtuch als Unterhaltungschef des ZDF und ging zu SAT 1, und Gottschalk setzte bei RTL den ersten Versuch einer Late Night Show in den Sand. Der Boden für Schmidt war bereitet.

Der Rest ist Geschichte. Und auch wenn es heute so aussieht, als habe es so und nicht anders kommen können, irritierte mich anfangs die Vorstellung, dass ein so eigenständiger Kopf wie Schmidt als (imaginärer) Synchronschwimmer seiner amerikanischen Vorbilder jeden Abend das gleiche machen sollte wie jene, ja, dass bis in die Kameraperspektiven, -fahrten, -einstellungen hinein alles so aussehen sollte wie dort. Man pauste die Mona Lisa durch, aber wirkte sie nicht trotzdem ein bisschen wie Margot Honecker?

Und wirklich gestand mir Jay Leno einmal, als ich ihn auf Harald Schmidt ansprach, ja, er sei merkwürdig berührt gewesen von seinem Wiedergänger in Deutschland. Andererseits: Die Welt wächst auch im Entertainment zusammen. Wahrscheinlich hat irgendwann auch Burkina Faso einen Schmidt und der Senegal den besten Letterman.

Immerhin wurde die Sendung keine nationale Angelegenheit wie in den USA, das Publikum blieb überschaubar, und Teile der prominenten Welt – verzichtbare Teile, wie Schmidt meinte, der sich lieber mit VIVA-Moderatorinnen unterhielt – lehnten es bis zuletzt ab, sich Schmidts Fragen zu stellen, die schon lange niemand mehr zu fürchten brauchte. In wesentlichen Punkten war der Ketzer zwar immer ein Konservativer, aber für die Markteinführung seiner Show freute er sich, überhaupt Empörte zu finden. Denn wenn Gott tot ist, kann man ihn als Humorist nur so lange noch einmal töten, wie sich jemand findet, der »Mörder« schreit. Schmidt hat diesen Humor zügig überwunden.

Auch wenn sich später jeder, von Schröder, Gerhard, bis Fischer, Joschka, geschmeichelt fühlt, mit Schmidt in Verbindung gebracht zu werden, verstummten jene nie wirklich, die in seinem Zugang zur Welt deren Untergang besiegelt fanden: Joachim Fest, Herausgeber der »FAZ« und Hitler-Biograph, nannte Schmidt »selbstbezogen, platt, töricht«, Maxim Biller, eine publizistische Krawallschachtel mit Literaten-Ruf, nannte die Sendung »ein Stück Scheiße« und identifizierte Schmidt mit rechten Ideen. Ein Unsinn, Schmidt überhaupt mit politischen Ideen zu identifizieren. Aber mancher Kritiker führte eben seine Auseinandersetzung mit der eigenen Zeit einfach, indem er sie »Schmidt« nannte.

Umso erstaunlicher, dass dieser selbst bisweilen nicht widerstehen konnte, zumindest politische Absichten zu formulieren. Für Showstars macht es wenig Unterschied, ob sie sich an der Aktion »Prominente malen die Sonne« beteiligen oder an der Aktion »Prominente befürworten Bodentruppen«. Aber dass auch der große Verneiner Harald Schmidt, wenn der »Spiegel« ihn zum politischen Interview bittet, zum Bejaher der Bodenoffensive im Kosovo wurde, unironisch von »unsern Jungs« sprach und sich schon als Front-Entertainer zur Hebung der Truppenmoral sah, wirkte wie ein Sündenfall.

Es war immer Schmidts Prinzip, jedes Engagement der Lächerlichkeit zu überantworten. In Jugoslawien wie in Deutschland hatten Menschen jahrelang in dieser Lächerlichkeit gegen Milosevic und seinen Krieg demonstriert. Erst wurden sie ignoriert, dann wurden Pointen über ihnen abgeworfen, dann Bomben.

War es sein latenter Konservatismus, der Schmidt abrupt dazu brachte, Flagge zu zeigen? War es ein seltener Ausbruch von öffentlicher Eitelkeit? War es die Verführung, aus dem Uneigentlichen auszubrechen und einmal etwas ganz und gar zu meinen? War es das Bob-Hope-Syndrom?

Oder umgekehrt: Niemand wird ernsthaft annehmen, nur weil er Polens dem Humor zugewandte Seite entdeckt habe, müsse Harald Schmidt die Polen hassen. Auch Polen haben schließlich Anspruch auf Nationalspott. Was er aber aufrichtig hasst, sind Menschen, die gegen den Polenhass lila Tücher umlegen, »We shall overcome« singen und Lichterketten organisieren. Diese sozialhygienischen Imperative des »wir dürfen nicht länger« und »wir müssen gemeinsam«, dieses betulich-pathetische Nach-einer-besseren-Welt-Blöken, für die man jetzt schon mal einen Sarg durch die Menge trägt, auf dem »Sozialstaat« steht, dies gab Schmidt so oft der Lächerlichkeit preis wie kaum ein anderes Verhalten zur Welt.

Umso erstaunlicher also, dass auch er in einem Spot auftrat, den die Bürgerinitiative »Die Lichterkette« in die Lichtspielhäuser brachte und die zum Ziel hatte, dass wir alle mehr Lichter und weniger Häuser anzünden sollen oder so. Diese Spots, so die Macher, seien Beiträge zum Thema »Innere Sicherheit in Deutschland«. Warum fallen bei »Innerer Sicherheit« den guten wie den infamen Leuten nur immer zuerst die Ausländer ein? Und warum glauben die Menschen trotz Schmidt noch immer an die bewusstseinsbildende Kraft von Kinospots, selbst solchen mit Schmidt?

Und warum konnte er es selbst nicht bei Nescafé, Karstadt, Deutsche Bahn etc. belassen, wo ihm der Nachweis seiner Käuflichkeit doch glaubwürdig gelang und womit doch auch bewiesen war, dass er keine Überzeugung besaß, gar keine, weder Produkten, noch Büchern, noch Gesinnungen gegenüber, keine, die er nicht gleich wieder zurückgenommen hätte – ausgenommen vielleicht seine Liebe zu Johann Sebastian Bach?

Mag man das für Schmidts eigene Position vielleicht akzeptieren, so wollte mir nie einleuchten, wie er diese Haltung zur einzig mündigen erhob. Seine Gegner hießen nie Bush oder Putin, sondern es waren die Gegner von Bush und Putin, und auch wenn es wahr ist, dass man keine Fernsehshow gegen Weltpolitiker macht, so wollte mir nicht einleuchten, dass Menschenrechtler, Öko- und Friedens-Aktivisten, Christen, Antifaschisten, Tierschützer, einfach alle, die für eine Sache außer ihrer selbst einstanden, seine favorisierten Pappkameraden waren, wie er nicht zuletzt immer wieder auch in seiner Kolumne mitteilte – ausgerechnet im »Focus«.

Dennoch, dies war ein Nebenschauplatz seines Wirkens, wenn auch einer, der dem konservativen Journalismus gefiel, mit dem sich Schmidt nie angelegt hat, denn Kritik gegenüber war er immer weit empfindlicher, als man hätte denken sollen.

Seit 1994 hatte er seiner Show immer neue humoristische Claims erschlossen und neu definiert, die Zote, den Sketch, die Lästerung, die Schmährede, die Persiflage, die Travestie, die Verunglimpfung und Verballhornung. Eine Zeit lang kam auch ich dort in mehreren Genres vor. Das meiste war ziemlich komisch, ziemlich drastisch und entschieden amoralisch. Einmal rief sogar die »Bild am Sonntag« an und fragte: »Haben Sie gestern Schmidt gesehen? Nicht? Kommen Sie her, sehen Sie sich das an! Das bedeutet Krieg!«

Bedeutete es nicht. Wenn wir uns begegneten, redeten wir eher über Texte als über Sendungen, die Show des jeweils anderen vermieden wir. Wenn wir ihn einluden, forderte er Honorare, die wir nicht zahlen konnten, wenn er mich einlud, revanchierte ich mich mit Absagen. Am Ende kamen wir dann auf Phoenix zusammen.

Trotzdem gab es vor seinem Eintritt in die Epoche der Milde Zeiten, da ging Schmidt auch in der Personenbeschreibung bis zum Äußersten, und so wie Hundebesitzer gerne fragen: Wo ist das Herrchen?, fragen Journalisten am liebsten: Wo ist die Grenze? Wo immer sie gerade war, Harald Schmidt hatte jede Grenze schon einmal überschritten, sogar die der eigenen Grenzenlosigkeit. Als man ihn irgendwann wieder einmal um die Abmessung dieser »Final Frontier« bat, sagte er überraschend: »Nach der Ironie kommt das Pathos.« Das war ein Aperçu, denn wo Ironie war, wächst kein Pathos mehr. Doch der fragende Journalist witterte die Gelegenheit, dem Unsentimentalen eine kleine Sentimentalität abzuringen und molk noch einmal das Pathos der Grenze mit der Frage: Was tat Harald Schmidt, als die Mauer fiel? Antwort: Er trank seinen Kaffee aus.

Tat das gut! Keine Ironie. Kein Pathos. Nicht mal ein Späßchen. In diesem Augenblick deutete sich bereits die einstweilen letzte Metamorphose des Harald Schmidt an: Er brauchte auch in seiner Sendung nur noch ein bisschen Stand-up, wenige Zoten, ein paar nette Kurzschlüsse zwischen Tagesmeldungen, zwei Alltagsbeobachtungen und drei Ehrabschneidungen. Die letzte Errungenschaft seines Spätwerks wurde der Witz als Attrappe, die Simulation des Witzes, für den bis zum Ausbleiben der Pointe die Humor-Vermutung gilt. Das war die komische Antwort auf die unkomische Comedy ringsum, und noch komischer wurde sie, wenn er sie mit einem Effekt bereicherte, der schon »Verstehen Sie Spaß?« gewürzt hatte: das Verschleudern von Sendezeit.

So sah man ihn zur Beschwörung des »David-Lynch-Feelings« beim Filmstart von »Mulholland Drive« eine Autobahnraststätte besuchen: Im Auto, einen Pullover tragend, Burger essend, Lastwagen beobachtend und das Ausbleiben jeglicher Handlung kommentierend. Gelacht wurde trotzdem. Warum? Weil es nichts zu lachen gab.

Zwischendurch bewarb Schmidt Bach und Bernhard, Beckett und Heiner Müller und wurde selbst vom Bundespräsidenten dafür gelobt. Doch Kultur war Schmidt schon, bevor er sie zum Thema machte, und die Kultur, die Schmidt aufbereitete, war eigentlich keine mehr. Oder hat man wirklich geglaubt, wenn Menschen im Publikum aus Reclam-Heftchen »Iphigenie« mit verteilten Rollen lasen, sei das automatisch Kultur? Steht sie schon so tief, dass man die blinde Zitation von Schulwissen als Ausdruck von »Kultur« begreift und den, der diesen vergnüglichen Spuk inszeniert, im Reich des Geistes mit »Eminenz« anredet? Nein, Schmidt wusste sehr wohl, dass Kultur in ihrer Substanz nicht Late-Night-Show-kompatibel ist.

Vielmehr adoptierte er Kultur als Ressource und weil sie vom Fernsehen im Grunde verachtet wird. Komisch brauchte er dabei nicht mehr zu sein. Sein Gegenstand war ja nicht der Mensch und nicht die Kultur, nicht einmal der Spaß, es war zuerst das Fernsehen. Das Fernsehen allein ist lächerlich. Die Kategorien, unter denen es Menschen »macht«, Nimbus erzeugt, Feierlichkeit, Aufregung, Rührung produziert sind kindisch wie seine Sprache und seine süßlichen Täuschungen. Alle Bildverbraucher wissen das. Deshalb wird vom medial abgebrühten Publikum kein Witz dankbarer angenommen, als der mit dem Rücken zum Fernsehen formulierte.

Schmidt ließ Laien deklamieren, schaltete das Licht aus, sah mit dem Fernglas aus dem Fenster, machte das Seepferdchen-Abzeichen, und der Zuschauer hatte längst begriffen: Wenn es unter Gästen keine Heiligen Kühe mehr gibt, wenn Kultur und Kanzler, wenn Sexual- und Bankgeheimnisse keinen Nimbus mehr besitzen, dann bleibt nur noch die Mutter aller Heiligen Kühe: die Sendezeit, und je maßloser er sie verschleuderte, desto erfolgreicher wurde er zuletzt.

Oft war er in acht Jahren weit komischer als Letterman, sehr oft viel komischer als Jay Leno, und als der amerikanische Late-Nighter Conan O'Brien mal in Hürth zu Gast war, wirkte er wie jemand, der das Prinzip der Sendung nicht verstanden hat. Schmidt arbeitete kälter, er besetzte die am besten fundierte amoralische Position innerhalb der deutschen Öffentlichkeit und mühte sich nicht wirklich um Wärme. In diesem Punkt unterschied er sich kategorisch von seinen amerikanischen Pendants.

Inzwischen hatte er sämtliche Preise und die meisten mehrfach erhalten, war ein Olympier geworden, ein Geheimrat, er galt als die höchste Veredelung des deutschen Geistesarbeiters. Kein Deutscher genoss bis zum Ende des Jahres 2003 mehr Ehrfurcht als er, ja, sein bloßer Eintritt in einen Raum veränderte die Atmosphäre – was ihm peinlich war.

Den Zynismus als Kunstform hatte er rechtzeitig überwunden, denn inzwischen lachte doch jeder Biedermann, der sich privat zu »schwarzem Humor« bekennt, guten Gewissens über Krüppel, die leider keine Treppe hochkommen, oder Arbeitslose, die leider unterm Existenzminimum leben müssen. Pech gehabt, aber »sensationelle Gäste heute Abend!« Das soll plötzlich jeder können? Nein, so war es nicht gemeint, und wenn es doch so ist, dann ist die Mission zwar nicht erfüllt, aber hinfällig geworden.

Schmidts Eltern stammen aus dem Sudetenland, ihre Flüchtlingsgeschichten haben den Sohn geprägt, und zwar so: »Ich habe keine Lust, mit dem Waschbecken unter dem Arm zu fliehen.« Aber was würde er sich seine Unlust kosten lassen? Vorsicht. Gute Gesinnung macht bekanntlich keine guten Witze.

Die letzte radikale Position auf dem Feld der Moral, das ist vermutlich die Zustimmung zur Zerstörung. Viele, auch Konservative, haben diese Haltung längst zur Lebensform erkoren, werden sie aber, anders als Schmidt, kaum so vortragen. Wer glaubt denn noch, dass er die Welt ändern kann, wenn sich nicht einmal das Fernsehprogramm ändern lässt? Schmidts Amoral ist also so radikal wie die der Verhältnisse. Aber wird das verstanden?

In der Welt des Harald Schmidt wird jeder mit seiner eigenen Lächerlichkeit bedroht, blindlings Anspruch auf Ernst hat niemand. Allerdings lässt sich die Attitüde der Ironie leichter produzieren als diese selbst. Wenn man auf »Harald Schmidt und die Folgen« blickt, dann fällt einfach jedem ein unernster Satz zum Kosovo, zu Afghanistan, zum Irak, zu George W. Bush ein, aber ein ernster? Uneigentliches Sprechen ist ein Trick, ein Effekt, aber eigentliches? Das hat nicht er zu verantworten, nur zu beantworten, und das tat er durch die Wandlung seines Stils und vielleicht schließlich durch seinen Ausstieg.

So regierte Schmidt zuletzt in einem Reich, in dem es keine »Spaßkultur« gibt und keinen Ernst. Es war das Zwischenreich des symbolischen Verhaltens zur Welt. Von hier aus ließen sich beide Sphären, ja, ließ sich selbst die eigene Person verneinen. Aber von dort aus weitermachen, immer weiter?

Sein Ausstieg war gut inszeniert, überraschend, schockartig und von nationaler Rührung begleitet. Es steckte auch etwas Oskar Lafontaine und etwas »No Angels« darin, er löste sich auf, erst einmal. Eine »kreative Pause« sollte es sein, musste es sein. Die meisten, die das sagen, ziehen sich danach für den »Playboy« aus. Doch kreativ muss die Pause sein, denn mit der Quote stieg zuletzt doch offenbar nicht die Lust.

Vorbei die bösen Stand-ups, Sketche, Einspielfilme, Kulturbeiträge, die Show-internen Serien, die Vernichtungsfeldzüge. In den Zyklen der Sendung gesprochen musste man sagen: Untypisch lange schon hatten sich stattdessen die Spieleabende mit Angestellten und Publikumsbeteiligung gehalten. Es lag zuletzt etwas Ambitionsloses über der Show, den running gags ging der Atem aus, er wusste es, die Erneuerung war überfällig.

Am Ende konnte sich die Schröder-Ära auch bei Schmidt noch rascher bagatellisieren als die Kohlsche, und was den Stil des Moderators anging, seine Fähigkeit, zu allem geradezu reflexartig einen uneigentlichen Standpunkt zu beziehen, so wurde er am Ende geradezu chorisch imitiert vom deutschen Feuilleton. Den Schmidt-Effekt konnten schließlich zu viele, und wenn selbst der Bundespräsident den Schmidt in sich entdeckt, dann ist es kein Wunder, wenn dieser von sich selbst unterfordert wirkte. Seine Form der moralischen Indifferenz hatte sich durchgesetzt, und zeitgleich verlor der deutsche Journalismus sein Idol, die Intelligenzia ihren Konsens-Helden, den richtbildlichen Spötter.

Schmidt trat jeden Abend vor sein Publikum als ein Mann, der nicht mehr arbeiten musste, der vorgab, erloschen zu leben, um nur auf der Bühne zu blühen, und der irgendwie eine »deutsche Institution« werden wollte, ein Klassiker, wie Johnny Carson es nach 30 Jahren »Late Show« war. Dass Schmidt aussetzt, ist vielleicht eine Kapitulation vor dieser Idee oder vor dem Wunsch, dem Land zu imponieren, vielleicht hat ihn auch etwas eingeholt, das nicht mehr sendungskompatibel ist, der Ernst des Lebens zum Beispiel. Wäre das nicht ein Witz?

Ach ja, im siebten Jahr der »Harald Schmidt Show« war ich eines Tages dort auch selbst zu Gast. Hinter der Bühne lange leere Flure, unbelebte Hallen, Betriebsamkeit irgendwo, nicht sichtbar. Die Leute leise, unprätentiös, die Sendung tragend, nicht propagierend. Keine Marktschreier, eher freundlich Interessierte, selbst am Leben außerhalb der Show.

Dann stehe ich hinter der Bühne und warte. Muss mir seine Organistenhände noch mal ansehen, von denen Anke Engelke immer sagt: »Die schönsten im deutschen Fernsehen!« Und nicht gleich zotig werden. Das rutscht vielen so raus, nur weil sie kühn sein wollen wie Schmidt. Als könnten sie ihn zwanglos überbieten. Selbst Anke kam bei ihrem ersten Auftritt rein und war in zwei Minuten bei ihren »Titten«.

Lieber Tempo machen, keine Vornehmheit, keine Defensive; habe den Weg über die Bühne schon hinter mir, sitze. Reden wir schon? Nicht dass ich wüsste, aber wir reden. Seine Finger sind wirklich zart. Wo ist Andrack? Ach ja, den rollen sie bei den Interviews immer raus. Wir sind schnell. Gott sei Dank wird gelacht. Wir sehen nicht hin. Schmidt hat einen Arm im rechten Winkel auf die linke Lehne gestemmt. Komisch, wie man jede dieser Positionen kennt.

Ich rede viel, schnell und sinnlos. Es läuft, sagt sein Blick beschwichtigend, es läuft. Oder? Pointen erkennt er, sobald sie am Horizont erscheinen. Weiter. Doch dann: Kein Lidschlag mehr, die Mimik steht. Was ist das: Sorge? Neugier?

Ich komme zu mir und finde mich vor meinem Stuhl stehend, gebückt, höre mich erzählen, wie ich als Junge einmal mit einer englischen Austauschschülerin auf dem Bett lag und vergessen hatte, wo die weibliche Scham sitzt. Am eigenen Körper demonstriere ich, an welchen Stellen ich sie damals vermutete. Ich weiche zurück auf meinen Stuhl. Schmidts Augen ruhen auf mir, und plötzlich sieht er für einen Augenblick so komisch menschlich aus, als wolle er mich in Schutz nehmen, vor sich, vor Schmidt, vor mir selbst. Furchtbar.

Ich hatte es vermasselt.

»This is a Rebel Song«

Sinead O'Connor in Hamburg

Am Anfang war der Ausbruch.

Der Ausbruch in einem Gesicht, dem man so etwas nicht zugetraut hätte. Denn dieses Gesicht war rein, asketisch, nach innen konzentriert. Der erste Ausbruch von vielen, die noch kommen sollten, zog alle Aufmerksamkeit auf sich: »Nothing Compares to You.« Der Song von Prince, geschrieben für eine namenlose Irin, deren fast glatzköpfige Physiognomie Bild füllend das Video beherrschte. Dazwischen ein paar neoromantische Kitschbilder wie aus einer Laura-Biagiotti-Werbung, dann wieder sie: schreiend, klagend, verzweifelnd.

Die Öffentlichkeit liebt das Echte, und dies war echt. Aber sie liebt es nur kurz. Danach kennt sie die Wirkung und hält sie für Effekt. Wenn etwas heimtückisch war an den ersten Mutmaßungen über Sinead O'Connor, dann die Unterstellung, ihre Verzweiflung sei künstlich reproduzierbar. Manchmal, wenn auch selten, wird einem Popstar mehr Kalkül unterstellt, als wirklich im Spiel ist: Von diesen ersten Bildern an sollte Sinead O'Connor fast alles tun, um sich in der Öffentlichkeit zu verzehren und zu zerstören, und das nicht in der Absicht, sich besser zu verkaufen, sondern weil sie zwischen Anliegen, Einfällen, Selbstentblößungen, fixen Ideen, spirituellen Ahnungen, Innigkeiten, Provokationen, also lauter unfesten Formen einerseits und einer gigantischen Industrie der Vervielfältigung andererseits keine Übersetzung fand.

Doch zurück: Sinead O'Connor gab diese entfesselte Irin noch einmal, dieses Mal in einem Live-Konzert bei MTV, ohne Laura Biagiotti, womöglich noch konzentrierter, noch expressiver, und spätestens an dieser Wiederholung konnte man ablesen, dass sie den Bereich des viel beschrieenen »Authentischen« nicht mehr verlassen würde. Das war riskant, auch peinlich, denn so ist Emotionalität in der Popindustrie nicht gemeint, nicht als Dauererregung, nicht als Zustand einer Überhitzung, in dem eine Sängerin dauernd meint, das Wichtigste, das Brennendste mitzuteilen. Weiß sie denn nicht, dass das auch für das Publikum anstrengend ist? Weiß sie nicht, dass man nicht dauernd ein schlechtes Gewissen haben möchte, wenn sie einen mit dem Relevanten konfrontiert? Ja, hat sie denn nicht begriffen, dass sie in einem Zweig der internationalen Anästhesie beziehungsweise der Unterhaltung arbeitet?

Ein gutes Jahr in dieser Industrie hat sie gehabt, das Jahr 1990, das Jahr ihres Aufschreis, als sie eine Ballade sang, aber mit dem Ausdruck von Punk, und allen ringsum zeigte, dass »Ehrlichkeit« im Pop mehr sein kann als ein Teil des Kommunikationsdesigns.

Von da ab lebten sich die Sängerin und das Massenpublikum auseinander. Sinead O'Connor glaubte wohl, dieses Publikum weiterführen zu müssen, in eine Region, in der der irische Bürgerkrieg tobte wie der Kindesmissbrauch und das Unglück der Abtreibung und der Papst und die eigene Mutter und das Unglück der Rassen und der Tiere und der männlichen Liebe und der kaputten Natur, zu viel, zu wirr, zu impulsiv vorgetragen.

Die Öffentlichkeit hört meist keine Vierteltöne und macht sich nicht gern an die Exegese unausgegorener Aussagen. Sie diskutiert in abendlichen Problem-Runden halbgare Thesen zur Rentenanpassung und Senkung der Lohnnebenkosten, aber nicht die ungaren Thesen einer Popsängerin, die den Fehler macht, es ernst zu meinen. Allmählich setzte also das Kopfschütteln des Publikums ein, ein immer heftigeres, nicht mehr zu stoppendes, immer noch anhaltendes Kopfschütteln, und irrewerdend vor diesem Anblick steigerte sich Sinead O'Connor in immer aberwitzigere Formen der Selbstentäußerung.

Sie brüskierte ihre ehemaligen Gönner von U2, verbat sich das Abspielen der amerikanischen Nationalhymne vor ihren Konzerten, ließ kurz Sympathie für die IRA durchblicken, schränkte diese aber später ein, lehnte aus Protest gegen den Ersten Golfkrieg und jeden, allein durch Umsatz errungenen Musikpreis den Grammy ab, bekannte sich aus Sympathie zu einer in Irland verfolgten Vierzehnjährigen dazu, selbst früher abgetrieben zu haben.

Am schlimmsten aber wurde es, als sie am 3. Oktober 1992 in der US-Sendung »Saturday Night Life« zu Bob Marleys Titel »War« ein Foto des Papstes zerriss. Der Protest war »nationwide«. Der für seine mafios-moralische Untadeligkeit berühmte Patriot Frank Sinatra regte an, »ihr den Arsch zu versohlen«, eine Aufforderung, der anschließend immer mehr Leute auf den Straßen Folge zu leisten versuchten.

Sechs Wochen nach dem Ereignis erschien sie beim dreißigsten Bühnenjubiläum von Bob Dylan, wurde ausgebuht, ihre Platten wurden öffentlich geschreddert, sie intonierte nochmals »War« und wurde von Kris Kristofferson »wohlmeinend, aber chauvinistisch«, wie sie selbst fand, von der Bühne geführt. (Welche Ironie: Im Zweiten Golfkrieg war der US-amerikanischen Öffentlichkeit dann die Meinung von George W. Bush zum Krieg doch wichtiger als die des Papstes.)

Es folgte ein Selbstmordversuch, viel Verständnis für die »Los Angeles Riots«, öffentliche Kritik an Bill Clinton, der Eintritt in einen Orden und das Ende ihrer künstlerischen Laufbahn, aus der sie sich mit einem Doppelalbum verabschiedete, das weitgehend irischen Volksweisen gewidmet war. Sinead O'Connor sang sie schlicht, klar und innig, wie unbefrachtet von allem, was sie im vergangenen Jahrzehnt geprägt hatte.

Sie war ehrlich gewesen. Die ganzen Neunziger hindurch hatte sie eine Unverblümtheit des Denkens und Meinens gezeigt, die vor dem Hintergrund einer allein kommerziell planenden Musikindustrie immer bizarrer erscheinen musste. Schon dieser Anspruch, Öffentlichkeit nicht nur für den Selbstverkauf, sondern für Ideen, Gedanken, für radikale Überzeugungen zu nutzen, schob sie in die Position einer Gestrigen, einer, über die die Zeit hinweggegangen ist.

Als ich mich Ende Oktober 1997 auf eine Begegnung mit Sinead O'Connor vorbereitete, tauchte sie nach etwa zweijähriger Abwesenheit gerade wieder auf, und man erwartete eine Erneuerte. Zu diesem Zeitpunkt war sie weniger Musikerin als Phänomen. An ihrem Weg ließ sich erkennen, in welche Turbulenzen eine Person fast zwangsläufig geraten muss, die der Öffentlichkeit permanent Schwierigkeiten macht.

Sie konnte nicht anders. Wo sie war, entstand ein Spannungsfeld, und während die Zeit gerade eine Neigung zum Coolen entwickelte, war nichts so uncool wie Sinead O'Connor, diese Kerze, die an zwei Enden brannte.

Da war ihre politische Radikalität und der Extremismus der Innerlichkeit und dazwischen das unbeholfene Bemühen, eine Brücke zu schlagen vom Kindesmissbrauch zur Struktur von Diktaturen. Nein, diese Form der Unvernunft hat gerade keine Konjunktur.

Ich legte das neue Album ein, »Gospel Oak«, betitelt nach der Adresse des Psychiaters, in dessen Obhut sich die Sängerin seit langem befand. Ein fragmentarisches Album übrigens, damals nur vier Titel lang. Der erste, den ich spielte, hieß »This is a Rebel Song«, war ein Liebeslied und schon wieder eine Selbstentäußerung am Rande des Peinlichen.

I love you my hard Englishman
Your rage is like a fist in my womb
Can't you forgive what you think I have done
And love me
I'm your woman

Ein Brief, kein Lied, dargeboten in einem getragenen Piano, anrührend wie ein Kinderlied und ebenso schlicht. Nicht anders der Refrain:

How come you've never said you love me
in all the time you've known me
how come you never say you're sorry
I do.

Das war gemeint und eindeutig adressiert. Es handelte sich um eine Botschaft aus den Privaträumen der Sängerin, und in diesen Räumen war sie nicht einmal *sophisticated*, sie verschlüsselte nichts. Wer die selbstgerecht Liebende in ihr sehen wollte, die zu wenig geliebt wurde, hier hatte er sie. Der Effekt war typisch: Man wurde unvorbereitet in eine intime Situation hineingezogen und blieb bei jeder Bewegung an der Klebefolie der Gefühle hängen.

Aber dann passierte etwas Unglaubliches. Mitten in den Singsang dieses verlorenen Kindes rührte sie eine Trommel. Ja, sie sang ebenso weiter, aber jetzt unterlegt vom Rhythmus des Marsches, der der Liebe etwas Militärisches gab. Sie zog in die Liebe wie in den Krieg, ihren und den irischen Krieg, und die wenigen Takte dieses Arrangements waren ergreifend und verräterisch und riskant. Sie nahmen vorweg, was kommen musste, und sie sagten musikalisch mehr als das. Ihren Schauder haben sie für mich nicht verloren, auch wenn es ein eher grässlicher Schauder ist:

Ah please talk to me Englishman
what good will shutting me out get done
Meanwhile crazies are killing our sons
oh listen Englishman ...

Ich ging ins »Atlantik«-Hotel, setzte mich in die Suite, die die Plattenfirma gebucht hatte, und wartete. Sie war sofort da, schmal, farblos angezogen, sehr bei sich, ein wenig resigniert und doch die Person hinter einem Augenpaar, das alles überstrahlte. Unbeholfen versuchte ich ihr zu sagen, dass alle Querelen sie nicht darüber hinwegtäuschen sollten, wie vielen sie gerade dadurch etwas bedeutet habe: »You really made a difference.«

Augenblicklich wuchs ihre Resignation. Sie kannte das. Sie glaubte nichts, sondern fragte:

»Möchten Sie eine Zigarette?«

»Danke«, sagte ich. »Ich habe aufgehört.«

»War's schwer?«

»Ich hab ein Gelübde abgelegt.«

»Nicht schlecht.«

Während sie selbst sich eine Marlboro light anzündete, die irgendwie nicht recht mit ihrem Gesicht harmonierte und geraucht wurde wie ein Requisit, musste ich ihr das Gelübde erklären. Nicht auf Knien nach Loreto, sondern Verlust der Selbstachtung, wenn ich nach meinem 40. Geburtstag noch ein einziges Mal ...

Sie nickte, schon gut.

»Wir haben Sie vermisst. Wo haben Sie gesteckt?«

»Mensch, ich war doch nur zwei Jahre weg. Ich brauche immer soviel Zeit. Außerdem habe ich meine Tochter zur Welt gebracht.«

Mit allem, was ich und alle Welt über ihr Verhältnis zur eigenen Mutter wusste, stellte ich mir die Wirkung einer kleinen Tochter im Hause Sinead O'Connors dramatisch vor. Aber sie kam mir zuvor und sagte:

»Sie brachte die Farbe Rosa in mein Haus. Ich vermute, das hat auch all meine Weiblichkeit zum Vorschein gebracht.«

»Mit einem Wort: Sie sind eine glückliche Mutter?«

»Und eine schläfrige.«

»Haben Sie wenigstens uns vermisst. Den Applaus, die Mikrophone, die Kameras, die Zeitungsartikel ...«

»Ich fürchte nein, das alles habe ich nicht vermisst. Ich hasse Kameras, ich bin extrem scheu, Kameras verunsichern mich, ich fühle mich verloren vor ihnen. Aber das Singen hat mir gefehlt.«

»Sie wollten uns also gar nicht im Stich lassen?«

Diese Vokabel ist die erste, die sie trifft. »Abandon«, ein großes Wort. Ich hätte mir meine ganze Einleitung sparen können. Wenn Sinead O'Connor ihre letzte, vor zwei Jahren erschienene Platte »Universal Mother« nannte, dann musste sie auf das Wort »abandon« reagieren. Fast fatal, dass sie sich vor der Wirkung dieses Wortes nicht schützen konnte, und so erwiderte sie mit inständigem Augenausdruck:

»Nein, nein, wenn ich irgendjemandem irgendwie helfen soll, dann muss ich erst mir selbst helfen, und es war höchste Zeit, etwas für meine eigene Seele zu tun, ehe ich anderen wieder etwas zu geben imstande war. Für ein Publikum darf man sich schließlich nicht selbst oder die eigenen Kinder aufgeben. Trotzdem war ich sehr froh, wieder an die Arbeit zu gehen. Ich finde so viel heraus über mich durch das Singen.«

»Fühlen Sie sich verantwortlich für Ihr Publikum, für alle, die Ihre Botschaft tragen?«

»Was meinen Sie mit ›verantwortlich‹?«

»Für viele Ihrer Anhänger ist Sinead O'Connor nicht nur Musik, sondern Lebenslehre.«

»Naja, ich habe alles in allem eine zu lange Reise vor den Augen der Öffentlichkeit unternommen. Was ich den Leuten wohl zuerst vermittelt habe, ist, dass man sich auf diese Reise begeben kann, allerdings kann ich sie für niemand anderes unternehmen. Da müssen sie schon selbst die Kraft aufbringen, ihre eigene Reise anzutreten. Ich glaube, mein Publikum, das sind Leute, die leiden nicht, wenn ich mich um mich selbst kümmern muss. Ich bin nicht ihr Jesus, nicht ihr Guru. Nein, die Leute, die an mir hängen, die glauben alle nicht mehr, dass ich ihre Probleme lösen kann.«

»Dann würden Sie die Jahre Ihrer Abwesenheit als Jahre der Heilung bezeichnen?«

»Genau so. Das gilt für die letzten drei Jahre. Die Musik ist eigentlich eine Dokumentation dieser Reise der Heilung, des gesamten Gesundungsprozesses. Wohlgemerkt glaube ich nicht, dass die Musik oder die Religion die Welt verändern können. Aber eines können sie beide, nämlich die Arme um die Menschen legen. So bin ich mit meinem eigenen Leiden umgegangen, und so versuche ich, das Leiden anderer zu verstehen. Ich studiere den Zusammenhang von Mikrokosmen.«

Wenn Sinead O'Connor von Heilung spricht, dann grundsätzlich weniger in Opposition zu Erkrankung, sondern zu Leiden. Sie ist die Frau, die öffentlich litt, öffentlich ihr Leiden verhandelte, öffentlich die Wurzeln ihres Leidens suchte und dafür öffentlich erneut leiden musste. Die Öffentlichkeit ist ihre große Illusion.

Man sieht alte Fotos an und findet in ihren Augen einen Ausdruck, als blicke sie durch diese Öffentlichkeit erstaunt in die Augen jedes Einzelnen, flehend. Heute blicken diese Augen nicht mehr so. Man sucht andere Fotos, wie das von der Bühne des legendären Bob-Dylan-Konzerts. Da stehen sie alle, zwei Trauben Entertainer, geschart um zwei Mikrophone, auf einem Lachen singend, und zwischen den beiden Trauben steht im blauen Oberhemd mit über der Brust verschränkten Armen, mit geschlossenem Mund, der Zunge in der Backe Sinead O'Connor, ernst, verletzt und böse.

Sie war nach Irland zurückgekehrt, und der Klang des Namens in ihrem Munde ist immer noch leidenschaftlich. *Ireland*, die Nation, die den Leuten zwei Optionen lässt, sich umzubringen oder verrückt zu werden. Mit beiden hat sie sympathisiert. »Oh yeah, melodrama«, hat sie einmal zu Phil Sutcliffe gesagt. »Solche Vorstellungen halfen mir beim Überleben.« Vorstellungen ihrer nackten Leiche, ausgestellt auf der O'Connell Street. Sieh her, Irland, das hast du getan!

Sie hat sich bewegt. Die Öffentlichkeit ist nicht mehr die alte. Das Leiden ist vom Politischen weggerückt, unausweichlich ist für den Augenblick nur das Persönliche, Seelische.

»Was hat Sie in den drei Jahren gerettet?«

»Psychotherapie und meine Kinder. Ich bin in einer Situation des extremen und grausamen Kindesmissbrauchs groß geworden. Also begab ich mich in die Hände eines Psychotherapeuten, der auf solche Fälle spezialisiert war.«

»Der Missbrauch lag doch schon so lange zurück, warum haben Sie sich erst so spät in Behandlung begeben?«

»Eine sehr gute Frage. Vielleicht lautet die Antwort einfach: Man ist nie bereit, bis man bereit ist. Bei mir dauerte es einfach bis zu meinem 28. Lebensjahr. So schmerzvoll, wie das ist, sich mit all dem auseinanderzusetzen, brauchen Menschen offenbar die Zeit, bis ihr Leben ringsum gefestigt ist, bevor sie die Kraft finden, sich mit diesem düsteren Kapitel auseinander zu setzen. Ja, und so war es wohl auch in meinem Fall.«

»Wenn Sie sich also in alten Videos sehen, glatzköpfig und mit Springerstiefeln, sehen Sie da eine Leidensmiene, das Gesicht einer Frau, die über den Missbrauch nicht hinweg ist?«

»Ja, und das ist auch nicht erstaunlich bei einem Menschen, der eben erst aus diesem Hintergrund des Missbrauchs und der Gewalt herausgetreten ist und jetzt so lebt mit immer hoch gedrehter Lautstärke. Nein, ich empfinde eine Menge Mitgefühl mit mir selbst, ich war so verletzt, so voller Wut!«

So stand denn die letzte Etappe der Reise zu sich selbst unter der Überschrift: Die Entdeckung der Mutter, einer Mutter, die ihr Kind – die Bibel in der einen, den Stock in der anderen Hand – hemmungslos schlug, der Mutter, die ihre Tochter nackt auf den Boden warf und sie in den Bauch trat, um diesen zu »zertrümmern«, wie sie sagte, der Mutter, die bei einem Autounfall ums Leben kam, als ihre Tochter 18 war.

»Wenn man weiß, was Ihre Mutter Ihnen angetan hat, wundert man sich ehrlich gesagt, dass Sie Ihre erste Platte ausgerechnet ihr gewidmet haben.«

»Ich glaube, was immer sie getan hat, geschah wie unter einem Zwang zur Bewältigung ihres eigenen Lebens. Außerdem war sie schließlich meine Mutter, also liebte ich sie. Ich liebe sie noch. Denn auch wenn jemand dir etwas Schmerzliches zufügt, heißt das ja nicht, dass man ihn nicht mehr liebt.«

Mir fällt ein, dass John Malkovich das Gleiche über seinen Vater sagte. Die Psychotherapie wendet ihre Prinzipien gerne ganz gleichförmig auf alle Menschen an, als müssten alle in der nämlichen Situation auf die nämliche Weise stereotyp reagieren. Aber die Situation ist nicht die nämliche und die Reaktion nie stereotyp.

»Das heißt, in all den Jahren haben Sie ihre Mutter dennoch geliebt?«

»O ja. Ich habe ihr vergeben, und ich empfinde Mitleid mit ihr. Ich hatte panische Angst vor ihr und konnte nicht mit ihr leben, sie war eine sehr, sehr kranke Frau. Aber gerade weil sie so krank war, habe ich diese Krankheit auch schon erkannt, als ich noch ganz klein war, und konnte ihr vergeben.«

Ich sehe ein nacktes Kind auf dem Boden liegen, eine Mutter nach ihr treten, sehe Bilder physischen Missbrauchs, von dem Sinead O'Connor auch spricht, andeutend eher, und ich sehe diese Sängerin mit dem unglaublich durchlässigen, sperrangelweit offenen Gesicht, der Grimasse aus Hass und inständiger Hingabe »Nothing Compares to You« singen, irgendwie geadelt von etwas, das nicht Entertainment war, sondern nur zufällig dort landete, zu Entertainment gemacht wurde, und am Ende war in der Allgemeinheit die Animosität doch stärker als das Mitempfinden oder selbst die Dankbarkeit für einen schwer errungenen großen Augenblick in der Geschichte der darstellenden Musik.

»In welchem Punkt ist Ihnen die Vergebung am schwersten gefallen?«

»Es ist nicht schwer zu vergeben, es ist schwer loszulassen. Denn es kommt der Punkt, an dem du alles verziehen hast, und trotzdem musst du dich lösen, denn es wird dir klar: Du kannst gar nichts machen, weder kannst du die Person ändern, noch die Leute ringsum, noch die Vergangenheit. Das Einzige, was sich wirklich ändern lässt, das bist du selbst. Also ist es nicht schwer zu vergeben, aber loszulassen, das habe ich erst geschafft, als ich älter wurde, und mit diesem Prozess habe ich einen guten Teil der letzten drei Jahre verbracht.«

»Folglich sind Sie heute vermutlich eine richtig gute Mutter?«

»O ja, ich hoffe schon. Ich arbeite hart daran, denn das will ich unbedingt sein. Ich habe von Beginn an versucht, eine bessere Mutter zu sein, als es meine war, was allerdings auch nicht schwer war. Ja, ich bin eine sehr liebende Mutter.«

»Offenbar ein Schlüsselbegriff für Sie: Mutter.«

»Ja, das Mutterthema bestimmt mein gesamtes Leben.«

Ich frage sie nicht, was sie geritten hat, Saddam Husseins Persönlichkeit auf den Missbrauch durch seine Mutter zurückzuführen. »Gospel Oak« heißt die Platte, über die wir dann reden, auch, weil die Eiche ein Muttersymbol ist, ein Symbol für die Anbetung Gottes als Mutter. Es steht ihr frei abzuirren, neben all die Dinge, die sie mit taghеller Vernunft sagt und begründet, solche zu mischen, die opak erscheinen.

Sie hat es mit Dingen zu tun, die ihre Plausibilität in der Innigkeit haben, das gibt ihnen Evidenz. Wer wollte hier zweifeln? Und immerhin ist der Zweite Faust auch im Zwischenreich zu Hause. Deshalb sollen ihre Lieder Hymnen, Liebeslieder oder irische Weisen sein, die ihre Vorstellung davon enthalten, wie Gott zu den Menschen reden könnte, »Gott als Mutter«, wie sie sagt, »das weibliche Prinzip dabei, das Mitgefühl ...«

»Legen Sie Wert darauf, dass man Sie in diesen Ideen versteht?«

Ihre Augen groß, ohne Lidschlag, nicht enttäuscht, eher einen gedanklichen Weg verfolgend. Dann:

»Emmm ... Ich glaube insgesamt, dass sich Musik weniger durch Worte vermittelt, sondern vielmehr dem Unbewussten mitteilt. Insofern geht es also gar nicht um das ›Verstehen‹. Es findet eine Aneignung auf anderer Ebene statt, auf einer magischen, wenn Sie wollen. Insofern ist mir das so genannte Verstehen nicht allzu wichtig.«

»Und wenn Sie einen Titel auf Ihrer Platte »This is a Rebel Song« nennen, erwartet jeder eine politische Botschaft. Was er dagegen bekommt, ist ein Liebeslied.«

»Das stimmt. Es gibt ein schönes Lied von U2 über den Blutigen Sonntag in Irland. Auf der Bühne haben sie dieses Lied immer angekündigt mit dem Satz ›This is not a rebel song‹. Mein

Lied propagiert Liebe, Mitgefühl und Vergebung, und es enthält sogar eine Entschuldigung für das, was auch wir unseren Gegnern angetan haben.«

Ich finde kein »wir« in diesem Lied, denke ich. Eher eine verletzte private Person, die um mehr Liebe bittet von einem, der in erster Linie ihr Freund und in zweiter ein Engländer ist. Aber da ihr das Private politisch ist, kann auch das Politische privat sein. Als ich sie also nach dem Handschlag zwischen Tony Blair und Gerry Adams frage, ist sie voller Zuversicht. Als sei es dieser Geist der Versöhnung, den sie meine. Sie halte Tony Blair für »geradlinig«, sagt, er sei »eine Hoffnung für England und Irland gleichermaßen«.

Those were the days.

»Ja, es gibt wieder etwas, worauf man hoffen kann.«

»Glauben Sie an Irlands Vereinigung?«

»Ja, aber in allen Ländern, die eine Vereinigung geschafft haben, ging ein Bürgerkrieg voran. Und irgendeiner wird dabei immer beschissen.«

»In Deutschland gab es keinen Bürgerkrieg, bevor die Mauer fiel ...«

»Stimmt, aber die Mauer war doch schon in sich ein Symbol des Krieges, und hinter ihr hielt man die Leute wie Kriegsgefangene.«

»Glauben Sie, all die Aggression, die Sie auf sich gezogen haben, hat damit zu tun, dass die Musikindustrie ausgerechnet von einer Frau provoziert wurde?«

Sie blickt ungerührt, fast so, als sei am Ende das Positive doch stärker als die Verfemungen, die Kampagnen, die Prügel auf den Straßen von New York, die Eier und Tomaten und die Dampfwalzen, die über ihre Platten rollten, und in diesem Sinne hat sie eine erstaunliche Versöhnung anzubieten:

»Was ich den Leuten immerhin klargemacht habe, ist, wie viel Geld man mit mir verdienen konnte, und sei es auch nur, indem man Zeitungsartikel über all meine Provokationen verfasste und davon die Miete bezahlen konnte. Dafür immerhin haben mich die Beteiligten schon gemocht, und so habe ich alles in allem doch mehr Zuneigung, Liebe und Mitgefühl geerntet als Abwehr.«

»Trotzdem frage ich mich, ob man einen Mann, der etwas so Plausibles getan hätte, wie den Grammy abzulehnen, ähnlich bestraft hätte wie Sie?«

»Marlon Brando hat mal den Oscar abgelehnt, um auf die Ausrottung der Indianer hinzuweisen. Ihm ist es weniger nachgetragen worden. Naja, alles, worum es in diesem Geschäft geht, ist, gut auszusehen. Trotzdem glaube ich, jeder, auch jeder Mann hätte die gleichen Schwierigkeiten bekommen wie ich. Sehen Sie sich Liam Gallagher an! Jeder, einfach jeder, der die Jugend wirklich repräsentiert und ihr eine Stimme gibt, wird von den Zeitungen getreten und irgendwie für doof erklärt. Diese Zeitungen sind gefährlich, sie müssen verhindern, dass die Jugend außer Kontrolle gerät. Nicht dass die Kräfte, die die Jugend außer Kontrolle bringen könnten, besonders stark wären. Aber diese Zeitungen sind ja nicht einmal in der Lage, das wahre Gesicht der Jugend zu zeigen, und sie wollen auch gar nicht verstehen, wie weitgehend außer Kontrolle die Jugend bereits ist. So verbreiten sie über Liam Gallagher, er sei ein durchgedrehter Wichser einzig und allein deshalb, weil er sich einer vulgären Sprache bedient.«

»Aber was bedeutet es für Sie, die Sie gerade in das Musikgeschäft zurückkehren: Klappe halten?«

»Nein, nein, Sie brauchen nicht die Klappe zu halten. Sie brauchen nur ein sehr starkes Selbstgefühl, guten Selbstschutz und ein genaues Gespür für das, was Ihnen selbst und was anderen gehört, so dass Sie nicht zu viel von den Gefühlen anderer mit an Bord nehmen. Es bedarf also großer Arbeit am Inneren, nicht am Äußeren. Aber was wollen Sie: Wenn Sie als Heilerin auftreten wollen, müssen Sie hinaus in die Welt, und die Welt ist ein gefährlicher Ort. Alles also, was man lernen muss, ist, sich zu schützen und die Liebe nicht zu verlieren.«

»Haben Sie gelernt, sich zu schützen?«

»Einigermaßen. Einiges finde ich noch immer höchst verstörend, aber andererseits habe ich alles, was ich brauche, um mich herum, um es durchzustehen, wogegen ich mich früher sehr allein gefühlt habe und außerdem viel zu jung war, um mit all der Aufmerksamkeit zurechtzukommen. Außerdem wollte ich sie nicht, fühlte mich extrem verunsichert. Heute habe ich zwei Kinder, die ich ernähren muss, bin mit keinem der beiden Väter verheiratet, und ich bin es, die die Brötchen verdient. Das motiviert mich. Ich möchte, dass meine Kinder eine gute Erziehung kriegen, dass sie versorgt sind, dass sie ein gutes Leben führen können.«

»Aber aus diesem Grunde macht man doch keine Platte, die so privat klingt, dass es fast eine Beichte sein könnte?«

»Das stimmt, aber andererseits hatte die Musik für mich eine so heilende Wirkung, dass ich diese Heilkraft der Musik gerne weitergeben würde. Andere können sich gut mit dieser Musik identifizieren, gerade weil sie so persönlich ist. Sie haben doch auch eine Stimme in sich, die spricht. Dort, wo Leute glauben, ich sei es, die zu jemandem redet, da ist es eigentlich jemand, der zu mir redet. Also bitte ich nicht um Gehör, sondern ich selbst höre zu.«

»Haben Sie sich Ihre Stimme in den letzten zwei Jahren erst wieder aneignen müssen?«

»Auf vielen verschiedenen Wegen, ja. Auch technisch, denn auf meinen ersten beiden Alben klingt meine Stimme zwar stark und leidenschaftlich, aber auf dieser Technik kann man keine Laufbahn aufbauen, man ruiniert sich. So habe ich mich also entschlossen zu lernen, wie man seine Stimme benutzen kann.

Aber außerdem bin ich auch sehr krank gewesen und konnte lange nur flüstern. Meine Selbstachtung war am Boden, meine Lebensgeister waren verschwunden, was ja irgendwie ein großes Geschenk war, denn so war ich gezwungen, mir alles neuerlich anzueignen, und diesen ganzen Prozess fand ich doch, ich muss schon sagen, überwältigend.«

»Da stehen Sie also abermals vor der Musikindustrie, doch die hat sich nicht verändert.«

»Aber ich habe mich verändert. Ich weiß jetzt, ich kann eine so starke Beziehung zu meiner Innenwelt unterhalten, dass die

Außenwelt nicht mehr solche Macht über mich gewinnt. Diesmal weiß ich, wer ich bin, bevor die Leute mir sagen, wer ich bin. Das soll jetzt nicht wie eine Selbstrechtfertigung klingen, dafür gibt es keinen Grund. Aber irgendwie bin ich stolz auf den Zorn, den ich hatte, auch wenn die Menschen diesen Zorn offenbar beängstigend fanden. Aber manche Menschen finden auch ihren eigenen Zorn beängstigend.

Außerdem muss man bedenken: Damals gab es auch einfach noch nicht so viele zornige junge Frauen mit Gitarre. Gut, Punk konnte man einfach in eine Schublade packen, aber ich war nicht Punk, und meine Wut war kein Fake, zum Pech für uns alle.«

»Aber Sie waren authentisch und gaben so vielen Ihre Stimme!«

»Ja, ich weiß. Aber die Leute wissen nicht, wie sehr das von meinem Leben gezehrt hat. Ich bin froh um meiner selbst willen, dass ich all das getan habe. Aber ich bin auch heilfroh, dass es heute hinter mir liegt, denn es war extrem schmerzhaft, diese Person zu sein.«

»Trotzdem kriege ich eine Gänsehaut, wenn ich das Live-Video von ›Nothing Compares 2 You‹ sehe und feststelle, wie echt Sie waren!«

»Ja, das bewundere ich ja auch, diesen kahlen Kopf, diesen Zorn, und ich war ja auch nicht für nichts und wieder nichts in Rage. Ich war einfach voller Schmerzen! Und wenn ich sage ›heilfroh‹, dann meine ich, ich bin froh für uns alle, dass das hinter mir liegt.«

»Würden Sie die letzten drei Jahre als ›Wiedergeburt‹ bezeichnen?«

»Ja, aber ich bin noch nicht durch, ich bin mittendrin.«

»Haben Sie die Liebe neu definiert?«

»Ich habe sie überhaupt erst entdeckt. Ich hatte ja keine Ahnung, was das ist und dass es existiert.«

»Sie klangen nie so, als wüssten Sie das nicht!«

»Wirklich? Ach, Platten werden vom Publikum immer auch mit Projektionen befrachtet. Man findet darin, was man finden möchte. Es kommt mir absurd vor, dass jemand diese frühen Platten von mir soll hören können, ohne zu merken, wie verstört ich war.«

»Ich fand, Sie klangen vor allem einsam.«

»Genau das war ich ja auch. Ich war verloren.«

»Aber lieblos?«

»Auch.«

»Erkennen Sie Ihre Mutter in Ihrer Tochter?«

»Oh ja. Sie sieht ihr sehr ähnlich.«

»Und welchen Effekt hat das auf Sie?«

»Einen wunderbaren. Es gibt Leute, die glauben, dass Tote innerhalb ihrer eigenen Familie wiedergeboren werden. Der Gedanke gefällt mir, dass ich meiner Mutter Heilung zukommen lassen kann durch meine Liebe zu meiner Tochter, durch Mitgefühl ... Zu denken, dass ich der Seele meiner Mutter durch die Liebe zu meiner Tochter entgegenkomme ...«

»Sie klingen, als würden Sie eines Tages eine gute Großmutter abgeben.«

»Ich kann es gar nicht mehr erwarten. Das ist es, was ich aus ganzem Herzen bin. Ich bin noch zu jung, aber in meinem Herzen bin ich eine Großmutter!«

»Nach all diesen Veränderungen: Was ist denn gleich geblieben zwischen der kahlköpfigen zornigen Sängerin in den Springerstiefeln und der Frau, die Sie jetzt sind?«

»Meine Stimme, ja, mein Singen.«

Als sie das sagt, singt ihre Stimme. Im Jahre 2004 hat sie sich endgültig aus dem Musikgeschäft verabschiedet.

Die Hausfrau als Megastar

Mit Dame Edna in Australien

Spätestens, wenn es auf Mitternacht zugeht, schlägt auch in Deutschland immer mal wieder die Stunde der berühmtesten Frau der Welt. Auf irgendeinem Minderheitensender werden da ihre früheren, inzwischen legendären Auftritte vor der Fernseh-Öffentlichkeit der Welt wiederholt und erinnern an eine Zeit, in der Comedy noch der anglo-australischen Welt gehörte und das Anarchische Stil hatte.

Die Schneidende, die Dreiste, die Pietätlose. Die mit Julio Iglesias sang, die Charlton Heston in der Küche beschäftigte, die Tom Jones im Aufzug stecken ließ und Joan Collins in einer Gondel. Die mit der himmelschreienden Brille, mit dem Fisteldiskant, mit der mokanten Mundlinie, die geringschätzig dahin züngelt, bevor sie in böser Missbilligung abwärts fährt. Die Exzentrische. Die Grelle. Die Landesstiefmutter Australiens, die den Kontinent, der sich unter ihr wie ein Sockel erhebt, mit Füßen tritt und die Welt wie ihren persönlichen Haushalt behandelt. Dame Edna Everage, Hausfrau und Megastar.

Und Produktlinie. Edna bei Opra, Edna bei »Friends«, Edna kocht und rät und hält Hausbesuche ab, Edna tratscht und schockiert und fliegt Wagenladungen von Gladiolen rund um die Erde. Nur schweigen kann sie nie.

Möglich, dass Australien der Ruhm gebührt, Schauplatz der Geburt von Dame Edna gewesen zu sein. Immerhin enthält die Schreib- und Sprechweise ihres Namens eine Referenz an das Idiom des Landes: »Everage«, so klingt der Durchschnitt nur in Down Under. Inzwischen aber verdichtet sich der Eindruck, dass eigentlich umgekehrt sich Australien Edna verdankt und der ganze Kontinent heute bereit ist, als ihr Material verschlissen zu werden, ihr zu genügen, das heißt: sich ihr zu unterwerfen und sie lebenslänglich zu inspirieren.

Denn wer kennt die Premierminister, wer die Regenten dieses Erdteils und hätte nicht zuerst Ednas Namen buchstabieren und die Hoheit ihres Witzes fürchten lernen? Nicht zufällig war es einer dieser Premierminister des Landes, der Edna bei ihrer Ankunft auf einem Flughafen Australiens zuerst huldvoll mit »Dame« Edna anredete, ein Titel, den sie seither wie eine Untertreibung führt und dessen Verleihung vermutlich die bedeutendste und sicher langlebigste Tat im Leben jenes Premierministers war.

Auf ihrer Couch hat sie die Größten der Erde schrumpfen lassen, hat sich die ganze Infamie ihres Mitleids, ihre scheinheilige Fürsorglichkeit an ihnen ausgetobt. Sie nennt das »Teilen«, »Geben«, »Sorge tragen« – eine Bigotterie ist es, eine Travestie karitativer Tugenden in den Selbstgenuss. Sie sagt etwas Infames, Entblößendes, die Existenz eines Menschen zur Nichtigkeit Verurteilendes und fügt hinzu: »I mean this in a nice and caring way.« Und alles ist wieder gut? Nein, noch viel schlimmer!

Edna lässt keinen Platz, für nichts und für niemanden. Eine »Kapitalistin des Luftraums«, wie Kafka sagen würde, verkleinert und verdrängt sie alles, was ihr in die ständig aufsteigende Laufbahn gerät. Das Leben anderer ist eine Marginalie der eigenen Biographie, das Leben insgesamt erst groß, wo es sich durch die Berührung mit Ednas Treiben adelt.

Sie ist demnach eine Frau und keine Frau, sie ist ein Prinzip und verkörpert das imperiale Gesetz der Egozentrik. Alles ist sie, alles wird sie, alles kann sie sein und war sie schon. Keine komische Kunstfigur hat je in einem solchen Radius agiert wie sie, keine hat Gottes Auftrag je so ernst genommen und sich die Erde untertan gemacht. Edna ist das einzige geistige Oberhaupt eines Landes, das sich ganz und gar selbst erschaffen hat. Deshalb kann auch niemand, kein Premierminister und kein Papst, größer werden als sie, im Gegenteil, sie alle sind nichts anderes als unvollkommene Aspirationen, Edna zu werden.

Die Ednarisierung der Welt hat sich seit der Geburt dieser Figur im Jahre 1955 hemmungsloser ausgebreitet als die amerikanische Kultur. Es gibt einen Berg Edna, St. Edna von Assisi, das Königliche Edna Museum in Melbourne; ganze Staaten und Institutionen verdanken sich Ednas Wohltätigkeit und die verbliebenen erreichen den Zenit ihres Ruhms, indem sie von Edna verspottet werden.

Edna, wie wir sie heute kennen, ist ein Destillat alles Bedeutenden und zugleich ist sie dessen Farce. Laut Eigenauskunft verkörpert sie die Großtaten der Geschichte als Reinkarnation so unterschiedlicher historischer Gestalten wie Clara Schumann, Alma Mahler oder Zarah Leander, und als ich sie 1993 über Ute Lemper befragte, erwiderte sie: »Maybe I can be the Ute Lemper of the Nineties« – womit klargestellt sein sollte, dass Ute Lemper selbst verglühen möge, um Edna Lemper Platz zu machen. Aber sind Stars nun nicht einmal so? Hat Alma Mahler in ihrer Autobiographie nicht suggeriert, ohne ihre Einwilligung wäre es wohl nie zum Ersten Weltkrieg gekommen?

Wo immer im Weltlauf Großes vollbracht oder eben noch vereitelt wurde, da geschah es unter Ednas Einfluss und Mitwirkung. Sie dehnt sich über Kontinente aus, sie wirkt im Kosmos, sie beaufsichtigt ganze Epochen und Lebensabschnitte der Erde. Sie teilt jedes Menschen Leid und Lächerlichkeit.

So faszinierend es ist zu sehen, wie dieser bizarre Megastar mit den Waffen einer Frau und mit denen des charmanten Unmenschen die Mitwelt verdrängt, so fesselnd ist es zu verfolgen, mit welcher Selbstverständlichkeit diese Mitwelt Ednas Vorherrschaft und Anspruch auf Ruhm Raum gibt. Denn erst die Tatsache, dass die Welt Platz macht, setzt Edna ins Recht.

Nein, hybrid ist sie nie, sie lässt sich nicht überschätzen, denn niemand verdient soviel Hochschätzung wie sie, und ihre mondiale Präsenz allein belegt: Da ist ein Mangel unter uns anderen, eine tiefe Bedürftigkeit nach reinen Leitbildern, nach dem Matronat einer wahrhaft Vorbildlichen, an deren echter Größe wir die eingebildete Bedeutung unserer eigenen Existenz abzulesen vermögen. Wir machen also zu Recht Platz, weniger um uns für diese Selbstbescheidung mit großem Gelächter belohnen zu lassen, sondern um die eigene Lächerlichkeit wie eine erleichternde Erkenntnis anzuerkennen.

Das klingt menschlich, und ja: Edna ist unergründlich in ihrer Bosheit, unerschöpflich in ihrer Schadenfreude und unausweichlich in ihrem Talent, die Mitwelt mit ihrem Spott zu überziehen, und zugleich ist sie die liebenswerteste Gestalt, dem der Kontinent Australien Heimat bedeutet – eine Dame ganz und gar mit menschlichen Schrullen und Obsessionen, einer bewegten, oft tränenerstickt nachvollzogenen Vergangenheit, eine sentimentale, altmodische Person voller Enthusiasmus und Hingabe an jeden einzelnen ihrer belanglos im Dunkel der Nichtexistenz atmenden Bewunderer.

Wenn über deren Leben Edna aufgeht, erhält es Bedeutung, aber nur, um dieselbe sofort wieder einzubüßen. Edna sagt ihrem Publikum, ihren »Possums«, ihren »Beutelratten«, unverhohlen, dass sie soeben – durch die Begegnung mit ihr – den wohl wichtigsten Moment in ihrer irdischen Existenz erleben. Im nächsten Augenblick aber wird diese Existenz in ihrer Belanglosigkeit enthüllt, die es eigentlich unmöglich machen sollte, nach dem Ende der Show den gewohnten Lebensraum noch bewohnbar zu finden.

Sie ist grausam, sie ist skrupellos, zugleich besitzt sie das rare Talent, komisch zu sein durch ihre bloße Existenz. Manchmal betritt sie die Bühne und tut gar nichts, allenfalls wartet sie, wie lange die Leute lachen werden allein darüber, dass sie da ist, und selbst während sie schweigt, sich abwendet oder in schamloser Munterkeit an die Rampe tanzt und sich selbst mit ihrem markerschütternden Organ gesanglich begleitet, bewahrt sie Stil, jene rätselhafte Gabe der Geschmackssicherheit, die sie immer und überall vor dem bloß Albernen, Läppischen, Blöden bewahrt, aber nie vor dem Drastischen.

Übrigens wird Dame Edna nicht dargestellt, sie führt ein abgeschlossenes Eigenleben und verdankt sich niemandem als sich selbst. In ihr sitzt keine Person, die agiert, als wäre sie eine Frau namens Edna, und sie ist auch nicht die Handpuppe eines überlegenen Strippenziehers. Wenn es aber wahr sein sollte, dass sich hinter ihr ein Mann verbirgt, der ihre Kleider trägt – und diese Unterstellung, diese ungesunde Phantasie, ist gar nicht nach Ednas Geschmack –, dann muss dieser Mann auf dem Wege der Verwandlung verloren gegangen sein.

Trotzdem sei nicht verschwiegen, dass ein Gentleman namens Barry Humphries – übrigens ein distinguierter, hoch gebildeter und offenbar von allerlei vergangenen Leiden geprägter Herr mit eher britischem Humor und einer bemerkenswerten Kunstsammlung – seit Ednas erstem Auftreten mit ihr in Verbindung gebracht wird: mal auf ein wenig zweideutige Weise, mal als ihr Manager – ein Titel, den Edna ihm inzwischen nur noch widerwillig einräumt, hat sich dieser Impresario doch als zunehmend unzuverlässig und eigenbrötlerisch erwiesen. In jüngster Zeit hat man ihn denn auch gar nicht mehr in Gesellschaft der göttlichen Dame gesehen, von der er womöglich insgeheim eine Art Gnadenbrot erhält.

Tatsächlich scheint es mir einigermaßen gewollt, eine Verbindung zwischen jenem Barry Humphries und Dame Edna zu konstruieren. Was hätten sie schließlich gemeinsam? Barry Humphries ist scheu, entflammt für weniges so sehr wie für die Bildende Kunst, zum vierten Mal verheiratet und sicher nicht der Typ, der seinen Lebensunterhalt in Frauenkleidern bestreitet.

Seine Gattin Lizzie Spender ist die Tochter des großen englischen Dichters Sir Stephen Spender, der mit Isherwood vor dem Zweiten Weltkrieg in Berlin lebte und sich zur Homosexualität bekannte. Als ich Sir Stephen, der aus seiner sexuellen Neigung bis zuletzt kein Hehl machte, nicht lange vor seinem Tod nach Dame Edna fragte, sprach er mit großer Wärme von Barry Humphries, aber diese Person in Frauenkleidern, die nicht mal ein Transvestit war, nein, die konnte er sich in dieser Familie schlecht vorstellen. Was für ein bizarrer Einfall, ihm auch noch eine verwandtschaftliche Beziehung zu jener Schreckschraube anzudichten! Seine Tochter Lizzie übrigens, eine strahlende Erscheinung und herzliche Persönlichkeit, spielt und schreibt und hat ebenfalls eine interessante Geschichte ...

Kurzum, dass man überhaupt eine so enge Verwandtschaft zwischen Barry Humphries, dem Mann, der mit Prinz Charles verkehrt, und jener Edna Everage erkennen wollte – die bei ihrer einzigen Begegnung mit der Queen auch diese in den Schatten stellte und Margaret Thatcher wesentliche Impulse für den Stil ihrer Erscheinung gab –, das liegt wohl allein in der zufälligen Koinzidenz ihrer frühen Auftritte.

Damals soll der noch nahezu unbekannte Barry Humphries, im Bus unterwegs auf einer Theatertournee durch die Provinz Australiens, Mitgliedern des Ensembles eine Tante vorgespielt haben oder zumindest eine Person, die eine Tante hätte sein können. Als sich dann wenig später eine Lücke im Programm ergab, wollen Mitglieder der Gruppe ihn animiert haben, das gleiche noch einmal auf der Bühne wieder zu geben, und zwar in Frauenkleidern.

Die schwarzweiße Gestalt, die man aber in einer frühen Fernsehaufzeichnung dort auf die Bühne treten sieht und die sich kaum traut, in den Mittelgrund der Szene vorzustoßen, ist allerdings schon ganz Edna, trotz ihrer Nachkriegsgarderobe, dem Krankenkassenmodell, das sie damals noch als Brille trug, und der Verhaltenheit ihrer Gestik. Mit Barry, an dessen Eleganz die Vorbilder der Zwanziger-Jahre-Bohemiens noch heute ihre Spuren hinterlassen haben, hat diese auch später stets so wandelbare und von den Entwicklungen der Zeit mit geformte Gestalt aber auch gar nichts gemein.

Was an dieser frühen Edna allerdings überrascht, ist nicht ihre Jugendlichkeit, denn sie legt noch heute, gut vierzig Jahre später, Wert auf die Tatsache, wunderbar erhalten zu sein. Nein, es ist ihre Bescheidenheit. Es hat offenbar eine Weile gedauert, bis ihr der Reichtum ihres Innenlebens und ihre exemplarische Art, Mensch zu sein, selbst auffiel und es ihr in den Sinn kam, aller Welt einzureden, sie sei ein Star, und anschließend hat es eine etwas kürzere Weile gedauert, bis alle Welt es ihr glaubte – alle Welt, das ist hier ausnahmsweise einmal wörtlich zu nehmen, denn erst mit diesem Kniff überwand sie den Provinzialismus Melbournes und bereitete ganze Kontinente darauf vor, die bedeutendste Kulturleistung Australiens anzuerkennen.

In ihrer Theatergarderobe kam ich übrigens einmal so unverblümt, wie sie es mag, auf ihr fabelhaftes Aussehen zu sprechen:

»Da ich Ihnen, Dame Edna, jetzt so nahe bin, wie es nur wenigen Menschen vergönnt war, erkenne ich die wunderbare, einzigartige Textur Ihrer Haut, die Frische, die Jugendlichkeit ...«

»Du darfst sie anfassen, hier!«

Ich ergriff ein Stück Ednawange zwischen Daumen und Zeigefinger.

»Ganz wunderbar! Haben Sie trotzdem je die Wunder der kosmetischen Chirurgie in Erwägung gezogen?«

»Allerdings, und das ist jetzt eine Exklusivnachricht: Allerdings! Aber nicht um jünger zu werden. Im Gegenteil. Ich ging zu einem Arzt in Los Angeles und sagte: Machen Sie mich ein bisschen älter. Geben Sie mir ein Doppelkinn! Und genau das hat er gemacht. Du darfst auch das anfassen.«

Ein Griff in die Kinn-Terrassen. Fühlt sich an wie die Wange.

»Aber das ist nicht meine Haut!«, krähte Dame Edna. »Nicht meine Haut! Sie gehörte Elizabeth Taylor, und weißt du, wo sie saß – im Hüftspeck, in ihrem Schwimmreifen, im Liebesgürtel, und hier die kleinen Narben, stell dir vor, sie stammen von ihm: Stell dir vor, Richard Burtons Fingernägel bohrten sich in mein Kinn!«

Kein Wunder, dass sich in der Biographie ihres eher geduldeten ›Managers‹ Barry Humphries kaum Berührungspunkte zu einer so glamourösen Figur wie Dame Edna entdecken lassen. In jungen Jahren war er in Melbourne ein stadtbekannter Dadaist, der sich durch spektakuläre Streiche einen dubiosen Leumund verschaffte. So verkleidete er einen Freund als Blinden, um ihn anschließend in der Straßenbahn übel zu malträtieren, was zu regelrechtem Aufruhr unter den Fahrgästen geführt haben soll. Happenings solcher Art ließen ihn bald als berüchtigten Dandy der Melbourner Kunstwelt erscheinen, was seine Mutter dazu brachte, ihm die entsprechenden Zeitungsartikel vorzulegen mit den Worten: »Da siehst du, was man von dir denkt!« Eine unglaubliche Ermunterung für den jungen Mann, sich auch künftig treu zu bleiben.

Es gab auch eine Reihe von Tanten im näheren familiären Umfeld des halbstarken Barry. Sie wollen sich später, ebenso wie die Mutter des Unglücklichen, alle in Dame Edna wieder erkannt haben, und es ist eine psychologisch vulgäre, wenn auch ziemlich plausible Erklärung für Edna, dass in ihr das Mütterliche, das kaum mehr menschlich ist, gleichermaßen gestaltet und gestraft wird. Barry Humphries geht sogar so weit, Edna als »persönliche Rebellion gegen Australien« zu bezeichnen.

Gerechterweise sei gesagt, dass Dame Edna sehr wohl als eine Figur in dadaistischer Tradition zu sehen ist, und auch Barry Humphries, in frühen Jahren selbst Maler und seit vielen Jahren ein Sammler deutscher Kunst aus den zwanziger Jahren, bekennt seine Liebe zu Kurt Schwitters, den Sozialsatiren eines George Grosz und Rudolf Schlichter oder den Gesellschaftsporträts von Christian Schad, dem Freund von Walter Serner, einer anderen Gestalt, die an die frühen Extravaganzen des Barry Humphries erinnert.

Dieser liebt die Neue Sachlichkeit, er liebt die Kunst der zwanziger und dreißiger Jahre des deutschen Sprachraums, er liebt und sammelt die Vorkatastrophenkunst, das Überzeichnete, Bürgerfeindliche, Lustvolle daran. In diesen Elementen allerdings – und das ist ihm selbst keineswegs unwichtig – zeigt Edna eine künstlerische Genealogie, die bis hinunter zu Daumier reicht. Fratzenhaftes, Karikaturistisches, Outriertes wird hier als symptomatische Manifestation gesellschaftlicher Zustände verdichtet. Es ist die Lebenswelt der Epoche, die Groteskes wie Komisches der Figuren hervortreibt. Ob solche Beziehungen aber hinreichen, für die ganze Dame Edna einen dadaistischen Bürgerschreck namens Barry Humphries verantwortlich zu machen, sei dahingestellt.

Immerhin hat gerade die Epoche der zwanziger Jahre die unkünstlerische Unterscheidung zwischen Kunst und Leben geschleift, wo sie die Lebensführung selbst zum ästhetischen Komplex erhob. Oscar Wilde, Aubrey Beardsley, James Abbott McNeill Whistler, Michel de Montesquiou, Georges Rodenbach, Peter Altenberg, Félicien Rops, Joris Karl Huysmans, Jacques Rigaut – sie alle gestalteten sich auch zu Kunst- und Protestfiguren, in denen der Widerstand gegen das Bürgertum eine oft aggressive Note erhielt, und sie sind Weggefährten des Mannes Barry wie der Figur Edna.

Angesichts der offensichtlichen Nicht-Identität zwischen ihrem Manager und ihr selbst konfrontierte ich Edna übrigens einmal geradewegs mit meinem Verdacht, es handele sich bei Barry Humphries eigentlich um eine Frau in Männerkleidern. Hier dementierte eine diskrete Edna nicht geradeheraus und erwiderte bloß:

»Es ist entsetzlich, wozu sich Menschen mit ungesunder Veranlagung hinreißen lassen.«

Am nächsten hat sich auf diesen delikaten Punkt vermutlich der Schriftsteller Graham Greene hingearbeitet, als er Barry Humphries einmal fragte:

»Nun, wie geht's der Frau, von der Sie bewohnt werden?«

Sein Gegenüber wird leidvoll die Achseln gezuckt haben, denn die anstrengende, raumgreifende Edna ist für sein Leben zu einer regelrechten Belastung geworden. Anfänglich sei er anmaßend genug gewesen, gesteht Barry, in dieser Figur all das erkennen zu wollen, was ihm selbst an der provinziellen, spießigen australischen Gesellschaft missfallen habe. Dann habe aber Edna begonnen, ein Eigenleben zu führen, wie Olympia, wie die Gestalten von E.T.A. Hoffmann, wie ein Roboter.

Heute denkt Barry Humphries kaum mehr über Edna nach. Manchmal durchzuckt ihn der Wunsch, sich von ihr abzugrenzen. Manchmal beschleicht ihn die Angst, keine Beziehung zu einer Frau könne sich in seinem Leben so stark entwickeln wie die zu Edna. Manchmal fürchtet er sich vor ihrem nächsten schockierenden Einfall.

»Wenn ich zu viel über sie nachdächte, müsste ich durchdrehen«, aber es passiert doch manchmal, dass er im Gespräch innehält und sagt: »Edna würde jetzt sagen ...«

Dann scheint dieses Monstrum von einem Megastar am Horizont auf und ab zu gehen, und Barry schweift in Gedanken ab, als dächte er darüber nach, was sie wohl in diesem Augenblick gerade mache. In seiner eigenen Autobiographie übrigens tritt Dame Edna bezeichnenderweise nur am Rande auf.

Ich sollte Barry Humphries in Adelaide treffen, wo Edna neben australischen Show-Größen im Vorprogramm des Formel-1-Rennens an einem »Celebrity Race« teilnehmen würde. Eine einzige Fernsehsendung hatte mich auf den Mann vorbereitet, der Barry Humphries war. Da saß ein skurril aussehender, schwarzhaariger Homme de lettres in einem Sessel und gab einem sichtlich verunsicherten australischen Interviewer Antworten von förmlich literarischem Duktus.

Lizzy Spender erzählte mir vom Abend, an dem die Sendung im Fernsehen gelaufen sei:

»Barry lag schon im Bett und schlief. Ich sah mir im Nebenzimmer mit Gästen dieses Porträt an. Anschließend habe ich zu meinen Freunden gesagt: ›Ich muss mal eben nach nebenan und nachsehen, ob das wirklich der Mann ist, den ich geheiratet habe.‹ So fremd kam er mir vor. Ich glaube, er hat auch sich selbst einfach nur gespielt.«

Der Rest der Vorbereitung auf den Mann hinter Edna bestand aus Papier. Damit und in der Erwartung, dreiunddreißig Stunden später in einer kleinen australischen Ortschaft mein Hotel zu finden, reiste ich ab.

Nach einer Flugzeit von dieser Dauer wird die Wirklichkeit durch das Gehirn gewissermaßen neu interpretiert. Deshalb wunderte ich mich zunächst nicht über das deutsche Ortsschild »Hahndorf«, auch nicht über eine die Straße überspannende Banderole mit der Aufschrift »Week of the Living Schnitzel« oder so ähnlich und das Plakat »Würstel Week«. Dann aber stand ich in meinem Hotelzimmer und hörte laut und deutlich Heinos klassische Interpretation von »Jenseits des Tales« hereindringen, um nach näherer Prüfung festzustellen: Mit dieser Musik – und jedem deutschen Volksmusik-Hit, der noch kommen sollte – wurde das Hotel durch Außenlautsprecher bestrahlt, so dass man auch im Garten, ja selbst auf der Straße, in weitem Umkreis keinen Schritt machen konnte, ohne von deutschen Schnulzen narkotisiert zu werden.

Es sollte mein Entrée bei Barry Humphries erleichtern, dass ich in »Hahndorf« wohnte. Er fand die Vorstellung köstlich: Da fliegt jemand dreiunddreißig Stunden von Deutschland weg, und er findet sich am Ende an dem deutschesten Flecken in ganz Australien, einer alten Siedlung deutscher Immigranten, mit deutschen Festen und deutscher Folklore. Deutschland als unentrinnbares Schicksal – das gefiel ihm!

Aber noch stand ich unter den Eichenbalken meines Hotelzimmers, lauschte Heino und sah in die brütende Vormittagssonne von Australien. Die Glieder steif, die Augenränder gereizt, der Magen flau und im Kopf nur der Gedanke: Weg von Heino! Also setzte ich mich ins Taxi und fuhr Stunden zu früh nach Adelaide, um mich noch etwas in der Stadt umzusehen. Um halb eins sollte ich Barry Humphries und seine Frau auf der Terrasse eines Restaurants treffen.

Auf dem Weg nach Adelaide sah ich einen Baum mit giftgrünen Ästen. Als der Wagen vorüberfuhr, entlaubten sich die Äste spontan, denn ein Schwarm Vögel war das gewesen, was diese Äste so grün färbte. In der Stadt sah ich nichts Besonderes mehr.

Irgendwann lief ich in einen Wochenmarkt hinein, der sich unter Arkaden und dann in die Tiefe einer Halle ausbreitete, und ich erinnere mich noch, im Stehen plötzlich wie aus dem

Halbschlaf hochzuschrecken, ohne zu wissen, wo ich war. Aber nicht, dass ich mich, wie üblich, zwei Lidschläge später hätte erinnern können: Die Reise war wie ausgelöscht. Ich sah mich um: Südfrüchte, Haushaltswaren, internationale Zeitschriften; die Menschen mehrheitlich weiß, vielsprachig, allen Klassen zuzuordnen. Es dauerte etwa zwei Minuten, bis ich anhand von Details rekonstruiert hatte, wo ich war. An diese zwei Minuten denke ich gern. Man konnte die Außenwelt durchforschen, wie man wollte, sie gab einfach keine sicheren geographischen Indizien preis. Dabei war ich unterwegs, eine der charakteristischsten australischen Sehenswürdigkeiten in Augenschein zu nehmen!

Das Restaurant hatte im Freien, gleich an der Straße, einen Tisch reserviert, aber bevor ich neuerlich hätte vergessen können, wo ich war, näherte sich eine Gruppe von Sommerfrischlern, angeführt von einem Herrn mit Strohhut und hellem Leinenanzug. Ich sehe Barry heute noch so schlendern, mit der Lässigkeit eines Flaneurs und gleichzeitig voller Aufmerksamkeit für das Straßenbild, die Architektur und die Leute, die ihn auch unverkleidet als das Wirtstier von Dame Edna erkennen wollen. Er ist stets nobel, wie um den Abstand zwischen sich und Edna oder dem noch wüsteren, vulgären Les Patterson (einer der anderen mit ihm assoziierten Kunst-Charaktere) noch zu vergrößern. Flankiert wurde Barry von Lizzy, deren hoch gewachsene Erscheinung nicht minder imposant wirkt als die seine, und von einer Garderobenhilfe und Anziehfrau, einer Dame, die mit den Geheimnissen seiner Mehrgeschlechtlichkeit bestens vertraut sein musste.

Hahndorf inspirierte Barry zur Entwicklung eines Filmstoffs über einen Heimatflüchtling, der bei Heino landet. Barry wusste, wer oder was ›Heino‹ war. Aber natürlich schlug sein Herz eher für Brigitte Helm, Hans Albers und Zarah Leander. Auch erkundigte er sich nach dem Wohlergehen von Marika Rökk und schrieb mir ein paar historische Schallplatten auf, die er seit Jahren erfolglos suchte. Eine stammte von Oskar Werner.

Der kleine Tross, der mit einer Wagenladung von Kostümkoffern und Accessoires unterwegs war, lebte seit geraumer Zeit nomadisch. Irgendwo gab es immer den freien Landsitz oder die Stadtwohnung eines reichen oder altgedienten Freundes. Auf diese Weise hatte Barry Humphries zwar seine Londoner Kunstsammlung lange nicht gesehen, seine Platten nicht gehört, seine Bücher nicht gelesen, aber er hatte eine Fülle von skurrilen Begegnungen mit Großindustriellen, Politikern, wichtigtuerischen Autoren oder Kunstsammlern hinter sich und verdichtete all das zu Geschichten. Man erkannte einen scharfen, auch unbarmherzigen Beobachter, der sich offenbar gut genug assimilieren konnte, um nicht durch seine Spottlust aufzufallen.

Ich tat auf seinen Wunsch das meinige zur Assimilation und bestellte zum Mittagessen Känguru, ein von Barry nicht ohne Ironie gepriesenes Nationalgericht mit Backpflaumen. Erst später stellte ich fest, dass er allein über das Essen niemals Witze macht.

Vermutlich werden alle, die Barry Humphries kennen lernen, insgeheim nachsehen, wie viel von Dame Edna bei ihm herausschaut. Vermutlich werden sie zunächst überrascht sein, wie wenig das ist, und plötzlich, wenn ein einziger theatralischer Blick zum Himmel geht oder die Lippen geringschätzig zucken, durchzuckt es auch den Beobachter. Nichtsdestoweniger ist Barry Humphries kein Transvestit und Dame Edna keine Drag Queen, sondern er ist Schauspieler und würde niemals offen als Edna auftreten, ohne ihre Kleidung, ihren Schmuck, ihr Make-up zu tragen und ihre Persona voll ausgebildet zu haben.

Darüber hinaus ist Edna eine Autorin mit unbestechlichem Blick für die Ikonographie des Bürgerlichen. In ihren ersten Jahren war sie eine einsame Frau, die im Lichtkegel der Bühne allein agierte, vor sich das Dunkel des Zuschauerraums. Es gab die herbe Brautjungfer Madge Allsop nicht, es gab kein Gegenüber, keine Gäste. Mit der Zeit aber begann Edna, sich dem Publikum zuzuwenden. Sie trat an die Rampe, identifizierte einzelne Gesichter und stellte Fragen, scheinbar arglose Fragen, die sich offenbar leicht beantworten ließen.

Dieses Element bleibt ein Standard in allen Programmen Ednas, und auch als wir Tage später »Look at me when I'm talking to you!« besuchen, kehrt es wieder:

»Wie bezaubernd Sie angezogen sind!«, ruft Edna einer Frau in den vorderen Reihen zu. »Woher haben Sie diesen interessanten Hut?«

Die Angesprochene gibt folgsam Auskunft.

»Ist in Ihrem Stadtteil der Strom ausgefallen?«, fragt Edna nach.

»Nein«, erwidert die Frau, »warum fragen Sie, Dame Edna?«

»Weil es aussieht, als hätten Sie sich im Dunkeln angezogen«, antwortet Edna und wendet sich ab mit dem brüsken Schwung der Diva, die vom Gelächter der Schadenfreude geschüttelt wird.

Inzwischen ist Edna immer offensiver geworden. Ihre Zuschauer fürchten das lauernde Defilée an der Rampe, das Stocken des schleichenden Schritts, den vorschnellenden Arm mit dem ausgestreckten Zeigefinger:

»YOU!« Ein Herr in der dritten Reihe bemüht sich, hinter der Schulter seiner Begleiterin zu verschwinden.

»Sie da! Im kurzärmeligen Hemd! Kennen wir uns nicht?«

Mit einem ähnlichen Gestus muss Gottvater nach dem Sündenfall gerufen haben: »Adam! Wo bist du?« Der Herr lugt über die Schulter seiner Nachbarin.

»Sie liegen doch im selben Zimmer wie meine Mutter! Hab ich Sie nicht um Mamas Nachttopf herumstreichen sehen? Wie sind Sie bloß wieder über den elektrischen Zaun gekommen? Wie haben Sie bloß die Rottweiler ausgetrickst? Auf Ihrem Täfelchen stand doch ›lebenslängliche Bettruhe‹!«

Edna weidet sich am Entsetzen ihrer Zuschauer. Sie weiß, sie reproduziert hier eine der archetypischen Situationen von Schulangst, die Angst, aufgerufen zu werden. Ihre Autorität ist die einer aufgedonnerten Schulmeisterin, deren Opfer – Rohmaterial für die unausweichliche Verspottung – nicht einmal renitent sein dürfen. Ihre Abrichtung des Publikums hat etwas von der Grausamkeit aller Erziehung.

Dabei sind auch die Abwesenden vor Edna nicht sicher, die erreicht sie per Telefon. Wie im gemütlichen Schwätzchen von

Hausfrau zu Hausfrau lässt sie sich von ihrem wahllos angerufenen Gegenüber auf der anderen Seite der Leitung die Inneneinrichtung des Wohnzimmers beschreiben, die Abstimmung von Tapete, Vorhängen und Teppich, die Anordnung der Zimmerpflanzen, die Motive der Bilder an der Wand, und während sie all diese Angaben oft nur mimisch kommentiert, rast das Auditorium im Saal vor Begeisterung über der Erkenntnis des eigenen, grässlich stereotypen Lebensraums und des freudlosen Arrangements von Individualität in einem Ensemble, das abertausende Mal identisch zusammengerückt wurde, um den persönlichen Lebensstil seiner Besitzer auszudrücken. Diese Nummer lässt sich nur improvisieren, sie klappt immer und enttäuscht nie.

All das weckt in der Phantasie der Zuschauer das Bild von Räumen, die aussehen »wie die Handtasche von Hieronymus Bosch«, so jedenfalls hat Edna einmal das Innere des entsprechenden Accessoires der Madge Allsop beschrieben, und so werden die Wohnzimmer der Zuschauer aus der Phantasie herauspräpariert in einem rücksichtslosen Akt der aufgezwungenen Aneignung von persönlichen Räumen. Es bezeichnete Ednas Witz von früh an, dass sie Menschen schlicht amüsierte, indem sie ihnen die Augen für den eigenen Lebensraum öffnete.

Den majestätischen Charakter ihrer eigenen Lebensführung, den Pomp ihres Haushalts, ihrer Ausstattung und ihrer Begegnungen mit den Großen der Welt trägt Edna mit einer Aufdringlichkeit vor, dass man sich nach einiger Zeit in diesem Leben vollständig auskennt und ein feines Sensorium für das Groteske des Reichtums, die Überheblichkeit des Erfolgs, für Lüge und Infamie des Ruhms entwickelt. Ednas Leben wirkt zugleich vorbildlich und lächerlich, sie demaskiert niemanden unbarmherziger als sich selbst und vermittelt dadurch – bei allem Hohn über die spießige, reduzierte Lebenswelt ihrer Anhänger – zuletzt eine gewisse Zufriedenheit mit dem Leben aller, die nicht wie sie sind und vom Quatsch des Ruhms verschont blieben.

Bezeichnenderweise wendet sie sich deshalb bei ihren Bühnenshows immer wieder jenen zu, die oben auf den Rängen die billigen Plätze belegen, die »paupers«, wie sie sagt – Karl Marx hätte von den »Pauperisierten« gesprochen – oder den »Missies«, wie sie sie nennt in einer Verballhornung von »Les Misérables«. Für diese stil- und mittellos am Fortbestand ihrer kreatürlichen Lebensform festgeklammerten Wesen hat sie das wärmste Pathos ihrer doppelzüngigen Mütterlichkeit reserviert.

Gleichwohl ist die Bühnenshow, mag sie auch noch so dem Stegreiftheater oder der Stand-up-Comedy verpflichtet sein, präzise und eine Strapaze für den Performer. Stunden vor Beginn des ursprünglich vierstündigen Programms steht Barry Humphries mit seinen beiden Assistentinnen und seiner Frau auf der Bühne, choreographiert Tanznummern, turnt ein paar gymnastische Übungen und inspiziert die Requisiten. Im Ankleidezimmer werden sechzig bis achtzig monströse Kleider aus den Folienhüllen befreit, in mehreren Schatullen liegen ebenso viele Brillen, die Klunker ergießen sich über einen breiten Tisch. Immer noch wirkt der distinguierte Gentleman eher wie der Impresario, konzentriert, aber keineswegs nervös.

Ednas Hysterie ist nicht allein kraftraubend, sie muss aus einer Energiequelle gespeist sein, die sich erst kurz vor dem Auftritt öffnet. Barry Humphries ist nie im Entferntesten so begeistert von sich wie umgekehrt Edna. Er erhebt die Stimme nicht, sein Humor ist leise und verfeinert. Wer ihm persönlich begegnet, könnte nicht nur denken, Ednas Humor stünde dem seinen wohl eher fern, auch Ednas Energie traut man ihm nicht immer zu. Sie ist nun einmal eine Figur, die man nicht leise spielen kann.

Anders jene dritte, in Deutschland noch unbekannte Figur, die Barry Humphries in Australien auf die Bühne bringt: Sandy Stone, ein reaktionärer Alter, der im Supermarkt zwischen den Regalen sitzend einen Monolog anstimmt über gewesene Zeiten. In dieser halben Stunde wird nicht gelacht, und wenn, dann allenfalls bitter. Stellt man nun diesen hart Gewordenen gegen die boshafte Edna, so findet man kaum mehr Gemeinsamkeiten und erahnt, wie vollkommen Barry Humphries die Schauspielerei beherrschen muss.

Auch in Australien aber wartet das Publikum vor allem auf die eine. Dame Edna hat so erreicht, was keiner lebenden Kunstfigur in ähnlichem Maße gelungen wäre: Sie ist nicht nur populär, sie ist volkstümlich. Ihr Leben ist in allen seinen Stationen fast patriotisches Allgemeingut, und man muss es kennen, um die zahlreichen Anspielungen in den Programmen würdigen zu können: den rasanten Aufstieg aus dem trüben Melbourner Vorort Moonee Ponds bis an die Spitze der Zelebritätenwelt; den Eintritt und Austritt jener bemitleidenswerten Figur des Gatten Norm, dessen Prostata das wohl langlebigste menschliche Organ dieser Erde ist; Herkunft und Charakter jener Madge Allsop, die als verdrossene verflossene Brautjunger Ednas ihrer Fürsorge nie ganz entkommen ist, und ebenso die ganze, fehlgeleitete Familie Ednas und ihren karitativen Eifer.

Intoniert in ihrer höchsteigenen Stimmlage und geprägt von jenen unverkennbaren Stilelementen, die Ednas Sprache auszeichnen – dem travestierten Klischee, dem lakonisch bösartigen Nachsatz, der schmeichlerischen oder zurechtweisenden Ansprache des Publikums –, nimmt Edna ihr Publikum mit auf die Bühne ihres Lebens und teilt in selbstloser Hingabe ihr Leben, Lieben und Leiden mit allen, die wir uns nun zumindest schräg vom Glanze ihrer Vita beschienen wissen dürfen.

Der letzte Teil des Programms besteht jeden Abend aus dem kultischen Gladiolenwerfen und -schwenken. Edna verbraucht zum großen Finale ganze Lastwagenladungen an Gladiolen. In kälteren Jahreszeiten werden sie von weither extra eingeflogen. Auch an diesem Abend schließt sich der Vorhang nach endlosem Singen und dem Schwenken der Blume, die geschaffen wurde, in Bodenvasen neben dem Klavier auf ihr Verblühen zu warten. Noch immer bleibt ein Schlitz zwischen Vorhang und Boden. In diesen schmalen Zwischenraum hat Edna ihren monumentalen Kopf mit der zart mauvefarbenen Frisur gesteckt, und immer noch winkt sie, schreit und verabschiedet sich unaufhörlich. Dann endlich zieht sie den Kopf hinter den Vorhang zurück.

Ihre Beine in den Nylons sind fast bis zum Hüfthalter entblößt, Talmi-Schmuck liegt verstreut, die ersten Gladiolen beginnen zu kompostieren, doch Edna hebt hinter dem Vorhang erst jetzt den Kopf. Ihr Blick ist verwildert, der Atem geht rasch, sie lässt sich beim Aufstehen helfen, erkennt kaum, wer um sie ist. In den wenigen Minuten nach dem Auftritt, hinter dem Vorhang, wird jeder von den Nachwehen dieser völligen Verausgabung angesteckt. Man hat das Gefühl, ein »show animal« werde über die Bühne geschleift.

Die Inhalte und die Verabreichungsform der großen Programme von Dame Edna Everage gehören in Australien zum Besitzstand des kollektiven Bewusstseins. Ednas Erzählungen könnten sich hier durch mündliche Überlieferung übertragen wie klassische Sagen und Märchen. So verbreitet ist ihr Ruhm. Wo immer man mit ihr auftaucht, bilden sich Trauben, und in den Gesichtern der Stehenbleibenden liegt jedes Mal der gleiche Zug: eine in Amüsement aufgelöste Bewunderung, eine Erleichterung, sie zu sehen, verbunden mit Respekt für die Errungenschaft ihres Lebens, die eigentlich darin besteht, Ruhm zu gewinnen, nur um ihn seiner grotesken Bedeutungslosigkeit zu überführen und den Ruhmlosen ihren eigenen Lebenszustand bekömmlich erscheinen zu lassen.

In Melbourne habe ich später einmal mit Edna den Zoologischen Garten besucht, der Koalabären und natürlich der Kängurus wegen. Edna trug ihr dezentestes Kleid, eine schwarz-gelbe Bonbonniere voller Rüschen und Applikationen, dazu eine schwarze, todschicke Lack-Handtasche. In kürzester Zeit sahen wir uns von zwei Schulklassen umstellt, und Edna hatte sich der zärtlichsten Liebesbezeugungen zu erwehren. Wann hätten je Kinder spontane Liebe zu einem Mann in Frauenkleidern gezeigt? Nein, diese Anhänglichkeit verrät, dass in ihrer Erscheinung etwas Menschliches zum Ausdruck kommt, das weder von den Zweideutigkeiten ihres Geschlechts noch denen ihrer Rede oder ihrer Biographie getrübt werden kann.

Als ähnlich anhänglich erwies sich anschließend übrigens das Känguru, dem der Besuch im Gehege galt. Es näherte sich Edna zielstrebig und geschmackssicher, setzte sich auf seinen starken Schwanz und verhakte sich mit den scharfen Krallen im weiteren

Umkreis von Ednas Dekolleté, später in der Hüftgegend, wo es einen Schlitz in die Spitze riss, ein Debakel! Aber auch in dieser Situation hat die große Dame ihren Charakter für keinen Augenblick aufgegeben, und das heißt etwas, denn Edna weiß nur allzu gut, dass Kängurus tatsächlich durch ihre Stärke und die Schärfe ihrer Waffen ziemlich gefährlich werden können.

Bemerkenswert war in diesem Augenblick der Schreck in ihren Augen, aber vor allem das Verlangen, am Charakter der Edna festzuhalten, komme, was wolle. So stieß sie ein paar ihrer markerschütternden Signale aus, machte eine entsetzte, dem »Schrei« von Munch nachempfundene Pantomime, wollte aber partout von ihrem eingeborenen theatralischen Ego nicht lassen.

Man versteht jetzt, warum sie sich – ist sie erst einmal richtig zurechtgemacht – niemals mit einem anderen Namen als dem ihren anreden lässt und warum sie dann auch kein Verhalten akzeptiert, das nicht ganz auf Edna ausgerichtet wäre. Entsprechend ist auch keinem ihrer zahlreichen berühmten Gäste je eine Überraschung gelungen, groß genug, Edna aus ihrer Persona zu werfen. Man stelle sich vor: Andere Showgrößen fürchten den Blackout, die Verlegenheit, den Bruch der Konversation – Edna muss um das Überleben der ganzen Figur kämpfen. Ließe sie je eine andere durchscheinen, Edna wäre dahin.

Wie irritiert war ich also, als ich unmittelbar vor dem »Celebrity Race«, noch während Edna sich umzog, in ihre Garderobe gebeten wurde. Ich wusste, sie würde nicht vollständig verwandelt sein, aber ich wusste nicht, wie ich sie in diesem halbgaren Zustand – in dem sie sich sonst niemals sehen lässt – anreden sollte.

»Entscheide dich, sobald du im Raum stehst«, sagte Lizzie.

Also nahm ich mir vor, erst nachzusehen, welches Geschlecht in ihrer Erscheinung gerade die Überhand hatte, und währenddessen verwirrte mich die Vorstellung eines Anliegens, das wichtig genug sein sollte, mich selbst der Metamorphose der Dame Edna auszusetzen.

In der Garderobe fand ich Edna über Ankleidetisch, Schrank und Boden verteilt. Irgendwo lag ihr Strass besetzter Helm, ein

Stück ihres Haars sah hinter dem Schmuckkasten hervor, der Overall mit den geschwungenen Applikationen war am Körper nur unvollständig befestigt, und zwischen all diesen Dingen hing das Gesicht von Barry mit einem nachdenklichen, in sich gekehrten Ausdruck. Taktvollerweise, vermutlich um mir die Peinlichkeit der Ansprache zu ersparen, ergriff er sofort das Wort: Es gebe da in dem Spätwerk des Dichters Georg Trakl, geschrieben kurz vor seinem frühen Tod im Jahre 1914, einen Zyklus mit dem Titel »Sebastian im Traum«. Konnte ich sagen, ob es in frühen Jahren wohl eine illustrierte Ausgabe dieser Gedichte ...

Wir saßen in Australien, ein brillantenbesetzter Helm, eine Vielzahl zweideutiger Requisiten lagen verstreut, das Rennen würde in einer Viertelstunde beginnen, aber wir sprachen über Trakl. Hahndorf hatte mich wieder!

Später waren Barry Humphries und Lizzie Spender mehrmals in Hamburg. Einmal besuchte mich Barry allein zu Hause, und wir gingen zum Einkaufen in ein Reformhaus in der Nähe. Damals arbeiteten dort fast ausschließlich junge Frauen, die überzeugt und kenntnisreich, aber nicht missionarisch über gesunde Ernährung sprachen. Während ich das Nötigste zusammenpackte, fragte mich Barry in einer für ihn untypischen Lautstärke:

»Hör mal, dies wäre doch vermutlich der richtige Laden, um ein Präparat gegen Prostataleiden zu erwerben ...«

Das Wort »Prostata« löst an einem Abend mit Edna hysterische Heiterkeit aus. Jetzt wird »husband Norm« erwähnt, jetzt wird's lustig! Ich war verunsichert, doch Barry sprach genauso laut weiter.

»Nicht, dass du denkst, ich sei krank. Ich dachte nur. Nur zur Prophylaxe, nur zur Prophylaxe. Könntest du wohl mal eine der jungen Damen ...«

Barry ist, wie gesagt, ein Gentleman. In einem Hamburger Reformhaus wird ihn niemand mit Dame Edna in Verbindung bringen. Unter den Frauen ging trotzdem schon jetzt ein Lächeln hin und her. Ich versuchte zu vermitteln, aber Barry mischte sich wieder lautstark ein:

»Verstehen Sie, *the prostate*, deutsch: die Prostata. Ich habe nichts. Glauben Sie mir. Nur zur Prophylaxe. Aber ich dachte, vielleicht verkaufen Sie etwas mit einem Kürbis drauf, etwas Gutes für die Prostata ...«

Inzwischen gaben sich die Frauen keine Mühe mehr, ihr Lachen zu verbergen. Mehrere Schachteln mit aufgedruckten Kürbissen und Knollengemüsen wurden auf dem Ladentisch ausgebreitet, und damit es nicht zu unseriös wirkte, ließ sich Barry wirklich die Packung mit dem fleischigsten Kürbisgewächs darauf einpacken.

»... nur zur Prophylaxe, wissen Sie ...«

Wir nahmen unsere Einkäufe, das Amüsement immer noch im Rücken. In der Tür drehte sich Barry mit ernstem Gesicht um und musterte die jetzt unverhohlen lachenden Frauen. Dann wandte er sich zum Gehen und seufzte:

»Wie schön, dass man sich nicht als alte Frau anziehen muss, um die Leute zum Lachen zu bringen!«

Der Mönch als Global Player

Kazuo Inamori in Kyoto

Man wacht auf und überfliegt ein Gehirn, rot und zerklüftet, bizarr geformt, mit mäandernden Nervenbahnen, man überfliegt es in über 30 000 Fuß Höhe, und es sieht aus wie ein Organismus, 8000 Kilometer von Zuhause, eine fremde Formation mit pathetisch getürmten Felsmassiven, Abgründen, nackten tektonischen Schichtungen. Malerisch. Fremd. Selbst die Wolkenformationen wirken asiatisch. Man sollte Seemannslieder singen, Heimweh haben, Dschunken passieren lassen.

Doch auf dem Monitor des Bordfernsehens bewegt sich das Symbol des Flugzeugs auf seiner gestrichelten Linie nur ganz langsam und ruckhaft dem Zielflughafen Osaka zu. Auf einem anderen Kanal erscheinen jetzt polnische Sumo-Ringerinnen, dann eine Rallye in Uganda, dann ein indonesischer Badminton-Spieler, zuletzt eine Weihnachtsmänner-Parade. Die Kabinenbeleuchtung flammt auf, und auf den Tabletts wird roher Fisch vorbeigetragen in gläserner Sauce. Willkommen auf dem lächelnden Kontinent.

Die rote Erde Chinas liegt unter Ihnen, spannen Sie die Flügel aus, und Sie haben irgendwo zur Linken Sibirien, zur Rechten die Mandschurei und in den trockenen Flussläufen die Kavallerie des Dschinghis Khan mit ihren Standarten. Nehmen Sie Abschied vom Abendland mit Ente an Kartoffelkloß. Wenn Sie wünschen, essen Sie Ihre Ente ruhig mit Stäbchen oder entscheiden Sie sich gleich für marinierte Qualle, Miso-Suppe, Fischpastete mit Ginkgo-Gemüse oder die Uzara-Eier-Roulade.

Die Geschäftsleute mustern unter halb geschlossenen Lidern die ethnische Vielfalt auf dem Tablett und entscheiden sich postmodern: Japanische Sashimi, deutscher Braten, österreichisches Dessert, französischer Cognac. Sie haben Europa nicht verlassen, Asien nicht betreten, im kulinarischen Niemandsland herrscht das Crossover.

Wo also suchen wir die Identität Japans? In den Firmengeschichten, den Filmen, den Legenden von Samurais und Geishas? Hinter unseren Vorurteilen von einer Kultur, die angeblich oft nur kopiert habe, dem Westen mit Minderwertigkeitsgefühlen begegne, die persönliche Ehre heilig halte und doch dauernd Bilder von Extrem-Fernsehen und parlamentarischen Prügeleien in die Wohnstuben spült? Unsere Bilder von Japan haben das Trennende so lange betont, dass wir nicht mehr wissen, ob es eine Eigenschaft des Landes ist oder eine unserer Darstellungen. »Lost in Translation« sind wir, nicht die Japaner.

Der Flughafen von Osaka gilt als modernes Weltwunder. Mitten ins Wasser gebaut, liegt er da wie ein großes, von innen erleuchtetes Insekt. Das Fahrwerk des Flugzeugs streift fast die Wasseroberfläche, dann werden die Reisenden in ein System aus Laufbändern, Hängebahnen und Lifts eingespeist, die Personen-Zirkulation hat von ihnen Besitz ergriffen, sie nehmen den Puls des Kreislaufs an.

Vor den Förderbändern steht, hoch aufgerichtet, der deutsche Leiter des »Themenparks« der Expo 2000 in Hannover, der mit einer internationalen Delegation die japanischen Expo-Macher berät. Drumherum scharen sich zwischen Koffern und Schachteln kichernde japanische Witwen, die im Ausland ihr Geld verbraten, daneben ein desorientierter Haufen europäischer Firmen-Yuppies, die sich im japanischen Mutterhaus die Leviten lesen lassen müssen, dazwischen Daniela Faust, Repäsentantin von Kyocera. Das Unternehmen, einer der größten Keramik-Hersteller der Welt, führend in Leitsystemen für Computer-Technologie und Träger der Inamori-Stiftung, vergibt seit sechzehn Jahren den Kyoto-Preis, die einzige weltweit dem Nobelpreis vergleichbare Auszeichnung, vergeben in drei Kategorien, die vom Nobelpreis-Komitee nicht berücksichtigt wurden: Erstens Grundlagenforschung, zweitens »Fortgeschrittene Technologie«, drittens »Kunst und Philosophie«. »Daniela San« wandert seit fünf Jahren schon zwischen den Welten.

Jeder der Kyoto-Preise ist mit einer halben Million Euro dotiert, Lebenswerkpreise sind dies, vergeben für Leistungen, die das Gesicht der Menschheit verändert, den wissenschaftlichen und kulturellen Fortschritt befördert und, wie Firmengründer und Preisstifter Kazuo Inamori sagt, »zur Verbesserung des Menschlichen beigetragen« haben. Der wirtschaftliche Erfolg soll auch dem Überbau zugute kommen.

Ein mächtiger und rätselhafter Mann ist dieser Kazuo Inamori. Von der »Financial Times« schon unter die zwanzig wichtigsten Firmenlenker der Welt gerechnet, gilt er seinen Landsleuten als undurchschaubare Figur, auch, weil er so zurückgezogen lebt und kaum Interviews gibt: Ein energischer, ganz dem Erfolg verschriebener Konzernchef einerseits, andererseits praktizierender buddhistischer Mönch, fortschrittsgläubig, permanent expandierend, leidenschaftlicher Anhänger der wirtschaftlichen Deregulierung, aber zugleich sorgenvoller Humanist, der die Gefahren des Erfolgs mit philosophischer Eindringlichkeit, die Beschädigung der Natur mit zeitkritischer Radikalität anprangert.

Als ich ihm Tage später gegenübersitze, verrät nichts den Mönch, außer einer Gebetskette am Handgelenk, die für westliche Augen merkwürdig verspielt wirkt. Er bedient sich ihrer, wenn er zweimal am Tag meditiert. Doch wo treffen sich diese beiden Vorstellungen: Wirtschaftsführer und Mönch?

»Gewiss«, sagt er mit einer leise modulierenden Stimme, »die allgemeine Vorstellung ist, das widerspricht sich. Aber so ist es nicht. Im Geschäft ist das Ziel der Profit, das mag so sein, so lange man nur das Überleben des Unternehmens im Auge hat. Aber das ist zu egozentrisch. Wenn wir nicht über die Wege nachdenken, auf denen wir Profite erzielen, und ihren Nutzen, werden wir auch die Interessen der Konsumenten nie finden. Der idealistische Aspekt ist also, gib dem Menschen eine Form, den Profit zu genießen, dann wird er uns etwas zurückgeben. Summa summarum müssen wir also immer wieder auf den Grundgedanken zurückgehen, der dazu führte, dass eine wirtschaftliche Unternehmung überhaupt entstand.«

Die Verankerung eines Weltkonzerns im Wünschen der Menschen? Das Prinzip wirtschaftlichen Wachstums als Metapher für die Expansion des Wissens und der Freude? Nannte Margaret Thatcher dergleichen nicht ehemals »Kapitalismus mit menschlichem Gesicht«?

Inamori beschreibt den Weg der harten Arbeit als Äquivalent zu Buddhas hartem Weg zur Erleuchtung. Er schrieb ein Buch über Erfolg, dialektisch betrachtet, aus der Perspektive des Mönchs. Der Misserfolg, heißt es da, wird dem Menschen gegeben, um ihn zu prüfen, um zu sehen, ob er reif ist vor Gott oder vor der Natur. Der Erfolg dürfe nicht verstanden werden als individueller Anspruch, als eine Konsequenz aus dem Agieren einer Person, denn so verderbe er den Charakter.

»Jene, die die Niederlage überwinden, werden manchmal größer. Denn im Erfolg entscheidet sich die Qualität der Persönlichkeit. Wird er geteilt, wird er auch für andere wichtig. Wird er zugänglich, dann steigert der Erfolg auch manchmal den Aufstieg zur Erleuchtung.«

Zögernd und mit einigem Aufwand an Floskeln, die mir geboten scheinen, frage ich nach seinem eigenen Wachstum aus Misserfolg. Doch Inamori scheint das Thema zu mögen und schont sich nicht.

Ein schwaches, kränkliches Kind sei er gewesen, sehr introvertiert und vom Schürzenzipfel der Mutter kaum zu trennen. Zur Schule wollte er nicht, weinte, wenn er sein Zuhause verlassen musste, wurde aber unter den Kindern dennoch bald zum Anführer der »children gangsters«. Für die Schule hat er nicht viel gearbeitet, wurde dazu auch nicht besonders motiviert, und so waren die Resultate schlecht. Beim Aufnahmeverfahren zur höheren Schule fiel er durch.

Dann erkrankte sein Onkel an Tbc, und der Junge steckte sich an. Sicher, er werde daran sterben, fand er sich mit dem eigenen Ableben fast ab, überlebte aber wunderbarerweise und begann nun im Krankenbett zu studieren für das zweite Aufnahmeverfahren. Er fiel durch, versuchte das dritte und fiel abermals durch. Mit dem letzten Anlauf über eine Art »zweiten Bildungsweg« schaffte er es endlich. Man hätte sagen können, folgert der Konzernmönch, seine Jugend sei nicht glücklich gewesen. Doch der Geist der Niederlagen inspirierte ihn zu seinen Erfolgen und verhinderte, dass er je arrogant wurde.

Das Gespräch kommt auf Wirtschaftsfragen, Grenzen der Expansion, auf Deregulierung und Globalisierung. Hier folgt, was in Deutschland jeden Sonntag mehrstimmig bei »Christiansen« intoniert wird. Wo von den Anforderungen des Konzerns die Rede ist, wird die Persönlichkeit des Konzernlenkers unsichtbar. Deshalb frage ich zuletzt:

»Und wo liegt Ihre persönliche Verantwortung?«

Er macht eine Pause, so lang, dass ich nicht mehr sicher bin, dass er überhaupt antworten wird. Dann sagt er sehr sanft, fast nachsichtig:

»Man kann von der persönlichen Verantwortung nicht ohne Anmaßung sprechen.«

Es folgt eine weitere lange Pause. Jeder deutsche Unternehmer zwischen dem kleinen Textil-Diktator von Burladingen und dem Pater patriae von Gütersloh würde diese Frage ad hoc TVkompatibel beantworten. Jeden wird es drängen, dem Geschäft eine »Philosophie«, eine »Ethik« zu geben. Für Inamori dagegen ist diese Frage, nicht die nach dem Misserfolg, die eigentlich indezente, und so erwidert er knapp:

»Meine Arbeit ist es, begreiflich zu machen, was Wachstum im Kern ist.«

Erst als wir später durch seinen japanischen Garten gehen, wird er etwas hinzusetzen auf die Grundfrage: Wie lässt sich ökonomisches Wachstum mit ökologischem Erhalt vereinbaren? Der Rest zu Wirtschaft, Wissenschaft und Humanismus ist den Regularien und dem Zeremoniell des Kyoto-Preises zu entnehmen.

Der Preis ist nach seinem Ebenbild ausgelegt, auch wenn er nicht den Namen des Stifters, sondern den der alten Kaiserstadt Japans trägt, die noch heute das kulturelle Zentrum des Landes bildet. Kyoto ist auf drei Seiten von Bergen eingefasst, das alte politische und humanistische Zentrum gilt heute noch als Tokios Gegenwelt. »Tokio ist Yen, Kyoto ist Zen«, sagt man.

Tausend Jahre lang war Kyoto japanische Hauptstadt, eine Metropole aus Holz, Wasser und Ziegel. Tokio dagegen ist die Hauptstadt der Zukunft, eine Zukunft aus Glas, Chrom und Beton. Tokio ist der kalte Glanz von Neonröhren in ungeschmückten Räumen, ist die Pantomime rumpfbeugender Geschäftsleute an den Fenstern eines Bürogebäudes. Kyoto ist das einsame Zeremoniell der Palastwachen, ist der Pas de Deux der Mönche mit Schellenklang, ist der Gong, der zwischen den knirschenden Bohlen des Palastes verklingt.

Wo in Tokio die natürlichen und die historischen Räume gleichermaßen verschwinden, strecken sich in Kyoto Gärten aus dem 16. Jahrhundert, gebaut aus ein paar Felsbrocken und wie absichtslos verstreutem Kies, und doch folgt alles einem Plan, dient der Meditation im Tempelschatten, schmeichelt schlichte Asymmetrie dem Mäandern der Selbstversenkung.

Nicht den eigenen Namen hat Inamori dem Preis gegeben, sondern den seiner Stadt:

»Der Gemeinde und der Gesellschaft von Kyoto verdanke ich viel. Hier wurde ich ausgebildet, hier gründete ich meine Firma, und hier liegt eine lange Geschichte der Kultur. Hätte ich ihn ›Inamori-Preis‹ genannt, wie viele Neider hätte ich herangezogen!«

Die erste Auszeichnung hat das Kyoto-Preis-Komitee in Anerkennung bahnbrechender humanitärer Leistungen vor sechzehn Jahren ausgerechnet dem Nobelpreis-Komitee verliehen. Seither tagen jährlich höchstrangig besetzte Vor- und Hauptwahlausschüsse, die nach langwierigen Erörterungen die drei Preisträger des Jahres benennen. Nur sechsmal schafften es in all den Jahren Japaner selbst bis zur Preiswürdigkeit. Der Regisseur Akira Kurosawa war einer von ihnen.

Doch nicht genug mit der Nominierung. Kaum ist ein Preisträger benannt, reist ein dreiköpfiges Stiftungsgremium an die Wohn- und Arbeitsstätte des Laureaten und bespricht sich mit ihm, doch ohne den Preis in Aussicht zu stellen. Schließlich gibt es Bedingungen für die Zuerkennung der hohen Auszeichnung, wie zum Beispiel eine tadellose Lebensführung sowie die Bereitschaft, den Preis in Kyoto selbst in Empfang zu nehmen, sich dabei in öffentlichen Vorträgen dem Publikum und seinem Wissensdrang zu stellen, die eigenen Thesen in zugänglicher Form vorzutragen und einen Empfang beim japanischen Kaiser zu absolvieren.

Die Besuche der drei Japaner bei ihren Preiskandidaten wären ein Filmstoff. Man denke sich die Szene, als sie, schriftlich angekündigt, den späteren Kyoto-Preisträger des Jahres 1997, den französischen Komponisten Iannis Xenakis, in seinem Pariser Studio besuchten. Der altersschwache Künstler hatte seine japanischen Gönner offenbar vergessen, auch wusste er wohl nicht so recht, was er mit ihnen anfangen sollte, jedenfalls ließ er sie ihr Anliegen im Stehen vortragen, bot ihnen kaum ein Glas Wasser an und war sichtlich froh, als sie tief betrübt und enttäuscht wieder ihre Heimreise antraten.

Man denke sich ihren Besuch bei Roy Lichtenstein, dem Preisträger von 1995, der mit Sohn und Zopf die Bühne betrat, bei John Cage, 1989, der das Publikum lange auf seine Vorträge warten ließ, um anschließend das Geräusch der Wartenden zu Musik zu erklären, oder im vergangenen Jahr bei Maurice Béjart, der zur Preisverleihung mit seinem Geliebten erschien und dem Familiensinn der japanischen Stifter nicht entgegenkommen konnte. Nicht lange zuvor hatten sie selbst den Dirigenten des Preis-Zeremonie-Orchesters ersetzen müssen, weil er am Podium so exaltiert agierte, dass er die merkwürdigsten Assoziationen weckte.

Trotz aller dieser westlicher Wunderlichkeiten und auch wenn die Stifter den Laureaten der künstlerischen und philosophischen Disziplin manchmal skeptisch entgegentraten – so fremdartig wirkten für japanische Augen und Ohren bisweilen deren Errungenschaften –, so bewiesen sie doch viel Sachverstand und vergaben Preise unter anderem an Olivier Messiaen, Andrzej Wajda, Paul Thieme, Renzo Piano, Peter Brook, Karl Popper, Witold Lutoslawski, Willard Quine und in jenem Jahr meiner Reise an den französischen Philosophen und Sprachwissenschaftler Paul Ricœur.

Was den Kyoto-Preis aber zusätzlich vom Nobelpreis unterscheidet, ist sein geringer Bekanntheitsgrad. Zur Zeremonie werden ein paar ausländische Diplomaten geladen, abgesehen davon bleibt er eine innerjapanische Angelegenheit, ausgezeichnet durch die Gegenwart des Prinzenpaars Takamado und den Spitzen des wirtschaftlichen und kulturellen Lebens.

»Machen Sie Ihre große Sache auch im Westen bekannt«, hatte vor Jahren vom Grunde ihrer europäischen PR-Erfahrungen aus Daniela Faust gesprochen. »Sie haben Recht«, erwiderten die Veranstalter und pflasterten im Jahr darauf die U-Bahn von Kyoto mit Plakaten zur Feier ihres Preises – verfasst in japanischer Sprache.

Die Stadtarchitektur von Osaka ist von dramatischer Hässlichkeit, anthrazitfarben, schmucklos und wild zusammengewürfelt die Häuser, die Besiedlung wie ein Bodendecker, der sich willkürlich ausdehnt und sich vom Grün der idyllischen Landschaft ernährt. Das monochrome Grau der Fassaden, das Blau der Dächer nur manchmal durchschossen von den Flammenzeichen der Werbung, Friedhöfe in den Vorgärten und Tempel umzingelt von Arbeitersiedlungen, die Verkehrsführung über drei Etagen laufend, häufig auf der Höhe der Fenster oder über den First. Hütten kriechen um Hochbauten, Tankstellen lehnen an Nobelhotels, hybride Einzelhäuser schießen hoch über ihr Milieu, Solitäre, flankiert von halbwüchsigen Häusern, und dazwischen der »Osaka Dome 2006« an der Bahnstrecke, mächtig aufgeschwemmt, ein Gebäude wie ein Schwimmreifen: Nichts korrespondiert, nichts harmoniert miteinander, alles vereinzelt sich.

Auch der Haruka, der zwischen Osaka und Kyoto verkehrt, ist keiner dieser futuristischen Hochgeschwindigkeitszüge, sondern eine Art Nippon-Interregio mit wenig Komfort. An der Stirnseite des Waggons läuft eine Leuchtschrift mit Tagesnachrichten: »US-Wahlen noch immer unentschieden * Ministerpräsident Mori weiter unter Druck * Gericht befindet: J.R.-Zuggesellschaft nicht verantwortlich für Massenentlassungen«, und der Schaffner verlässt den Waggon nie, ohne sich umzudrehen und sich stumm gegen seine Passagiere zu verbeugen. Niemand sieht hin. Nicht die Mädchen mit den rehbraun toupierten Hochfrisuren, den Kunstfellkragen und bedruckten Stoffen, den imitierten Echsenmustern auf dem Regenmantel, den enormen Plateausohlen, nicht die alten Dämchen, die noch auf sich halten, aber ganz zusammengefaltet dasitzen, nicht die jungen Schnösel mit Strähnchen im Haar und den ins Leere kauenden Mündern. Es ist eine merkwürdige, merkwürdig modische Gesellschaft in diesem Zug, Stil haben alle, zur Not schlechten.

Auch Kyoko, eine von den zahllosen Betreuerinnen, Assistentinnen, Alleskönnerinnen im Dienste des Kyoto-Preises, stellt, am Bahnsteig wartend, eine hochmoderne Brille mit rotem Fiberglasgestell zur Schau:

»Zur Zeremonie kann ich die nicht tragen, das gehört sich nicht.«

Tatsächlich trägt sie schon zum Empfang am nächsten Abend ein erschütterndes Modell, ähnlich einem Glasbaustein.

An diesem Vorabend der eigentlichen Verleihungszeremonie empfangen das Prinzenpaar sowie die Honoratioren aus Stiftung und Politik die Laureaten. Die Musik zum Einlass wechselt von barocker westlicher Musik zu jenem schweren Raunen und Grunzen, das für westliche Ohren keine eigentlich musikalischen Assoziationen weckt, aber die Klassische Musik Japans ist.

»Ich liebe Dudelsackmusik«, flüstert Kyoko. »Kürzlich war ich in Osaka in einem schottischen Pub. Da haben die Bagpipes solche Vibrationen ausgelöst, dass Gegenstände von der Decke fielen. Sieben auf der Richterskala!«

Sie ist begeistert. Ihre seelische Erschütterung lässt sich auf der Richterskala ausdrücken.

Inzwischen hat sich das Prinzenpaar huldvoll zum Saal geneigt, und die Laureaten werden präsentiert. Nacheinander müssen sie auf die Bühne treten und sich belobigen lassen. Neben ihnen steht ihre Gattin, ganz so, als trage sie mit an der Last des Preises.

»Professor Sir Anthony Hoare«, lobt der Redner, »hat Design und Bestimmung der Programmiersprachen durch die Entwicklung der Hoare'schen Logik von Grund auf erneuert und der Entwicklung der Informatik neue Wege gewiesen.«

Ab »von Grund auf erneuert« zieht Lady Hoare an seiner Seite einen Flunsch, als wolle sie kurz daran erinnern, dass er dafür auch nie zum Abtrocknen gekommen sei.

Professor Walter Jakob Gehring aus der Schweiz wird gepriesen als der Erfinder der »Homeobox« und Spezialist für die Morphogenese von Organismen. Seine Idee kam ihm bei der Beobachtung der Transformation einer Raupe zum Schmetterling. Alle lächeln. Das wird verstanden. Jeder war mal eine Raupe. Oder ein Schmetterling. Die Prinzessin lobt den soliden Schweizer Professor mit Blicken. Sie hat ein paar Kinderbücher veröffentlicht und liebt offenbar solche Geschichten.

Als ich Gehring später nach der Goetheschen Urpflanze frage, stimmt er glücklich zu und rollt die Materie auf, vom Zwischenkieferknochen an. Goethe war klug, aber ihm fehlten die technischen Möglichkeiten, seine Thesen zu beweisen. Deshalb ist es gut, dass der Schweizer Preisträger dessen Vermutung durch Untersuchungen zum Bauplan des Auges und seiner Evolution modifizieren und verifizieren konnte. Das Abendland triumphiert.

Paul Ricœur ist 88 Jahre alt, ein filigraner Greis, dessen bewundernswerter Aufmerksamkeit sich am Ende aber doch nicht alle Wendungen des Zeremoniells erschließen. Warum soll er jetzt auf einem Ohrensessel sitzend, zum Publikum gewandt, der vereinfachten Zusammenfassung seines Lebenswerkes lauschen? Wozu diese Menge ihm unbekannter Wissenschaftler und Zelebritäten, und was gilt es, jedem Einzelnen von ihnen zu sagen? Er liest angestrengt in den Gesichtern und Gesten der gebückt Vorbeidefilierenden, erstaunt zu sehen, wo überall sein Werk eingetroffen ist, das er abseits von so vielen kommenden und gehenden Strömungen der französischen Gegenwartsphilosophie entwickelt hat.

Während er sich der Metapherntheorie in einem die Sprachwissenschaft überflügelnden und die Psychoanalyse einbegreifenden Sinne widmete, entwickelten die Poststrukturalisten eine Philosophie nach dem Ende der Aufklärung. Muss ein Mann wie Ricœur, der hier für seine Leistungen im Dienste des Humanismus geehrt wird, nicht festhalten am Konzept der Aufklärung, der »Empormenschlichung«, wie Musil es nannte?

Tatsächlich beginnt Ricœur seine Antwort mit einer Verbeugung vor Jürgen Habermas. Die Vernunft aber, sagt er, ist nicht mehr auf jenen Begriff der Rationalität reduzierbar, durch die man sie noch im 18. Jahrhundert definierte.

»Für mich hat die Vernunft ihre weitere und tiefere Bedeutung erhalten in fünf Jahren deutscher Kriegsgefangenschaft. Dort rettete mich die deutsche Aufklärung von Bach bis Jaspers.«

In der Pressekonferenz am nächsten Tag wird er diesen Gedanken noch einmal aufnehmen.

»Sie alle haben sich so lange mit dem Zustand der Gegenwart beschäftigt«, fragt eine japanische Journalistin die drei Laureaten summarisch, »sagen Sie uns: Wie wird das 21. Jahrhundert aussehen? Mister Ricœur zuerst, bitte!«

Er sehe die junge Generation, erwidert Ricœur, in großen Schwierigkeiten vor allem angesichts der asynchronen Entwicklung, den raschen Veränderungen der ökologischen, wirtschaftlichen, technischen Verhältnisse auf der einen und den langsamen Veränderungen innerhalb der Politik auf der anderen Seite. Folglich müsse man sich zuerst der eigenen Zeit annähern, denn kein Mensch wisse wirklich, in welcher Zeit er lebe, und keiner könne es wissen, der nicht in die Erinnerung herabsteige, um eine Vermittlung zwischen der Tradition und dem Fortschritt herzustellen. Und dann sagt er einen Satz, der von seinem japanischen Publikum mit noch größerem Unverständnis quittiert wird:

»Im 21. Jahrhundert können sich die Hochkulturen auf die Wissenschaften nicht mehr verlassen, doch sie werden, in der zweiten Hälfte dieses Jahrhunderts, eine Wiederauferstehung des Bürgers erleben.«

Des mündigen, vom Bann der Entfremdung emanzipierten, vernunftgeleiteten Individuums? Dieser späte Spross aus dem Humus der Frankfurter Schule wirkt in Kyoto so fremd wie ein Kabuki-Darsteller auf dem Oktoberfest.

»Und wie gefällt Ihnen Kyoto?«

Die Journalistin manövriert ihre Fragen in sichere Gewässer. Ricœur vermeidet es, die Stadtanlage zu würdigen, stattdessen spricht er in bewegenden Worten von der »Zerbrechlichkeit und Einsamkeit« der Natur. Man lächelt und verbeugt sich dankbar.

Tatsächlich blickt man aus dem Kessel der alten Stadt ringsum auf die bewaldete Hügellinie, in der Villen und Schlösser, Tempel mit Doppelgiebeln und alte Parkanlagen als Manifestationen der großen Stadtgeschichte sitzen. In Nijo Castle, der ehemaligen kaiserlichen Residenz, heute Denkmal des Weltkulturerbes, scheint die Welt der Shogun unberührt erhalten. Wer auf Strümpfen über den ersten Flur, den »Nachtigall-Boden«, das Bauwerk betritt, löst mit jedem Schritt ein Zwitschern und Zirpen aus, das durch eine komplizierte Bodenstruktur hervorgerufen wird, die Bewohner vor Angreifern warnen sollte.

Die alte Welt ist noch da, und sie kehrt wieder in den Travestien der Großkaufhäuser mit ihren Polyester-Kimonos, Karpfenkäschern und Ninja-Schwertern, Kriegerpuppen und Duftsäckchen, Shogun-Helmen und Haarnadel-Köchern, Geishapuppen, Origami-Sets und Löwentänzern, überstrahlt von der Parole: »Buy now or cry later.«

Immer noch wird das Englische nur unbeholfen eingesetzt. Die »Hells Angels« von Kyoto tragen auf ihren Lederrücken die Aufschrift: »Yellow Corn«: »Gelber Mais.« Ihre Maschinen sind manchmal kaum stärker als ein Moped, und man kann sich die

Mütter vorstellen, die abends zu ihren Kindern sagen: Kommt schnell rein, die Yellow Corn machen die Straßen unsicher!

Aber warum heißt ein gewöhnliches Restaurant »Perverse Person«, eine »Dental Clinic« »Enjoy«, der Nachtclub »Pull Moon«, eine Zoohandlung »Modern Pets«, eine Zeitschrift »Colourful Masturbation«? Warum verkauft ein Lebensmittelladen »sexual chocolate« und warum hat sich der Kaffeeweißer »creamy powder« den Markennamen »creap« gegeben, was immerhin wie »Widerling« klingt?

Sicher, auch die Kulturen wachsen wahrscheinlich asynchron, Wissenschaft, Technik, Gefühl und Mode, sie haben alle unterschiedliche Tempi, und oft kann man mit bloßem Auge die verschiedenen tektonischen Schichtungen einer Welt verfolgen. Aber in Kyoto ist das Beieinander extrem: Die Koexistenz der stark fühlbaren kaiserlich-kulturellen Tradition mit einer japanischen Jugendkultur, die vom Westen unabhängiger ist als in vielen anderen Teilen der Welt. Denn trotz aller Unbeholfenheiten: Selten begegnet man im asiatischen Raum so wenigen Amerikanismen, so wenigen internationalen Werbekampagnen.

Man begegnet auf der Straße Männern in Samurai-Gewandung, daneben Mädchen mit bis übers Knie in Lackleder eingeschweißten Beinen. Man durchstreift das alte Vergnügungsviertel mit seinen unscheinbaren Holzfassaden, auf denen teilweise noch die Spuren der Samuraischwerter vergangener Jahrhunderte zu finden sind, man kann sich noch, ganz unfolkloristisch, in einer traditionellen Bar von einer Geisha unterhalten lassen.

Der Gion district ist das Zentrum der Geishas. Der westliche Reisende aber darf erst eintreten an der Seite eines eingeführten japanischen Freundes. In der Nacht führt mich der Bruder Inamoris unter einem Holzbalken hindurch in »seine« Bar. Die Geisha nähert sich mit seiner eigens beschrifteten Flasche. Sie singt zum Saitenspiel, neigt sich, weht hin und her wie im Wind. Auch zwei Fotoalben schleppt sie heran. Die dort festgehaltenen Bewegungen ersetzen den weiteren Tanz.

Als wir wieder auf die Straße taumeln, wünscht uns, zwei Blocks weiter, das Großkaufhaus Takashimaya »Hearty Christmas« mit einer eigenen Weihnachtsbaum-Ausstellung und einem steppenden Santa Claus.

Geeint werden die Kulturen durch das Bewusstsein ihrer Gefährdung sowie die Anstrengung, den technologischen Fortschritt mit einem humanitären zu verknüpfen und beide in der Tradition zu betten. Deshalb hat das Ritual der Preisverleihung am folgenden Abend den Charakter eines uralten Zeremoniells.

Man frage nicht, was in den Köpfen einer Hundertschaft von jungen Frauen vorgeht, die, in nicht enden wollenden Spalieren aufgestellt, jeden einzelnen Gast mit Zuruf und Verbeugung begrüßen. Man suche nicht nach Ironie, nach Entertainment, nach all den über die große amerikanische Show-Matrize gelaufenen Formen des Amüsements. Ein Zeremoniell, das noch gefühlt wird, ist viel spannender.

Die japanische Kultur hat sich vor 1200 Jahren in Kyoto entwickelt. Sie soll ausgerechnet heute nicht verraten werden. Deshalb entfaltet die Bühnendekoration den Prunk japanischer Lackmalerei auf goldenem Grund und bewahrt neben der künstlerischen Fertigkeit die Erinnerung an vorzeitliche Landschaften mit Tempeln und Pagoden, an alte Tänze und Kompositionen, an Kinderchöre, Fabelwesen, höfische Zeremonielle und Geschenke.

Die drei Preisträger haben gelernt, sich zurechtzufinden, sich gemessen zu erheben, sich vor dem Prinzenpaar steif und förmlich zu verbeugen und ihren europäischen Habitus abzustreifen. Der in tiefe Feierlichkeit getauchte Saal folgt jeder Bewegung auf der Bühne in atemloser Spannung. Prinz Takamado hofft, der Preis möge zum Weltfrieden beitragen, Premierminister Mori lobt die Tapferkeit der Forscher und wünscht, Japan möchte am Aufbau einer idealen Welt durch den Intellekt teilnehmen. Tony Blair lässt wie der Schweizer Bundespräsident allen Preisträgern gratulieren, Chirac gratuliert nur dem französischen, beweise er doch die Vitalität der französischen Forschung in ihrem Beitrag für die Welt.

Nein, Paul Ricœur beweist nichts Nationales. Er hört dem Preis seines Werkes zu wie Walther von der Vogelweide, das Kinn in die Hand geschmiegt, die Beine übereinander geschlagen. Dies ist der einzige Ausbruch aus dem Ritual. Rezensiert er sich gerade selbst?

Der Saal versinkt im Dunkel. Nacheinander werden nun die Preisträger mit einem Spot beleuchtet, während auf einer großen Leinwand die Bilder ihres Lebens vorbeiziehen, eine rührende, tief menschliche Präsentation von Biographie. Die Mutter von Professor Hoare, so erfahren wir, liebte das Reisen, er selbst war ein wenig geselliges Kind. So sieht man ihn, in verschossenen Kleidchen, sieht lachende Menschen irgendwo in den Schweizer Bergen, verblasste Schnappschüsse aus glücklichen Zeiten.

Die Mutter von Professor Gehring war immer eine gute Tänzerin und macht heute noch Aerobic, er selbst ist ein passionierter Vogelbeobachter. Ja, seine Mutter ist offenbar eine lebenslustige Frau, das sieht man auf ihren Jugendfotos, und ja, da steht der Professor, glücklich neben seinem Sohn, der schon im Silicon Valley arbeitet.

Von Ricœur erfahren wir, dass er ein Witwer ist, der gerne Museen und Konzerte besucht. In allen drei Lobreden kommt dies vor: Die Katastrophen der Vita, der Tod der Geliebten, der Eltern, der Zusammenbruch der Familie, die hier bis in die Ahnengeneration mitgeehrt wird. Es sind die Stellen, an denen das Leben aggressiv genug war, das Forscherleben in seiner Einsamkeit zu erreichen. Sie alle werden noch einmal wehmütig angesichts dieser aus der tiefen Vergangenheit daherkommenden Bilder, die an all die verflossene Zeit, die frenetischen Bemühungen, die erkalteten Erfolge erinnern und die Erinnerung an etwas bewahren, das wichtiger war.

Warum, werde ich Inamori am nächsten Tag fragen, warum diese Filme aus dem Privatleben der Preisträger. Für ihn macht erst der ganze Mensch den würdigen Laureaten. Es geht auch um ernsthafte Lebensführung, Arbeitsdisziplin, es geht um die Würdigung von Menschen, die auch ihre Persönlichkeit in vorbildlicher Weise ausgebildet haben:

»Mir reichte der reine wissenschaftliche Rang nicht, es musste ein persönlicher hinzukommen. Natürlich ist die wissenschaftliche Leistung die Voraussetzung, aber der Ernst dieser Leistung sollte sich auch in der Lebensführung niederschlagen, in der Verantwortung und der Ethik. Entscheidend ist doch auch, wie mit großer Bescheidenheit Ziele verfolgt wurden, ohne die Aussicht auf Anerkennung, entscheidend ist der Weg, den alle diese Menschen ohne den Lohn des Erfolgs genommen haben.«

Durch diesen Preis, sagt Ricœur dann in seiner Dankesrede, werde die Philosophie selbst geehrt, das Erbe des Wissens, »und dies ist beileibe kein totes Depot, sondern vielmehr ein lebendiges Ideenlager: Die Wissenschaft muss es nur öffnen. Denn auch die Philosophie interessiert sich für Beweisschlüsse. Von der medizinischen Ethik bis zur Begründung politischen Agierens überprüft sie die Normen praktischen Handelns. Auch Galileo, Newton und Einstein beschritten unseren Weg von der Vision zur Verifikation.«

Nach Abschluss der Zeremonie wird der letzte Teil der Auszeichnung beginnen. Die Preisträger werden für ein paar Tage in Kyoto lehren, sie werden jungen Forschern aus aller Welt ihre Ideen zugänglich machen, denn schließlich sollen junge Japaner und Menschen aus der ganzen Welt kommen können, um die Lehren von Kyoto zu begreifen.

Für dieses Jahr hat sich die Vision des Kyoto-Preises erfüllt, die drei Preisträger fassen sich bei der Hand, symbolisch, und für den Moment steht der wissenschaftliche Fortschritt da, innig verbunden mit der Aufklärung. Man spielt noch einmal Barockmusik. Alle strömen in die Nassräume. Dort sind die Klobrillen geheizt, durch Knopfdruck kann man das Gesäß mit einem Wasserstrahl spülen, und im Vorraum sprechen zwei junge Japaner über »Mode, die mitdenkt«. Hurra, die reale Aufklärung hat uns wieder!

Als ich Kazuo Inamori am nächsten Tag in seinem Konferenzraum gegenübersitze, ist der Geist des Schriftzeichens für »Harmonie«, das hinter ihm hängt, ganz auf seine Erscheinung übergegangen. Ich frage ihn nach seinen Eindrücken des letzten Abends. Er erwidert:

»Normalerweise würde ich Ihnen nicht sagen, was ich zu meiner Frau sage, aber letzte Nacht sagte ich zu ihr: Ich bin wirklich glücklich nach dieser Zeremonie.«

Lady im Werden

Tina Turner in Monte Carlo

Tina Turner entdeckt man nicht mit fünfundzwanzig oder vierzig, Tina Turner entdeckt man nie oder mit zwölf. Man lernt küssen zu ihrer Musik, lernt, mit der Hand über den Schweißfilm im Rückenausschnitt abgekämpfter Party-Tänzerinnen zu gleiten, lernt breitbeinig zu tanzen.

Tina Turner war eine der ersten schwarzen Frauen, die von den weißen Jungs einer ganzen Generation »geil« gefunden wurde, natürlich ihrer rasanten Beine wegen (die ja auch auf so manchem ihrer Plattencover eine Großaufnahme bekamen), aber auch wegen ihres triebhaft angelegten Tanzstils und dem nackten Körper, den man unter allen Fummeln immer ahnen sollte. Nicht die kleinen Jungs allein haben das gesehen und mit ins Bett genommen, Quincy Jones verriet mir mal überraschend:

»Das ist es, was Mick Jagger sein ganzes Leben lang wollte: Er wollte Tina Turner sein! Die Bewegungen, dieses Feminine, Verführerische, es kommt alles von Tina, er hat sie noch und noch imitiert, und das Größte war für ihn, als sie endlich eine Nummer zusammen aufnahmen.«

Trotzdem haben sie diesen Titel eigentlich zu spät aufgenommen. Zwei ältere Herrschaften, die ein laszives Verhältnis zueinander und ein orales zum Mikrophon simulieren, die sich in libidinöser Aufwallung räkeln und singen, dass man es ihnen besorgen möge ... Diese erste erwachsene Rock-Generation kam immer noch mit der Arbeitsauffassung der Teenager auf die Bühne und spielte dieses ganze alte Sex-Spiel genauso vor wie immer. Beruhigend, und ein bisschen morbid.

Im Grunde war Tina Turner immer so gewesen. In flatternden kurzen Röckchen hatte sie sich stampfend und prustend über die Bühne gearbeitet, Mikrophone gefressen und orgiastische Grimassen geschnitten. Sie hatte mit ihrer rauen Stimme markerschütternd geschrieen, und auch wenn diese Stimme vielleicht so besonders gar nicht sein sollte, besaß sie eine ansteckende Wirkung.

Tina war mit diesen typischen staksenden Schritten hochhackig von einer Seite der Bühne auf die andere gelaufen, ganz so, als hätte sie dort etwas vergessen. Sie war in die unteren Lagen ihrer Stimme getaucht, um die Leute in gurrender Beschwörung mit ihrer Inbrunst anzustecken, und hatte ihre fabelhaften Beine geöffnet und geschlossen, als wäre es ein Flügelschlagen.

Das war schon in den frühen Konzertaufnahmen so, als sie noch vor den Augen ihres ominösen Ehemanns Ike »River Deep Mountain High« sang, ein Titel, der von einer Generation als Befreiungshymne mitgesungen wurde. Vorn auf dem Cover trug sie den kurzen Rock, und hinten arbeitete sie am Waschbrett.

Dieses rückwärtige Schwarzweiß-Foto assoziierte irgendwie die Sklaverei, und hätte man damals mehr über das Innenleben des Paares gewusst, man hätte vielleicht auch das vordere so empfunden. Tina Turner selbst hat jedenfalls später von der

»sechzehnjährigen Sklaverei unter Ike« gesprochen – ein großes Wort, zumal von einer, deren Familie wirklich noch in Sklaverei gelebt hat und deren Vater noch ein Arbeiter auf den Baumwollplantagen gewesen war, in Natbush, Tennessee, wo sonst.

Dort kam Tina Turner als Anna Mae Bullock zur Welt und wuchs heran, eine der Biographien zu erwerben, die für die Rockgeschichte zu Legenden wurden: Von den ersten Erfolgen in den späten sechziger Jahren bis zur Trennung von Ike im Jahre 1976, von der Phase des Rückzugs bis zu ihrem spektakulären Comeback als Solistin im Jahre 1984. »Private Dancer«, abermals mit viel Bein auf dem Cover, spülte ein Massenpublikum in die Stadien und einen Preisregen über die Veteranin, die in »Mad Max III – Jenseits der Donnerkuppel« auch noch ihr eigenes Image persiflierte, Männer mordend und animalisch. Tina im Glück, endlich.

Gleichzeitig lagen alle diese Schritte auf derselben Strecke. Sie dienten demselben Bild, das man von ihrem ersten Auftreten an Tina Turner zugeschrieben hatte. Da war kein Imagewechsel, keine Neigung, aus der Klischeehaft auszubrechen, es gab auch keine Erkundungen auf dem Gebiet der Musik. Eher generierte sie aus der jungen Frau mit dem Waschbrett immer neue Metamorphosen der einen, erfolgreichen Tina Turner.

Ich kenne kein Interview, in dem sie sich in die Tiefen der Musik, der Komposition oder des Sounds begibt, und es würde mich nicht wundern, wenn ihr das Erotische ihres Auftretens ziemlich gleichgültig wäre, eine Performance bloß, die die Erwartungen bediente. Die private Tina Turner ist darin abgeklärter, desinteressierter und auch bürgerlicher, als die Bühnenshows es suggerieren.

Monte Carlo im Pop-Fieber. Ein Festival, eine Messe, eine Ehrung. Vor den großen Hotels die Spaliere konkurrierender Fans, die einfach prophylaktisch auf irgendeinen Star warten. In den Limousinen gesichtslose Funktionäre mit überflüssigen Inkognitobrillen, in den Lobbies kleine Grüppchen aus den Vertretern der Plattenfirmen, der Musikressorts wichtiger Zeitschriften, der Presseagenten. Man ruft sich zur Begrüßung zu, für wen man angereist ist, und als ganz klein und blond und aufmerksam Kylie Minogue durch die Halle spaziert, stürzen gleich mehrere in ihre Richtung, um noch einen Stich zu machen. Später sehe ich sie ganz allein mit einer Plastiktüte quer über die Straße davongehen.

Tina Turner bewohnt eine Suite mit Seeblick. An den Wänden des Salons lehnen ein paar großformatige Schwarzweißfotos, die Herb Ritts vor kurzem von ihr geschossen hat. Man begegnet also auch in ihren eigenen Räumen erst ihrem Bild, dann ihr selbst, die erst vor ihren Fotos klein wird.

Ganz gelassen kommt sie aus den hinteren Räumen hereingeschlendert, ein Glas Orangensaft in der Hand, in Jeans und einer weißen Bluse mit langem, langem spitzen Ausschnitt. Sie ist lässig, und sie ist freundlich. Ihre Augen lachen schneller und öfter als ihr Mund, die Atmosphäre unter den Leuten in ihrem Umkreis ist entspannt. Ganz höflich werden alle, die jetzt noch aus den hinteren Zimmern dazukommen, nach draußen geschoben. Sie will dieses Interview allein führen, bei offener Balkontür, den Blick auf den Yachthafen (genießend), die Füße im Sitzen immer wieder unter den Hintern ziehend, dankbar für alles, was Gespräch, nicht Interview ist.

»Sie sehen gut aus. Wie geht's?«

»Heute? Ich fühle mich gut, ich kenne mein Alter, aber ich achte nicht darauf.«

Nein nein, man sieht es nicht. Stark, voller verbrauchter und voller ungeweckter Energie ist ihr Gesicht, und sie ist resistent gegen Komplimente. Alle sagen ihr so etwas, vermutlich fühlt sie es gerade daran, ihr Alter. Die Routine, mit der sie die Schmeichelei quittiert, verlangt nach Fragen, die man nur noch ohne Routine beantworten kann.

»Wie sieht Ihr Morgengesicht aus?«

»Meine Haut ist morgens sehr schön. Trotzdem: Ungeschminkt kann ich mich nicht fotografieren lassen.«

»Sie sehen seit Jahren unverändert aus. Was hat sich verändert?«

»Mein Körper. Alle 7 Jahre ändert sich der Körper. Aber

meine Kleider passen mir noch. Früher mochte ich meine langen Beine und meinen kurzen Oberkörper nicht ...«

»Und Ihren kurzen Hals ...«

»... und meinen kurzen Hals! Nein, ich kann mich eigentlich nicht beklagen. Übrigens trage ich gerade professionelles Makeup.«

Fast unbemerkt wandert das Gespräch an ihrem Körper auf und ab, sie findet nichts dabei. Ich bin sicher, sie mag keine Interviews, sie kennt alle Fragen nach Ike, nach ihrer traurigen Vergangenheit, nach ihren Beinen und Röcken, ihrem Alter und dem möglichen Ende ihrer Laufbahn. Nein, sie macht das nicht gerne.

Andererseits sitzt sie gern auf der Schwelle des Balkons in der Sonne von Monte Carlo, blickt über die Wellen und schlürft ihren frisch gepressten Orangensaft. Ach, eigentlich ist es in Ordnung und der Tag ist schön. Sie wird also nett sein und beantworten, was da kommt, und sollte es noch so komisch klingen.

»Haben Sie eigentlich graue Haare unter Ihrer Perücke?«

»Ich habe ein paar graue Haare, aber nicht sehr viele. Meine Augenbrauen und meine Wimpern werden langsam grau. Ja, ich ergraue langsam.«

Alles ergraut. Auch die Zwölfjährigen in ihrem Partykeller werden plötzlich alt, wenn Tina Turners Wimpern ergrauen. Ihr Mund drückt mir (dafür) ihr Beileid aus: Tja.

»Ist Ihre Perücke aus Menschenhaaren oder aus Tierhaaren?«

»Menschenhaar – italienisches wurde mir gesagt.«

Eine prachtvolle wollige Mähne voller Glanzlichter aus hellen Strähnchen trägt sie da auf dem Kopf. In einer Wiener Straßenbahn, erzähle ich ihr, sah ich einmal eine Annonce: »Perückenkauf ist Vertrauenssache. Marken-Perücken – aus echtem europäischem Menschenhaar.«

Ich lache. Sie nickt ernst. Fünf Finger bleiben ausgestreckt in ihrer Mähne liegen. Monate später werden Paparazzi Fotos ohne Perücke von ihr schießen: Nichts, was die Welt hätte sehen wollen.

»Haben Sie sich jemals vorgestellt, dass Sie mit über fünfzig Jahren noch auftreten würden?«

»Als ich im Jahre 1982 meine Karriere wieder beginnen wollte, habe ich überhaupt nicht über mein Alter nachgedacht. Erst als ich hörte, wie mein Manager Roger Davies sagte: ›Sie will wieder ins Rock-'n'-Roll-Business und das mit zweiundvierzig Jahren!‹, da fiel's mir ein. Ich tanze, ich singe. Wen kümmert es, wie alt ich bin?«

»Sind Sie schneller erschöpft als früher?«

»Ich denke nicht.«

Nun bereitete sie also wieder eine Tour vor. Es gab Gerüchte, es werde ihre letzte sein. Nachdem Tina Turner sich drei Jahre »ausgeruht« hatte, wie sie es nennt, wollte sie sich zwei weitere Jahre geben. Aber dann ging der Film über ihr Leben («What's Love Got To Do With It?«) in die Vorbereitung. Sie hatte sich wieder mit ihrer Vergangenheit auseinander zu setzen, und vor allem und zuallererst musste sie die Hauptrolle ablehnen.

»Warum sollte ich die Rolle spielen wollen? Warum sollte ich mich schlagen lassen und verwundet und verletzt am Boden liegen? Warum sollte ich all das noch einmal durchmachen wollen? Und ich mag es nicht, mein Leben zu promoten. Außerdem vermisse ich mein Zuhause. Das ist mein Problem mit diesem Beruf. Also mit den Tourneen werde ich aufhören, aber singen werde ich weiterhin.«

Auch wenn es damals niemand glauben wollte: Sie hat sich daran gehalten.

»Haben Sie keine Angst, Sie könnten sofort altern, wenn Sie aufhören aufzutreten?«

»Ich werde nicht altern, denn ich habe immer etwas zu tun. Ich würde gerne mal so lange vom Geschäft wegbleiben, bis ich es so sehr vermisse, dass ich es nicht erwarten kann, wieder zurückzukommen.«

Ihr Gesicht bleibt sorgenvoll. In all ihren Erklärungen ist mehr vom äußeren Druck, vom Drängen der Industrie, der Fans, des Managements die Rede als von ihren Wünschen oder auch von ihrem Verhältnis zur Musik, zur Bühnen-Performance, zum Produzieren eines Videos. Plötzlich könnte ich mir vorstellen, dass sie seit Jahren keine Lust mehr auf das ganze Geschäft hat und trotzdem weitergezogen wird von allen, die sich auf diesem riesigen Wirtstier der Rockmusik tummeln und es aussehen lassen, als bewege es sich von selbst. In Wirklichkeit könnte sie vor allem belebt sein von ihren Parasiten und abgesehen davon ein ganz unscheinbares oder in sich gekehrtes Leben führen.

So schleicht sich auch in die eigene Darstellung der jüngsten und erfolgreichsten Phase ihrer Laufbahn etwas merkwürdig Fatalistisches ein, als habe die größere Kommerzialität auch zu einer Entfremdung der Musik von der Sängerin geführt. Aber vielleicht scheint das nur so.

»Konzentrieren Sie sich heute mehr auf weiße Musik als früher?«

»Die Antwort lautet: Ja! Aber ich nenne sie nicht weiße Musik. Es ist Pop. Das Publikum mag eigentlich keine Veränderungen, und wenn es nach mir ginge, sollte man eigentlich für immer so bleiben, wie man ist. Aber mit meiner alten Musik war ich nicht so erfolgreich; heute ist sie kommerziell – das wollen die Käufer hören. Meine aktuelle Musik füllt ganze Stadien. Mit meiner alten Musik hätte ich nie im Leben ein Stadion füllen können. Meine Musik ist jetzt *easier* geworden; dazu lache ich nun oft auf der Bühne.«

»Also hat sich auch Ihr Publikum verändert?«

»Ja! Kurz vor ›Private Dancer‹ bekam ich ein junges, europäisches Publikum. Ich bin früher oft in Hotels aufgetreten, und natürlich ist das Publikum dort älter. Als die Single rauskam, waren plötzlich die Kinder da.«

»Hatten Sie je Angst vor Ihren Fans?«

Sie schüttelt so heftig den Kopf, als wolle sie nicht einmal den Gedanken daran zulassen.

»Warum nicht?«

»Könnte sein, dass es mit meiner Art des Auftretens zu tun hat. Es war bekannt, dass ich lange Zeit ohne Freund war. Ich flirte nicht. Ich spiele, ich lache. Es macht Spaß, aber es ist keine Anmache. Was die Männer angeht, muss ich oft abblocken. Wenn ich merke, dass etwas überhand nimmt, muss ich sagen: So will ich es nicht.«

»Aber Sie mögen es, wenn man Sie beobachtet?«

»Beobachtet?«

»Sie anstarrt, wie Sie agieren ...«

»Ich denke nicht: Sie starren mich an. Ich denke: Seht, was wir zusammen machen. Es ist nicht: Ich bin. Es ist: Wir sind.«

Mich beschäftigt weiterhin die Vorstellung, dass Tina Turner heute vor allem die Musik singt, die sich gut verkauft. Die Musik der Periode davor schien ihr mehr zu entsprechen, die Musik der ersten Phase aber scheint sie mit Ike fast hinter sich gebracht und weggeschoben zu haben.

»Verabscheuen Sie eigentlich Ihre alten Lieder?«

»Ja. ›A Fool in Love‹: Wer möchte über so etwas singen?«

Übergangslos singt sie laut und mit karikierender Intonation: »›Please let me smile, when I should feel ashamed ... Got me rocking when my heart is in pain.‹ Das kann doch nicht wahr sein!!! Verstehen Sie? Ich will Spaß, heitere, fröhliche Lieder. Es ist eine Einstellung, die man dadurch mit vermittelt. Man kann das Publikum damit bewegen. That´s Rock 'n' roll!«

»Das muss Sie doch schon früher gestört haben!«

»Hat es auch.«

»Dafür haben Sie Ihre Lieder live aber sehr überzeugend gesungen.«

»Ich bin Profi, und wenn ich vor meinem Publikum stehe, habe ich keine Zeit zu sagen: Ich singe diese Lieder nur, weil ich es muss. Wahrscheinlich ist es sogar egal. Das Publikum ist da, zahlt Eintritt: Also sing! Mach das Beste daraus oder ändere es.«

Weil ich es muss ... Da sitzt eine der erfolgreichsten Sängerinnen der Popgeschichte, und wieder spricht sie vom Zwang, nicht vom Ausdruck jener Lieder, nicht von der Mühe, die es macht, vor großem Publikum wahrhaftig vorzutragen, was man eigentlich ablehnt. War nicht auch die Geschichte mit Ike ein wenig ähnlich, diese sechzehnjährige Leidensgeschichte, die nicht aufgekündigt wurde, weil sie so sein ›musste‹, und die ebenso lange auf der Bühne durch die Vorspiegelung von Harmonie aufrechterhalten und begleitet wurde? So fühlbar Humor und Wärme in der Gegenwart von Tina Turner sind, so erstaunlich ist andererseits ihr Pragmatismus. Als käme Metall durch.

»Sie verabscheuen Ihre früheren Lieder, haben aber ›Proud Mary‹ neu aufgenommen.«

»Ich habe das Lied und seine Bedeutung geändert, weil Ike ja nicht mehr mit mir singt. In erster Linie ist es mein Lied. Ich habe es ausgesucht, ich habe es gesungen. Es kommt zwar aus meiner Vergangenheit, aber das mag ich.«

»Haben Sie nach der Trennung eigentlich jemals seine Stimme vermisst?«

Sie schüttelt bloß den Kopf.

»Nicht einmal bei ›River Deep, Mountain High‹?«

Ich hörte ihn geradezu, Ikes Bass im Hintergrund, dieses »rollin', rollin' ...«-Echo, das so knapp und so charakteristisch war. Sie schüttelt den Kopf.

»Ike hat sowieso nur ganz wenige Lieder live auf der Bühne gesungen ...«

»Und das ziemlich schlecht.«

Ihr Lachen kommt wieder.

»Nun, das war halt sein Stil, und den soll er auch behalten. Ike wurde vom Blues geprägt: Mississippi, B.B. King und so. Damals, als er seine Lieder schrieb, ging er zur High School und hörte Popmusik. Damals spielten sieben Jahre Altersunterschied in einer Beziehung eine große Rolle. Heute macht das nichts mehr.«

»Werden Sie gerne bei Ihrem Mädchennamen genannt?«

»Anna Mae oder Anna. Heute höre ich das gerne, heute, wo ich etwas aus meinem Leben gemacht habe.«

»Als Sie sich entschlossen, etwas mit Ike zu machen, war das anfangs eher eine berufliche oder eine emotionale Entscheidung?«

»Nein, wir waren sehr, sehr enge Freunde. Und wissen Sie was? Ich kann nicht erklären, warum es anders kam. Wir hätten gute Freunde bleiben sollen. Eine lange Zeit waren wir nur wie Bruder und Schwester. Und als es dann passierte, hatte ich das Gefühl, ich würde mit meinem besten Freund oder mit meinem Bruder schlafen. Es war wirklich so – fast wie Inzest!«

»Und das hat sich nie geändert?«

»Nein. Er hat sich von seiner damaligen Frau getrennt. Aber dann ging er wieder zurück zu ihr, und ich dachte: Oh, oh, ich stecke in der Klemme. Diese Beziehung ist nicht so, wie ich es mir vorgestellt habe. Aber da war ich bereits in der Falle ... Ich habe oft zurückgeschlagen, ihn auch ein paar Mal verlassen, aber ich bin immer wieder zurückgekehrt. Manchmal ist es einfach besser, sich nicht zu wehren, weil es dann erst recht nicht aufhört. Es ist besser zu sagen: Okay, schlag zu, wenn es dir noch Spaß macht, wo ich nur hier stehe und mich nicht wehre.

Ich habe mich für Ike verantwortlich gefühlt. Irgendwann erlaubte er mir endlich, auf die Bühne zu gehen. Ich betrat seine Welt. Ein Mann mit einem Cadillac, einem großen Haus. Ich habe nicht zu ihm gesagt, bitte mach einen Star aus mir! Ich wollte einfach nur auf die Bühne und singen. Und weil wir sehr gute Freunde waren, sagte ich zu ihm: Ike, ich werde dir helfen. Ich werde dich nicht verlassen wie all die anderen. Ich gab ihm mein Wort. Aber ich versprach es einem Freund – und als wir dann ein Paar wurden, sagte ich zu ihm: Ich werde nicht lange bei dir bleiben. Aber ich blieb bei ihm, weil ich es versprochen hatte. Aber er war nicht anders als andere Männer, die ich kennen gelernt hatte. Es war mein Fehler, dass ich all diese entsetzlichen Dinge zugelassen habe. Dann ging ich – und habe es nie bereut.«

»In all den Presseberichten von damals erscheinen Sie und Ike als glückliches Paar. Also haben Sie permanent gelogen?«

»Natürlich. Das war es, was ich nicht mochte. Es war mir so unangenehm, dass ich log. Das war nicht gut. Ich habe all meine Probleme in mich reingefressen. Die Scham war größer als der Schmerz. Ich habe wirklich sehr viel Kraft. Ich nenne mich eine Kriegerin. Ich dachte damals, ich hätte genug Kraft, all das durchzustehen.«

»Wenn Sie ihren Sohn Ronny betrachten, sehen Sie dann Ike in ihm?«

»Und wie! Es ist fast, als hätte Ike jemanden dagelassen, um mich täglich an ihn zu erinnern. Aber Ronny hat einen wunderbaren Charakter. Wenn er seinen Willen nicht bekommt, dann kann er sehr unangenehm werden. Aber wenn er glücklich ist, dann ist er bezaubernd. Aber das ist in Ordnung. Er ist mein Kind.«

»Kennen Sie seine Freundin?«

»Was Mädchen angeht, so ähnelt er seinem Vater sehr. Ich will nicht schlecht über meinen Sohn reden, aber er ist nicht gerade fair zu den Mädchen ..., der Apfel fällt nicht weit vom Stamm. Er hat gesagt: Mum, ich mag weiße Mädchen. Das mag er halt. Momentan sind seine Freundinnen keine Weißen, aber das ist momentan, das macht er jetzt. Das ist Ronny. So ist er nun mal eben.«

Seltsam, sie ist einerseits so professionell, so sicher in dem, was zu sagen oder zu korrigieren ist, doch andererseits äußert sie immer wieder Dinge, die in einem Zeitungstext isoliert und vergrößert ein missverständliches Bild ergeben könnten. Diese Passagen haben eine eigene Vertraulichkeit, so als ginge es weder um ein Interview noch um eine Promotion-Maßnahme, sondern um etwas Vertraulicheres, ein wirkliches Gespräch. Diese Haltung ist so wohltuend wie verwirrend: wohltuend, denn sie nimmt der Situation das Förmliche, verwirrend, denn sie nimmt ihr das Journalistische, und am Ende werde ich zu sortieren haben, was ich für mich behalten sollte. Ob sie das erwartet? Nein, ihre Offenheit kennt kein Kalkül.

»Hat er nach der Trennung eigentlich jemals wieder versucht, mit Ihnen ins Geschäft zu kommen?«

»Ich habe keinen Kontakt zu Ike. Ich will es nicht. Ich wusste sowieso, dass es niemals was werden würde.«

»Sind Sie auf der Flucht vor Ihrer Vergangenheit?«

»Ja. Meine Mutter hatte das gleiche Problem mit meinem Vater.«

»Sie hätten Ike doch verlassen können ...«

»Ich wusste, dass ich ihn verlassen würde. Er wusste es auch. Es war nur eine Frage der Zeit, bis die Kinder aus der Schule waren und ich meinen eigenen Weg finden und auch gehen würde. Und das habe ich dann auch getan.

Disney hat übrigens auch deshalb einige Schwierigkeiten mit meiner Biographie gehabt. Ich fragte mich selbst, wie soll Disney einen Film über Drogen und Gewalt machen? Sie meinten, man würde es eben ein wenig säubern. Daraufhin sagte ich, dann stimmt es nicht mehr, dann lasst es lieber. Sie erwiderten, sie könnten Ike nicht so schlimm zeigen, wie ich ihn beschrieben habe, weil es niemand glauben würde. Ich fand es so unfair. Obwohl ich ihnen Fotos mitgab, ist ihre Version von meinem Leben falsch.«

Ihre Stimme ist jetzt kalt und kompromisslos. Vermutlich sieht sie mit dem Film endgültig die Wahrheit ihres Lebens den Bach runtergehen. Erst all die Presse über das rockende Bühnenpaar, dann die Unwahrheiten und Beschönigungen, die das Paar selbst lieferte, dann die Autobiographie und Ikes Version, ausgebreitet in einer großen Zeitschrift, nun der Film mit Hollywoods Variante – da hatte Tina Turner bis zur Erschöpfung Auskunft über ihr Leben gegeben, und was blieb übrig: Phantasmen!

Nein, es fällt ihr nicht leicht, auf diesen Lebensabschnitt zurückzublicken und seiner Verarbeitung zu Gerüchten, Presseberichten und jetzt zu diesem Film zuzusehen. Trotzdem beharrt sie darauf, als ich nach den Narben der Vergangenheit frage, nichts sei wirklich zurückgeblieben:

»Ich habe nie den Zorn oder den Schmerz festgehalten, deswegen konnte er auch keine Narben hinterlassen. Hätte ich einen reichen Mann geheiratet und man hätte mich als feige in Erinnerung behalten, vielleicht hätte ich dann Narben des Hasses behalten.«

Mag sie der Verfilmung des eigenen Lebens skeptisch gegenüberstehen, der Eintritt von Tina Turner in die Welt des Films (etwa in »Acid Queen«, »Mad Max« oder in Schwarzeneggers »Last Action Hero«) hat der Sängerin genützt, das Image der Frau mit Schattenseiten vertieft und das Animalische unterstrichen. Es ist ihr recht. Nicht zufällig hat sie nur *bad guys* angenommen. Sie mag Actionhelden, zeigt sich fasziniert von Schwarzeneggers »Stil« und gesteht sogar ihre heimliche Liebe für Horrorfilme.

»Also vermeiden Sie vor allem Filme, die Ähnlichkeit mit Ihrem Leben haben könnten?«

»Ja. Beispielsweise ist die Liebe für mich etwas sehr Persönliches. Ich würde nichts Intimes vor der Kamera machen. Ich will nicht auf dem Bildschirm erscheinen und dort rumküssen. Das ist keine Unterhaltung. Wenn ich fernsehe, denke ich stets: Macht voran mit der Liebesszene, ich will wissen, wie es weitergeht. Naja, ein bisschen davon ist schon okay.«

Ich versuche mir die Horrorfilme vorzustellen, die Tina Turner mag, und ich sehe sie bei der Liebesszene auf »fast forward« drücken. Es klingt fast, als wolle sie sich bei all ihrer Offenheit keine Blöße geben, keine weiche Stelle zeigen, und stets rückt sie die Liebe in eine Art Sicherheitsabstand von sich weg.

»Es gibt eine Textpassage in ›What's Love Got To Do With It‹. Sie lautet: ›What's love but a second hand emotion‹. Wie erklären Sie das Ihrem Freund?«

Sie lacht.

»Es ist doch nur ein Lied.«

»Und Hochzeitsglocken zerstören die Romantik?«

»Ich habe mich immer selbst um alles gekümmert, bin zur Arbeit gegangen, habe mein Haus selbst gekauft. Ich habe alles alleine geschafft und mich selbst verwirklicht, und dann wollte ich jemanden, den ich lieben kann. Ich brauche keine Bestätigung vom Staat. Neulich war ich auf einer Hochzeit, es war wie vor Gericht. Es hieß: Jetzt sind Sie verheiratet – wie eine Verurteilung. Und so eine Einstellung hat man dann auch zum Leben. Ich denke, so frei wie wir sind ... Man macht es legal, und auf einmal heißt es: Du gehörst mir!«

Manchmal klingt sie, als habe jener Freiheitsdrang, den sie über Jahrzehnte Ike, dem Erfolg, der Musikindustrie geopfert hat, nur in der Liebe sein Recht bewahrt.

»Spüren Sie noch Ihr Cherokesenblut?«

»Ich wünschte, meine Mutter hätte mir mehr darüber erzählt. Ich wusste, dass meine Großmutter Indianerin war, aber es wurde eher verschwiegen. Sie wissen, wie die Indianer behandelt wurden: schrecklich!«

»Fühlten Sie sich jemals als Schwarze, als Frau diskriminiert?«

»Als junges Mädchen im Süden kennt man seinen ›Platz‹: Man durfte z. B. nur hinten im Bus sitzen, bis die Gleichberechtigung langsam eingeführt wurde. Man wächst damit auf. Im Süden wird man heute immer noch von den Weißen unterdrückt. Man verfolgt uns heute immer noch. Nur in meiner Karriere habe ich die Diskriminierung nicht bemerkt. Ich hatte immer einen Mann, der alles Geschäftliche regelte. Ich musste also nicht da rausgehen und die Rolle der harten Frau mimen.«

»Waren Sie jemals wieder auf den Baumwollfeldern?«

»Nein, einmal fuhr ich zum Haus meiner indianischen Großmutter – meinem Zuhause, weil ich auch dort geboren wurde. Leider war das Haus bereits abgerissen. Das ist alles. Und die Baumwollfelder haben nicht geblüht.«

Interviews pflegen oft einen verlogenen Umgang mit dem Rührenden. Aber was sich bewegend anhören soll, klingt meist eher sentimental. Tina Turners Darstellung ihrer Jugend aber war ohne Effekte und ohne Selbstmitleid. Sie saß da immer noch mit ihrem angezogenen Bein, barfuss, und sah mich so ruhig an, als ginge es nur darum, mir die Geschichte ihres Lebens sachlich und korrekt zu erzählen. Ohne die Sonne über dem Yachthafen und die Geräusche des bewegten Treibens um die Bucht wäre die Situation gemütlich gewesen. Ich sah durch den weiträumigen Salon, musterte die Blumen in den Bodenvasen, die riesigen Fotos, die kleinen überflüssigen Accessoires, die der Hotelluxus überall verstreut, und ich sah zurück in das ernste, durchgearbeitete Gesicht mir gegenüber.

Es war eine Wundergeschichte, die zwischen Natbush und Monte Carlo lag, und zugleich war eben ein wirklich rührender Satz gefallen. Denn man stelle sich vor: Eine der erfolgreichsten, berühmtesten Frauen der Popgeschichte fährt zurück auf die Baumwollfelder, wo sie als Kind noch selbst gearbeitet hat, sie sucht die Kulisse ihrer Kindheit. Die aber ist zerstört, und der letzte Satz, den sie aus ihrer Erinnerung hervorholt, lautet: »Und die Baumwollfelder haben nicht geblüht.«

»Hatten Sie nie das Gefühl, Sklavin der Musikindustrie zu sein?«

»Eher die der Presse.«

»Sind Sie in Ihrer Kindheit misshandelt worden?«

»Nein, die Streitereien meiner Eltern haben schon gereicht.«

»Wer hat Ihnen in der Zeit dann die Liebe gegeben?«

»Ich fand Liebe bei anderen Menschen: Cousinen, Freunden...«

»Und war das wahre Liebe, als Sie auf dem Rücksitz eines Autos Ihre Unschuld verloren?«

»Ich liebte Harry. Er war meine erste wahre Liebe. Sex-Haben und wirklich lieben – das war großartig. Danach hatte ich ein gebrochenes Herz.«

Wie ist Tina Turner im Liebeskummer? Ich würde keine Antwort darauf bekommen. Dass aber einmal unzählige Fans auf der ganzen Welt in sie verliebt sein würden, hätte sie sich damals nicht träumen lassen, und offenbar war es ihr bis heute eher fremd, Gegenstand der Begierde zu sein. Nein, noch vor kurzem habe sie gar nichts damit anfangen können, die begehrenswerteste Mittfünfzigerin ringsum zu sein. Erst jetzt habe sie den Vorzug daran erkannt: die Fähigkeit, Menschen zu inspirieren, sie zu ermutigen.

Wieder gibt sie den Phantasien ihrer Verehrer eine keusche, philanthropische Wendung. Wo ist die Tina Turner der knappen Lederkleidung, der exzessiven Bühnenperformance, der riskanten Beinarbeit, die Tina der lasziven Videos und doppelbödigen Lovesongs?

»Reden wir über Ihre Beine!«

»Okay, was kann ich tun, wenn ich so posiere? Meine Beine, das ist es doch, was die Fotografen suchen. Hier also sind sie!«

Damit streckt sie sie mir entgegen und nimmt sie bei der Gelegenheit auch einmal wieder selbst in Augenschein. Wir sehen also beide an ihnen auf und ab.

»Wie würden Sie sie einem Blinden beschreiben?«

»Meine Beine sind sehr lang und sehr kräftig. Meine Arme und meine Beine sind extrem lang und ziemlich fest, finde ich.«

»Wenn Sie die Beine von Prinz Charles hätten, glauben Sie, das hätte Ihre Bühnenshow beeinflusst?«

Zum ersten Mal höre ich dieses raue, kehlige Lachen, das sich, je länger es dauert, immer schmutziger einfärbt und von einem beinahe dankbaren Blick begleitet wird. Doch, sie wird antworten. Sie wird auf alles antworten, wie zuvor, als sie schon einmal ein wenig irritiert schien. Sie hat zu viel erlebt, als dass ihr irgendetwas fremd wäre, also sagt sie:

»Wahrscheinlich würde ich keine Miniröcke tragen.«

»Sie sind Buddhistin. Stellen Sie sich mal vor, wie viele Menschen gerne als das Kalb wiedergeboren würden, aus dessen Leder Ihr Rock gemacht wird.«

Wieder lacht sie rasselnd.

»Unglaubliche Vorstellung!«

»Aber wahr. Der britische Rock-Journalist Nick Cohn hat behauptet, Sie hätten einen ›kosmischen Arsch‹, und alle haben es von ihm abgeschrieben. Wehren Sie sich?«

»Das einzige, was ich tun kann, wenn ich solche Schreiber treffe, ist, ihnen direkt in die Augen zu sehen.«

Das ist in diesem Augenblick wirklich eine Drohung. Ihr Gesicht wird herb, zwei lotrechte Falten haben sich über der Nasenwurzel festgesetzt.

»Und zeigen Sie sich gerne sexy?«

»Nein. Ich spiele gerne damit auf der Bühne, aber mir gefällt das Image nicht. Ich weiß, dass es etwas widersprüchlich ist, weil ich so auftrete. Aber so sehe ich mich halt nicht. Ich glaube auch, dass mein Image nicht von den Liedern kommt, sondern von meinen Auftritten. Außerdem: Ein Mann kann natürlich auch sexy sein. Wen könnte ich denn nennen, der einigermaßen sexy ist?«

Spaßeshalber beginnt sie nachzudenken. Dann interessiert sie die Frage wirklich. Schließlich lacht sie, zuckt resignierend die Achseln. Es fällt ihr kein Mann ein, den sie »sexy« nennen würde.

»Wie nehmen Sie dann alle diese Tiervergleiche auf? In London warb ein Plakat für Ihr Konzert mit den Worten: ›Lebendig gefangen! Die Tigerin, die Sexlöwin.‹ Hat man eine falsche Vorstellung von Tieren, von Ihnen oder von beiden?«

»Ich habe Temperament. Manche nennen so eine Frau feurig, weil sie so viel Energie hat – eine Tigerin. Das ist mein Stil. Da ist mir der Vergleich mit Tieren noch lieber als diese anderen Bemerkungen. Aber ich sage Ihnen, wenn ein bestimmter Punkt erreicht ist, dann gehe ich vor Gericht. Irgendwie muss man diese Leute doch stoppen.«

Je länger das Gespräch dauert, desto breiter wird der Abstand zwischen Image und Wirklichkeit von Tina Turner. Inzwischen klingt sie fast wie der Zauberlehrling, der die Folgen seiner Selbstgestaltung nicht mehr rückgängig machen kann. Zu spät. Schon an der Seite von Ike hatte sie sich gekleidet, war aufgetreten wie heute. Ein Stil war entstanden, den sie offenbar nicht glaubte abwerfen zu können, ohne den Erfolg gleich mit abzuwerfen. Vielleicht war diese Tina Turner der Bühne eine Attrappe, vor vielen Jahren, in ganz anderen Zeiten, zusammengeklebt und äußerlich weitgehend unverändert belassen. Nur die heutige Tina war jemand anderes und wollte etwas anderes.

»Für manche passen Sie mit Ihrem Image perfekt in das Klischee, das Weiße über Schwarze verbreiten: potent, erotisch, stark, musikalisch und lustig ...«

»Solche Vorurteile haben mich nie gekümmert, weil es das ist, was ich am besten kann. Das ist meine Arbeit. Ich bin ziemlich konservativ auf meine Weise. Sobald ich die Bühne betrete, werde ich zu einer anderen Person. Vielleicht wäre es schön, so zu sein wie ... nun, ich will nicht gerade Diana Ross sagen ... Ich meine jemanden, dessen Klasse akzeptiert wird.«

»Aber Sie haben doch Klasse!«

»Nein.«

»Können wir uns nicht darauf einigen, wenigstens zu sagen: Sie sind eine Frau, die beides hat – Klasse und Verruchtheit?«

»Mein Image ist nicht das von Klasse. Ich habe nicht so eine Vergangenheit gehabt, und deshalb passt es auch nicht zu mir.«

Das ist es also! Eine der wenigen Rockmusikerinnen mit dem richtigen Aroma möchte eine Lady sein. Aber alles, ihre Herkunft, ihr Eintritt in die Musikwelt an der Seite von Ike, ihre damalige Lebensführung, die Trennung, das Tigerinnen-Image, alles, alles kehrte sich gegen jene Idee, rein wie ein Kindertraum: die Idee, eine Dame des Rocks sein zu wollen.

»Alles nicht ganz so sauber bei Ihnen, nicht wahr?«

»So bin ich nie gewesen. Ich bin das, für was man mich hält. Aber ich bin keine ordinäre Person. Das, was ich bin, hat mich berühmt gemacht, und deshalb ist es mir auch egal. Wenn ich nicht berühmt geworden wäre, hätte ich vielleicht einige Dinge geändert. Aber selbst das glaube ich nicht ...«

Ganz unvermittelt schließt sie stattdessen einen unvollständigen Satz an, der zuletzt das Bruchstück einer Vorstellung von dem enthält, was Tina Turner, wenn sie ganz bei sich ist, vielleicht gerne geworden wäre:

»Manchmal sehe ich eine Frau, die wir als Dame bezeichnen würden, die gut gekleidet ist, nicht zu viel zeigt ...« Hier bricht sie ab und rafft mit einer Geste, die durch den Zusammenhang eine ungewollte Theatralik erhält, ihr tiefes Dekolleté zusammen.

»Hat denn Madonna Klasse?«

»Madonna? Wir alle haben unsere Zeit. Sie ist seit Jahren ganz oben. Das ist sehr stark, und sie hat alles allein geschafft. Sie ist ihr eigener Boss. Allerdings hat sie ein paar Fehler gemacht. Meiner Meinung nach hat sie ihre Liebe verloren.«

Nein, sie hat nicht zu viel von sich gezeigt, trotzdem kommt es mir vor, als wüsste ich inzwischen weniger von dem Leben, das sie führt, als von jenem, von dem sie sich ausgeschlossen fühlt. Sollte das wirklich Tina Turners Projekt für die Jahre nach dem Rock 'n' Roll sein: eine Dame zu werden? Es ist das Mädchen, das hinten im Bus sitzen musste, das auf den Plantagen arbeitete, das über seine indianische Großmutter nicht reden sollte und dem das Herz brach, als Harry, der Junge vom Autorücksitz, sie sitzen ließ – dieses Mädchen muss sich gewünscht haben, später einmal vor allem eine Lady zu werden.

»Denken Sie an all die Tina-Turner-Poster, die in Kinderzimmern hängen. Wenn Sie nachts aus diesen Postern hinuntersteigen könnten, was würden Sie den Kids mitteilen?«

Sie braucht kaum eine Pause. Was sie dann sagt, hat die

Wärme und die Lebenserfahrung einer alten schwarzen Nanny, die nie von anderen Sorgen umgetrieben wurde:

»Ihr müsst euch anständig kleiden, damit ihr nicht friert. Ihr müsst euch richtig ernähren, damit ihr nicht krank werdet. Ihr müsst lernen, eigenständige Entscheidungen zu treffen. Es ist besser, wenn man sich auf niemanden verlässt außer auf sich selbst. Steh für dich selbst gerade – und du wirst es schaffen!«

Aufzubrechen oder anzukommen?

Denke ich heute an dieses Gespräch, fällt mir das Abschiedhafte noch mehr auf als damals. In den Jahren, die seither vergangen sind, hat Tina Turner getan, was sie wohl längst gewollt hatte: Sie ist verschwunden. An jenem sonnendurchfluteten Nachmittag in Monte Carlo waren wir aus den Unverbindlichkeiten des ersten Geplänkels wie unwillentlich in Zonen vorgedrungen, die in die Höhenlinie ihres damaligen Karriereabschnitts nicht wirklich passen wollten. Ohne es so offen zu sagen, vermittelte Tina Turner den Eindruck, als läge ihre wahre Befreiung noch vor ihr, die Befreiung vom Erfolg. Jetzt ist sie angekommen.

Demnächst soll sie bei Merchant/Ivory eine Hindu-Göttin spielen.

Diesseits von Nirwana

Der Dalai Lama in Nordindien

Der Weg zum »Gottkönig« in Dheradun führt über das »Meridien« in Neu Delhi. An einer der großen Einfallstraßen in die Hauptstadt gelegen, vom Flughafen aus im temperierten Bus komfortabel erreichbar, überstrahlt es die Nachbarschaft mit seinem illuminierten Schriftzug. Innen die weltumspannende Fahrstuhlmusik aller »Meridiens«, die identischen Seifenspender im Bad, die bekannten Tagesdecken über den Kissen. Eine Tagesreise von Europa entfernt, erfüllt das Hotel seine globale Funktion vollendet, macht Indien vergessen und breitet ein Habitat aus, das klimatisch und ästhetisch ohne Überraschungen ist.

Von Europa aus betrachtet könnte man auch sagen, man hat die Erste Welt der Bequemlichkeit nicht verlassen. Von den Straßen Neu-Delhis aus betrachtet, lebt man im geschichtslosen Raum des Komfort-Paradieses. Was soll's, es ist zum Inbegriff des Komforts geworden, die Geographie vergessen zu machen.

Wir sind abends angekommen, übermüdet. Im Hotelrestaurant haben wir chinesisch gegessen und aus großen beschlagenen braunen Flaschen indisches Bier getrunken. Das war unsere erste Begegnung mit dem Land.

»Malzig«, befand einer.

Und dies war der erste Kommentar zu den Eigentümlichkeiten des Landes. Wieder oben im Zimmer, konnte man im Fernsehen die erwarteten Frauen in ihren langen Saris Sitcom spielen sehen. Auf Ritterfilme folgten Fantasy-Schinken oder tränentraurige Schmachtfetzen aus Bollywood, weich gezeichnet, die Frauen farbenfroh geschminkt, die Männer mit ihren Mützchen weichlich lächelnd, und weil keine Nackten erlaubt sind, fliegen unablässig junge Frauen ins Wasser und steigen nass wieder raus.

Ein paar Kanäle weiter zählte CNN die internationalen Hotels auf, in denen man CNN empfangen konnte. Auch das »Meridien, Neu-Delhi« war dabei und der Zuschauer in diesem Augenblick exakt auf der Höhe der Zeit.

Am nächsten Tag sind wir dann doch noch in die Stadt gegangen. Untrainiert haben wir uns über die Marktstraßen bewegt, durch die Hallen mit Stoffballen und Leder, Puppen und poliertem Kupfer, an den Auslagen vorbei mit den kostbaren Edelsteinen Indiens, Smaragde und Rubine neben Korallen und Goldschmuck. Meist tobte eine Gruppe von Kindern um uns herum. Aber als ein Junge begann, uns die Verstümmelten, die Hautkranken und die auf Krücken Heranwackelnden vom Leib zu halten, entließen wir unsere Beschützer gestenreich, fanden uns aber damit ab, dass sie uns in einigem Abstand folgten, von Zeit zu Zeit einen Kurier mit einem neuen Verhandlungsangebot vorausschickend.

Wir waren zu viert, zugleich unausgeschlafen und überwach. Die Stadt drang uns mit ihrem intensiven Aroma, ihrem Krakelen und Drängen unter die Haut. Je ärmer die Viertel, desto satter die Farbe, desto reicher und verspielter die Ornamente, desto wirrer die Strukturen und Lebensformen. Der Wohlstand begradigt, ordnet, entfärbt, sterilisiert. Die Stufen der Armut waren auch hier ablesbar am Entwicklungsstand der Hygiene.

Am Abend hatten wir den Straßenmarkt gesehen und den Markt für die Einheimischen. Wir hatten an einem Glücksspiel teilgenommen, drei Baumwolldecken, bedruckt mit indischen Mustern, gekauft und uns im Übrigen dem Fluss der Straßen anvertraut.

Zweimal hatten wir unseren Kontaktmann in Dheradun angerufen, einen französischen Freelance-Journalisten namens Bastow, der seit ein paar Wochen die Vorbereitungen und Zeremonien zu einer seltenen Klosterweihe in Nordindien begleitete und sich gut auskannte, weil er für eine große Zeitung seit Wochen an einer Reportage schrieb. Er war wie immer übernervös gewesen.

Am Nachmittag hatte ich im Hotel zu mehreren Gläsern Mango Lassi weitere Fragen notiert und ein Buch des Dalai Lama zu Ende gelesen. Einer »Heiligkeit« hatte ich nie gegenübergesessen, aber der kindliche Gottesglaube war vor vielen Jahren nach einer Phase von gnostischem Atheismus in ein Interesse am spirituellen Leben Asiens übergegangen. Mit der Zeit wurden dann »Siddhartha« und Castaneda abgeworfen, und es blieben die buddhistischen Schriften übrig. Sie hatten den Bestand östlicher Philosophie, unabhängig von allen Fragen des Glaubens.

Abends aßen wir dann endlich im »Gaylord«, bestellten Chicken Tikka Masala mit Gemüsecurry und Tarka Dal. Vor dem Dessert lief wie bestellt eine einzelne Ratte mit mäßigem Tempo quer durch den Raum. Die einzige Touristin im Saal stieg wirklich wie in einer Filmklamotte auf den Tisch, allerdings mundtot vor Entsetzen, und Bobby, der indische Kameramann, freute sich von Herzen.

Er war ein schmaler, gut aussehender Familienvater Mitte zwanzig: sanfte Züge, tiefe Augen und ein schnelles Lächeln. Am liebsten beobachtete er uns. Wenn er sprach, tat er es in ausgereiften Sätzen, die manchmal noch lange nachhallten, so literarisch konnten sie klingen. Ich weiß nicht, was es war, aber seine Mischung aus Unbefangenheit und Lebenserfahrung wirkte so anziehend, dass man ihm immer gerne zuhörte, sofern er überhaupt ausgreifender redete. Bobby, fanden auch die anderen, war ein Glücksfall.

Am nächsten Morgen brachen wir, in zwei Wagen kolonnefahrend, früh auf und verließen Neu-Delhi Richtung Norden. Das Hotel war noch kaum richtig wach, und in der Innenstadt sah man nur selten jemanden mit einem Schlauch den staubigen Bürgersteig zwischen den schlafenden Straßenkindern abspritzen. Aber der Stadtrand war voller Bewegung.

Motorrikschas kreisten auf der Suche nach Fahrgästen, Straßenhändler zogen auf dem Weg ins Zentrum ihre Karren hinter sich her; Frauen mit überbordend beladenen Obstkörben machten sich in Gruppen auf zur Bahnlinie, wo man die Pendler durch die offenen Fenster versorgte, und auch die kleinen Handwerker, Schuhmacher, Fahrrad-Reparateure schleppten ihr Werkzeug an den Wegrand und richteten sich auf die frühe Kundschaft ein.

Schließlich wurde die Ausfallstraße breiter, die Stände lagen jetzt weiter auseinander, und der Horizont öffnete sich auf eine ferne Berglinie.

Nur alle zehn Jahre wird das Fest der Klosterweihe in Dheradun im indischen Himalaya gefeiert, ein Ereignis, aber ein spirituelles. Deshalb würde man es prachtvoll, wenn auch im Einklang mit buddhistischer Mäßigung, gestalten. Am Abend nach unserem Interview sollte die festliche Zeremonie ihren Höhepunkt erreichen. Menschen aus großer Entfernung strömten längst in langen Karawanen herbei. Einige, die etwa aus dem alten Ladakh stammten, waren seit Wochen unterwegs. Wir hatten für unsere gesamte Wegstrecke aus Deutschland nicht einmal zwei Tage gebraucht.

Von der Straße aus riefen wir Bastow, unseren Kontaktmann, abermals an. Er sprach schnell, mit einer geradezu hochfrisierten Stimme und klang furchtbar aufgeregt, denn immer stimmte irgendein Detail nicht, trotzdem: Natürlich habe er die Zimmer reserviert, oder zumindest die Betten, der Interviewtermin sei bestätigt, aber man wisse ja hierzulande nie, er jedenfalls habe schon Dinge erlebt ... er könne Sachen erzählen ... Ja, doch! Wenn wir uns eilten, könne man abends miteinander essen, dann könne er vielleicht sogar versuchen, auch Clare dazuzuholen.

Wer Clare sei, ließen wir fragen. Seine Frau, gab er lakonisch zur Antwort.

Niemand von uns war Bastow je begegnet. Vielmehr hatten wir einen Tipp bekommen. Da er doch schon so lange an seiner Dalai-Lama-Reportage arbeite, gehöre er schon fast zur heiligen Familie und stehe uns für inhaltliche wie für logistische Fragen zur Verfügung. Alles Organisatorische werde von ihm am Ort selbst erledigt.

Am Telefon wirkte der Mann alles andere als abgeklärt. Immer auf dem Sprung, schien er zugleich kontinuierlich erschöpft und überfordert, wiederholte sich dauernd und brachte die nämlichen Informationen unermüdlich und in der immer gleichen asthmatischen Diktion vor. Ein merkwürdiger Vergil auf dem Weg zum Gottkönig.

Die Fahrt zog sich. Alles, was nur in Sichtweite der Straße nach Norden wohnte, schien sich jetzt auf der Fahrbahn zu drängen. Menschen gingen, fuhren und saßen auf der Straße, sie spielten hier, sie trafen sich mit Freunden, sie transportierten ihre Schutzgötter, hielten Äffchen an der Leine oder in viel zu kleinen Käfigen. Hühner und Rinder wurden in Scharen und Herden über die Fahrbahn getrieben, auch Lastelefanten schaukelten vorüber, und einmal kam über eine blumenbedeckte Straße ein Hochzeitszug daher.

Der Verkehr auf der zweispurigen, manchmal im Lehm verschwindenden Straße rollte über manchmal vier, manchmal sechs Bahnen, je nachdem, ob man Tierpfade, Kinder- und Bollerwagen-Spuren dazurechnet. Das Gewirr war undurchdringlich, und unvorhersehbar jede neue Bewegung auf der Fahrbahn. Wir passierten monströse Kinoplakate, Frisiersalons für spezielle ethnische Gruppen, Prozessionen, alte Frauen mit Bauchläden und wandernde Doktoren mit ihren Auslagen von Tierkadavern und gemahlenen botanischen und anorganischen Substanzen. Das symphonische Zusammenspiel aller Stimmen auf dieser Straße verdichtete sich zu einem kakophonischen Brausen: Indien!

Wir waren bereits eine Tagesreise unterwegs, als die Berge an Höhe gewannen, die Serpentinen begannen und im Schatten des Waldes ihre gewundene Spur immer höher schraubten. Ausgetrocknete Flussbetten begleiteten die Straße, manche Erosion hatte die Hänge abgeschält, fruchtbare, verwahrloste und unfruchtbare Parzellen griffen durcheinander.

Nach Einbruch der Dunkelheit kamen wir endlich in Dheradun an, in der Hotelhalle schon ungeduldig erwartet von Bastow. Spindeldürr, ganz in Schwarz gekleidet und pausenlos in Bewegung, war er die skurrile Erscheinung, die wir erwartet hatten: Der Kopf auffallend schmal, das Gesicht von tief eingefressenen Magenfalten graphisch gezeichnet, der Teint so blass, als sei der Mann einem englischen Schauerroman des 19. Jahrhunderts entstiegen. Keiner konnte sich ihm entziehen. In der Farbenpracht des indischen Hochlands war er allein »gothic«.

Er verhandelte mit dem Wirt, er verhandelte mit den Fahrern, er kommandierte das Hotelpersonal beim Entladen der Wagen, er verschwand zu Clare, er kam zurück von Clare mit besorgter Miene. Was immer er tat, wurde von Stromstößen befeuert, und so sahen wir ihn selbst dann fasziniert an, wenn er bloß einen Stundenplan für die nächsten zwei Tage entwickelte, wobei seine Stimme gestisch unterstützt wurde durch abrupte, eigentlich schreckhafte Handbewegungen. Kurz, man befand sich nicht lange in seiner Gegenwart und wurde allmählich selbst nervös.

»Ich werde jetzt Clare bitten«, sagte er, als wir uns endlich alle zum Essen eingefunden hatten. Es klang wie die Ankündigung des Dalai Lama selbst.

Aber ehrlich gesagt übertraf Clare dann auch alle unsere Erwartungen. Als sie zur Tür hereinkam, änderte sich die Atmosphäre schlagartig. Während auf der einen Seite Bastow existenzialistisch, ausgezehrt, am Ende seiner Nerven schien und sich auf der anderen Seite die Angestellten des kleinen Hotels die Gelassenheit der Zeremonien bereits zu Herzen genommen hatten, schien an Clare das eine wie das andere vollständig vorübergegangen zu sein. Gleißend künstlich blond, wuchtig gewachsen und in phlegmatischem Selbstgenuss jeder einzelnen Bewegung trat sie an den Tisch, sah jedem reihum in die Augen und zog vor dem Handschlag dann noch ihren rechten Ärmel hoch, wodurch sie ihren glatten, feisten Unterarm entblößte.

Zur Feier der Stunde trug sie eine Kombination aus naturfarbenen Wollsachen, hatte sich die Lippen rot gemalt, und wer sich ihr näherte, roch das Haarspray. Abgesehen von jener sinnlichen Präsenz, die jeden am Tisch erreichte und blöd gucken ließ, brachte sie vor allem etwas Gelassenheit in die Atmosphäre, stellte Fragen, die nichts mit der Arbeit zu tun hatten, legte beim interessierten Zuhören die Hand auf den Unterarm des Redenden und verbreitete Wohlwollen. Ihr brütender Eros wäre auch in einem Restaurant irgendwo in Deutschland aufgefallen, hier, in der Kargheit der Zeremonienstätte, wirkte sie geradezu brachial.

In ihrem Schlepptau befand sich außerdem Pravu, ein zehnjähriger indischer Junge mit dem auffallenden Talent, sich rasch zu assimilieren, Verhältnisse zu durchschauen, Autoritäten abzuschätzen und jedem Einzelnen persönlich zu begegnen, auf immer eigene Art. Er saß an diesem Abend neben mir, schmal, braun und lebendig, und ich erinnere mich, wie leicht es war, mit ihm ins Gespräch zu kommen. Schon vor Wochen war er mit den Bastows hier oben eingetroffen.

»Alles für den Dalai Lama?«

Ach nein, der war ihm nicht so wichtig, aber von den Zeremonien verstand niemand mehr als Pravu, schließlich hatte er Proben gesehen, Besprechungen belauscht und die Mitwirkenden befragt, hatte Freundschaften zu einigen Pilgern aus Ladakh geschlossen und ging bei den Mönchen ein und aus.

»Wir haben Pravu vor Jahren in Neu-Delhi kennen gelernt«, sagte Clare auf Französisch, über den Tisch hinweg. »Er ist Straßenkind, und wir haben ihn richtig ins Herz geschlossen.«

Sie sei früher jahrelang in Indien unterwegs gewesen, sagte sie. Ja, auch in Goa. Aber den Kontakt zu Pravu hätten sie nie verloren.

»Wenn wir heute hierher kommen, suchen wir zuerst unseren Pravu auf den Straßen von Neu-Delhi, und als ginge es nicht mit rechten Dingen zu: Wir finden ihn immer. Manchmal verbringen wir nur ein paar Tage zusammen, manchmal nehmen wir ihn sogar auf eine unserer Reisen mit. Also haben wir ihn auch diesmal gefragt, nicht Pravu?«

So ermuntert, nickte der Junge pflichtschuldig und strahlte sicherheitshalber.

»Und er war glücklich, mit hier raufzukommen. Das bedeutet einfach mal Abwechslung für ihn. Und Sicherheit. Und regelmäßige Ernährung. Und ein warmes Bett. Nicht wahr?«

Sie legte ihre Hand auf seinen Kopf. Pravu bemühte sich immer noch zu verstehen. Er sah ganz aufmerksam zu, als ich Clare beglückwünschte zu ihrer unkomplizierten, menschenfreundlichen Art. Anschließend verwickelte ich Pravu in ein Gespräch über den Dalai Lama, den er in den vergangenen Wochen schon mehrfach gesprochen hatte.

Nur eine Stunde später erhob sich Clare, nahm ihren Schützling an die Hand – was seinem Alter nicht mehr ganz entsprach – und forderte auch ihren hypermotorischen Gatten auf, es sei Zeit, immerhin sei morgen ein langer Tag, und er könne doch gleich mitkommen.

Eigentlich roch das nach einer Situation für Herrenwitze, aber am Vorabend unserer Begegnung mit dem Dalai Lama folgten wir dem ungleichen Trio nur mit den Augen, und niemand erlaubte sich eine zotige Bemerkung, als die drei davon zockelten. Schließlich aber drehte sich Bastow noch einmal um, trat an den Tisch, packte ein paar Früchte auf eine Untertasse und sagte entschuldigend:

»Für Mutter.«

»Welche Mutter?«

So erfuhren wir, auch seine gebrechliche Mutter habe den Dalai Lama unbedingt einmal in ihrem Leben sehen wollen. Sie wohne deshalb mit auf jenem Zimmer, das sie sich also zu viert teilten und das ich nie von innen gesehen habe.

Am nächsten Tag nahmen wir die Klosteranlage in Augenschein. Sie lag wie eine Festung zwischen den Bergen, geschmückt mit Transparenten und Blumen. Überall arbeiteten Menschen, manche hatten in der Nacht nur auf Matten geschlafen, andere kamen mit hundertjährigen, wasserklaren Gesichtern auf Eseln und Maultieren erst angeritten – wie viele Tagesreisen hinter ihnen lagen, hätte niemand sagen können.

Zu festen Zeiten versammelten sich die Betenden im Hof, im Übrigen saßen sie und redeten, säuberten die Anlage oder besorgten von irgendwo Obst oder Gemüse. Ich ließ mir von Pravu den gesamten Gebäudekomplex, die Gärten und die Tagesabläufe erklären, und da die Menschen alle derartig offen waren, setzten wir uns auch manchmal einfach auf den Boden und kamen mit irgendeinem Vorbeigehenden ins Gespräch. Vom Klosterwall aus sah man direkt in den Himalaya, aus dem auf ihren Lasttieren noch immer Menschen strömten, kleine Reiter mit ledernen Gesichtern und schwarzen Zöpfen unter dem Hut. Die Luft war klar und warm, und alle schienen glücklich.

Alle Würdenträger der Welt pflegen die gemessene Bewegung. Nicht der Dalai Lama. So flink wie seine Augen sind oft seine Schritte und Gesten. Es ist sein ungewöhnliches Temperament, ebenso wie die Gewohnheit, alles auf einmal erfassen und beantworten zu müssen, die ihn stets engagiert erscheinen lassen, und da sein Duktus im Sprechen ganz ähnlich ist, wirkt er oft enthusiastisch, manchmal auch auf nahezu unschuldige Weise beteiligt.

Als er den Raum, einen karg möblierten Salon mit sparsamem Bilder- und Blumenschmuck, betrat, nahmen alle eine bestimmte Aufstellung ein, verbeugten sich, hielten das obligatorische Stück weißen Schals zur feierlichen Begrüßung bereit.

Aber der Dalai Lama brachte schon bei der Tür jemanden zum Lachen. Seine Bemerkung wurde weitergegeben, und die Zeremonie der Schal-Weihe eröffnete also ein Gelächter. Ebenso wenig förmlich verlief die Begrüßung jeder einzelnen Person im Raum, und da er für kleine Gespräche über Alltägliches mehrmals stehen blieb, war die Situation bald zwanglos.

Wenn eine Methode hinter diesem Vorgang steckte, dann

hatte sie ein einfaches Ziel: Alle im Raum sollten sich mit dem Eintritt des Dalai Lama besser fühlen als zuvor, das war gelungen. Anders gesagt, Seine Heiligkeit erfüllte zunächst sein altruistisches Ziel, das Lebensgefühl anderer zu steigern.

Ich versuchte, in seiner Erscheinung zu lesen, den amüsiert umherwandernden Augen, dem Übergang vom Lächeln zum Ernst, der begeisterten Gestik, dem Schwung, mit dem er den Arm mit den vier großen Impfnarben aus dem Tuch befreite, der Haltung mit dem vornübergeneigten, horchenden Kopf. Als wir uns setzten, musterte er mich mit unverhohlener, ja entwaffnender Neugier.

»Ich spreche Sie mit ›Eure Heiligkeit‹ an. Haben Sie eigentlich selbst ein Gefühl für diese Heiligkeit?«

»Nicht sonderlich. Ich bin einfach nur ein Mensch.«

»Wann haben Sie selbst ein Gefühl dafür erworben, heilig zu sein?«

»Als ich nach Lhasa kam, haben mich die Menschen dort wie einen höheren Lama behandelt. Aber ich glaube, all das wird in seiner Bedeutung ein bisschen übertrieben.«

»Wären Sie verletzt gewesen, wenn ich Sie einfach mit Ihrem bürgerlichen Namen, mit ›Herr Gyatso‹ angeredet hätte?«

»Nein, denn ich gebe nicht allzu viel auf Konventionen. Wir sind einfach Menschen. Wenn wir uns auf dieser Ebene treffen, können wir uns am leichtesten verständigen.«

»Also, was denkt Herr Gyatso über den vierzehnten Dalai Lama?«

»Er ist ein armer Kerl und trägt eine schwere Verantwortung.«

Dazu lachte er so herzlich, dass der Widerspruch vollendet war. Man konnte sich förmlich entscheiden: Entweder ist der Dalai Lama nicht wahrhaft zu bedauern oder er wird nicht wahrhaft bedauert oder das Lachen des Dalai Lama überdauert alle Kümmernisse im Einzelnen. Seine Antworten spricht er schnell, in einem Englisch, das er selbst »gebrochen« nennt und in dem manchmal kleine Pausen entstehen.

»Ein armer Kerl« ist er indessen tatsächlich. Denn seit 1950, als die Chinesen Tibet besetzten, leben die Gläubigen um den Dalai Lama im Widerstand. Spätestens seit 1959 und der dramatischen Flucht des Gottkönigs und seiner Anhänger nach Indien haben die Chinesen nicht nur die Zerstörung des kulturellen Erbes der Tibeter betrieben, sondern dem 14. Dalai Lama auch nach dem Leben getrachtet.

Nicht nur das, vor allem die Herausforderungen der politischen Situation, die weltweite Diplomatie, die Verpflichtung, sich der Aufgabe auch eines weltlichen Oberhauptes zu stellen, haben den Mönch in seiner Glaubenspraxis erheblich eingeschränkt, und so führt der Dalai Lama heute ein Leben fern von den eigenen Idealen. Wäre er ersetzbar, er täte vermutlich nichts lieber, als alle weltlichen Aufgaben abzulegen. Aber in der Geschichte der Lamas war es nun einmal diesem vierzehnten bestimmt, so weit in die Politik vorzudringen, wie es keinem seiner Vorgänger bestimmt war. Deshalb erscheint mir für den Augenblick die spirituelle Seite auch als die persönlichere.

»Der Buddhismus fußt auf dem Gedanken der Reinkarnation. Können Sie von sich sagen, Sie seien Baum, Busch, Vogel gewesen?«

»Oh ja, natürlich. Aber ich habe von alledem kein Gefühl zurückbehalten, ich besitze keine spezifische Erinnerung daran.«

»Ist es Ihnen denn in der Meditation möglich, mit der Natur zu verschmelzen?«

»Nein, eine solche Erfahrung habe ich nicht. Das ist es ja genau, worüber ich mich bei meinen geistigen Freunden beschwere. Ich habe nicht genug Zeit, und demzufolge kann ich eine so tiefe Glaubenspraxis, wie ich eigentlich möchte, nicht leben.«

»Was bedeutet Ihnen dann der Gang durch den Garten?«

»Die Natur ist einfach wunderbar, und ihre Gesetze entziehen sich manchmal schlicht der Beschreibung. Ob es einen Schöpfer gibt oder nicht, diese Dinge sind wirklich da. Sie folgen einem natürlichen Gesetz. Wird das Gesetz aber gebrochen, kommt es zur Degeneration. Die Natur ist kooperativer als der Mensch.«

»Wie erfahren Sie selbst dann die Zerstörung dieser Natur?«

»Als wir damals nach Tibet kamen, hatten wir noch keine Ahnung von den bestehenden Gefahren für die Natur. Da gab es für uns zunächst nur diesen herrlichen Planeten, auf dem wir bequem sitzen. In den Himmel blicken, den Mond betrachten, die Sterne – das ist wunderbar. Dazu gibt es keine Alternative. Das ist unsere Heimat. Aber wenn wir jetzt auf den Mond fahren wollten, um dort zu siedeln, dann wäre das hoffnungslos, und es wäre hoffnungslos, dort bleiben zu wollen. Diese wunderbaren Dinge bleiben dort in der Ferne als ein Schmuck des ewigen Raums, aber unsere Heimat ist das nicht. Das ist die Erde. Wenn wir uns also um unser eigenes Heim nicht kümmern, ist das töricht. Ohnehin stößt die Natur gerade an eine Grenze. Unser Verhalten ist von größter Bedeutung für den Planeten, denn der Friede mit der Natur ist unsere einzige Möglichkeit, als Menschheit zu überleben.«

Alle Repräsentanten, Könige, Präsidenten, Staats- und Religionsoberhäupter bedienen sich der unverbindlichen Rede, um nicht durch pointierte Standpunkte ihre Anhängerschaft zu brüskieren. Wenn der Dalai Lama verwandte Sprechformen benutzt, tut er es nicht absichtsvoll, vielmehr sind seine Sentenzen Ausdruck einer ganzheitlichen Sicht der Dinge, und sie werden poetisch bereichert durch Bilder, Natureindrücke, scharf gesehene Details aus dem Alltagsleben. Auch spiegeln alle seine Worte durch die temperamentvolle Art ihres Ausdrucks ein lebendiges Eigenleben. So löst der Enthusiasmus seiner Rede alle Gemeinplätze auf und macht sie wieder erfahrbar.

Eine alte Überlieferung fällt mir ein, sie erinnert geradezu an Franz von Assisi:

»Haben Sie denn, wie frühere Lamas auch, eine besondere Beziehung zur Familie der Krähen?«

Offensichtlich amüsiert ihn, dass ausgerechnet diese Legende ihren Weg bis nach Europa gefunden haben soll.

»In Lhasa in Tibet hatte ich früher einmal einige Tauben gehalten. Ich habe Ihnen an den Flügeln ein paar Federchen leicht gestutzt, damit sie nicht wegfliegen konnten. Ich habe sie immer beobachtet und gefüttert, das hat mir Spaß gemacht. Aber eines Tages hatte ich vergessen, das Türchen zu ihrem Schlag zu schließen. Als ich Stunden später wiederkam, hatten sich ein paar Krähen eingeschlichen und ein paar meiner Tauben getötet. Seither ist meine Beziehung zu den Krähen doch eher negativ.«

Er lacht so herzlich, als sei dies auch nicht mehr als eine kindliche Laune, ein Schmollen gegen die unschuldige Natur, dessen man sich eigentlich schämen müsste. Dann fügt er an:

»Manchmal habe ich sogar ein Luftgewehr genommen, um diese Krähen zu vertreiben.«

Er lacht noch herzlicher und macht mit den Händen erst eine Bewegung, als schösse er in die Luft, aber dann zerstäubt die Gebärde und wirkt jetzt eher wie das Flügelschlagen der fliehenden Krähen.

»Also lieben Sie in der Natur nicht alles gleichermaßen?«

Sein Lachen ist Sprache, das bedeutet, dass man es missverstehen kann. An dieser Stelle lacht der Dalai Lama noch einmal herzhaft, aber ohne Ironie und ohne Herablassung, sondern wohl eher angesichts dieses plumpen Versuchs, ihn auf dem Weg über den logischen Schluss eines Widerspruchs zu überführen. Aber so wie er in jedem Augenblick die eigene Stellung zurückgenommen und sich selbst allen anderen gleichgeordnet hat, so nimmt er auch jetzt, lachend, keine universelle, ausgeglichene und gerechte, mit einem Wort keine göttliche Naturliebe für sich in Anspruch und antwortet lieber:

»Vielleicht nicht. Aber unter buddhistischem Blickwinkel ist das alles relativ. Wenn wir zum Beispiel auf einem hohen Berg ein Opfer abhalten, mit brennendem Weihrauch und Kräutern, und der Rauch steigt auf, und da oben in solcher Höhe sind keine anderen Tiere zugegen als die Krähen, dann sehen sie sehr hübsch aus. Sind hingegen kleinere Vögel zugegen, werden die Krähen aggressiver, und damit ändert sich auch unser Verhalten zu ihnen. Das ist das Gesetz des Lebens.«

»Wenn Sie also alles lieben in der Natur, lieben Sie dann auch mich?«

»Natürlich. Warum nicht?«

Er mustert mich noch einmal unverhohlen, seine Wimpern schlagen ein paar Mal rasch hintereinander. Seine kleine Irritiertheit hat ihn im Augenblick ganz ernst werden lassen. Dann aber fährt er fort:

»Auch wenn wir eine unterschiedliche Kultur und Hautfarbe

haben, wenn ich andere Menschen kennen lerne, lasse ich die sekundären Unterschiede außer Acht. Ich dringe in die Tiefe der Menschen ein, unabhängig von unterschiedlichen Gesinnungen oder kulturellen Bestimmungen. Auf der menschlichen Ebene, die ich suche, dort finde ich keine Hindernisse. Ich stoße zum Menschen vor. Denn Sie sind für mich kein Ausländer, sondern ein Mensch. Auf dieser Ebene ist es für mich viel leichter, mit Ihnen zu sprechen. Man muss sich nichts vormachen.«

»Haben Sie Mitleid mit mir als dem einzelnen Menschen oder haben Sie Mitleid mit den Menschen insgesamt?«

»Auf der ersten Ebene, von Mensch zu Mensch, habe ich kein Mitleid mit Ihnen. Sie sehen doch ganz zufrieden aus. Sollten Sie aber in der Tiefe eine Sorge haben, weiß ich das im Moment nicht. Wenn wir mehr Zeit miteinander verbringen und ich eine solche Sorge entdecke, dann entwickele ich vielleicht Mitgefühl mit Ihnen, aber noch sehen Sie aus wie ein Gentleman.

Auf der anderen Ebene, als Buddhist, habe ich natürlich Mitgefühl, aber nicht Mitleid, denn das bedeutet doch, dass man sich selbst in eine sichere, überlegene Position begibt und den anderen so etwas schwächer sieht. Das ist nicht wahres Mitgefühl. Wahres Mitgefühl verrät sich in der echten Liebe und der echten Sorge für die Menschen, in der Anerkennung der Rechte des Einzelnen. So habe ich Sorge um andere, und so bildet sich echtes Mitgefühl, gemeinsam mit Verantwortung und Hochachtung.

Es ist sehr schwierig, die geistige Ebene eines Menschen wirklich zu erreichen. Wir sind zunächst beide Menschen und als solche Teil der leidenden Natur. Eben hier, in der Tatsache, dass wir Menschen sind, liegt die Ursache unseres Leidens von der Geburt bis zum Tod. Es ist der Körper, der zu Schmerzen führt, es ist die Bindung, die wir zu ihm unterhalten, die Leiden macht. Jedes fühlende Wesen ist in dieser Lage. Darin liegt die Quelle des Mitgefühls.«

»Sind Sie auf dieser Grundlage in der Lage, selbst für jemanden wie Hitler Mitgefühl zu empfinden?«

»Natürlich. Keine Frage! Auf geistiger Ebene wissen wir nicht immer, welche Bedeutung die Dinge haben. Manchmal kommt es auf dieser geistigen Ebene zur Manifestation eines Zerstörers des

Buddhismus. Hitler, Stalin oder Mao Tse-Tung sind in ihrer historischen Wirkung sehr grausam gewesen. Buddhistisch gesehen ist dies ein negatives Karma. Jene, die Leiden zufügen, erringen gerade ihr negatives Karma; jene aber, die ihre Taten erleiden, ernten gerade die Folgen ihres negativen Karmas. Demzufolge müssen wir um diejenigen, die Leiden zufügen, mehr Sorge tragen als um jene, die ihr Leiden gerade erleben.«

Was folgt, ist eine längere Auseinandersetzung um die Politik der Chinesen in Tibet, die möglichen Folgen einer Reise des Dalai Lama dorthin und die internationale Feigheit vor einer Brüskierung Chinas. Auch hier findet sich das geistliche und weltliche Oberhaupt der Tibeter vor einem Paradoxon: Er muss der Besetzung Tibets mit allem Nachdruck widerstehen, aber er darf weder die Sache des Landes noch die Gegnerschaft der Chinesen zu einer Sache der Leidenschaft und damit der Gefährdung seines geistlichen Friedens werden lassen. Selten wurde ein Würdenträger der Religion auf so exponierter Stelle mit einer ähnlich unmöglichen Herausforderung konfrontiert.

»Nach den chinesischen Massakern von Lhasa und auf dem ›Platz des himmlischen Friedens‹ waren Sie sehr pessimistisch in Bezug auf die politische Entwicklung. Sind Sie heute optimistischer?«

»Langfristig bin ich sehr optimistisch. Mein Optimismus nimmt mit der Zeit sogar zu. Aber kurzfristig mache ich mir nicht viel Hoffnung. Seit zehn Jahren verhandeln wir – ohne Resultate.«

»Ein englisches Sprichwort sagt: ›Man hat Tibet erst, wenn man den König hat.‹ Ihr Stellvertreter, der Panchen Lama, ist in China auf ungeklärte Weise gestorben. Haben Sie persönlich Angst vor den Chinesen?«

»Auf einer Ebene ja, da habe ich einfach Angst. Denn erstens wissen sie nichts über Tibet und seine Kultur, zweitens zwingen sie anderen ihren Glauben auf und drittens glauben sie an die Macht der Gewehre. Da liegt die Gefahr.«

»Glauben Sie, dass der Panchen Lama von den Chinesen ermordet worden ist?«

»Das ist schwer zu sagen. Das Beste wäre, man würde – auch wenn der Körper des Panchen Lama für uns heilig ist – einen Arzt beauftragen, ein Stückchen aus ihm herauszuschneiden und dies dann untersuchen.«

»Toleranz gilt allgemein als Tugend. Wenn man aber inhumane Zustände toleriert, macht man sich dann nicht mitschuldig?«

»Toleranz heißt nicht, falsche Handlungen zu akzeptieren. Aber wir bilden keine negativen Gefühle aus gegen die Chinesen. Auch den Verantwortlichen für die Massaker dürfen wir keinen Hass entgegenbringen. Aber das heißt nicht, dass wir uns nur bücken und hinnehmen, wir leisten Widerstand. Unsere wahren Waffen sind Wahrheit und Gerechtigkeit, nicht die Gewalt. Da ist Toleranz kein Zeichen der Schwäche, sondern der Stärke.«

In diese Form hat der Dalai Lama sein Engagement seit jeher gebracht, und man weiß nicht, was erstaunlicher ist, dass er die Aufmerksamkeit der Welt mobilisieren, den Friedensnobelpreis erringen und Tibet zu einer zentralen Frage der Menschenrechte machen konnte oder dass es ihm bis jetzt nicht gelungen ist, nennenswerten politischen Rückhalt für seine Sache zu gewinnen. Denn alle Hollywood-Vertreter, die ihn besuchen – neben Richard Gere auch Stephen Segal, Harrison Ford, Michael Stipe, Steven Dorff oder Sharon Stone –, kommen um ihres Seelenheils willen, und außer Richard Gere suchen sie keine politische Plattform. Umgekehrt fühlt sich der Dalai Lama gewarnt, seine Idee des »Pan-Buddhismus« nicht zu einer Kostbarkeit des internationalen Showgeschäfts verkommen zu lassen.

»Die Politik ist der Grund dafür, dass Sie weit mehr als Ihre Vorgänger in die weltliche Welt hineingezogen werden. Was sehen Sie sich im Fernsehen an?«

»Nachrichten natürlich. Dokumentarfilme, vor allem Natur-Dokumentationen.«

»Haben Sie je in Ihrem Leben einen Film mit Richard Gere gesehen?«

»Er ist mein Freund, ein guter Freund, aber Filme von ihm habe ich nicht gesehen.«

»Das wird ihn enttäuschen.«

»Ich glaube nicht. Man hat mir gesagt, einige seiner Filme seien nicht gerade hervorragend – jedenfalls aus dem Blickwinkel eines Mönchs betrachtet. Aber was sagt das schon?! Anderen machen sie Spaß!«

Er hat seine Arme verschränkt. Nein, seine Freundschaft zu Richard Gere ist nicht gefährdet. Das Gespräch dauert nun schon eine ganze Weile. Wir sind vom Banalen zum Politischen gegangen, vom Alltäglichen zum Spirituellen, und doch könnte man den Eindruck gewinnen, der Dalai Lama widme sich jeder Frage mit der nämlichen Intensität.

Nicht allein weist er keine Frage, kein Thema zurück, er zieht auch den Sinn keiner einzigen Frage in Zweifel. Selbst wo ich etwas über den alltagspraktischen Dalai Lama wissen möchte und etwa nach der Herkunft seiner Brille frage, antwortet er detailliert, erzählt, wie ihm jener Arzt in Winterthur in der Schweiz von einer Brille berichtet habe, die seine »armen Augen« vor den Blitzlichtgewittern schützen, aber im Düsteren aufklaren werde. Er hat seine Brille abgenommen, sie in die Runde geschwenkt, demonstriert, was er meint, und niemandem das Gefühl gegeben, es lohne sich nicht, über dieses Meisterstück des Brillenbaus nachzudenken. Es lohnt sich immer. Also gehe ich einen Schritt weiter:

»Da Sie so weltoffen sind, frage ich Sie: Warum darf der Dalai Lama eigentlich keine sexuellen Erfahrungen machen?«

Wieder zögert er keinen Augenblick. Stattdessen lacht er entwaffnend und kommt dann so schnell zum Thema, als sei er geradezu dankbar, Gelegenheit zu bekommen, sich dazu zu äußern.

»Als Dalai Lama dürfte ich das schon. Der sechste Dalai Lama beispielsweise hat solche Erfahrungen gemacht. Er hatte sogar eine Freundin.«

Beim Gedanken daran schüttelt ihn erneut sein Lachen.

»In meinem Fall sind solche Erfahrungen untersagt, nicht weil ich Dalai Lama, sondern weil ich Mönch bin, und ich muss zugeben: Ich habe mich schon manches Mal gefragt, was das wohl für Gefühle sein mögen, von denen die Menschen soviel Aufhebens machen. Manchmal frage ich mich das.

Der Zweck des sexuellen Erlebens liegt darin, negative Gefühle und Wünsche zu mindern, um zur Rettung zu kommen. Dabei verschwinden alle negativen Empfindungen aus dem Verstand. Um das Schritt für Schritt zu erreichen, haben wir unsere Schriften und Meditationen. Die Laien genießen ihr Leben, auch ihr sexuelles Leben. Aber der Sex kann viele Schwierigkeiten bereiten: der falsche Partner, dann das Streiten, die Scheidung und die Kinder leiden.

Die Schrift sagt: Ein Mönch steht allein. Einerseits opfert man damit eine der wichtigsten menschlichen Erfahrungen, nämlich den Sex, dafür werden andere Dinge im Leben stabiler. Man genießt das Leben sehr, es gibt weniger Auf und Ab. Zwar mag es einem weniger farbig erscheinen, dafür verläuft die Lebensbahn stabiler. Das nicht-buddhistische Leben bringt ein unaufhörliches Rauf und Runter mit sich. Auf lange Sicht ist das, übrigens auch in körperlicher Hinsicht, schädlich.«

»Könnte der Dalai Lama eigentlich auch als Frau wiedergeboren werden?«

»Oh ja, das wäre möglich. Die Tradition der Reinkarnation geht über Stufen. Sie begann mit Männern und Frauen. In den meisten Fällen sind allerdings bisher Männer wiedergeboren worden. Aber wenn die feministische Bewegung blüht, die Frauen stärker werden und in den Vordergrund gelangen, führt das dazu, dass auch mehr Frauen in die Reinkarnation eintreten. Die Hauptbedeutung der Wiedergeburt liegt darin, der Gemeinschaft nützlich zu sein. Wenn sich also die Lage zwischen den Geschlechtern ändert, so dass ein neuer Stil nötig wird, dann ist die Reinkarnation des Dalai Lama als Frau durchaus möglich.«

Durch die geschlossenen Fenster drang das Geräusch von Schellen, dann hörte man einen chorischen Sprechgesang. Auch waren Pilger zu erkennen, die in Gruppen im Hof standen, irgendwo außerhalb des Blickfeldes wurde murmelnd und singend eine Zeremonie abgehalten, und aus den Bergen kletterten auf ihren kleinen Pferden immer neue Ankömmlinge in die Hochebene.

Im Hintergrund des Salons, in dem der Dalai Lama immer noch mit hoher, lebendiger Stimme die Lehre des Buddhismus entwickelte, hörten auch einige Mönche zu, und manchmal wandte ihnen Seine Heiligkeit den Kopf zu, als nutze er die Gelegenheit zu einer persönlichen Unterweisung. Es war ein wunderbarer Tag, nichts hätte die Atmosphäre trüben können, und gleich, welche Frage ich aufbrachte, auf alles konnte ich eine direkte Antwort erwarten.

Während mein Blick so durch den spartanischen Salon ging, dann durch das Fenster und wieder zurück bis zu dem Halbkreis der Mönche, in deren Mitte ganz unscheinbar und endlich auch ganz gelassen unser Kontaktmann Bastow saß, bewunderte ich den Dalai Lama für die Einfachheit, zu der er gefunden hatte, für die Atmosphäre, die er um sich verbreitet hatte, und für die Bedingungen, die er der Verbreitung seiner Lehre geschaffen hatte – so anders als alles, was unter geistigen Oberhäuptern unseres Kulturkreises üblich ist.

»Mit welchen Gefühlen denken Sie hier, in diesem spartanischen Kloster oder in der Bescheidenheit Ihrer Räume, an den Papst in seinem marmornen Vatikan?«

Der Oberkörper des Dalai Lama schwankte vor und zurück. Seine Augen lachten, aber sie suchten noch nach einer passenden Antwort.

»Der Papst –«, rief er dann aus.

Es klang wie ein Seufzer, doch zugleich amüsiert. Bei einem anderen Menschen hätte man diese Reaktion vielleicht sogar als Spott interpretiert, doch der Dalai Lama spottet nicht, und er spricht auch nicht ironisch. Vielmehr suchte er in diesem Augenblick wohl zum ersten Mal während unseres Gesprächs nach einer diplomatischen Antwort. Dann sagte er mitfühlend, wenn auch entwaffnend hilflos:

»Ich weiß nicht, ob der derzeitige polnische Papst dieses große Gebäude überhaupt mag.«

Und alle lächelten über den Ausweg, den er gefunden hatte, den ersten Ausweg in diesem Gespräch.

Ähnlich wie das Christentum durch Wunder fasziniert, liegt

für den Laien im Nirwana das größte Rätsel der buddhistischen Weltanschauung, und natürlich, so empfindet die abendländische Logik, muss ein buddhistisches Oberhaupt die tiefste Erfahrung mit diesem »anderen Zustand« des Bewusstseins besitzen. Aber auch hier ordnete sich das geistige dem weltlichen Oberhaupt wehmütig unter:

»Haben Sie im Zustand der Meditation je einen Schimmer des Nirwana gesehen?«

»Nein!«

»Enttäuscht Sie das?«

»Nein. Das Nirwana ist eine sehr tief greifende Erfahrung. Unter meinen zeitlichen Beschränkungen kann ich täglich nur etwa vier Stunden auf Meditationen und Gebete verwenden. Unter den gegebenen Umständen finde ich das ganz in Ordnung, aber für eine tief greifende Erfahrung reicht es nicht ganz aus. Also darf ich gar nicht erwarten, mit so geringem Aufwand eine so fundamentale Erfahrung machen zu können.

Unser Lehrer Buddha selbst hat sechs Jahre auf Nahrung, Kleidung und allen Schutz verzichtet und unter einem Baum in Meditation verbracht. Sein Körper wurde immer schwächer, und so hat unser Lehrer gezeigt, wie ernsthafte Praxis aussieht. Unser Buddha selbst musste solche Not dafür durchleiden, und wir glauben manchmal, es ginge auch ohne, gemächlich oder mit Komfort. Das ist völlig falsch.«

Damit war unser Gespräch vorbei. Mit einer fast burschikosen Geste klopfte mir der Dalai Lama abschließend auf die Knie und verließ den Saal eilend, mit fliegendem Gewand. An der Rückwand des Raums standen die Mönche noch ernst im Gespräch und wägten das Gehörte. Bastow gesellte sich dazu.

Zurückgekehrt ins Hotel, setzten wir uns zu einem letzten Essen zusammen. Bastow hatte seine Nerven jetzt wieder im Griff, Clare thronte massig und elektrisierend am Kopfende des Tisches, mit ihrer weißen, fleischigen Rechten hatte sie Pravus braune Faust umwickelt. Er wirkte merkwürdig ernst.

»Hast du Heimweh nach Delhi?«, fragte sie ihn.

Pravu antwortete nicht, sein Blick suchte in den Gesichtern der Umsitzenden.

»Möchtest du mit den anderen wieder zurückkehren?«

Der Kleine traute sich nicht richtig, nickte aber endlich. So wurde er also rückwärtig in das ominöse Zimmer geschickt, in dem sich auch die unsichtbare Mutter Bastows noch aufhalten musste, packte dort einen Beutel mit seinen Sachen und verabschiedete sich eher sachlich von Bastow und seiner beeindruckenden Frau.

Anschließend brachen wir auf, die einen im Minibus, unser Kameramann Bobby und ich im Pkw hinterher. Während wir die Serpentinen hinab ins Tal bewältigten, machte mich Bobby auf jedes verödete Tal, jede Erosion, jede Verkarstung, auf Folgen der Klimaveränderung und die Spuren abgewanderter Tiere aufmerksam. Er kannte sich blendend aus.

Nach etwa einer Stunde war dem Kleinbus ein Reifen geplatzt, und der kleine Konvoi kam ins Stocken. Auf einer kurzen Gerade neben einem ausgetrockneten Flussbett war das geschehen, und die anderen waren bereits mit dem Radwechsel beschäftigt.

Bobby und ich stiegen in der Zwischenzeit die Böschung hinunter in das Geröll des Flussbetts. Erst zeigte er mir die Auffälligkeiten in den Ablagerungen der Felsbrocken, dann erklärte er mir, wo, dem Verlauf der steinernen, urzeitlichen Ströme nach, die ältesten Exemplare zu finden sein müssten. Er schlug auch ein paar Steine auf, zeigte mir Einschließungen und las in diesem ganzen Flussbett wie in einem Gesicht.

»Was für ein merkwürdiger Abschied zwischen Pravu und den Bastows«, sagte ich, »so abrupt und nach dieser Zeit nicht gerade herzlich ...«

»Warum erwartest du Herzlichkeit?«, fragte er stehen bleibend.

»Pravu wirkte bisher immer herzlich, und immerhin kennen sie sich viele Jahre ...«

»Sie kennen sich ein paar Wochen.«

»Sie haben sich vor Jahren auf den Straßen von Neu-Delhi

kennen gelernt«, wiederholte ich. »Und jedes Mal, wenn die Bastows in der Stadt sind, suchen sie nach Pravu und verbringen mit ihm ...«

»Sie haben ihn erst wenige Tage nach ihrer Ankunft in Neu-Delhi kennen gelernt und ihm einiges versprochen, wenn er mitkommt. So abrupt ist Pravu nicht aufgebrochen, er wollte schon länger weg.«

»Was haben sie mit ihm gemacht?«

Bobby wusste es nicht, aber in seinem Gesicht machte sich gerade ein beklommener Ausdruck breit.

»Ich vermute etwas, aber er spricht nicht richtig darüber. Trotzdem, ich verstehe ihn gut ...«

»Wie hast du das alles herausbekommen?«

»Ich weiß, wie er empfindet, wir sprechen dieselbe Sprache. Ich war selbst mal Straßenkind in Neu-Delhi.«

Sie waren sich zuvor nie begegnet, hatten sich aber sofort erkannt. Was in jenem rätselhaften Zimmer der Bastows im Norden Indiens gleich unter den Augen des Dalai Lama und in den Festtagen der Klosterweihe wirklich vorgefallen ist, hat niemand von uns herausgefunden. Aber eines ist sicher: Unwillentlich existierte auch hier das Heilige in engster Nachbarschaft mit dem Profanen. So schien es auch schließlich wie eine Verabredung von höheren Gnaden, dass wir eine so weite Reise zurückgelegt haben sollten, um ein Straßenkind nach Neu-Delhi zurückzubringen und auszusetzen, wo immer es »stopp« sagen würde, jedenfalls wieder auf der Straße.

Ich sehe Pravu noch, wie er den Platz überquert und auf der anderen Seite unter den Menschen verschwindet. Er steuerte auf eine Gruppe von Kindern rund um einen Zeitungskiosk zu. Ja, man konnte Heimweh empfinden nach diesem Platz.

Viele hundert Kilometer nördlich von hier begann zur selben Zeit die Zeremonie der Tempelweihe.

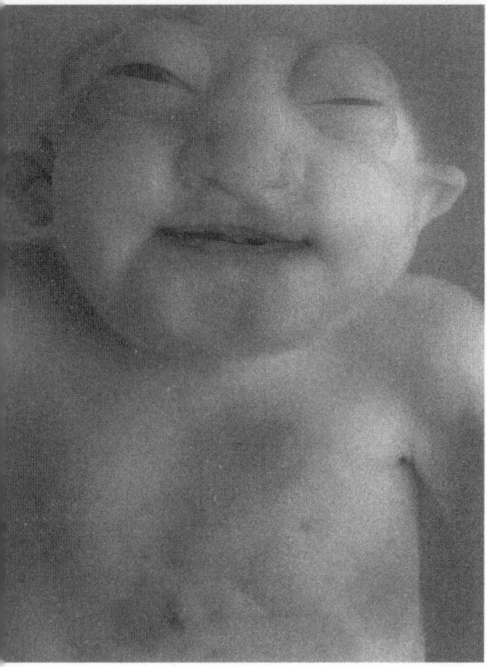

»Froschkopf«

Begegnung mit einem Monster

Er schwebt im letzten Regal, zwischen den Drillingen, den Zyklopen und den »Ausgesackten«. Das sind solche, deren Hirn zum Schädel heraushängt. Er ist von allen der einzig Komische, der einzig Farbige auch, marmoriert in Rot und Eierschalenweiß, mit seinen überlangen Unterarmen, den gezuckten Schultern, der verschmitzten Grimasse eines Clowns, ein Kindergreis, ein grotesker Grenzgänger zwischen den Lebensaltern. Ein Gehirn hat er nicht, aber ein geistreiches Gesicht, das gleich über den hervorquellenden Augen endet. Er schwebt im Konjunktiv: Wer wäre er gewesen, wer hätte er sein können, wenn seine Existenz eine lebensfähige gewesen wäre?

Das »Pathologisch-Anatomische Cabinet« der Berliner Charité versammelt, von wissenschaftlichen Erläuterungen begleitet,

Exponate menschlicher Körperformen, Querschnitte, pathologische Muster, organische Modelle zu medizinischen Befunden, Objekte wissenschaftlichen Staunens. Tausende sind es, gesammelt von Rudolf Virchow, eingesetzt zum akademischen Studium, kein Panoptikum, sondern ein Museum mit praktischem Nutzwert, durch dessen Säle vor wenigen Jahren noch manchmal die Leichen zur Sektion geschoben wurden. Und ganz hinten, in der letzten Vitrine, werden schließlich auch die nicht lebensfähigen Lösungen der Natur dokumentiert. »Froschkopf« ist eine solche.

Ach, »Froschkopf«! Wie soll man sich nur zu Dir verhalten? Mit Bedauern, weil Du nicht wurdest? Mit Erleichterung, weil Du nicht sein musstest? Mit Einfühlung, ohne zu wissen, wo diese ankommen könnte? Mit Interesse, weil Du Laune der Natur wurdest?

Im Begriff des Monsters steckt der des Zeigemenschen, des Demonstrierten, und Monster waren ehemals Mahn- und Warnzeichen, Wesen, in denen sich etwas zeigte, eine Schuld, ein Übel, eine Sternenkonstellation, ein Grimmen des Himmels, die Wirkung eines Aszendenten, so wie Paracelsus in der ersten Hälfte des 16. Jahrhunderts schreibt: »Wißet hier, daß viele Menschen geboren werden, die monströse Zeichen mit auf die Welt bringen. So sehet ihr, daß einer einen Finger zu viel, ein anderer einen zu wenig hat. Wieder ein anderer hat eine Zehe an den Füßen zu viel oder zu wenig, oder ihm sind alle Finger oder Zehen im Mutterleib zusammengewachsen. Ein anderer bringt einen krummen Fuß, einen krummen Arm, krummen Hals etc. mit auf die Welt. Wieder ein anderer einen Höcker und Buckel. So werden auch oft Hermaphroditae und Androgyni geboren, das sind Menschen, die zwei heimliche Zeichen haben, männliche und weibliche, oder gar keines. Ich habe viel dergleichen monströse Zeichen bei Manns- und Weibspersonen gesehen und ich wüßte deren noch viel mehr aufzuzählen. Es sind alles monströse Zeichen des heimlichen bösen Himmelskörpers (›Aszendenten‹).«

Lange hat man den Monstern eine sakrale Bedeutung gegeben, im Doppelsinn des Sakralen waren sie heilig und verflucht, ambivalent, zweideutig. Erst das 18. Jahrhundert, so hat Joseph Vogl dargestellt, macht sich an die Pathologisierung des Monströsen. Zuvor überwiegt die zeichenhafte Bedeutung, und was immer am Körper erscheint, es ist die Widerspiegelung von Kosmischem oder Psychologischem.

Paracelsus weiß auch, »daß durch Furcht und Schrecken der schwangeren Frauen viele Monstra und Kinder mit monströsen Zügen geboren werden, mit denen sie im Mutterleib gezeichnet wurden.« Und noch Casanova erinnert sich der Theorie, Muttermale entstünden aus den sündigen Gedanken der Mütter während der Schwangerschaft. Er will das weder dementieren noch bestätigen. Doch spielt das Begehren insgesamt eine Schlüsselrolle in der Monsterbildung. Nicht umsonst ist das Französische »envie« gleichermaßen Vokabel für »Begierde« und »Muttermal«.

Schon im 16. Jahrhundert hat die männliche Phantasie die Gebärmutter (»Hystera«) als Nährboden aller möglicher Einbildungen beschrieben. Dort unten sollte die Frau nach verbreiteter Meinung alle möglichen schmeichelnden und schrecklichen Bilder aufsaugen und dem Embryo einprägen können. Solche Bildübertragungen auf den Embryo nannte man »hysterisch« und machte für solche schuldhaft befleckten Empfängnisse mal den Geschlechtsverkehr während der Menstruation, mal Sodomie, mal den Beischlaf mit dem Teufel oder einem Kleriker verantwortlich: für die Eltern Gründe genug, eine derartige Totgeburt zu verschweigen und Obduktionen zu verhindern.

Zwar hatte der Vatikan schon gegen Ende des 19. Jahrhunderts die Lehre von der unmittelbaren Beseelung während der Empfängnis verkündet und wenig später jede Operation, die nicht das Überleben des Fötus garantiere, verboten. Doch noch im Jahr 1999 wurden totgeborene Föten mit dem organischen Abfall verbrannt. Inzwischen ist eine Einäscherung möglich.

Gezeichnet ist der Mensch also wider Willen. Doch das Zeichen ist kein Makel, eher eine Mitteilung. Und so ist der Gezeichnete nicht einer, dem etwas fehlt, sondern der einen Überschuss hat: eben das Zeichen.

Was, »Froschkopf«, ist Dein Zeichen? Was die Sünde, was das Begehren, das Deine Gestalt hervortrieb? Sah die Mutter einen Gehenkten während der Schwangerschaft, so konnte das Kind mit krummen Gliedern zur Welt kommen, so glaubte man. War sie unaufrichtig, so konnte das Kind schielen. Aber Du, ohne Hirn und doch mit geistreichem Ausdruck, was ist Dein Zeichen? Kommst Du, uns auf eine Reise in das Innerste unserer Angst zu begleiten?

Monster tauchen auf, wo Klassifikationen infrage gestellt werden. Zwischen Tier und Mensch, Mann und Frau, kalendarischem und erfahrenem Alter führt das Monster eine nomadische Existenz. Ja, selbst zwischen den sozialen Positionen besetzt es keinen festen Platz, kann hoch stehend und priesterlich erscheinen, kann für Abschaum und menschliches Strandgut genommen werden, kann letzte Wahrheiten sagen oder brabbeln.

Das Monster zehrt vom Sakralen, deshalb durften Herrscher zwergwüchsig, androgyn oder als Hermaphroditen dargestellt werden, durften die sichtbaren Zeichen einer Besonderheit tragen, die kein Makel war.

Das Monster ist entfesseltes Leben, ist Leben im Reinzustand, zum Leben entfesselte Zellmasse. Für Rudolf Virchow war genau dies Missgebildete Leben in Reinform. Im so genannten »normalen Menschen« ist die Form geronnen, ist das Leben organisiert und in die Form gefallen, im Deformierten wuchert es selbst, und so ist im 19. Jahrhundert das Degenerierte nichts anderes als stehen gebliebenes Wachstum.

Im »Pathologisch-Anatomischen Cabinet« der Charité gibt es deshalb gleich in »Froschkopfs« Nachbarschaft auch einen Teller mit blass-grau-rosa Falten-Masse, »Monstrum humanum amorphum« überschrieben, eine Fehlbildung des gesamten Körpers, ein Körper »ohne Gestalt«, belebte Masse, das Leben. Und wo es in seiner Form kaum mehr erkennbar ist, gerade da vermittelt sich die Natürlichkeit der Fehlbildungen, und der Begriff des »Normalen« dehnt sich.

Dieser so genannte »normale Mensch« betritt die Bühne der Menschheit erst spät – jedenfalls, wenn man sich die abendländische Neuzeit und vor allem wenn man sich seine Darstellung ansieht. Dann nämlich kann es scheinen, als habe dieser normale Mensch ehemals geradezu um seine Darstellbarkeit gerungen. »Der ›normale Mensch‹ (das Wort macht mich rasend)«, heißt es bei André Gide, »das ist jener Rückstand, jener Urstoff, den man nach dem Schmelzvorgang, wenn das Besondere sich verflüchtigt hat, auf dem Boden der Retorten findet. Er ist die primitive Taube, die man aus der Kreuzung seltener Arten wieder erhält – eine graue Taube –, die bunten Federn sind gefallen, nichts zeichnet sie mehr aus.«

Und die Geburtsstunde der grauen Taube? Bis zum beginnenden 15. Jahrhundert hat der gut situierte Bürger sich und die Seinen porträtieren lassen, um ein Andenken zu haben oder eine Erinnerung für die Reise oder einen persönlichen Schmuck für die Wand. Aber erst mit dem 15. Jahrhundert wurde plötzlich auch der Bauer darstellungswürdig, weil sein Gesicht von seinem Leben erzählte und diese Erzählung alle Betrachter interessieren konnte. Man entdeckte etwas Verallgemeinerungswürdiges im Normalen. Damit wurde zugleich der Begriff des Abnormalen noch außergewöhnlicher, exzentrischer, und der Blick, der das Abnormale traf, abgestoßen und in Konträrfaszination gefesselt.

Wenn ich früher manchmal mit dem Jazzpianisten Michel Petrucciani oder der Schauspielerin Carole Piguet unterwegs war, die beide mit einem Gen-Defekt namens »Glasknochen« geboren worden waren, dann konnte ich diesen Blick bisweilen bei Passanten sehen. Kein böser Blick, eher ein fassungsloser, der hätte verweilen wollen, wäre er nicht so indezent erschienen. Es war ein Blick, der die Differenz notierte, aber man könnte auch sagen, er suchte genau so gut die Identität, das Gemeinsame im Unterschiedlichen.

Von diesem Blick, diesem Perspektivwechsel, scheint die Gegenwart wieder so fasziniert wie vergangene Jahrhunderte, die den »Abnormalen« ausstellte. Heute heißen die Ausstellungen »Talkshow« oder »Körperwelten«, auch sie sind Manegen, auch sie bieten als Selbstrechtfertigung an, das Normale zu zeigen.

Selbst jenes Monstrum, jener Zeigeheld, den man den »Star« nennt, wird heute gerne sagen, dass er eigentlich ein »ganz normaler Mensch« sei, und die Drei-Zentner-Frauen in Reizwäsche, die in Nachmittags-Talkshows ausgestellt werden, treten nie auf ohne den Hinweis, dass dies doch eigentlich »ganz normal« oder »für sie ganz normal« sei. Im Deutschland der Schröder-Ära ist »Normalität« zur Kardinaltugend avanciert, und die Rhetorik des Kanzlers bindet die Begriffe »Normalität« und »Vernunft« zusammen, als seien sie Synonyme.

Wie also reagiert die Vernunft auf das Abnormale? Was meint der gesunde Menschenverstand mit dem Diktum: Wer eine Missgeburt sieht und sich ängstigt, ängstigt sich vor sich selbst, wer eine Fehlbildung sieht und sich ekelt, der ekelt sich vor sich selbst?

Wirklich?

Vor solchen Exponaten – Homunculi in Formaldehyd, Embryonen, Föten, im Saft konservierten Erdlingen – ist der Betrachter kein Betrachter mehr. Im Zusehen verwandelt er sich, er kann nicht anders, weicht zurück in die Schatten der Evolutionsgeschichte, in die Frühzeit der Menschwerdung, in das Dunkel des Mutterbauchs. Er tritt die Reise der Regression an, taucht zurück in die Nährflüssigkeit, die seine leiblichen Formen speiste und feingliedrige Finger hervorbrachte oder schmale Hüften oder einen kolossalen Kopf oder einen Unterleib, der nichts ist als das knotige Ende eines geplatzten Luftballons oder eben nichts von alledem, sondern etwas anderes, das nicht vom Laserstrahl nachgeformt, nicht vom Skalpell neu geschnitzt oder vom Humankosmetiker herbeigeknetet, sondern von der Phantasie der Natur hervorgetrieben wurde.

Denn werden nicht die, die sich dem natürlichen Wandel ihrer Physiognomie widersetzen, am Ende selbst Monster, monströs zumindest darin, dass sie wie Frankensteins Kreatur aus lauter Teilen zusammengesetzt sind und äußerlich keine Herkunft aus der elterlichen Erbmasse mehr verraten?

Das »Monstrum« ist der Beweis für die Natürlichkeit der Natur. Abnormal wäre, wenn sie nichts Abnormales erschaffte und bloß maschineller Logik folgte. So aber ist der fehlgebildete Mensch ein »Freak of Nature«, wörtlich »eine Laune der Natur«, also keine Ausnahme, sondern der Ausdruck ihrer Freiheit, eigentlich ihr Inbegriff. »Die meisten Menschen«, sagte die Fotografin Diane Airbus, »gehen durch ihr Leben mit der ständigen Angst vor einer traumatischen Erfahrung. Freaks wurden schon mit ihrem Trauma geboren. Sie haben ihre Prüfung im Leben bereits absolviert. Sie sind Aristokraten.«

Und jeder, der seine Wunde zeigt, und jede, die ihre Narbe entblößt, ist an dieser Stelle und dank ihrer Kraft selbst Monster.

Da sitzen sie also, aus dem Dunkel wie zum ersten Mal ins Licht tretend, herausgeschält aus dem Bauch, den früher nur Röntgenstrahlen oder Ultraschallwellen durchbrachen, ins Licht der Fotografie gestellt ohne schützendes Glas, in der Intimität ihrer Menschwerdung betrachtbar, Schauder erregend und schön. Auch wer sie nie gesehen hat, kennt diese Wesen, erinnert sich ihrer, sei es in platonischer Anamnesis oder in der Aneignung der Kulturgeschichte des Grotesken und Fabelhaften mit all ihren Zwitter- und Horrorwesen. Plötzlich hat der Betrachter den Menschen wie ein offenes Projekt vor sich, wie eine Summe unerschöpfter Möglichkeiten, die im »Monstrum« nur eine originelle Manifestation gefunden haben.

Er kann gar nicht anders: Der Mensch erkennt in diesem Wesen seinesgleichen, im Abnormalen die eigene, labile Normalität. Der Fötus ist seine Vergangenheit, ein Bauchhöhlenmensch, die gleiche Spezies wie er selbst und doch eine andere, umfangen von der Aura des Todes, des Lebens vor dem Leben, und so ist dieses embryonale, schutzlose, gekrümmte und wie deformiert wirkende Wesen hässlich nur für den hässlichen, den bösen Blick, der es mit dem vermeintlich Normalen vergleicht.

Aber schön, auf ätherische Weise schön, ist dieses Wesen, weil man in seinem Ausdruck die Anwesenheit des großen Dunkels, des Vorbewussten, Halbbewussten spüren kann und liest, welche Form, welche Pose, welche Mimik der beseelte Leib für seinen Eintritt in die Bewusstheit gewählt hat. »Der Mensch ist vielleicht halb Geist und halb Materie«, schreibt der bucklige Lichtenberg, »so wie der Polype halb Pflanze ist und halb Tier. Auf der Grenze liegen immer die seltsamsten Geschöpfe.«

»Froschkopf!« Jede Behinderung ist eine Individualität, und so haben sich die Fehlgebildeten manchmal wie über die Grenzen des Menschlichen hinaus individualisiert. »Denn hören Sie jetzt einmal auf, die Krankheit als einen Mangel anzusehen«, heißt es auch bei André Gide, »im Gegenteil: sie ist ein Zuwachs. Ein Buckliger ist ein Mensch plus dem Buckel, und mir wäre lieber, Sie fassten die Gesundheit als einen Mangel an Krankheiten auf.« Ihre Individualität jedenfalls ist so stark, dass Fehlgebildete vielleicht deshalb eine eigene Homophobie, eine Abart der Fremdenfeindlichkeit auslösen.

Doch weil ihre Besonderung auch etwas Religiöses besitzt, bezeichnet im Griechischen die »Teratologie« gleichermaßen die Lehre von den Zeichen und Wundern wie die Wissenschaft von den Missgeburten. Mal wurden sie als »Mahnzeichen und Weisung der Götter« verstanden und von den Haruspices, den Eingeweideschauern und Zeichendeutern, interpretiert. Mal bevölkerten sie die Kirchenfassaden als Dachreiter oder Wasserspeier, die Höllenphantasien von Dante, di Bartolo, Signorelli, Blake, Bosch und Bruegel als Mahner vor dem Weltgericht.

Doch die Sünder objektivierten die Hölle. Sie verneigten sich vor der Realität dieser Besonderen, vor dem magischen Zauber, der sie umgab und der bis zum heutigen Tage dem Blick etwas zurückgibt, das ihn ganz selten noch auszeichnet: Die Qualität des Staunens, mehr als ein Gaffen, eher eine Vorstufe des Erkennens wider den Aberglauben. Man begreift im Staunen: Wirkt auch das Böse monströs, muss doch das Monströse nicht notwendig böse sein.

Wenn im Mittelalter solche Freaks und »Monstren« ausgestellt wurden, so dienten sie oft als Belege für abergläubische Theorien wie die der Transformation der Laster oder sündigen Gedanken auf den Fötus. Seit dem 17. Jahrhundert sind Beschreibungen ihrer öffentlichen Auftritte überliefert, und Fortunius Licetus versammelt in seinem Mitte des 17. Jahrhunderts erschienenen Werk »De Monstris« sogar erstmalig bildlich Missbildungen und »Phantasmen«, vom »Monstrum Humanum Amorphum« bis zu Doppelköpfen, Rumpfmenschen, Mehrarmigen, Gesichtslosen, »Coneheads«, Bauchrüsslern, Vieräugigen, Doppelmündigen, Flügelmenschen, Elefantenköpflern, Hühnermenschen, Krallenfüßlern und »Negern«.

Reales und Eingebildetes, Fabelhaftes und Pathologisches, Hypertrophes und Denaturiertes steigt hier aus dem Souterrain des Bewusstseins, der Traumwelt, der Welt des Albs und der Strafphantasien, dem zoologischen und humanbiologischen Kosmos ans Licht und verschmilzt in einer Masse aus phantasmagorischen Bildern. Schon vom Frontispiz der kostbaren Schrift grüßt eine Frau mit fünf Brüsten.

Das Werk ist noch nicht lange veröffentlicht, da werden diese Freaks öffentlich, Teil der Amüsierbetriebe oder dezidierter wissenschaftlicher Versuche, mit Darwin die Lücke zwischen den Hominiden und den tierischen Kreaturen zu schließen. Starben sie, so brachte man sie ins »Theatrum anatomicum« zur Vivisektion. Überlebten sie, dann standen sie vielleicht bald auf den Jahrmarktbühnen, auch des Oktoberfests: Das Mädchen mit den Mooshaaren; Lionel, der Löwenmensch; der Rumpfmensch Kobelkoff, der dreibeinige Lentini, Cannon Colossus, Bartfrauen und Däumlingsmenschen, die »Halbdame« Vionetta, Elvira, das schwerste Mädchen, das je gelebt; Prinz Puck, der lebende Tautropfen; Hoppie, der Froschmensch; Asra, die Zwerg-Aztekin; Rolla, die Albine, und Nicodemus, der Unbeschreibliche.

Noch in den zwanziger Jahren des 20. Jahrhunderts gehört zu der Abnormitätenschau des Zirkus Barum-Kreiser außerdem die Mumie eines zweiköpfigen Kindes sowie ein Paar siamesischer Zwillinge in Spiritus, und in einem der ältesten europäischen Pathologie-Museen, der Florentiner »Specola«, sieht man die Moulagen oder Wachsnachbildungen theatralisch hingeräkelter Schwangerer mit offenem Bauch und quellendem Gekröse, dazwischen den kauernden Embryo ganz ähnlich dem auf Leonardos anatomischen Skizzen: manieristische, im Grunde makabre Arrangements, die mit Pathos und schmückenden Accessoires versuchten, das aufgebrachte Wild »Mensch« zu ästhetisieren. Es war die Zeit, in der sich die auf Beobachtung gegründete Anatomie neben die sezierende schob.

Doch vor die Apparate- hat die Wissenschaft die Präparate-Medizin gestellt. Medizinische Stopfpräparate zierten Museen, und Rudolf Virchow, der Vater der Cellularpathologie, hatte bis zu seinem Tod im Jahr 1902 eine mehrere tausend Objekte umfassende Sammlung von pathologisch-anatomischen Feucht- und Trockenpräparaten zusammengetragen.

Bedenkt man, wie wortreich der Zusammenhang von Krankheit und Dämonie beschworen worden war, vergegenwärtigt man sich, dass im Grunde erst Sigmund Freud den Teufel aus der Außenwelt verbannte und zum Phänomen der Seele erklärte und dass Fehlbildungen bis zum heutigen Tag als Strafe Gottes deklariert werden, so begreift man das aufklärerische Pathos von Virchows Präparate-Schau.

Sein Versuch, dem Aberglauben mit Rationalität und Empirie zu begegnen und so dem bloß schaulustigen Blick auf körperliche Fehlbildungen den Boden zu entziehen, schloss die Ausstellung embryonaler Fehlbildungen ein. Doch machte sie nur etwa zwei Prozent seiner Sammlung aus. Schon bei Jean Paul verspricht ein Wirt: »Ich bin vielleicht imstande, einem veritablen Liebhaber mit einer der veritabelst ausgestopften Mißgeburten aufzuwarten, die je auf acht Beinen herumgelaufen«, worauf der »Liebhaber« die allgemeine Haltung »gegen echte Mißgeburten« rügt, weil man somit »Wesen vernachlässigt, die uns am ersten die organischen Baugesetze eben durch ihre Abweichungen gothischer Bauart lehren können«.

Der Aberglaube jedoch bleibt fasziniert von der Fehlgeburt. In einer langen Geschichte vom Volksaberglauben bis zum modernen Horrorfilm sah man im fehlgebildeten Wesen nichts geringeres als die Fleischwerdung einer missgebildeten Phantasie. Dabei hat die kollektive Einbildungskraft zu jeder Zeit so viele Fehlbildungen hervorgebracht, als sei sie ein parasitärer Nebenerwerbszweig der Pathologie: Die Mythologie kennt Januskopf und Nixe, Kali und Indra, die Heraldik den doppelköpfigen Adler, das Einhorn oder den Affenkönig, Homers Zyklop trägt unter seinem Stirnauge eine rüsselförmige Nase. Von den Alraunen, Chimären und Basilisken bis zum Tiroler Blutschink, den Bionics oder den modernen Aliens befruchtet sich die Phantasie am Formenvorrat des Pränatalen, der Fehlbildungen und Verwachsungen, und immer setzt der Horror als Höhepunkt des Grauens ein Prädikat hinzu, das einem bekannten Genrefilm sogar den Titel gab: »Es lebt.« Oder es wirkt so.

Mehr noch: Wo immer der Science-Fiction-Film die Entführung durch Außerirdische beschreibt, gibt er den Alien-Geburten die Gestalt embryonaler Fehlbildungen. Sigourney Weaver bringt im dritten Teil von »Alien« ein solches Wesen zur Welt, ähnlich wie in »Akte X« Gillian Andersen, deren reale Schwangerschaft von den Produzenten für eine mehrteilige Entführungsgeschichte benutzt wurde, und auch die Bilder der berühmten »Alien-Autopsie« aus dem Jahr 1947 zeigen Fabelwesen von der Gestalt fötaler Fehlbildungen: »Die Missgeburten schrien weiter«, beschrieb damals der Kameramann die Begegnung, »und die Männer hatten Angst.«

Doch warum sind diese Bilder heute spannender als vor Jahren? Warum stehen Japaner tagelang Schlange für die Plastinationen der deutschen »Körperwelten-Austellung«? Warum reisen plötzlich die Exponate der »Specola«, Bilder-Kollektionen vom »imperfekten Menschen«, die extremen Blätter von Joel-Peter Witkins Versehrten-Fotografie oder Nick Knights Fotoskulpturen mutilierter Models durch das Blickfeld einer schaulustigen Öffentlichkeit?

Weil wir ohnehin schon Mutterbauch-Paparazzi kennen, die den lebenden Fötus mit der endoskopischen Kamera heimgesucht haben? Weil uns die Bilder von Mäusen mit Menschenohren auf dem Rücken in Sachen Gentechnik abgehärtet haben und wir uns gerade wieder Frankensteins Labore erschließen? Weil die Transplantationsmedizin im Verdacht steht, lebensunfähige Föten als Ersatzteillager für Organe zu benutzen? Weil gehirnlos geborene Föten nicht hirntot sein müssen, sondern mit erhaltenen Lebensfunktionen gesunde Organe produzieren? Weil wir die Frage »was ist der Mensch« nicht mehr mit Erich

Fromm, sondern mit Gunther von Hagens beantworten? Weil das Innenleben des Körpers und seine Anomalien so lange verborgen war und das Territorium einer bilderlosen Welt beschrieb? Weil wir das Monströse noch immer als eine Metapher des Bösen betrachten oder sich unser Unbewusstes eben davon verabschiedet? Weil die filmisch-phantastische Welt seit Tod Brownings »Freaks« mit Fehlbildungen und Embryonalwesen geradezu übervölkert ist? Weil die Pathologie inzwischen umschwärmt ist von Künstlern? Weil es technisch möglich ist, mit der Kamera das Körperinnere zu bereisen, so wie es die BBC 1993 tat, als sie die Ejakulation eines Mannes von innen filmte, ebenso wie man im Internet durch den Körper eines 1993 hingerichteten US-Mörders reisen kann, der seine Leiche der Wissenschaft vermachte?

Vielleicht auch. Aber nicht allein die Körperbilder sind mutiger, schamloser, drastischer geworden, auch das Bewusstsein vom Körper, vom Umgang mit Fehlbildungen, vom Embryonalen ist heute stärker von Anschauung und von Erfahrung geprägt. Noch in den siebziger Jahren wurden Neugeborene ohne Narkose operiert, heute gelingt es der pränatalen Psychologie, Erlebnisse bis in den vierten Schwangerschaftsmonat zurückzuführen. Es scheint nach Ludwig Janus' Studien zum »Seelenraum des Ungeborenen« sogar möglich, das Sozialverhalten von Zwillingen im Mutterbauch nachzuweisen. Das »limbische Bewusstsein« erscheint als wenig erschlossener Kontinent auf der Kamera-abgewandten Seite der Welt.

Und so wandern unsere Augen über frisch geschnittene Abnormitäten, über Krötenköpfe, Hydrozephali (Wasserköpfe) und Anenzephali (Totgeburten ohne Großhirn), Wesen mit und ohne Menschenähnlichkeit, die mit vergilbter Haut, blicklosen Augen und innigen Gesten aus ihrem Formalin-Glycerin-Bad hinausglotzen, so fremd, wie wir zurückglotzen. Je mehr Bewusstsein wir haben vom Pränatalen wie vom Fehlgebildeten, desto tiefer »verstehen« wir den unbeschreiblichen Körper und erkennen in diesem anderen Organismus auch den symbolischen Ausdruck unserer Entwicklungsmöglichkeiten.

Er ist nicht außermenschlich, nicht Homunculus, nicht das Dritte Geschlecht, in Wirklichkeit kommt er uns näher, wird uns vertrauter, auch weil sich nach dem Fortfall der Bilderverbote Forschung von Phantasma trennt. Es ist jetzt die Zeit, der Realität der menschlichen Entwicklung, also auch ihrer Fehlbildungen, ohne Aberglauben und ohne Schaulust ins Auge zu blicken und mit diesem Blick verändert in die alten Sagen zurückzutauchen.

»Froschkopf«: nicht lebensfähiges Leben, Monstrum, Freak, Laune der Natur, Homunculus, Fantasy? Gestalt aus dem ewigen Formenvorrat der Natur und der Einbildungskraft? Im Märchen ist es der Kuss, der das Monster verwandelt und zum Menschen werden lässt. Doch schon diese alten Erzählungen wussten: Nicht die Gestalt des Monstrums ändert sich dadurch wirklich. Es ist der Blick, der die Kraft besitzt, ihre Erscheinung umzuformen, der kühne, wenn nicht der liebende Blick.

Unter Hostessen

Unterwegs zu Hoki Tokuda in Tokio

Die philippinische Stewardess mit Wohnsitz im Schwäbischen tritt an den Klapptisch, setzt den O-Saft ab und sagt: »Sodele.« Zufrieden? Und ob.

Ihr folgt der Steward mit dem Mineralwasser: »Lassen Sie es sich schmecken.« Wird gemacht.

Wir fliegen über Sibirien. Zum ersten Mal verstehe ich den Ausdruck »Das Gesicht der Erde«. Es lacht nie, aber gerade nimmt es Züge an wie die balinesischen Kultmasken, wie Farbholzschnitte aus Japan. Es grimassiert mit grotesken Faltenwürfen.

Viele Säfte, viele Mineralwässer später liegt Tokio unter uns, die Inseln ringsum wolkig weiß und grau, wie Schaumkronen auf dem Meeresspiegel, die Besiedlung wie eine Flechte. Nichts

Schönes zu sehen von hier aus, nur das Schnittmuster der Erde ist schön.

Der Grenzbeamte in Narita Airport steht klein und streng. Die Schranke seines Arms klappt hoch:

»Purpose of your visit?«

»Holidays.«

»And the purpose of your visit?«

»And Holidays.«

»Holidays?«

»Yessir.«

»And what is in your suitcase?«

»Clothes.«

Ferien in Tokio? Mit Kleidern?

»You can go.«

Er sagt das resigniert.

Das Hotel, in dessen 20. Stock ich zwei Stunden Busfahrt später hinter der Gardine sitze, um die Stadt Tokio zu belauern, heißt »Jahrhundert«. Alles ist epochal hier, das Frühstück heißt »Jahrhundert-Frühstück«, der Pool »Jahrhundert-Pool«, und einen »Jahrhundert-Andenkenshop« gibt es auch, falls ich all dies Jahrhundert je vergessen sollte.

Die Hochbauten gegenüber sehen wie riesige, von innen beleuchtete Chitinpanzer ausgestorbener Insekten aus. Ja, und es gibt Schnittblumen im Aufzug, und Julio Iglesias wird ewig schmachten »Amor, Amor, Amor«. Auch hier. Die Liebe ist unausweichlich.

Das ist schön und schrecklich, denn während von der Liebe geschnulzt wird, wirken die Paare lieblos, und die Masseurinnen, die noch bis weit nach Mitternacht gebucht werden, können auch ein Lied singen von der Liebe, aber ein anderes. Einer begegne ich im Fahrstuhl. Sie prustet, reibt sich die Arme und schüttelt den Kopf: Nein, nein und nochmals nein. So extrovertiert sind diese Masseurinnen selten.

Nach Mitternacht auf dem großen leeren Platz vor dem Neuen Rathaus, mitten auf der muschelförmigen Piazza, die an den Mussolini-Prunk in Rom erinnert, dort also steht ganz allein ein Mädchen und fotografiert mit ihrem Mobiltelefon den Vollmond. Gibt es jemanden unter den dreißig Millionen im Großraum von Tokio, der heute nicht zum Nachthimmel hinaufblicken kann? Einen Kranken? Gefangenen? Unterirdisch Arbeitenden? Einen U-Bahn-Kontrolleur, eine Hostess, einen Bräutigam im Bankettsaal eines der großen Hotelkeller? Oder wird der Mond gleich vom Display über die Landesgrenzen geschickt oder über den Ozean, vielleicht nach Europa, wo er noch nicht aufgegangen ist, aber jetzt acht Stunden zu früh eintreffen wird?

Sie könnte ihn einem Liebenden schicken und schreiben: Hier, Liebster, schicke ich Dir schon mal den Mond, unter dem Du in ein paar Stunden schlafen wirst. Amor, Amor, Amor ... Das Mädchen kichert, dass es von den Marmorwänden rieselt. Als ich näher komme, geht sie schnell davon, den Mond fest eingepackt. Der Ort könnte nicht einsamer sein.

Ich kenne keine Stadt, über die das Licht so grau hereinbricht wie über Tokio, der einzigen Stadt, die aus dem Anthrazit kommt und auf den Betonflächen langsam, langsam aufklart, heller wird, mausgrau, staubgrau, flanellgrau, fahl, dann licht. Graue Mauern werfen das graue Licht grau zurück, mehr Schattierungen seift der Frühnebel hinein. Auch der Dampf aus den Klimaanlagen mischt mit. Jetzt treten die Laufschriften heraus, jetzt die in die Fassaden gesäbelten Schriftzeichen, jetzt Billboards und Transparente.

Drei Tage später darf ich sagen: Der Himmel war immer schön. Keine Wolke blieb, und Sorgen gab es nur im Traum. In den Fenstern der Büros standen um vier Uhr nachmittags die Angestellten zu Fitnessübungen. In den Fenstern der großen Hotels flammten um drei Uhr früh nur noch die Lichter der Jet-Lag-Patienten, bis vier Uhr früh sind sie allein es, die wachen. Um sechs ging ich zum Frühstücken und aß Spaghetti, danach »Arme Ritter« zu »Jahrhundert«-Instantkaffee.

Dabei las ich jede lesbare Zeitung, darin ein Artikel über drei konservative Anhänger Koizumis, die vor seinen Augen Seppuku begehen wollten, aus Enttäuschung über den Verrat an den traditionellen Idealen; ein andermal las ich über den chinesischen Gewinner des »Ugly Man Contests«, der als Hauptpreis eine Rundum-Erneuerung seines Gesichts bekommt. Immer fanden sich da solch interessante Texte.

Und auf den Straßen? Randvoll sind Gassen, Brücken, Bahnen, Läden, Bürgersteige, Toreingänge, Verkehrswege aller Art mit sechzehnjährigen Mädchen, alle gleich hoch, alle gleich blass, alle gleich alt, ja, aufs Haar gleich alt. Faszinierend. Es muss also eines Tages eine gigantische *Golden Shower* über der Stadt niedergegangen sein, eine kosmische Befruchtung, die im nämlichen Augenblick Millionen Frauen schwängerte, die alle im selben Augenblick kleine Mädchen hervorbrachten, die so heransprossen, in die gleichen Röckchen, Schühchen, Blüschen hineinwachsend.

Ihre plärrenden Stimmen. Immer kommen sie umgeben vom Hof der gleichaltrigen Freundinnen, von Millionen Freundinnen. Eine trägt eine Baskenmütze, eine andere eine Baseballkappe aus Sandpapier. Dämchen in Matrosenanzügen sind dabei, Uniformierte im Dienste großer Kaufhäuser. Gemeinsam verschwinden sie in einem westlichen Dekor, »Das Brot-Restaurant« überschrieben, wo man sich an der Theke aus fünfzehn Brotkörben bedient, Sesambrot, Kürbisbrot, Zwiebelbrot, Tangbrot, Algenbrot, Brotbrot.

Andere verteilen Papiertaschentücher mit Werbeaufdrucken auf der Straße. Dritte wieseln mit indischem Curry zwischen gekachelten Wänden herum, in Schwarzwald-Kostümen, mit gestärkten Schürzen und weißen Schleifen im Kreuz. Und so weiter.

Nach vier Tagen habe ich kaum vier Sätze gesprochen. Einem Fremden in die Augen zu sehen gilt als unhöflich. Man könnte unsichtbar sein und würde es kaum merken. Julio Iglesias singt immer noch im Aufzug, und allmählich werde ich knieweich.

»Licht des Orients, Perle des Orients«, »Venus von Samothrake, Shizuoka und Points East«, »Königin der Azoren«, »Du Gefeierte und Schöne«, »Nachfahrin der Samurai«, »kleine Rosenknospe zwischen Dornen«, »Hoki Mysteriosa Cantabile«, »Singvogel, Liebesvogel«! Wollte ich nicht Hoki Tokuda finden, die letzte Frau von Henry Miller, die hier eine »Hostess Bar« unterhalten soll?

Diese befremdliche Frau, die wohl geliebt wurde und nicht zurückliebte, der geschrieben wurde und die nicht antwortete, wer war sie? Auf den wenigen publizierten Fotografien hat sie ein anderes Gesicht für jeden Fotografen.

Einmal schenkt sie Miller eine Aufnahme, auf der sie nackt sitzt, mit angezogenen Beinen vor einer Tapisserie. Wie sie so über die Schulter aufwärts blickt, könnte man sie für elegisch halten. Ein andermal zottelt sie als Hippie-Schlampe durch ein Museum. Dann wieder sitzt sie 1966 in den »Imperial Gardens« singend am Klavier und könnte France Gall sein. Auf dem Hochzeitsfoto mit Miller dagegen ist sie ein schüchternes Frauchen mit Pagenkopf, so treuherzig, dass man kaum glauben kann, dass sie gestand, Miller aus drei Gründen zu heiraten: »Sympathie, Aufenthaltsgenehmigung und Ruhm.«

Damals war sie irgendwo in der zweiten Hälfte ihrer Zwanziger, alle möglichen Zahlen kursieren, und jedenfalls zählte er bald fünfzig Jahre mehr als sie, die ihm, so ihre Version der Geschichte, als Tischtennispartnerin im »Pacific Heights« zugeführt wurde. Er schummelte und gewann.

Außerdem sang sie damals am »Sunset Boulevard« Jazz-Standards. Manchmal kam er, sie zu hören. Jedenfalls hatte sie in Tokio fünf Filme gedreht, war erst seit kurzem in den USA, und wer Miller war, das erfuhr sie erst durch Briefe von zu Hause.

Du sollst meine fünfte Frau werden, soll er gesagt haben. Ganz zuverlässig scheint ihr die Nummerierung nicht, argwöhnt sie doch, er habe inzwischen vielleicht ein paar Ehefrauen vergessen. Jedenfalls witterte der Standesbeamte eine Scheinehe, und so pfefferte sie ihm ein Konvolut Liebesbriefe vor die Nase, die Miller ihr seit 1966 geschrieben hatte, rührende Liebesbriefe, die mit der Zusendung von Kinderbildern eröffnet werden.

Danach stand der Ehe nichts mehr im Wege, bis auf ihren Vollzug. Henry drängte, Hoki scheute und schlug zur eigenen Entlastung die Mitwirkung einer zweiten Frau, »einer Konkubine«, vor. So geschah es, und auf diese Weise ersparte man sich im Bett jede Enttäuschung, war doch, wie sie sich ausdrückte, »sein sexuelles Feuer erloschen«. Er begnügte sich mit Händchenhalten und Maulheldentum. Nach außen aber traten sie zu dritt auf, was Henry größtes Vergnügen bereitet haben soll.

Ein deutscher Interviewer fasst es so: »Hoki kommt herein, mit einer zwitschernden kleinen Freundin, für die es Küsschen gibt und japanische Schmeichelnamen. Henry, beinsteif, schwerhörig und kurzsichtig wie er ist, gibt sich dem Genuss des Kosens hin, saugt Schönheit und menschliche Wärme.«

Warum er sie heiratete?

»Ich hoffe, ein leichteres Leben mit meiner Frau zu haben, als ich es vorher hatte. Ich hoffe, sie hilft mir, mich vor der Welt zu schützen.«

Ersteres bekam er nicht, letzteres konnte sie nicht.

Warum sie ihn heiratete?

Erst wollte sie nicht, seines Alters wegen: »Ich mochte seine alte Haut nicht, aber kaum redete er, machte es mir Spaß.«

Was redete er? Führten sie Gespräche über Literatur? Kunst? Film? Jazz? Ach nein, die Verständigung war schwierig, und Miller behandelte die beiden jungen Japanerinnen wie Babys, mit denen kein ernsthaftes Gespräch möglich sei.

Abgesehen davon verließ sie sich auf seine schlechte Gesundheit, dachte, zwei, drei Jahre noch, und alles, was von mir verlangt wird, ist, für ihn zu singen. Das war leichter verdientes Geld als in den Clubs. Und Hoki sollte Miller, doch Miller seine Ehe überleben.

Zwei Jahre lebte das Paar zusammen, acht Jahre währte die Ehe. Dann entließ die Scheidung sie beide ins Nimmerwiedersehen. Sie eröffnete eine Boutique, er eröffnete einer anderen Frau, Brenda Venus mit Namen, seine erotische Innenwelt, brieflich. Ein paar Jahre lang haben Hoki und er noch korrespondiert, dann schlief auch das ein. In Japan, das er aus der Ferne studierte, ist Henry Miller nie gewesen. Ein Astrologe hatte ihm davon abgeraten.

Wie wäre ihm diese Welt erschienen?

Was versteht man von einem Land, wenn man seine Sexualität

nicht versteht? Die Schulmädchen nicht und nicht die Rape-Videos, die Zartheit der reinen Betrachtung weich fotografierter Mädchenkörper, die hart inszenierte Unterwerfung, die Abwesenheit von Psychologie dabei? Auf der Straße O-Beine in Fuckme-Stiefeln, die das Säbelbeinige erst richtig herausarbeiten. Ich suche weiter.

Ein Sonntagvormittag in Roppongi: Erkaltete Reste der Nacht, übernächtigte Frauen an der Seite desinteressierter Männer, amerikanischer Swing der jüngsten Jahre in der Luft, Lounge Music, das Schwirren von Saiten rund um chinesische Dim-Sum-Lokale, Brasserien, Seven-Up-Läden, American Diners. An einer Straßenkreuzung zwischen Nüsse-Verkäufern und Zeitschriftenhändlern eine etwa 22-Jährige mit kastanienrot gefärbten Haaren, ein Schild vor sich mit japanischen Schriftzeichen, darunter auf Englisch: »Slave.« Eine Künstlerin? Eine Prostituierte? Unter ihrem Arm ein Bildband über Audrey Hepburn.

Was liegt auf dem Weg von Henry Miller bis hier? Was ist in den Gesichtern angekommen? Manche Menschen sehen einfach nicht aus, als seien sie im Sex entstanden. Eher wirken sie zusammengeschraubt oder programmiert. Andere dagegen tragen zeitlebens die Pantomime eines Akts der Liebe im Gesicht, so verzückt, als hätten sie die Freude ihrer Entstehung immer noch nicht ganz hinter sich. Bei ihnen wirkt die Freude der Zeugung nach wie eine Depotspritze.

Ich fahre Rolltreppe in einem großen Kaufhaus, vom Erdgeschoss in den achten Stock, vom achten Stock bis runter ins Tiefgeschoss und wieder hoch in den achten. Gelassenes, stetiges Reisen, voller guter Aussichten und Momentaufnahmen.

Zwischendurch kann man zu Mittag essen hinter ein paar Papierwänden, vorausgesetzt man hat auf dem Bänkchen davor gewartet, bis man eingelassen wird. Es ist das Stockwerk der Wäscheabteilung, und allmählich wird auch mir bewusst, dass ich der einzige Mann bin unter meist älteren Frauen.

Sie beobachten aus dem Augenwinkel, wie ich den gebratenen Reis mit Stäbchen balanciere, lauter labile Häufchen auf einer Luftbrücke zum Mund bringe. Zuletzt anerkennendes Nicken, wie das Klatschen im Charterflug bei der Landung, Lächeln, Grüße, ich bin in Obhut. Hinterher fühlt sich die Straße noch einsamer an.

Vor ein paar Jahren noch war diese Stadt voller japanischer Spice Girls. Jetzt sind die Lara Crofts gerade passé, die russischen PR-Lesben von Tatu im Abklingen, aber da alles Erfolgreiche eine Fortsetzung hat, werden sie alle wiederkommen. Jetzt tragen die Mädchen einen Look wie die Bobtails, mit maronenbraunen Pilzköpfen und aufgemalten Sommersprossen. Bei Einbruch der Dunkelheit sammeln sie sich am Hachiko, dem Denkmal des treuen kaiserlichen Hundes. Treu? Nicht einmal fünf Prozent aller Tiere sind monogam.

Die Ordnung auf der Straße hat etwas Kultisches. Selbst die Elenden mit der Sozialfunktion »Bettler« liegen in Kartons brav nebeneinander. Mal steht »Made in the Philippines« darauf, mal einfach »Enjoy« oder »Bananas«. Im Innern sieht man die Bettler auf dem Rücken liegen und gegen den Plafond stieren. Der ist unbeschriftet. Auch die Ordnung macht traurig. Und einsam.

Nie habe ich eine Stadt auf so vielen krummen Frauenbeinen laufen sehen, alle anders krumm. Ihre Individualität liegt irgendwo zwischen Söckchenbund und Rocksaum. Nur einmal hat mich eine Frau angesprochen, eine mit Sommersprossen und einem lustigen vierzigjährigen Gesicht samt Pony. Sie sprach Englisch und sagte wörtlich übersetzt:

»Würden Sie mich bitte in die Kirche begleiten und sich einen netten Segen abholen?«

Ich hatte eine Schwäche für das Wort »nett«. Aber in der Kirche musste ich nur einmal im Seitenschiff neben ihr knien, ungesegnet, denn der Pfarrer war auf und davon. Also versuchte ich einen frömmelnden Gesichtsausdruck, ließ sie ein bisschen murmeln und erwarb dann für eine Faust voll Yen eine Loreto-Madonna auf Papier, weil die so ernsthaft und menschlich aussah wie eine Muttergottes aus dem Passbildautomaten. Die steckte ich ein und ging. Madonnen und Models fallen in Japan gern europäisch aus.

Die zweite Klasse der Menschen, die sich außer den christlichen Schwestern in Tokio traut, einen Fremden anzusprechen, sind die Männer vor jenen Nachtbars, die sich nicht durch ein »No Foreigners Allowed« Sommerfrischler wie mich vom Leib halten. Diese Männer aber können auf Deutsch so schwierige Worte wie »Verwöhnen« sagen, ein Ausdruck aus der Weltsprache der Lustversprechen, der gebrochenen. Man versteht ihn kaum, von so weit weg kommt der Klang: »Verwöhnen« bellt der Straßenkuppler, der eine Rolle roter Coupons in der Hand hält wie Rabattmarken. Ich gehe mit ihm, das heißt hinter ihm her, denn er bleibt immer drei Schritte vor mir. Ich bin ihm peinlich. Wir sind einander beide peinlich.

Die Hostess-Bar, in der er mich abliefert, besteht aus einer langen Theke mit Pit-Stop-Mobiliar und ein paar Resopaltischen, beschienen vom Streulicht einer Neon-Installation. Vom anderen Ende der Theke lächelt mich der einzige Gast an, gequält. Eine Frau im Minirock sitzt vor ihm auf dem Counter. Ihre Beine quellen unter dem Röckchen hervor. Ich bekomme einen Barhocker am anderen Ende.

Der Geschäftsführer mit seiner eingeübten kosmopolitischen Attitüde erklärt mir die Regeln. Sein Englisch wird nie wieder so flüssig sein wie jetzt. Hier sind die Erdnüsse. Hier Glas und Bier. Die Erdnüsse – »Essen Sie, soviel Sie wollen«, das Bier – »wir schenken Ihnen nach, Sie müssen nur trinken«.

Jetzt noch ein gewisses Sümmchen, vierzig Euro ungefähr, eigentlich fürs Gedeck, und dann kann's losgehen. Was?

»Sie haben eine Stunde Zeit. Alle zehn Minuten stelle ich Ihnen ein neues Mädchen vor. Fünf Mädchen: Das macht fünfzig Minuten. In den zehn Minuten, die dann noch bleiben, dürfen Sie sich eines der fünf Mädchen aussuchen zum Anfassen.«

Das kostet dann noch einmal sechs Euro.

»Wenn Sie aber mit ihr den Raum verlassen möchten, no problem, no problem«, er wehrt meine imaginären Einwände ab, »aber dann müssen wir neu verhandeln.«

Ich schüttele mehrmals den Kopf.

»No problem.«

Er stellt das Bierglas samt Flasche vor mir auf.

Das erste der Mädchen trägt leicht an einem süßen blauen Chiffon-Kleidchen mit federbesetzten Ärmeln und schwer an einer Kiefern-Gaumen-Spaltung, vulgo Hasenscharte. Sie spricht kein Englisch, wäre aber auch im Japanischen kaum zu verstehen. Sie zischt, ich gestikuliere. Am Ende teilen wir ein paar Erdnüsse und die Erleichterung der Trennung.

Die Zweite ist eine Vorbeißerin in Grün. Zuerst fasziniert mich die japanische Variante der so genannten »Habsburger Lippe«, dann ihr Geburtsort Taiwan. Ich denke an Hartgummi-Spielzeug und Scherzartikel. Wie treuherzig ihr Gesicht wirkt, und wie früh gealtert!

Jetzt schwingt sie sich sogar auf die Theke, blickt von oben auf mich herab und gießt dabei unaufhörlich Bier nach. Das Spätsommerlicht bricht sich im Flaum ihrer Schenkelbehaarung. Aber aus meiner Perspektive, von unten betrachtet, schwillt ihr Kopf zum Ballon. Die Nächste, verspricht sie, könne fließend Englisch. Das ist das Einzige, was sie selbst auf Englisch kann.

Die Dritte sieht aus der Ferne interessant aus wie eine dieser Frauen, die ihren majestätischen Kopf auf der Straße hoch erhoben an mir vorbeibalanciert haben. Sie tritt durch die Flügeltür der Küche und nähert sich phlegmatisch, gleitet die Theke hinauf, die angezogenen Beine unter den Körper faltend.

Ich lege die Hand auf das Bierglas, sie gießt einen Tropfen darauf. Als ich wegziehe, lacht sie und entblößt ihre von innen ergrauten Schneidezähne. Ab Minute Neun wird sie meine Augen nicht mehr loslassen, und ich werde mich fragen, wie ich hier rauskomme. Dann geht sie hinüber zu dem Gast am Ende der Theke und entblößt ohne Zögern ihre Brüste. Der Junge blickt erst sie an, dann mich.

Während die Letzte, eine schmale Braune mit nervöser Heiterkeit, ihre Verlegenheit ausbadet, indem sie das Bier in dem vollen Glas mehrmals über den Rand treten lässt, beginnt der Kunde auf der Stirnseite mit der Betastung der angebotenen Brüste. Das Mädchen mit den schlechten Zähnen sieht über seine Schulter unverwandt in das bengalische Glänzen der gegenüberliegenden Neon-Reklame. In diesem Augenblick ist die Einsamkeit aller im Raum vollkommen.

Nein, ich verzichte auf das Betasten von wem auch immer und mache mich auf die Socken. Sofort bricht der Kuppler aus der Kulisse:

»No! You cannot go!«

Er stellt sich zwischen meinen Hocker und die Außentür und macht seine Rechnung auf:

»Noch sechs Euro bis zur Betastung!«

Ich schüttele meinen betrunkenen Kopf.

»Nicht zufrieden?«

»Dochdoch.«

»Verwöhnt?«

»Jaja.«

»Bumsibumsi!«

Er sagt das auf Deutsch.

»Nein, bitte!«

Der Junge, die Hände bewegungslos auf dem Nackttorso, hört zu, der Kuppler zieht eine Grimasse wie auf einem japanischen Farbholzschnitt. Jetzt lehnt das blaue Chiffon-Kleid auch noch wartend an der hinteren Schwingtür.

»Ich habe eine Freundin!«, schwindele ich, als hinge alles davon ab, »Girlfriend!«

Das will ihm nicht einleuchten, und er hat Recht. Ich fahnde nach einem Beweis. Das Erste, was mir beim Durchsuchen meines Portemonnaies in die Hände fällt, ist das Madonnenbild. Ich hebe es ganz kurz bis auf die Höhe seiner Augen. Keine Ahnung, was er gesehen hat, aber als er so routiniert nickte, beiseite trat und eigenhändig den Vorhang aus dem Weg raffte und als ich dann auf der Straße stand, trunken vor Bier und Glück über diese wunderwunderschöne Hostess-Bar im Herzen von Shinjuku, da hatte mich die Madonna errettet und eingehüllt, die Madonna in ihrem roten Mantel der Liebe.

Der Liebe? Ich wollte doch Hoki Tokuda suchen.

Der alte Henry Miller war wie besessen von der Vorstellung einer asiatischen oder orientalischen Frau, von der er »vorbehaltlos geliebt und nie verlassen würde«, so sein Biograph Jay Martin. Außerdem faszinierten ihn Paare mit Altersunterschieden wie Pablo Casals, der mit 80 eine 20-Jährige heiratete.

Die Aufgabe der letzten Ehefrau im Leben Henry Millers war es, mit seinem Geld zu shoppen, während er dringend nach ihr verlangte, ihm dafür aber die Illusion vorzuspiegeln, Frauen seien rätselhaft. Doch, was blieb ihm selbst außer dem Schauwert?

Ein Bändchen voller Briefe hat er ihr geschrieben, leidenschaftliche, abgeklärte, böse, zornige, enttäuschte, läufige Briefe, das Prosastück »Insomnia«, gleich nach der Trennung im »Playboy« erschienen, nicht zornig, eher abgeklärt, mit der Haltung eines Buddha, eines Christus, der keine Liebe gibt und keine braucht, weil er in sich ruhend Liebe ist. War es so?

Sie selbst schrieb ihm ja kaum, angeblich, weil sie nicht gut Englisch konnte. Zuletzt beklagte er, er habe sich »von Hoki zum Narren machen lassen«. Bald nachdem er 1980 starb, erschien in Japan ihre Biographie unter dem Titel »Mrs. Henry Millers Albtraum« und brachte ihr einen gewissen, wenn auch zweifelhaften Ruhm ein.

So blieb es denn auch nicht bei der Boutique. Hoki träumte einen Traum, den auch Miller früher geträumt hatte: Eine Bar sollte es sein.

Denke man an die Vielfalt der Bars von Tokio und all ihre Spezialitäten, schrieb Frances Fitzgerald einmal, so befinde man sich mitten in einer Fiktion von Borges: »Mit Sicherheit gibt es eine Bar für Komponisten, die ihr Manuskript verloren haben, eine Bar für Schauspieler, die gerne Zahnärzte wären, und eine Bar, in der Baseball Player das Werk von Jean-Paul Sartre erörtern können.« Und so gebe es eben auch eine Bar für die letzten Ehefrauen großer Schriftsteller.

Nach 21 Jahren in den USA kehrte Hoki Tokuda 1985 nach Tokio zurück und eröffnete drei Jahre später eine Hostess-Bar namens »Tropic of Cancer«. Nach zwei Wochen im Gefängnis, »wegen einem Krümel Haschisch«, wie Hoki Tokuda sagt, und einem Umzug befindet sich das Lokal heute in einem der oberen Stockwerke eines kalten Bürogebäudes in Roppongi.

Man klingelt. Wird eingelassen ohne Gesichtskontrolle, kommt durch den Flur, geht auf die Bar zu, eigentlich ein Wohnzimmer, eher westlich dekoriert mit schweren blassbeigen Polstermöbeln, einem Stutzflügel auf der Stirnseite. Auf dem Flur und im Klo hängen Gemälde und Memorabilien von Henry, bunte, bizarre Farbflecken, die in dieser Beleuchtung ohnehin niemand ansieht: naive Porträts, Miró verwandte, kalligraphisch anmutende Zeichenwelten, Stadtprospekte und Tiere.

Der bürgerliche Salon verfügt außer über Sitzmöbel auch über zwei australische Ausreißerinnen, die Paul Hogan verehren und sich keinen besseren Job vorstellen können als diesen. Sie begrüßen die japanischen Gäste mit merkwürdigen Verbeugungen, die sie für asiatisches Brauchtum halten, gießen ihnen Schnaps ein und lachen oft und gerne ohne Grund. Man versteht sie schlecht, und sie verstehen nichts.

Von Henry Miller haben sie nie gehört, und über die merkwürdige schwarz gekleidete Club-Besitzerin eigentlich nie nachgedacht. In ein paar Sätzen rekapituliere ich ihre Biographie. Und da hatten sie immer gedacht, das Autogramm von Michael Douglas da an der Bar sei das Kostbarste im Raum!

»Jetzt kapier ich!«, ruft die Ältere, »die Bilder im Klo, alle von ihm.«

Sie stürzen gemeinsam aufs Klo.

Inzwischen ist auch Hoki in den Saal gehuscht, die Amoralische, Schweigsame, die auch an diesem Abend ein angenehm gelöstes Verhältnis zu berauschenden Substanzen beweist. Mit jedem von uns dreien über den Raum verstreuten Gästen hat sie ein paar unbeteiligte Sätze gewechselt. Dann setzt sie sich an den Flügel und singt mit einer selbstvergessenen Schlafzimmerstimme »Can't give you anything but love«.

Singen kann sie wie der späte Chet Baker, aber Liebe geben? Nicht hier, nicht jetzt, und wenn, dann müsste sie sich wie Sterbehilfe anfühlen.

Einzelgänger des Weltraums

Sergej Krikaljew und Alexander Wolkow in der »Mir«

Der Einbruch der Zukunft in die Gegenwart klingt manchmal so schlicht. Zum Beispiel: Unter uns leben die ersten Menschen, die, in einen Stahlmantel eingeschlossen, befeuert von einer haushohen Stichflamme explodierenden Treibstoffs in den erdnahen Weltraum katapultiert wurden, Menschen, die außerhalb der Erdatmosphäre geatmet haben, in der Schwärze des Orbits. Erst ein paar hundert sind es, die es bisher erleben konnten, in den Raum zu schießen und von dort mit eigenen Augen die Erde zu sehen.

Vergessen wir für einen Augenblick das Wissenschaftliche, Technologische, Strategische daran und konzentrieren die Aufmerksamkeit auf etwas, das unvorbereitet und wie unwillentlich in die Erfahrung dieser Menschen eingedrungen ist: das Ästhetische.

Nichts scheint diese ersten Weltraum-Reisenden vorbereitet zu haben auf das, was die Anschauung des Alls und der Erde im All in ihnen auslösen würde, demütig und poetisch haben sie sich dem quasi Religiösen einer Erfahrung des Exterritorialen zu stellen versucht. Einige haben dafür das alte Wort »Ehrfurcht« verwendet, haben im Angesicht der unendlich empfindlichen Hülle der Biosphäre von »Respekt« und »Achtung« vor der Schöpfung und von der »persönlichen Beziehung« zum »Heimatplaneten« gesprochen, haben aus diesem Erleben ein Gefühl der Verantwortung abgeleitet und sich in einer tieferen Bedeutung als »Erdenbürger« erkannt.

»Ich schwebte, als sei ich im Innern einer Seifenblase«, sagte der polnische Kosmonaut Miroslaw Hermaszewski, »wie ein Säugling im Schoß der Mutter. In meinem Raumschiff bleibe ich immer das Kind der Mutter Erde.« »Ich glaube, mir ist nie so recht klar geworden, was ›rund‹ heißt, bis ich die Erde aus dem Kosmos gesehen habe.« So der sowjetische Kosmonaut Alexej Leonow.

Denkwürdig, wie sich das Verhältnis zur Schöpfung bei diesen Männern und Frauen, fast 450 bis heute, verschob und welche Formen diese Veränderung annahm!

Das Bild des legendären Tischlersohns Juri Gagarin, des ersten Menschen im All, lächelt von der Decke der »Mir«. Mit 60:40 gegen eine sichere Rückkehr hatten Wissenschaftler einst seine Chancen beziffert. Auf dem Weg zur Rakete pinkelte er noch einmal gegen die Reifen des Shuttle-Busses. Fast alle Kosmonauten tun das bis zum heutigen Tag. Es soll Glück bringen.

Ein freundlicher, bescheidener Mann, wünschte sich Gagarin im Weltraum lediglich ein bisschen Musik »über die Liebe«. Man überspielte ihm einen Titel namens »Maiglöckchen« des sowjetischen Schlagersängers Utjossow.

Als er, treuherzig und überwältigt von dem Echo auf seine Mission, die Erde dann wieder betrat, sinnierte ein Zeitungskommentator, er mache Hoffnung darauf, dass Russland der Welt nicht allein das Klirren von Panzerketten und die Bilder von Flüchtlingsströmen beschere, »sondern auch wieder Wärme und das Lächeln eines Menschengesichts«. Mit 34 kam Gagarin bei einem Testflug zu Tode, ein Held bis zuletzt.

Es gab Kosmonauten, die auf ihre Reise Musik mitnahmen, aber zuletzt fast nur noch Kassetten mit Naturgeräuschen hörten: Donnergrollen, Regen, Vogelgesang. Andere hatten ein Gemüsebeet im All und züchteten Hafer, Erbsen, Rüben, Radieschen und Gurken, strichen mit der Handfläche beseligt über die frischen Pflänzchen oder empfanden tiefe Trauer, als Fische in einem Becken die Reise nicht überstanden. Am äußersten Ende der Exkursion zu den Grenzen des Erreichbaren, die wissenschaftlich-technologische Rationalität mit einer Meisterleistung krönend, entdecken die Weltraumfahrer das Kreatürliche, das Spirituelle und das Moralische.

Alle diese Männer und Frauen sind Einzelgänger geblieben, auch weil die Politik ihren Traum von der bewahrten Schöpfung nicht mitgeträumt hat, und manchmal hat diese Politik gewaltsamen Einfluss selbst auf das Leben im All genommen.

Am 18. Mai 1991 wurde der erfahrene Kosmonaut Sergej Krikaljew in den Orbit geschossen, um die Raumstation »Mir« zu reparieren. Der 140 Tonnen schwere schwebende Metallkomplex hatte damals fünf Jahre Betriebszeit hinter sich, eigentlich das Alter, in dem die Station ihren Dienst einstellen sollte. Sie war zwar eine technische Meisterleistung, solide und robust, aber auch nicht übermäßig verfeinert. Denn während die Amerikaner immer nur Kurzaufenthalte im All absolvierten, umkreisten die russischen Kosmonauten die Erde oft monatelang. Dazu mussten sie geschlossene Kreisläufe aufbauen: Strom aus Sonnenlicht, Wasser aus Urin, Ersatzteile aus Weltraumschrott gewinnen.

Gleichzeitig mehrten sich bis zuletzt die Pannen: Mal drohte ein Versorgungsschiff abzudriften, mal klemmte ein Sonnensegel, mal wäre zwei Kosmonauten fast der Wiedereinstieg in die Station misslungen, mal war ein Feuer ausgebrochen. Bereits wenige Jahre nach ihrer Entsendung war vom Ende der »Mir« die Rede.

Doch die Historie wollte es anders. Umworben von Weltraumagenturen aus der halben Welt, wurde das Symbol der russischen Leistungsfähigkeit zuletzt sogar das erste Zentrum für Weltraum-Tourismus, verdreifachte die Dauer ihrer Betriebsjahre und wurde erst am 23. März 2001 über dem Pazifischen Ozean kontrolliert zum Absturz gebracht.

Als Sergej Krikaljew im Mai 1991 vom damals sowjetischen Raumfahrtzentrum in Baikonur, Kasachstan, zu einer Routine-Reparatur der vierhundert Kilometer über der Erde schwebenden Station ins All geschossen wurde, war Gorbatschow an der Macht, das Land ächzte unter Wirtschaftsreformen, und eine reformierte Verfassung sollte der Sowjetunion bald ein neues Gesicht geben.

Am 19. August aber wurde gegen Gorbatschow geputscht, der Sozialismus für gescheitert erklärt, die Sowjetunion zerfiel, die Kommunistische Partei löste sich auf. Krikaljew erfuhr all dies von Rundfunk-Amateuren, deren Funksprüche er zufällig auffing.

Vielleicht war er zu diesem Zeitpunkt auch bereits beunruhigt gewesen: Aus Gründen der Sparsamkeit war der Funksprechverkehr drastisch reduziert worden, und zuletzt fehlte in der Versorgung sogar der Honig, den sich Krikaljew so sehr gewünscht hatte. Zu teuer, wurde der Kosmonaut beschieden, Honig gehöre ja schließlich nicht zur Grundversorgung.

Während der Kosmonaut für ein Monatsgehalt von damals etwa 15 DM Geschichte schrieb, galoppierte zu seinen Füßen die Inflation, die Arbeitslosigkeit eskalierte, und was er am Wochenende in Telefonaten von den Lebensbedingungen seiner Frau und seiner Tochter sowie von den Verhältnissen in seiner alten Heimat erfahren konnte, wird Krikaljew nicht minder verstört haben. Regelmäßig ging seiner Frau Lena zum Monatsende das Geld aus. Per Funkspruch, den wiederum australische Amateurfunker auffingen, verurteilten Krikaljew und sein damaliger Kollege Artsebarski den Putsch gegen Gorbatschow als

»verfassungswidrig« und kündigten einen Aufstand des russischen Volkes an.

An Krikaljews Rückkehr zum geplanten Termin im Oktober war schon deshalb nicht zu denken, weil die Republik Kasachstan in der Krise sogleich die Startgebühren für den Weltraumbahnhof Baikonur erhöhte. Die russische Weltraumbehörde reagierte, indem sie, um den Preis zu drücken, einen kasachischen Kosmonauten an Bord des Ablöseschiffs setzte. Der aber erwies sich als untrainiert und wurde, noch bevor er Krikaljew hätte ersetzen können, zurückbeordert, nachdem die Raumfahrtbehörde Glawkosmos ihre Pforten für immer geschlossen hatte. Immerhin gelang es im Oktober noch, wenigstens Artsebarski abzulösen.

Und so umrundete der überfällige, so genannte »vergessene« Kosmonaut sechzehn Mal am Tag, Monat für Monat, die Erde und wartete ab, bis sich die Herren am Boden über die Verantwortung und die Finanzierung seiner Rückreise geeinigt hatten.

Mit sechs Monaten Verspätung und nach 311 Tagen im All sollte Sergej Krikaljew am 23. März 1992 dann endlich auf den Heimatplaneten zurückkehren. Eine Woche zuvor sollte ich ihn mittels einer Satellitenschaltung für unser tägliches Interview-Magazin sprechen können. Der technische Aufwand war so erheblich wie der Preis, aber andererseits interessierte man sich im Augenblick des Interviews auf der Erde wirklich für wenige Menschen mehr als für jenen Sergej Krikaljew, der allen als Symbolfigur dieser in Umwälzung begriffenen Zeit galt.

Es handelte sich demnach um ein medial, technisch und finanziell besonders exponiertes Interview, das ich trotzdem guten Gewissens mit jener Allerweltsfrage beginnen konnte, die dieses eine Mal keine solche war. Die Antwort allerdings war auf eigene Weise verstörend.

»Guten Tag, Herr Krikaljew. Wie geht es Ihnen?«

»Ich höre Sie gut, und meinen Kollegen Wolkow wollen Sie nicht begrüßen?«

Himmel, Wolkow! Irgendjemand hatte von diesem zweiten Kosmonauten gesprochen, irgendwo war sein Name aufgetaucht, dem Nachfolger von Anatoli Artsebarski. Aber wer hatte je gesagt, wir würden Wolkow interviewen? Warum reparierte er nicht irgendwo im All ein Modul? Er war nun einmal nicht der Rekordhalter im Ins-All-geschossen-und-vergessen-Werden, er war der historische Zweite, und man stellt nicht für 60 000 DM eine Bild- und Tonleitung in den Orbit her, um dank ihrer mit einem Zweiten zu sprechen.

Während ich also darüber nachdachte, was wohl passieren würde, wenn ich aus Höflichkeit auch nur eine einzige Mark an Wolkow verschwendete, begrüßte ich den Unseligen flüchtig und wiederholte:

»Wie geht's?«

»Ganz normal«, erwiderte Krikaljew.

Kosmonauten sind in der Regel schweigsame Menschen, die sich rhetorisch auf das Nötigste beschränken. Aber »ganz normal« war in diesem Zusammenhang auch für einen Kosmonauten eine kühne Antwort, und der Raum rund um Krikaljews Worte schien mir ähnlich schwarz wie der Weltraum um die Station.

Der Kosmonaut Oleg Makarow hat einmal »den Beginn von Unterhaltungen« auf verschiedenen Weltraumflügen untersucht und festgestellt: Kein Kosmonaut konnte in die Umlaufbahn eintreten, ohne Ausdruck tiefer Freude. Makarow schließt an: »Diese emotionalen Ergüsse dauerten durchschnittlich 42 Sekunden.« Dann setzt auch die Beklemmung ein angesichts des dünnwandigen Geschosses, mit dem man durch den kalten Orbit rast.

»Ganz normal«, das heißt, in acht Minuten haben Sie die ganze Welt hinter sich, unter sich, acht Minuten brauchen Sie bis in die scheinbar zeitlose Atmosphäre des Weltraums, und Sie wissen, in zwanzig Minuten könnten Sie von der »Mir« zurück auf der Erde sein. Nichts in dieser Zeitempfindung korrespondiert mit Ihrer Außenwahrnehmung.

»Ganz normal«, das heißt, jemand rast mit 27 000 Kilometern in der Stunde durch den Raum und schwebt doch. Der Widerspruch ist auch für den Betrachter kaum lösbar. Und wie ist es mit dem Widerspruch, mit der eigenen Masse in eine Galaxie einzutreten, die ganz anders mit ihr verfährt, sie scheinbar aufhebt? Und wie ist es mit der Leuchtkraft der Erde, die strahlend wirkt wie nie zuvor, und der muffigen, von fahlem Licht befunzelten Kabine, in der die Kosmonauten sitzen? Wie ist es mit der Geschwindigkeit, die zurückgelegt wird, und der völligen Lautlosigkeit, mit der sich das vollzieht?

»Ganz normal.« In zwei Tagen wurde der deutsche Kosmonaut Klaus-Dietrich Flade erwartet, mit dem Krikaljew dann die Rückreise antreten würde. Beim Gedanken an den deutschen Gast, den er von den Vorbereitungen in Russland kennt, wird der Kosmonaut häuslich, erklärt die Basisstation, wo sie essen und arbeiten:

»Bevor wir Gäste empfangen, haben wir immer viel zu tun.«

Es gibt ein Trimm-Fahrrad, ein Laufband, einen Arbeits- und Esstisch, eine Schlafkabine, Bad und WC, es gibt eine Dusche, Musik- und Video-Einrichtungen …

Ich will von den Veränderungen erfahren.

»Jeden Tag und auch nach zehn Monaten verändert sich der Mensch.«

»Was ist Ihr Zeitvertreib?«

»Wir schauen meistens auf die Erde.«

»Und was sehen Sie?«

»Jeden Tag etwas Neues.«

Manchmal haben Kosmonauten überwältigt von den Sandstürmen über der Sahara gesprochen, von den Pyramiden von Gizeh, der roten Erde Chinas …

»Was fehlt?«

»Man hätte gerne mehr Kontakt zu den Freunden. Wir sind ja hier nur zu zweit.«

»Haben Sie keine Angst vor Pannen?«

»Nein. Wir widmen uns ja auch wissenschaftlichen Experimenten.«

Natürlich ist das weltweite Gerede von den Pannen auf der »Mir« nicht eben eine Kaufempfehlung. Was soll er also sagen? Etwa erzählen, dass vor Monaten Anatoli Artsebarskis Helmvisier beim Sichern der sowjetischen Flagge so stark beschlagen war, dass nur Krikaljew den Kollegen retten und in Sicherheit bringen konnte?

Aber wissenschaftliche Experimente? Erstaunlich, daran in dieser Situation zu denken. Was hatten die Fernsehzuschauer in aller Welt von den Experimenten auf der »Mir« in Erinnerung? Baumfrösche, die vergeblich die Schwerelosigkeit zu überhüpfen versuchten, Wachtelküken, die sich den Verhältnissen nicht assimilieren konnten und rasch starben? Zumindest der visualisierbare Part schien so überzeugend nicht. Stattdessen mehrten sich Stimmen, die in den Kosmonauten bessere Wartungsarbeiter sehen wollten, die eigentlich rund um die Uhr mit den technischen Gebrechen einer Station beschäftigt seien, die ihr Verfallsdatum lange überschritten habe.

Woher wussten die beiden von den politischen Veränderungen? Sie hatten Mitteilungen australischer Amateurfunker aufgefangen, und auch die Kontrollstation hatte ein paar Informationen beigesteuert. Und was wissen sie heute?

»Wir erfahren viel Neues«, sagt Krikaljew ganz ohne Ironie.

In ihrer freien Zeit blicken diese beiden auf die Erde, sehen täglich etwas Neues und müssen sich vorstellen, wie ihre Heimat, eine Weltmacht, unter ihnen zerbricht. Wie verhält sich der Respekt vor der Empfindlichkeit der Biosphäre zur Beobachtung der Empfindlichkeit politischer Systeme?

»Haben Sie keine Angst, die Versorgung könnte zusammenbrechen angesichts der veränderten politischen Verhältnisse?«

»Nein, Angst vor fehlender Luft haben wir nicht. Selbst wenn mal ein Versorgungsschiff ausfallen sollte, haben wir immer noch ausreichend Sauerstoff, um auf das nächste zu warten.«

Was für eine Situation, in der die politische Umwälzung zwei Menschen im Wortsinn die Luft abschnüren konnte! Er war sich dessen bewusst, auch wenn am Boden Interviews mit Funktionären erschienen samt der Parole »Wir lassen unsere Jungs nicht im Stich«. Hatte man sie nicht schon ein wenig im Stich gelassen? Hatte man nicht auch gelesen, dass Versorgungsschiffe ausblieben, und wer weint noch um den Raumhund Laika, die erste lebende Kreatur im Weltraum, die 1957 starb?

»Sind Sie noch Sozialist?«

»Ich bin Kosmonaut und verrichte meine Arbeit. Wir haben hier oben keine politische Partei, zu zweit. Das kann man erst sagen, wenn man auf der Erde ist.«

Zu zweit. In schwereloser Körpersprache verwies Krikaljew auf Wolkow. Ich ignoriere dies erneut, auch wenn dieser Wolkow an seiner Seite inzwischen verhaltensauffällig agiert und bei Turnübungen angekommen ist.

Auf der Erde könnte Krikaljew erfahren, dass sein kommunistischer Parteiausweis inzwischen als illegales Dokument eingestuft wird, dessen Besitz strafbar sein könnte, und dass Boris Jelzin Verhandlungen darüber aufgenommen hat, die »Mir« komplett an den alten Feind USA zu verkaufen. Vielleicht zeigen ja am Ende amerikanische Investoren mehr Ehrgeiz dabei, ihn auf die Erde zurückzuholen.

»Würden Sie es noch länger aushalten?«

»Naja, die Grenze ist noch nicht erreicht, die physischen Möglichkeiten sind noch nicht erschöpft. Aber jetzt vielleicht mal eine Frage an Herrn Wolkow?«

Abgesehen davon, dass Krikaljew nur da, wo es um seine physischen Grenzen ging, nicht völlig überzeugend klang, konnte ich seine deutlichen Verweise auf Wolkow nun nicht länger ignorieren, und so bereitete ich mich auf eine Frage, irgendeine Frage an irgendeinen Kosmonauten namens Wolkow vor.

Dieser hatte übrigens zunächst, während Krikaljew sprach, mit einem Gegenstand gespielt, den er kreisen ließ wie Gene Kelly seinen Regenschirm in »Singin' in the Rain«, sah dabei aber ganz ernst aus. Als ich mich nun endlich anschickte, Wolkow die Allerweltsfrage zu stellen, wie sie beide denn im Weltraum miteinander zurechtkämen, ob sie auch stritten, hatte sich Wolkow von der Kabinenwand abgestoßen und war hinter seinem Gegenstand her an den unteren Bildrand getaucht, ja, er drohte mit dem Kopf das Bild zu verlassen, gerade in dem Augenblick, als ihn sein kaum noch erwarteter Fernsehruhm ereilen sollte. Wolkow antwortete vernehmlich, nein, sie stritten selten:

»Meist fallen unsere Meinungen zusammen.«

Dann ergänzte Krikaljew:

»Mit Wolkow kann man gut im All sein.«

Zu diesem Satz trübte sich das Fernsehbild, bekam Schlieren, verschwand, das Testbild der Satellitenstation erschien, während der Ton noch für kurze Zeit hörbar blieb, dann war auch er weg, und das Gespräch hatte sein abruptes Ende erreicht.

Monate später konnte ich am Fernsehschirm verfolgen, wie ein völlig entkräfteter Sergej Krikaljew auf einer Bahre aus der Kapsel getragen wurde. Von Wolkows Landung war auch später nichts zu sehen.

Krikaljew wurde vielfach dekoriert, wurde »Held der Sowjetunion«, später »Held Russlands«, Offizier der Französischen Ehrenlegion und erhielt die NASA-Space-Flight-Medaille in den Jahren 1994 und 1998. Er war Teil der ersten russisch-amerikanischen Weltraummission, flog mit der »Discovery« und der »Endeavor« und ist heute einer der am höchsten geachteten Kosmonauten, er, den man früher einen besseren Weltraum-Mechaniker nannte.

Doch irgendwie musste ich im Lauf der Zeit häufiger noch an Alexander Wolkow denken, den Zweitplatzierten, der selbst in einer historisch einzigartigen Situation auf der Fernseh-abgewandten Seite der Welt existieren sollte (und allenfalls darin der Erste war) und der im Augenblick, als ihn dieses Interesse doch streifte, das Bild zu verlassen drohte.

Und so sammelte ich denn Informationen über Alexander Wolkow, um so mein Versagen vor seinem Schicksal zu korrigieren: 1948 geboren, zwei Kinder, sein Sohn Sergej ebenfalls Kosmonaut, aber noch ohne Weltraumflug; am 21.8.1998 ausgeschieden, nachdem er die Sojus-Mission 1985 als Forschungskosmonaut, die Sojus TM-7-Mission als Kommandant und auch die Sojus TM-13-Mission als Kommandant begleitet hatte; mit drei Flügen und insgesamt 391 Tagen, 11 Stunden und 52 Minuten auf Platz 12 der Liste für die Aufenthaltsdauer von Kosmonauten im Weltraum. Krikaljew liegt auf Platz vier.

Viel mehr war über ihn nicht zu erfahren. Ich hole mir noch

einmal sein Bild vor Augen, das runde Gesicht, den weichen Mund, die seelenvollen Augen, die in die Finsternis des Raums gestarrt haben und feststellten, wie hell die Erde leuchtet, wenn man sie aus der tiefen Schwärze dieses Raums betrachtet.

Ich versuche mir vorzustellen, wer er war, als er auf die Rakete zuging, die ihn in diese Situation katapultieren sollte, und tatsächlich finde ich endlich ein paar Sätze wörtlicher Rede von ihm, die ahnen lassen, was er erfuhr, und dass auch er einmal ein Erster war, als er auf seine Rakete zuging: »Wir gingen über die kasachische Steppe. Sie ist flach wie eine Tischplatte. Vor uns ragt über dem unglaublich klaren Horizont wie ein silberner Pfeil die startklare Rakete zum Himmel. Sie dampft. Weiße Dampfwolken umgeben ihren schönen Leib, der von einem Brautkleid aus Reif umhüllt ist. Sie wartet auf uns, und wir gehen zu ihr. Unsere Ersatzleute sind während der ganzen Zeit dabei. Sie scherzen; aber in ihren Augen spiegelt sich ein wenig das Missvergnügen. Sie haben sich auf den Flug vorbereitet, aber die einen werden zur Arbeit in den Kosmos geschickt, die anderen bleiben zurück. Sie müssen erneut auf ihre Stunde warten.«

Und jetzt, da ich weiß, dass er die Rakete mit Augen sehen konnte, wie ein Liebhaber die Geliebte, jetzt beginne ich zu glauben, dass seine Empfindlichkeit und der Mut, ihr Worte zu verleihen, stark genug sein könnten, die Erfahrung dieser größten Reise in Worte zu fassen, und stoße endlich auf das zweite und letzte Zitat aus dem Munde von Alexander Wolkow, Worten, mit denen er, beim Blick durch das Fenster seiner Raumstation, den aufgehenden Tag beschreibt: »Man sieht, wie am Horizont zunächst Lichtstrahlen in seltsamen und kontrastierenden Farben aufsteigen. Danach werden auch die Wolken farbig. Sie bekommen eine rosa Tönung, und ihre gleichfalls rosa-farbenen Gipfel sehen irgendwie wie Zauberpferde aus.«

»Zauberpferde« – mit ihnen spätestens ist Alexander Wolkow ins Bild zurückgetaucht.

Editorische Notiz

Einige der hier versammelten Texte gehen auf Porträts zurück, die in ihrer ersten Fassung in dem Band »Noch eine Frage« veröffentlicht wurden. Andere Texte gehen in Grundformen auf Arbeiten zurück, die vor allem im »Magazin« des »Zürcher Tagesanzeigers« oder im »Magazin« der »Süddeutschen Zeitung« erschienen. In ihren ursprünglichen Versionen stammen diese Texte aus den Jahren 1990 bis 2004. Sie wurden sämtlich überarbeitet, zum Teil erweitert oder völlig erneuert. Über die Hälfte von ihnen sind ohne Zusammenhang zu Fernseharbeiten entstanden. Einige wurden erst für diesen Band geschrieben.